微信扫码获取本书配套资料

教育部 财政部高等学校特色专业教材建设

教育学 易连云 总主编

学校卫生学

第6版

曹型远 李林静 主 编
张文京 曹型厚 副主编

西南大学出版社
国家一级出版社 全国百佳图书出版单位

图书在版编目(CIP)数据

学校卫生学 / 曹型远，李林静主编. — 重庆 ：西南师范大学出版社，2018.1

ISBN 978-7-5621-9208-4

Ⅰ. ①学… Ⅱ. ①曹… ②李… Ⅲ. ①学校卫生 Ⅳ. ①G478

中国版本图书馆 CIP 数据核字(2018)第 031976 号

教育部 财政部高等学校特色专业教材建设·教育学

学校卫生学

XUEXIAO WEISHENGXUE

主　编：曹型远　李林静

副主编：张文京　曹型厚

责任编辑：杜珍辉

封面设计：雷　桥　梅木子

照　　排：陈智慧

出版、发行：西南大学出版社(原西南师范大学出版社)

(重庆·北碚　邮编：400715

网址：www.xdcbs.com)

印　　刷：重庆永驰印务有限公司

成品尺寸：185mm×260mm

印　　张：25

字　　数：560 千字

版　　次：2018 年 5 月　第 6 版

印　　次：2025 年 1 月　第 10 次印刷

书　　号：ISBN 978-7-5621-9208-4

定　　价：69.00 元

《学校卫生学》编写委员会

总　序

西南大学教育学院发展历史悠久，学术渊源深厚。其前身西南师范学院教育系始建于1950年。1952年全国院系调整时，复旦大学相辉学院教育系、四川大学教育系、重庆大学教育系、国立女子师范学院教育系、四川省立教育学院教育系、川东教育学部教育系和公民训育系、华西协和大学家政系、昆明师范学院教育系、贵州师范学院教育系等9个高校教育类专业相继并入。2011年7月，为了建设一批国内一流、国际上有影响的高水平学科，推动高水平、研究型综合性大学的建设进程，学校以教育学院为主干、联合教育科学研究所、高等教育研究所、教育部西南基础教育研究中心等教育类教学科研机构进行整合成立了以研究型发展为特色的西南大学教育学部。

2007年原教育学院教育学专业被获准为教育部财政部(教高函〔2007〕25号)第一批特色专业，教育学这个历史悠久的专业从此具有了新的发展契机进而进入到一个新的发展阶段。4年来，原教育学院认真落实特色专业建设规划，立足学院优秀学术传统，以高水平的教育教学研究为平台，不断铸造新的本科培养模式，彰显出鲜明特色。

经过半个多世纪的发愤图强，教育学部在人才培养、科学研究和学科建设方面取得了卓越的成就。现拥有5个本科专业；教育学博士后科研流动站；教育学一级学科博士学位授权点，涵盖了近20个教育学与心理学二级学科博士学位授权点。

在近几年的特色专业建设中，教育学部成功申报了课程与教学论国家重点学科；重庆市教育学一级学科重点学科；课程与教学论国家级教学团队，教育学、课程与教学论、教师教育基础课程3门重庆市教学团队；课程与教学论、比较教育学、课程教学技术与艺术3门国家级精品课程，课程与教学论、比较教育学、课程教学技术与艺术、大学生心理健康教育、高校美育等5门重庆市精品课程；西南基础教育研究中心、心理健康教育研究中心2个重庆市人文社会科学重点研究基地。

西南大学教育学专业在人才培养方面积累了丰富的经验且取得了较为突出的成绩。在半个多世纪的发展历程中，教育学部构建了从本科生到博士后的人才培养体系，不仅走出了一大批享誉中外的学人大家，而且为国家培养了众多优秀的人民教师、高水平教育管理干部和教育科学研究专门人才，同时也积累了丰富的教育教学经验，探索了一系列教师职前培养与职后培训的新模式。

根据专业建设与发展的需要，学院鼓励教师从事高水平的教育教学科研，特别注重教学科研的成果转化，着力建设高水平的教材、精品课程、高水平的教学团队，同时注意学生的科研意识培养与科研能力的提高。我们组织编写了以教师为主的本科特色专业教材建设和以免费师范生科研为主的学生科研论文系列两套丛书。

本套丛书主要针对特色专业教材建设，我们选择了教育学大类中重要的基础课程进行教材建设和改革，从指导思想到编写体例均试图有所创新，以期适应现代教育理论发展和学生自身发展的需要，同时也为了满足高水平职后教师培养的需要。

我们深深地知道，目标虽然清楚，可要达到它却未必轻松，已经作出的努力也未必尽如人意。瑕疵自然在所难免，望广大同行指正，是为序。

易连云

前 言

卫生健康对每一所学校而言是其基础性保障，又是办学的目的与内容。卫生健康对于每位学生而言，则是生活的希望与生命的追求。

学校卫生学秉执“健康第一”的教育理想，担当起开展学校卫生建设、培养学生卫生健康理念、学习卫生健康知识、形成学生卫生健康行为的重担。

《学校卫生学》被国家教育委员会列为1985—1990年高等学校文科教材，由李林静教授负责编写。1986年《学校卫生学》一书出版，为全国相关学校和各部门提供选用。随着形势的发展和各学校的需要，于1988年、1991年、1994年多次修订，已出版五版。

2015年由西南师范大学出版社牵头，重庆市卫生保健所、重庆师范大学教育学院联合组成了《学校卫生学》编修团队。本次修订遵循以《学校卫生学》原稿为蓝本，保持原稿架构及主要章节和内容，同时反映国际国内在该领域研究发展最新趋势的原则。编修团队遵循“十三五”《国家中长期教育改革和发展规划纲要（2010—2020年）》和《国家中长期人才发展规划纲要（2010—2020年）》的精神，新增近年关于学校卫生的法律、法规依据，世界卫生组织2001年公布的功能障碍与健康的国际分类（ICF），绿色校园建设及公共卫生事件的处置，加强性教育和艾滋病的宣传预防工作，以及厘清了综合实践活动中关于开展促进学校建设、卫生管理及工作系统的卫生、健康活动，增加了特殊教育需求儿童的身心健康卫生关照。同时提供了相关资料和表格便于读者参考与实作。

本书可提供给教育工作者，公共医疗卫生工作者，各级各类学校管理者、各部门工作人员，学生，家长及教育专业、医疗卫生专业的大学生、研究生、研究人员，关心和对学校卫生学感兴趣的人士，作为教材和参考用书。

本书撰写情况如下：

第一章　绪论——任贞玲，张文京，汪茧

第二章　儿童青少年的生长发育——曹型厚

第三章　儿童青少年心理卫生——张文京，陈建军，曹型厚，汪茧

第四章　教育教学卫生——张专

第五章　体育锻炼及实践活动卫生——张文京，陈建军，曹型厚，汪茧

第六章　营养卫生——窦义蓉

第七章　学校食堂卫生与食品安全——任贞玲，张文京，张专，汪茧

第八章　学校常见传染病的防控——陈德东

第九章　学校常见疾病的综合防治及急救——曹型厚，张专，窦义蓉

第十章　环境和设备卫生——张专

第十一章　健康教育与健康促进——夏明娟

第十二章　学校卫生调查与评价——曹型厚，任贞玲，窦义蓉

本书由张文京统稿与整理。

本书再次出版，感谢李林静教授多年来在学校卫生学领域的辛勤耕耘，投入了毕生的智慧和心力，九十七岁高龄虽然肢体动作有障碍但头脑清醒，对我们的编修工作给予了支持和指导。感谢所有的参编者多次从教育、心理、医疗、卫生保健、法律、法规等多方面多角度，讨论、沟通、反复修订，大家齐心合力贡献自己的力量。感谢西南大学出版社张浩宇编辑参加了每次编写会，帮助解决了编写中的诸多问题。

目录 MU LU

第一章

绪　论

【学习提要】

1. 了解学校卫生学的概念，提出学校卫生学的学科任务、作用、基本内容、研究方法，学校卫生学与其他学科的联系及其特点，学校卫生发展史和相关研究。

2. 了解学校卫生学的理论与实践依据。

3. 熟悉学校卫生管理及工作系统建设。

4. 了解学校卫生学的发展简史。

第一节　学校卫生概述

一、关于学校卫生学

学校卫生学(school hygiene)是以学生在受教育过程中的生长发育、健康状况与教育、环境之间的关系为研究对象，探讨促进学生身体正常发育、保护学生健康、增强学生体质的理论和方法的一门科学。

所谓体质，是指人的机体的质量。它是在遗传性和获得性的基础上表现出来的人体形态结构，是生理生化功能和心理因素综合的、相对稳定的特征表现，是人生命活动和劳动能力的物质基础。而健康则是正常体质状况的表现和反映，一个健康的人在躯体健康、心理健康、社会适应等方面表现良好。

学生泛指在幼儿园、小学、中学、大学就学的学生，他们是正处在迅速成长发育期的儿童、青少年，占我国总人口 1/3 以上。由于各年龄段学生的学习任务和生理需求不同，所以有专门研究托儿所、幼儿园卫生情况的学前卫生学和重点研究小学、中学卫生情况的学校卫生学。而《学校卫生工作条例》中，学校指普通中小学、农业中学、职业中学、中等专业学校、技工学校、普通高等学校。

二、学校卫生学的任务和作用

学校卫生学的任务就是研究正在成长的儿童青少年的身心发展特点和规律，以及它们与教育、生活环境的相互关系，找出影响学生身心发育和健康的各种因素，从而利用、改造和创造各种条件，提出相应的卫生要求，采取卫生措施，以达到保护、促进学生身心健康，不断增强学生体力、脑力及其体质，提高整体素质的目的。

学校卫生学是为保护及促进学生健康、增强学生体质、提高学生健康水平服务的。它对提高教育学科的水平、学校管理的水平和教育质量有重要的影响和作用。教育工作者掌握好这门学科的知识和技能，能在贯彻执行党的十八大提出的新教育方针"坚持教育为社会主义现代化建设服务、为人民服务，把立德、树人作为教育的根本任务，全面实施素质教育，培养德智体美全面发展的社会主义建设者和接班人，努力办好人民满意的教育"中贡献更有效的力量。

三、学校卫生学的内容

学校卫生工作的主要任务：监测学生健康状况；对学生进行健康教育，培养学生良好的卫生习惯；改善学校卫生环境和教育卫生条件；加强对传染病、学生常见病的预防和治疗。因此，学校卫生学研究的内容主要有两个方面：一是研究儿童青少年形态、生理、心理和发育的规律及儿童青少年的生活情况；二是研究影响他们健康和发育的自然环境和社会生活环境。其具体内容如下：

(1)研究儿童青少年形态、生理、生化和心理的特点，研究其生长发育的规律和影响其生长发育和健康的因素，以及评价其发育和健康水平的方法。

(2)儿童青少年的成长经过发育和教育两个过程，这两个过程是密切相关的，而教育是重要的社会条件。学校卫生学必须研究各项教育措施中的卫生问题，如研究学生体力、脑力活动的规律，提高学习和工作能力，防止过度疲劳的方法；研究如何合理安排学生的生活，提高学生的生活质量。

(3)体育锻炼是培养全面发展的一代新人的重要手段之一。学校卫生学要研究体育锻炼对儿童青少年发育和健康的影响，研究不同年龄、性别的学生体育锻炼的内容和方法，培养学生锻炼的习惯。

(4)营养是儿童青少年生长发育和健康的物质基础。学校卫生学要研究不同年龄、不同生活情况的学生的营养需要量，以及学校膳食管理的知识和工作方法，加强科学管理。

(5)学校卫生学不仅要从积极方面创造和改造外界环境条件来增强学生的体质，还必须研究对学生危害较大的一些常见身心疾病的发生规律，研究儿童青少年的心理卫生问题，研究预防身心疾病的一般措施。

(6)学校卫生学要研究如何优化学校的环境，如建筑设备对学生发育和健康的影响，对学校的校地、建筑以及教具、文具、桌椅等提出卫生要求；研究学校环境保护和卫生管理问题，如学校的绿化、采光照明、环境卫生、给水、排污、防尘、防噪声；研究如何对学生进行环境教育和精神文明教育。

(7)学校卫生学要研究对儿童青少年进行健康教育和培养卫生习惯的内容和方法，同时要研究学校的卫生保健组织以及对各级人员的要求。学校的健康教育不仅影响学生，还会影响社会。它在学校卫生工作中占有重要地位。

(8)研究学校卫生学国内外研究的动态，为本学科的发展和学生的身心健康服务。

四、学校卫生学的研究方法

(一)调查统计法

调查统计法指通过询问、调查登记、测量、疾病和健康情况的登记、学习和生活的安排、环境卫生和营养的调查等获得调查材料，并将调查的材料分类整理，作统计学的处理，再进行分析和评价的方法。

(1)追踪调查：在较长的时间内反复多次调查少量儿童青少年的身心行为发展的特性和过程，以此解答有关儿童青少年身心行为的问题，探索早期病因的危害和干预的疗效等。

(2)横断面调查：在某个时点对大量儿童青少年的身心行为进行一次性调查，以建立儿童青少年身心发展的地区常模，了解不同地区儿童青少年各种身心问题的发生率。

(二)实验法

实验法是在依据一定的理论假设，严格地控制各种有关因素的基础上，对研究对象施加目的性实验干预，以了解其干预效果的一类方法。

(1)医学实验：利用各种仪器对儿童青少年各系统的生理机能进行测验检查，如细菌学和生物化学的检验、X射线拍片、免疫实验临床常用方法。

(2)心理学实验：用各种条件反射方法研究学生高级神经活动状态，如对感知觉进行测查、智力测验等。

(3)教育学实验：采用对比方法，控制条件，进行分析比较，如个体或组别间的比较。

(三)观察法

(1)自然观察法：在学生日常生活中观察学生身心的变化，如在教育教学过程中，观察教学内容和方法对学生健康和智力发展的影响。生活制度、饮食等对学生体质和健康的作用，也可以通过自然观察法搜集资料。

(2)控制观察法：控制被观察学生的条件，或作某些处理，以观察学生的行为反应或变化，如给被观察学生安排一定量的运动负荷，观察体育锻炼对学生体质的影响。

(四)案例描述法

案例描述主要是通过询问学生、家长及监护人，对学生的身心症状表现作系统的文字描述。其实施方便，应用广泛，有利于了解儿童青少年身心变化规律和心理行为问题的发生率，探讨病因，为学校卫生保健提供科学依据。

五、学校卫生学与其他学科的联系

从学校卫生学研究的内容来看，它是一门内容丰富的综合性的交叉学科，它与其他学科的联系是非常广泛的。由于学科的发展，学校卫生学与很多学科产生联系并相互渗透，向着多科性的方向发展，成为一门边缘学科，属于新兴的人体科学、生命科学。

在基础学科(包括基础医学)中，主要与遗传学、生物学、人体解剖学、生理学、物理学、化学、儿科学、儿童保健学等有关。

在实际应用中，学校卫生学是预防医学的一个组成部分，与卫生学、传染病学、流行病学、环境保护学、营养卫生学、劳动卫生学、保健组织学、人体工程学、建筑学等学科有联系。

在教育实践中，学校卫生学与教育学密切联系，因为教育必须遵循一定的卫生准则。学校卫生学在研究学生学习的脑力活动和体脑结合、提高学习效率、确保学生身心健康发展方面，与心理学、心理卫生、体育教育、教学法、教育统计学、学校管理学等有关。

在社会生活实践中，学校卫生学与人类学、社会学关系密切。学生总是生活在一定的家庭、学校、社会环境中，受到环境的影响，同时不断学习、调整，达到个人适应和社会适应。

学校卫生学与其他学科的联系如此广泛，所以，在研究和学习这个学科时，除了掌握其知识和技能以外，还必须适当地掌握和其有关的其他学科的知识，使学校教育向现代化发展。

六、学校卫生学的特点

(一)多学科、跨专业整合

学校卫生学有诸多相邻学科，从其产生、发展到实际运用，都决定了它的多学科性和整合性。它是人文科学和自然科学的整合，是生理学、心理学、社会学等学科的整合。

(二)生活化、生态化

学校卫生学是在生活、生态背景下的，以健康为核心的学科。健康与环境密切相关，健康是生活品质的要素，所以健康是人与环境相互调整、和谐共生的结果。生活需要健康，而有了健康才有好的生活。

(三)实用、可操作

学校卫生学是一门应用性学科，诸多知识技能学习可以在现场情境中边学边做。如：打扫卫生、跨栏、跳远、药物辨识等等。学校卫生学的所有知识技能都是为用而设，为了生活能力的提升，最终形成良好的生活习惯并伴随在生活当中。

七、学校卫生发展史提要

学校卫生起源于十九世纪的欧洲，最初在学校开展以促进学生健康为目的的工作，至今已有二百多年历史。不论是中国还是外国都重视儿童青少年的卫生健康，因为他们是下一代，是家庭、社会、国家的希望。

学校卫生发源地是德国，十九世纪德国的社会经济得到发展，经有识之士的呼吁，法兰克福市的小学开始设置兼职校医、学校护士，并有儿童保护法立法且订立学校供食制，德国的学校卫生传播到世界许多国家，如英国、美国、日本、俄国。国外学校卫生学的发展经历了从治疗疾病的单纯医疗服务，到疾病预防，以至卫生健康教育，最终实现社会服务的过程。现已形成医学、社会、健康教育并存的学校卫生工作体系。学校卫生是由医疗和教育两支基础队伍合作构成的。

学校卫生工作发展由个人对强身健体的生命欲求推进，其有国家、社会对国民健康的要求及责任。因而学校卫生在世界各国得以重视，既有知识阶层的呼吁、传播，也有国家、政府的决策，相关法律的制定。各国学校卫生工作是由上而下的有法律依据的政府指令性工作。

学校卫生学作为独立学科，在医学、教育相关学校开设专门课程或融入课程。在人类对健康新定义的共识下，学校卫生走向多学科跨专业的更广阔更深入的整合。在环境与个人合作、沟通互动当中迈向健康之路。该学科经不断的发展形成了自己的理论与实践体系，成为学校建设不可或缺的内容。

我国学校卫生发展经历着与世界其他国家一致的历程，根据我国的实际发展建立了适合中国国情的学校卫生体系。

1. 我国学校卫生发展特点

(1)学习借鉴。

我国学校卫生在学习借鉴当中产生，并在学习借鉴当中发展。清末民初便有新学，新学受欧美学校的影响，学校卫生也是新学的一部分。随着英、美、德多国传教士的进入，教会学校开办起来。辛亥革命、五四运动后，西风东渐。我国学校卫生学习英、美、德、法、日、俄，在中国的学校里也有了校医和健康课程，随着时代前进学习借鉴持续向前。

(2)联系本国实际。

在学习借鉴当中，我国学校卫生联系我国实际，融进原有的学校工作当中进行创造、拓展，例如：设校医，办食堂、盥所、浴所、养病所、厕所等，开设生物课、生理课，建立适合我国的学校卫生管理体系和工作体系。

2. 随时代渐进发展

我国学校卫生一直紧跟时代步伐发展，目前，我国学校卫生基本形成了医学服务、社会福利、健康教育并存的学校卫生工作体系。学校卫生有了自己的法律、法规系统，管理系统，工作系统，学校卫生标准系统，学校卫生监管系统，学校卫生支持系统，学校健康教育系统，学生生长发育监测系统，常见病防治系统，学校传染病、突发公共卫生事件防控系统，学校卫生学科建设系统，等等。

3. 我国学校卫生发展历史分段

我国学校卫生发展历史分为古代、近代早期、五四运动至中华人民共和国成立前、中华人民共和国成立后至“文革”开始、“文革”十年、改革开放时期、21 世纪。

(1)古代。

我国历史悠久，古代就有从教育、医疗等方面对儿童生长发育、教养、体育锻炼、疾病治疗和预防的相关论述与实践。

(2)近代早期(清末民初)。

学校卫生的探索、萌芽期，主要是向国外学习，设立校医、开设学校卫生相关课程(大专院校)。

(3)五四运动至中华人民共和国成立前(1919—1949 年)。

学校卫生的成长期，继续学习国外，政府对学校卫生关注度加大，卫生、教育管理部门对学校卫生有了法规文件。除翻译出版国外书籍并在学校普及外，中国人有了自己的关于学校卫生的专著出版。20 世纪 30 至 40 年代，中国人自己编著的学校卫生专著数量增加很快，翻译西方学术经验的书籍也不少。20 年代至 30 年代中期，邀请美国教育家杜威和端纳来华讲学，对我国教育、卫生健康教育产生很大影响。政府规定对学生健康状况进行检查(每年)，在小学各年级设“健康”课。

(4)中华人民共和国成立后至“文革”开始(1950—1966 年)。

中华人民共和国成立后，新政府的学校卫生工作既有对历史的继承，又有新的发展，这一时期可称为我国学校卫生的发展期。该时期主要学习苏联，并建立适合新社会、适合生活的学校卫生工作体系。人民政府颁布了针对学生健康的规定，建立卫生防疫站，并发布教育部、卫生部、国家体育运动委员会联合指示，组织“学校保健指导委员会”，倡导预防为主，医学院校、师范院校开设儿童青少年卫生课程。

(5)“文革”十年(1966—1976 年)。

因“文化大革命”，学校卫生工作处于瘫痪状态。

(6)改革开放后二十余年(1978—1999 年)。

“文革”结束，我国进入改革开放时期，学校卫生工作开始全面恢复、快速发展。面对百废待兴的学校卫生工作，国家基本形成教育卫生部门对学校卫生工作的行政管理和监督指导框架。形成了学校卫生工作网络，搭建学校卫生学术交流平台，建立了学校卫生标准委员会；恢复了学校卫生教学、科研、实践交流，促进学校卫生工作发展。国家发布《学校卫生工作条例》，这标志着学校卫生工作进入法治化、规范化管理。

4. 21 世纪(2000 年至今)

学校卫生工作进入新世纪，有新的开拓和创造。我国建立了经常性学生体质健康监测网络。学校卫生工作加强学前教育幼儿园的管理，关注寄宿制学校卫生管理、营养干预、疾病预防以及重大传染病预防诊治。学校卫生工作纳入卫生城市评价标准。

八、发展中的我国学校卫生工作及相关研究

(一)以法律、法规为保障建立学校卫生标准

1. 学校卫生的法律、法规保障

《中华人民共和国教育法》《中华人民共和国义务教育法》《中华人民共和国未成年人保护法》是学校卫生工作依循的国家大法，是学校卫生工作的法律保障。此外国家还制定了《中华人民共和国食品安全法》《中华人民共和国传染病防治法》等，使学校卫生工作有法可依、有法必依。

2. 学校卫生工作的法规、文件依据

国家出台的诸多法规和文件给学校卫生工作以开展的依据，也给予学校卫生工作某方面的规范化指向。例如：《学校卫生工作条例》经国务院批准，是国家教育委员会、国家卫生部联合发布的学校卫生工作法规，此条例使我国学校卫生工作进入规范化与法治化的管理轨道且具操作指导性。2008 年教育部制定的《中小学健康教育指导纲要》，对不同阶段儿童健康教育内容、方法和五个水平目标做了具体而详细的规定，该纲要是中小学卫生健康教育的纲领性文件。

3. 学校卫生的评价标准制定

学校卫生标准是针对某项具体工作、行为等做的水平和规范的要求。国家规定的评价标准对学校卫生工作有规范和监管的作用，如营养不良筛查标准、生长发育评价标准，还有各种学校卫生标准的拟订，如教室卫生标准、学习注意力评价标准。同时还颁布了《学校卫生综合评价》国家标准。我国已制定的学校卫生标准涉及学校卫生基础、学校环境卫生、学生卫生行为规范、学校教育心理卫生、学生用品卫生、学生身体发育及健康卫生等。

(二)形成学校卫生管理与工作系统

我国学校卫生管理已形成国家、地方、学校的由上至下、由政策法规至具体运作的贯通的管理体系，形成了医学服务型、社会福利型和健康教育型并存的学校工作体系。各学校的学校卫生管理也形成了核心卫生团队与各行政部门在各教育教学环节的互动系统，建立了学校—班级—学生的管理结构和卫生健康教育实施过程规范，实现了学校卫生工作全校参与。

(三)学校卫生相关研究

1. 关于儿童青少年生长发育的研究

生长发育是衡量儿童青少年健康状况的重要指标，反映国家卫生状况和人民的营养水平。1979 年以来，我国政府先后组织了多次大规模的学生体质和健康调查。1979 年，在教育部、卫生部、国家体委领导下，对我国 16 个省市 20 余万 7～25 岁的城乡儿童青少年的身体形态、机能和素质做了大规模的调查和研究，获得了我国儿童青少年在体质方面较全面的基础资料和数据，初步完成了我国有关儿童青少年体质发展的调研工作，填补了这

方面的空白。这项研究成果不仅对我国学校教育、卫生保健、体育教学训练、运动员选材，以及经济、国防建设等方面有实际参考价值，而且也有一定的学术研究价值。

儿童青少年发育调查，要求每5年进行一次，每2年进行一次学生体质健康监测，结果向社会公布。2002年建立了经常性学生体质健康监测网络，由监测中心、监测站、监测点学校三级构成。

我国儿童青少年众多且分布广泛，有大城市儿童青少年、中小城市儿童青少年、乡村儿童青少年。2010年全国学生体质与健康调研结果表明：我国儿童青少年形态发育水平持续提高，中小学生身体素质下滑趋势开始得到遏制。爆发力素质出现好转，柔韧素质出现好转，耐力素质止“跌”，力量素质（握力）继续提高。大学生身体素质继续呈现缓慢下降趋势，但下降幅度明显减小。

《儿童青少年发育水平的综合评价》(GB/T 31178—2014)由中国国家标准化管理委员会等于2014年9月3日发布，自2015年1月1日起实施。该标准规定了儿童青少年发育水平综合评价的指标（身体形态、生理功能、身体素质、心理健康、身体健康）。评价指标权重分配、评价指标标化评分、评价方法的规范化，确保了儿童青少年生长发育的监测和健康教育的实施。

国家卫生和计划生育委员会发布的《学龄儿童青少年营养不良筛查》(WS/T 456－2014)评量儿童的营养不良，进行生长迟缓和消瘦判断；同时国家还制定了肥胖筛查标准——《中国学龄儿童青少年超重、肥胖筛查体重指数分类标准》。

2. 关于儿童青少年的健康检查和疾病防治的研究

观察和研究儿童青少年的健康状况和影响因素，是学校卫生的主要内容之一。全国各地的学校在执行《学校卫生工作条例》中，很多学校建立了学生健康卡片和健康档案，定期为学生进行健康检查，积极做好学生近视、沙眼、龋齿、寄生虫病、脊柱弯曲异常、肝炎、结核病、神经衰弱、鼻炎、肥胖、营养不良等疾病的预防和矫治工作。近年来，高等学校对预防艾滋病的传播和心理疾病的预防、治疗做了许多工作。

我国重视计划免疫，对儿童进行麻疹、小儿麻痹症、白喉—百日咳—破伤风、结核病四种免疫接种，现已实现所有儿童全面免疫接种。

1980年全国22个省、区、市为22万名中小学生做了视力检查。调查结果表明，学生患病率较高的是近视。一般近视眼的发生率随学习阶段的上升而提高，随学习负担的加重而上升，且城市高于农村。虽然多年来在“防近”工作方面做了很多努力，但是近视眼的患病率仍在上升。2005年，全国学生体质健康调查，近视在视力不良中所占比重为小学生50%～90%，中学生70%～80%，大学生达94%以上。视力不良是我国政府确定的六大常见病之首，近视眼的防治工作被列为重点工作。

龋齿的防治工作：对中小学生做全国调查与防治工作。2005年，调查结果表明7～9岁小学生乳牙龋失补率大多高于50%。我国地域辽阔，各地区结合具体情况，积极开展工作，使防龋的公共卫生措施发挥其应有的作用，以保证儿童青少年的身体健康。国家已将龋齿防治作为口腔保健工作的核心，并从保持口腔清洁，注意营养，培养良好的饮食习惯，多做户外活动，注意身体健康，定期检查口腔，药物防龋，慎用抗生素等多方面入手，开展爱牙日宣传及牙健康教育与行动。

3. 关于儿童青少年的常见传染病防治及健康危险行为应对的研究

我国对儿童青少年的健康检查和疾病防治除常见疾病外，还有对常见传染病的防控应急管理，并作了分级标准和病种分类处置。实施学校突发公共卫生事件的报送机制和处置预案及处理、善后机制。我国加强了传染病的日常管理，在学校建立专门管理小组，落实到各部门负责人、管理者，并落实传染病的筛查、风险评估、报告工作。目前，我国常见传染病含甲型病毒性肝炎、麻疹、狂犬病、细菌性痢疾、肺结核、猩红热、流行性感冒、流行性腮腺炎、急性出血性结膜炎、风疹、手足口病、水痘等，还有近年出现的传染性非典型性肺炎、人感染高致病性禽流感、登革热与登革出血热、中东呼吸综合征等重大疾病。在对儿童青少年健康检查和防治中对给儿童青少年健康、完好状态，乃至终生的生活质量造成直接或间接损害的行为予以关注，比如：导致各种非故意伤害行为，导致各种故意伤害行为，物质成瘾行为，精神成瘾行为，不良饮食行为，缺乏体力活动行为和不安全性行为。我国采用多学科合作的方法来应对健康危险行为的发现、监测、评估，实施心理、行为干预，调整环境，并提供心理、卫生、医疗、社会教育整合性服务。

4. 关于环境因素的研究

影响儿童青少年健康和发育的环境因素包括营养、锻炼、教学和生活制度、学校的建筑设备及环境的污染等。

5. 关于儿童营养的研究

儿童青少年正处于生长发育阶段，必须从外界吸取足够的营养，作为生长发育的物质基础。我国将每年5月20日定为学生营养日。1996年全面实施食品卫生法，并公布《儿童营养午餐办法》。

为了改善农村中小学生蛋白质、热量的不足，国家从1996年8月份起在全国中小学实施“大豆行动计划”，旨在通过易获得的大豆制品，增强儿童的身体素质。这是一项利国利民、造福后代的大工程。农村义务教育学生营养改善计划于2011年秋季实施，目的在于提高农村学生尤其是贫困地区和家庭经济困难学生的健康水平，中央财政对营养改善计划试点地区进行补助。2007年，《中共中央　国务院关于加强青少年体育增强青少年体质的意见》一再强调“建立和完善青少年营养干预机制”，给出了营养教育的内容细目以及营养教育的方法和过程。2011年，中国营养学会给出了《中国居民膳食指南(2007)》和《中国居民平衡膳食宝塔(2007)》。

6. 关于体育锻炼及劳动、实践活动的研究

中华人民共和国成立初期就注意利用自然因素——空气、日光、水对幼儿进行三浴锻炼，取得了良好的效果，并有体育与体格和智力发育的关系讨论。同时，重视体育卫生监督和常见体育运动病症的预防处理，关注劳动和活动中(实践活动)的安全卫生。

7. 关于幼儿园和中小学的建筑环境及设备问题的研究

国家根据儿童青少年生长发育情况，由国家住建部、卫健委、教育部制定相关的卫生

标准。校址选择、校舍建筑及卫生安全设计、生活卫生设施、教室采光、人工照明、通风取暖、课桌椅、印刷品、电子产品运用等均有详细的卫生要求，对大气、土地、水、噪声、光、电污染，给出了限值与措施要求。

8. 对教学和一日生活制度的研究

学生在学校的一天生活安排（包括上课、作业、休息、体育锻炼、户外活动、如厕、睡眠、洗漱、三餐、个人卫生管理等的安排）需专时专用，否则影响其健康。但各校存在“重、多、少、缺”现象，即学生课业负担重，课外作业多，睡眠时间少，体育锻炼缺乏。虽然国家采取了诸多措施，但问题仍不少。严格按学生一日生活卫生标准安排，让学生度过卫生、安全、健康的一天是学校卫生的重要工作。随着神经生理学的发展，重视教学过程的神经生理活动，有利于提高学生的学习能力和生活质量。

9. 对特殊儿童的关注

对特殊儿童身心特点和生长发育情况进行监测以及对其卫生、健康的学校支持、家庭支持、社会支持和培养特殊儿童的卫生健康习惯，提高其生活品质已成为学校卫生工作的组成部分。

10. 健康教育和卫生健康习惯的培养

进行健康教育、培养卫生习惯是提高学生卫生健康水平的重要举措。我国《学校卫生工作条例》及相关法规文件明确规定，普通中小学必须开设健康教育课，把健康教育纳入教学计划，开展学生健康咨询和各类健康教育活动且在学校实施晨检，每日清洁，每年体检。通过对学校卫生工作的管理、监督等，建立学生自己的卫生健康意识，形成卫生健康行为，最终形成良好的卫生健康习惯。同时，须推进健康促进学校建设。

11. 建立儿童青少年卫生研究机构，形成以高校为主的研究团队和人才培养之地

我国于 1982 年由国家科委批准在北京医学院成立儿童青少年卫生研究所，其是国家级儿少卫生专业研究咨询机构，是学校卫生人才培养、学术交流的平台。各师范院校、医学院校的学校卫生及青少年卫生健康专业及研究所（点）则承担了学校卫生人才培养和科研的任务。其后各地区多所高校建立了相关的研究中心，我国学校卫生工作有了更大的进步，带动了科研项目的确立，学术专著和论文的发表，学术刊物和网站的建立，专业咨询、交流推进了学校卫生的专业建设和全国学校卫生工作的开展。

知识拓展

相关法律法规

一、学校卫生相关法律

1.《中华人民共和国教育法》是由第八届全国人民代表大会常务委员会第三次会议通过，于 1995 年 9 月 1 日开始施行的适应于各类教育的一部教育大法。该法第四十五条明确规定“教育、体育、卫生行政部门和学校及其他教育机构应当完善体育、卫生保健设施，

保护学生的身心健康"。

2.《中华人民共和国义务教育法》是由第十届全国人民代表大会常务委员会第二十二次会议修订通过，于2006年9月1日开始施行的为了保障适龄儿童、少年接受义务教育的一部重要法律。该法第十六条规定："学校建设，应当符合国家规定的办学标准，适应教育教学需要；应当符合国家规定的选址要求和建设标准，确保学生和教职工安全。"第十九条规定："县级以上地方人民政府根据需要设置相应的实施特殊教育的学校（班），对视力残疾、听力语言残疾和智力残疾的适龄儿童、少年实施义务教育。特殊教育学校（班）应当具备适应残疾儿童、少年学习、康复、生活特点的场所和设施。普通学校应当接收具有接受普通教育能力的残疾适龄儿童、少年随班就读，并为其学习、康复提供帮助。"

3.《中华人民共和国未成年人保护法》是由第十一届全国人民代表大会常务委员会第二十九次会议修正通过，于2013年1月1日开始施行的一部为了保护未成年人的身心健康，保证未成年人的合法权益的法律。该法对未成年人的家庭保护、学校保护、社会保护、司法保护、法律责任等都有明确的法律规定。其中第十九条规定："学校应当根据未成年学生身心发展的特点，对他们进行社会生活指导、心理健康辅导和青春期教育。"第二十条："学校应当与未成年学生的父母或者其他监护人互相配合，保证未成年学生的睡眠、娱乐和体育锻炼时间，不得加重其学习负担。"第二十二条："学校、幼儿园、托儿所应当建立安全制度，加强对未成年人的安全教育，采取措施保障未成年人的人身安全。学校、幼儿园、托儿所不得在危及未成年人人身安全、健康的校舍和其他设施、场所中进行教育教学活动……"第二十三条："教育行政等部门和学校、幼儿园、托儿所应当根据需要，制定应对各种灾害、传染性疾病、食物中毒、意外伤害等突发事件的预案，配备相应设施并进行必要的演练，增强未成年人的自我保护意识和能力。"第二十四条："学校对未成年学生在校内或者本校组织的校外活动中发生人身伤害事故的，应当及时救护，妥善处理，并及时向有关主管部门报告。"第二十五条："……专门学校的教职员工应当关心、爱护、尊重学生，不得歧视、厌弃。"

4.《中华人民共和国食品安全法》是由第十一届全国人民代表大会常务委员会通过，于2009年6月1日开始施行的有关食品安全及防范食物中毒的法律性文件。它是保障学校集体食堂的食品安全，预防学校集体食物中毒，保证学校师生的饮食卫生安全的重要法规依据。该法于2015年重新修订，于2015年10月1日起实施。

5.《中华人民共和国传染病防治法》是由全国人民代表大会常务委员会第十一次会议修订通过，并于2004年12月1日开始施行的为了预防、控制和消除传染病的发生与流行，保障人民健康的一部重要法律。

二、学校卫生相关重要法规

1.《学校卫生工作条例》是经国务院批准，由国家教育委员会和国家卫生部于1990年6月4日发布的学校卫生法规。该法规对学校卫生工作的一系列问题，如学校卫生工作要求、学校卫生工作管理、学校卫生工作监督，学校选址、设计、扩建、改建，校园及教学用房的环境卫生，教学、体育、劳动、卫生、生活作息制度及健康教育的实施，学生常见病和传染病的防治措施，学生健康管理和卫生服务质量等都做了明确的规定。它的施行使我国的学校卫生制度步入了更为规范化与法治化的管理轨道。

2.《中小学幼儿园安全管理办法》是由教育部、公安部、司法部、建设部、交通部、文化部、卫生部、工商总局、质检总局、新闻出版总署于2006年6月30日发布，于2006年9月1日起施行的一部关于中小学幼儿园全面安全管理办法的系列规定的法规。它包括了总则、安全管理职责、校内安全管理制度、日常安全管理、安全教育、校园周边安全管理、安全事故处理、奖励与责任等内容，在规范我国中小学幼儿园安全管理，保障师生人身、财产等安全方面等起到了重要作用。

3.《全国学生常见病综合防治方案》是由国家卫生部、国家教育委员会、全国爱国卫生运动会于1992年9月联合下发的关于预防和控制学生常见病的法规方案。该方案根据我国国情，确定了视力不良、贫血、龋齿与牙周病、营养不良、沙眼、肠道寄生虫病为我国学生常见病，制订了综合防治方案。随后还下发了各类疾病防治技术规范和考核细则。此方案对我国的学校卫生工作在儿童常见疾病预防方面的科学落实及有效监督起到了积极的推动作用。

4.《中小学健康教育指导纲要》是由教育部于2008年12月1日制定的为了推动与加强学校健康教育工作的一项指导性纲要文件。此指导纲要对中小学不同阶段儿童的健康教育的基本内容、具体目标及如何开展健康教育的措施等都有了详细的规定。该纲要内容详尽，操作指导性强。

5.《中小学卫生保健机构工作规程》是由国家教育委员会于1995年9月发布的为了加强中小学卫生机构的建设与管理的一项法规。它明确规定了中小学保健所的工作职责、设置与管理体制等，对各地方中小学卫生保健机构的良好运作，提高卫生保健工作的管理及实际工作质量等都起到了统一、科学、规范的作用。

6.《中小学生健康体检管理办法》是由国家卫生部和教育部联合制定的针对中小学生健康体检科学管理的一项法规文件。该办法要求，学校应组织所有入学新生进行健康体检，建立健康档案。在校学生每年进行一次常规健康体检。体检内容应包括病史询问、内科常规检查、口腔科检查、眼科检查、外科检查、形体指标检查、生理功能指标检查等。同时，体检机构应分别向学生（家长）、学校和当地教育行政部门反馈健康体检结果和健康评价结果。学校和教育行政部门应根据体检结果制定促进学生健康的具体措施。

7. 在《中华人民共和国食品安全法》的基础上，国家还发布了与学校集体食堂用餐相关的其他法规：《中华人民共和国食品安全法实施条例》《餐饮服务许可管理办法》《餐饮服务食品安全监督管理办法》《餐饮业和集体用餐配送单位卫生规范》《餐饮服务食品安全操作规范》等。

8. 为了加强学校传染病疫情等突发公共卫生事件相关信息的报告工作，国家卫生部与教育部于2006年4月联合制定了《学校和托幼机构传染病疫情报告工作规范（试行）》，对传染病疫情报告相关部门、学校疫情报告人的设置要求和职责、学校和托幼机构传染病疫情监测与报告等都有了明确的规定。

9.《学生伤害事故处理办法》是由教育部制定，于 2010 年 12 月 13 日修订发布的关于如何依法处理学校学生伤害事故的法规文件。它与《中小学幼儿园安全管理办法》共同组成学校安全工作完整全面的法律规范体系。《学生伤害事故处理办法》主要包括事故责任、事故处理程序、事故损害赔偿及事故责任处理等多方面的规定，尤其是发生学生伤害事故后，对学校、学生及其他有关主体的责任判定有了详细明确的规定，有利于及时妥善处理学生伤害事故，依法正当保护学生及学校等的合法权益。

国外学校卫生发展历史

一、德国的学校卫生

德国是实施学校卫生的发源地。进入 19 世纪后半期，德国的经济和教育迅速发展，当时，对近视、结核、脊柱弯曲异常、体育外伤、贫血、头痛等与学习生活有关的疾病或异常，有人视同职业病，称为“学校疾病”。由于医学的发展和卫生学的确立，学校卫生学便成为卫生学的一个分支学科。1883 年法兰克福市小学校开始设置兼职校医，并实施学校卫生监督；之后，又设学校护士。德国的军国主义思想刺激了当时德国学校卫生的发展，开始时校医只管检查校舍设备、采光照明、换气取暖、清扫卫生，后来才发展为儿科校医，也出现了专职校医。地方教育厅内设学校卫生医师。随着儿童保护法的确立，学校供食制建立起来。当时德国学校卫生的特点是以医务人员为中心，对学校给予医学的批评和建议。这种学校卫生制度很快就传播到许多国家。

二、英国的学校卫生

英国的学校卫生比德国迟数十年，其发展主要源于社会问题，因而注重实效。为战争征兵，发现青年体格明显不良，英国政府专门组织调查后，确认青少年健康最根本的问题在于营养和诊疗。此时，英国的公共卫生和国民教育已经立法化，因而也采用立法手段迅速实施学校卫生，推行供食(牛奶等)和学校区域门诊，设立专职校医。英国学校护士起源于公共卫生护士的家访活动，先于校医。主管全国学校卫生的官员同时在教育和卫生两部兼职。当时英国的学校卫生可称为社会福利型学校卫生。

三、美国的学校卫生

美国的学校卫生比英国又迟几年，作为整体公共卫生的一部分，是受健康教育的激发而发展起来的。美国吸收德英两国的经验，也设置校医和学校护士，实施学校供食等。学校卫生工作以健康为主，以学校教师为中心，而不再以医务人员为中心。美国各州学校卫生事宜，有的隶属于教育部，有的隶属于卫生部，也有由两部合办的。

四、日本的学校卫生

二战前，日本的学校卫生在军国主义思想推动下发展起来。开始时学习德国，实施医学服务型学校卫生，1898 年公布校医制度。大约从 1925 年以后，在学习德、英的基础上，日本又学习美国新兴的健康教育，其学校卫生的实施，逐渐转换成以学校教师为中心。1945 年战败后，日本将整个学校卫生完全纳入教育轨道；学校护士改为教育职称“养护教谕”；校内由有能力的教师任保健主事，在校长领导下管理体育、卫生、供食等事宜。1958 年颁布学校保健法，以联合国救济食品为契机，大力恢复二战期间中断的学校供食。1959 年又颁布学校安全法。从总体上看，日本学校卫生有其健康教育型的特点。20 世纪 70 年代以后，日本扩大了校医职权范围，施行医教制（除原内科校医外，增设兼职牙科、眼科及耳鼻喉科校医），加强“养护教谕”培训，调整与社区保健所的联系等。

我国学校卫生发展简史

一、我国古代的儿童青少年卫生

关于对儿童青少年的教养，两千多年前，在孔子提出的“六艺”中就有反映。唐代孙思邈说：“夫生民之道，莫不以养小为大。若无于小，卒不成大……”此外，对儿童清洁、礼貌习惯的培养训练，古书记载也很多。较早的如《论语 · 子张》：“子夏之门人小子，当洒扫应对进退则可矣，如之何？”可知古代已有将水洒在地上以防尘土飞扬的良好习惯。

关于儿童青少年生长发育，《白虎通 · 嫁娶》中提出：“男八岁毁齿，女七岁毁齿。”《黄帝内经素问》中说：“女子七岁肾气盛，齿更发长。二七而天癸至……丈夫八岁肾气实，发长齿更。二八肾气盛，天癸至……”这说明古代对男女发育的规律已有研究。在《小儿卫生总微论方》中提到五气与发育的关系，如：“心气盛者，则伶俐，早言笑，形神清而多发……”这说明形态与生理的变化在发育过程中密切联系。

对儿童青少年的年龄分期，有“凡人年六岁以上为小，十六岁以上为少”之说。

关于对儿童的养育，许多书籍都有记载，如《幼科发挥》《幼科准绳》《医宗金鉴》《育婴家秘》等，提出了断脐、试口、洗浴、穿衣、哺乳、啼哭、锻炼等抚育的方法。特别在《小儿卫生总微论方》的《慎护篇》及元代《活幼新书》和明代的《全幼心鉴》等书中详细地记载了幼儿养育方法。古人已经认识到：“婴儿体小质脆，气血未定，保育偶或疏忽即能成病。”在《千金方》中指出：“凡天和暖无风之时，令母将儿于日中嬉戏，数见风日，则血凝气刚，肌肉牢密，堪忍风寒，不致疾病。”

在治疗儿童疾病方面，历代均有儿科名医并有专书出版。如先秦的《五十二病方》是我国最古的医方，其中有“婴儿索痉”“婴儿病痫”“婴心瘈”等名称，是新生儿破伤风的古名。又如《黄帝内经素问》的《通评虚实篇》中提到乳子的喘鸣与肩息等病象。战国时已有儿科名医扁鹊。宋太医局设立慈幼局，收养贫家子女。宋末钱乙，为儿科圣人，习儿科 40 余年，著有《小儿药证直诀》一书，创六脉诊法和豆麻诊脉法常律。宋代如刘昉的《幼幼新书》分 40 卷，记载婴儿保育法、新生儿疾病、发育异常、消化系统疾病等，并列举参考书目，为当时我国和世界上最丰富的儿科学著作。此外，还有明代的薛己等人的《保婴撮要》，清代陈复正辑订的《幼幼集成》。

二、我国学校卫生工作的早期发展

1862年6月11日成立京师同文馆，开创了新式学校教育模式；同年8月制定的学生管理方法《同文馆章程六条》，内容包括考勤和作息管理、食宿管理等，并对学生就医也进行了规定。随着学堂增多，强体、“无病的身体”成为教育的目标之一。

岭南大学1898年设校医，各地教会设立的学校也由教会医院医生为学生诊病，并对学生进行体检，开启了我国校医历史。我国近代官方颁布的学校管理法规集成“癸卯学制”也规定，中等及以上学校以及设寄宿的高等小学学堂都应有食堂、盥所、浴所、养病所、厕所等。1901年日本三岛通良的《学校卫生学》翻译出版。我国俞庆恩的《学校卫生讲义》是中国人最早撰写的卫生学专著。更具现代意义的是，俞风宾所著的《学校卫生要首》于1925年出版，“庆恩”是俞风宾的字。俞风宾是我国20世纪初西医学者直接从事学校卫生工作著名而有影响的专家之一。1902年，在培养中学师资的京师大学堂师范馆开设博物，展览内容除动物、植物、矿物外，也包括生理和卫生。1908年，师范馆独立为京师优级师范学堂，并单开生理类课程。

辛亥革命后，1912年学堂改称学校。1913年，民国政府教育部公布《高等师范学校课程标准》，正式规定本科博物部设生理及卫生学课程。1918年北京高等师范学校规定，体育专修科设生理卫生，教育专修科设学校卫生。同年，南京高等师范学校规定，体育专修科开设卫生学，教育专修科开设学校卫生与设备。1925年，北京协和医学院与当时的北京市政府警察局在东城合办卫生事务所，开展公共卫生工作，其中包括在学校逐渐开展以学生体检、健康检查、健康教育及预防接种等为主要内容的学校卫生工作。1929年2月，民国政府教育部和卫生部联合组织了学校卫生委员会，颁布《学校卫生实施方案》，要求在省、市、县卫生处局之下设学校卫生医员和学校护士。

1932年，南京教育部规定小学各年级设卫生课并制订教学大纲，各书局出版了教科书。1935年，卫生署出版了一本《学校健康教育》供学校教师参考。同年，美国健康教育专家端纳被邀来讲学，在我国掀起了健康教育的高潮，由陈志潜将其《健康教育原理》翻译出版。

1936年，规定每年5月15日为“儿童健康检阅日”并举行健康比赛。这一时期出版的学校卫生著作主要有李廷安《学校卫生概论》、马兼善等《学校卫生宝鉴》、周福同《学校卫生概要》、高镜朗《学校传染病处理法》、金殿勋译《学校设备用品述要》等。

在延安，在中国共产党领导下，对一切适龄儿童皆施以免费义务教育，学制5年，即初小3年，高小2年。在模范小学延安杨家湾小学开设卫生课，培养儿童卫生习惯。鲁迅师范学校开设自然常识课，课程内容以防空防毒及日常生活常识为主；1943年规定学校为3年制，设8门课，医药常识为其中之一。

三、中华人民共和国成立后的学校卫生工作

1949年《中国人民政治协商会议共同纲领》第四十八条规定：“提倡国民体育。推广卫生医药事业，并注意保护母亲、婴儿、儿童的健康。”1951年8月6日，政务院《关于改善各级学校学生健康状况的规定》中规定，各省、市、县人民政府行政部门应会同同级行政部

门、教育工会、青年团、学生联合会及当地医疗机关代表组织学校保健指导委员会，负责指导检查当地各级学校的保健工作。1953 年经政务院第 167 次政务会审定批准，在全国建卫生防疫站，宗旨是以预防为主、讲究卫生、减少疾病、提高健康水平。省级、大中城市卫生防疫站设学校卫生科，小城市、县设卫生科，有专职或兼职人员负责学校卫生工作。卫生防疫站代表卫生部门对校医、校护和保健医生进行业务指导。防疫站学校卫生工作人员属卫生系统。1954 年 6 月 11 日，高等教育部、卫生部、国家体育运动委员会联合发出关于开展学校保健工作的指示，确定各地学校保健的工作方针、任务，交由教育部门会同相关部门执行。1958 年 3 月，教育部、卫生部发布的《关于进一步加强学校保健工作领导的联合指示》中明确指出：加强领导、明确职责，保障学生健康是教育和卫生部门的一项重要职责。这一时期各类防治所也参与学校卫生工作，并开展爱国卫生运动。医学院校卫生专业和师范院校教育专业分别开设儿童青少年卫生和学校卫生课程。

四、改革开放促进学校卫生工作发展

1979 年 5 月 15 日—22 日，经国务院批准，教育部、国家体委、卫生部、共青团中央在江苏扬州联合召开“全国学校体育、卫生工作经验交流会议”。会议要求，加强学校体育卫生工作，健全工作机构，完善规章制度，重视体育卫生师资队伍建设。1979 年 12 月 6 日，教育部、卫生部联合颁布《中、小学生卫生工作暂行规定（草案）》，为全面恢复学校卫生工作提供了政策依据。1981 年至 1987 年，国家对各部委（局）进行调整，基本形成教育、卫生部门对学校卫生工作的行政管理和监督指导框架。全国在 20 世纪 80 年代中期形成了以高等院校为主的儿童青少年卫生研究团队，以卫生防疫站、中小学卫生保健所，以及校医为主的学校卫生工作网络，搭建了中华预防医学会儿少卫生分会学术交流平台，组建了学校卫生标准委员会这一标准编制，修订、组织、恢复了学校卫生教学、科研、实践、交流，促进学校卫生工作发展。

1990 年，经国务院批准，国家教育委员会、卫生部发布施行《学校卫生工作条例》，对学校卫生工作任务、行政管理和监督指导的职责划分、学校卫生工作要求、管理监督做出明确规定，同时教育部、卫生部出台一系列配套政策文件和学校卫生标准。

五、进入 21 世纪的学校卫生工作

2002 年，各级卫生防疫站因体制改革重新组建为疾病预防控制中心，卫生监督所下设少儿卫生、学校卫生分中心。同年，教育部建立了经常性的学生体质健康监测网络，监测结果向社会公布。中国学生体质健康监测网络由学生体质健康监测中心、学生体质健康监测站、学生体质健康监测点学校组成。《国家中长期教育改革和发展规划纲要（2010—2020 年）》和《国家中长期人才发展规划纲要（2010—2020 年）》指出，儿童青少年健康是实现强国战略的基础，应加强学前教育及幼儿园卫生管理，关注寄宿制学校卫生管理、疾病预防、营养干预等。《中国儿童发展纲要（2011—2020 年）》将学校卫生工作相关要求纳入卫生城市评价标准中。

第二节 基于现代健康观的学校卫生学

一、世界卫生组织健康新定义

20 世纪 80 年代中期，联合国世界卫生组织将健康定义为："健康乃是一种在身体上、心理上和社会适应方面的完好状态，而不仅仅是没有疾病和虚弱的状态。"该定义走出了把健康视为没有疾病的狭隘健康观，关注生理健康和心理的发展、人格的健康。

进入 21 世纪后，世界卫生组织于 2001 年 5 月 22 日通过了《功能、残疾和健康国际分类》(International Classification of Functioning，Disability and Health，ICF)。

(一)ICF 的内容框架

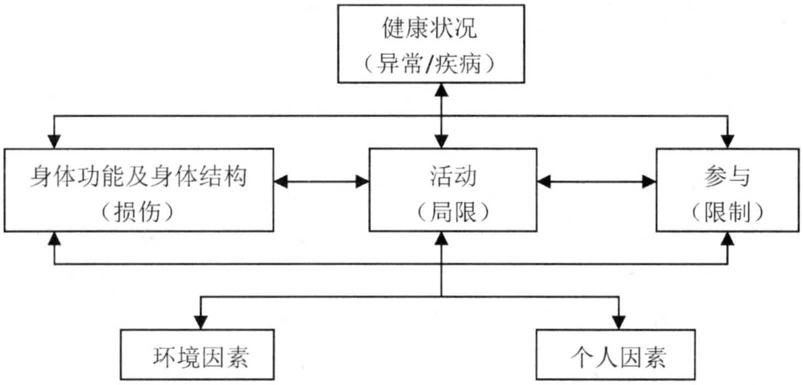

图 1-1 ICF 的内容框架

(二)ICF 的构成

1. ICF 用语

身体功能：指身体系统的生理功能及心理功能。

身体结构：指身体的解剖学部分，如内脏、四肢及其组织。

损伤：指身体功能或身体构造上的困难，如显著的异常或缺损。

活动：指个人执行一项任务或活动。

参与：指个人对生活情境的投入。

限制：指个人执行任务或活动时可能有的困难。

局限：指个人投入生活情境时可能有的困难。

环境因素：个人居住与生活中的物理、社会环境。

个人因素：指内在特质的影响。

2. ICF 构成要素

身体功能和身体结构，活动与参与，环境因素等。

ICF 认为健康状况不只是医学的，也不只是自我的、社会的、环境的，而是一个整合的，在互动当中的健康之路。健康是在环境与个人共同作用的背景下，有良好的活动和参与度而促进身体功能和结构良好发展，从而获得健康的状况。

而要改变不健康的状况，则可通过环境的支持、个人的调整，让身体功能和身体结构获得改变，使损伤度改变，进而使活动和参与度增加，使局限与限制降低。通过促进身体功能与结构的良好发展，给环境、个人更多的成长，而使健康呈现新状况。

因此，ICF 认为人的身心障碍是相对的，是可以通过环境的调整、改变、创造、自我努力成长、环境与自我共同作用，加以改变和超越的。

二、遗传、环境和教育对学生健康及发育的影响

（一）遗传对儿童青少年的影响

遗传是一种生物现象，即将相貌、性格等传给后代，这种“亲子相似”的现象就是遗传。但是子女并不完全像其父母或长辈，兄弟姐妹之间也各不相像，这种“亲子相异”的现象，叫作变异。

遗传和变异是生命的普遍属性。遗传性是人类世代相继的根据，而变异性则是人类进化、发展的条件。人类的许多变异，如高矮、肥瘦、血型的不同都属于正常的变异，当变异超过正常范围，遗传物质的变异就会引起遗传性的疾病，可以代代或隔代相传下去。

研究遗传素质的物质基础及其变异的科学，叫作遗传学。自从 1876 年弗莱明研究人体染色体以来，至今对染色体结构、组织及功能的研究，已经成为遗传学、分子生物学、医学、人体研究的重要课题，并且推动许多学科的飞速发展。

现已证实，人体的每个细胞核内都有 23 对染色体。其中 22 对男女都一样，称为常染色体，生物学家将它们从大到小编为 1 号～22 号。另外一对是决定人体性别的性染色体，女性用 XX 表示，男性用 XY 表示。染色体的主要成分是一种叫脱氧核糖核酸（DNA）的化学物质。它就是遗传物质，带有遗传信息。所谓基因，就是 DNA 上有遗传效应的一个片段，也即一个遗传单位，是贮存一定遗传信息（密码）的单位。

蛋白质是构成人体的主要成分。人体的一切性状特征，如皮肤的颜色、五官形状、高矮肥瘦、抗病力等，主要是由各种蛋白质来决定和体现的。蛋白质在体内的合成受基因的控制。一个基因决定一种蛋白质，从而决定人类千差万别的性状特征。当然，后天环境因素对人体的性状特征也有重要的影响。

人类的每个染色体上大约有 3000 个基因。46 条染色体上约有 10 万个基因，它们控制着人体各种性状特征。如果某个基因有异常，它所控制的蛋白质的合成（质或量）就会出现异常，从而给人带来各种各样的疾病。

遗传病可能在出生时表现出来，如新生儿畸形；也可能到一定年龄或经受一定的环境致病因素后才出现症状。它的发病都因为一定的遗传物质（染色体、基因）发生异常，并通过生殖细胞，按一定方式传递给后代。

遗传病可分为三类：单基因病、多基因病、染色体病。遗传病目前已发现 3000 多种。

(1)单基因病。由于某个或某对基因发生突变而造成的各种先天性、代谢性疾病。据统计,这类疾病有2735种。由于突变基因遗传方式不同,又可分为以下三种:

①常染色体显性遗传病。凡在1～22对常染色体上,只有一个致病基因存在时,这种病就会显露出来。它的特点是:与性别无关,男女患病机会相等;患者同胞中有1/2患有此病;家族中可连续数代出现同样患者。常见的有多指症,其他如多囊肾、先天性肌强直、视网膜母细胞瘤、舞蹈病、先天性睑下垂、牙釉质发育不全、多胎妊娠等,共1460种。

②常染色体隐性遗传病。染色体和基因都是成对排列的。成对排列在染色体上的基因叫作"等位基因",只有当某对等位基因都是致病基因时才会致病。只有一个致病基因的杂合子,本身不会发病,但是,隐性致病基因的携带者,一旦与另一个携带者结合,后代就会患病。

这类遗传病与性别无关,不一定每代都会出现患者,但都是致病基因的携带者。如果患者与外表正常的异性结婚,其子女患病的可能性是1/4,即使是正常的子女,也有2/3的可能性是隐性致病基因的携带者;如果近亲结婚,其子女患病机会将几十倍或百倍地增加。因为血缘关系近的人,相同基因的比例高,堂(表)兄妹之间有1/8的基因相同,三代之内的堂(表)兄妹之间有1/32的基因相同。生育时隐性致病基因相遇机会多,有可能使原来在双亲身上未起作用的致病基因在后代身上起作用,使遗传病的发病率增加。严禁近亲结婚,常染色体隐性遗传病的发病率会下降,先天性耳聋发病率可降20%,色素性干皮病发病率可降50%。

常见的常染色体隐性遗传病有白化病、先天性耳聋、半乳糖血症、苯丙酮尿症及高度近视等。其中,苯丙酮尿症是因苯丙氨酸代谢异常,影响婴儿大脑发育造成的遗传疾病。这种遗传疾病只要能及时发现,并给以低苯丙氨酸饮食治疗,婴儿是可以健康成长的。聋儿及时发现作电子耳蜗适配及早期聋儿语训也可收到良好的效果。

③伴性遗传病,是一种伴随性别遗传的疾病,可分为两大类。

一类是伴性显性遗传病。其特点是:患者的父母中必有一人患同样病症;患者的正常子女不会再遗传给后代;男性患者与正常女性结婚,女儿都会患病,儿子都是正常人;女性患者与正常男性结婚,其儿女各有50%的患病可能。如遗传性肾炎、抗维生素D佝偻病等,一般女性患者较多,但症状却是男性较重。

另一类是伴性隐性遗传病。其特点是:只能由母亲遗传,患者可以隔代遗传;男性患者多于女性;男性患者的父母如果外表正常,则母亲多为隐性基因携带者。常见的有血友病、色盲、睾丸女性化综合征、无眼畸形、鱼鳞癣、肾性尿崩症、肾性糖尿病等。

遗传病的危害在历史上的典型例子是英国维多利亚女王的故事。她本人虽正常,但却是血友病(轻微外伤即出血不止)的隐性基因携带者。她的几个儿子都因此发病死亡,几个女儿嫁到欧洲各皇室,结果,这些皇族的王子中有50%也患有血友病。

(2)多基因遗传病。由两对以上基因影响的遗传致病因素与环境致病因素造成。它的形成受遗传因素和环境因素的双重影响。不同的多基因疾病受遗传因素影响的大小各不相同。这类病有些出生时并不表现出来。国外专家曾用21年的时间追踪观察4800人,发病率为3.58%。新生儿常见的多基因遗传病有先天性心脏病、开放性神经管缺陷、脊柱裂的无脑儿等。

(3)染色体疾病。染色体是基因的载体,它发生异常,就会出现遗传病。如少一个性染色体呈XO型的人,可为先天性卵巢发育不全者。常染色体异常者,如第21对染色体发生畸变(多一个染色体),形成的畸形儿为21-三体综合征,患有先天性心脏病和智力低下,又叫唐氏综合征。此外还有18-三体综合征,13-三体综合征,猫叫综合征,都是常染色体数目异常所致,它们都能使人智力低下,五官、四肢、内脏畸形。

据统计,唐氏综合征在新生儿中的发生率为1/650。因此,教育工作者必须掌握遗传的理论知识。

由于遗传对儿童的体质和健康有着一定的影响,所以它是社会的重要问题,因此,学校卫生学要研究这一问题,教育工作者要根据不同情况采取各种措施改善学生的遗传素质。

学校要对学生进行遗传优生的教育,让学生知道如何保护自己的身体健康,将来如何选择配偶。同时用遗传优生的知识影响家庭和社会,做好这方面的宣传教育工作。

总之,遗传对学生的健康成长和体质强弱有着一定的影响,但它只是一个必要的条件,而不是决定的条件。起决定作用的是生活环境和教育的影响。

(二)环境对儿童青少年健康的影响

人的健康与周围环境有着密切的关系。人类生活的环境由自然环境和社会环境两部分组成。例如空气、水、土壤、植物、动物和其他自然因素构成的环境为自然环境,而社会环境则包括人类从事的生产活动、居住的房屋、交通以及文化环境、经济环境等需要人调适、同化并适应的社会生活。这些影响人类生存的环境都称为外环境。而人类本身机体的状况,则称为内环境。外环境物质通过机体的摄取、消化、吸收、代谢、排泄和内环境发生联系,对人体产生影响。

我们每一个人都在一定的环境里生活、学习和工作,我们的一切活动都会影响环境,而环境的变化反过来又会影响我们的生活和健康。由于人类大力开发利用自然资源,工业生产迅速发展,出现了许多高度集中的工矿区和超大城市,致使自然环境和社会环境发生一系列的变化,使人们周围环境的污染越来越严重。这些影响有的我们能够明显感觉到,例如:噪声,空气、土地、水污染等。还有些不太明显的,例如:农药残留在粮食、蔬菜、水果中;有害的化学物质,如多环羟类化合物、芳香胺类化合物、亚胺类化合物、砷、铬、镍、铍等。同时并发存在的社会问题表现在经济高度发展、竞争激烈、战争、贫困、社会道德的丧失、不良风气滋生等所谓的社会污染。自然与社会交织的压力,对人类的生存和健康有极大的危害。

在20世纪70年代初期兴起的保护环境的环境科学,就是研究人和环境之间的关系,其中心任务是要促进人类生态系统向着更科学、更合理的方向发展。根据环境变化的规律,更好地改造和提高环境质量,促使环境朝着有利于人类的方向变化,有利于人类生存和保障人类的身体健康。

学校的环境是与其所在的自然环境和社会环境紧密相关的。学校卫生学要将环境教育作为重要内容,让学生能从人与环境的关系角度思考问题,从卫生、健康着手。以环境科学理论指导学校的卫生工作,具体从建设卫生健康的自己,建设卫生健康的班级、学校、环境入手,进而达到使学生身心健康发展的目的。

(三)教育对儿童青少年健康的影响

教育也可称为一种环境,但教育与一般环境不同的是:教育是有目的、有计划、有系统的影响。而学校教育的目的、计划、系统性更强。其特点是教育者(学校、教师)依教育目的决定教学模式,选择、组织教学内容,通过系统的教学媒介(教材、教学资源),使用一定的教学策略和方法,运用和创设教学环境对教育对象施加影响,并让学生获得相关知识和能力。

在学校教育中,健康既是教育目的又是教育内容。学校教育对儿童青少年健康担负着应有的责任,产生着深远的影响。任何一所学校均会做出"健康第一"的重要的教育定位,在健康第一的办学导向下学校教育有如下的举措与行动:

(1)学校管理的整体与各部门均有卫生、安全、健康的相关条例与规章。将学校领导班子及分管的校长负责制落实到细处,特别是校卫生室、体育运动场地、食堂、厕所、寝室、教室等空间的卫生、安全、健康活动的开展与监管,均落实时间、地点、责任人和行动。

(2)卫生、安全、健康教育是各年级、各班级的常年教育内容及管理内容。可通过天天讲、月月评,检查与评估、奖励与批评的方式进行,使卫生、安全、健康成为班级常规,成为学生的行为习惯。

国家规定各校开设相关课程,如生物课、健康教育课、心理健康课、体育课。劳动技能课程是直接与卫生、安全、健康相关的显性课程,同时其他各门课也会涉及卫生、安全、健康的部分内容。

各校配备心理咨询教师和卫生健康教师。他们除承担课程教学外,还会与校医合作,并与学校相关部门与组织,如少先队、共青团学生会、德育处、教务处、总务处、各学科班级联合开展卫生、安全、健康的服务,并组织相关活动。

学校班级每天的晨检、清洁卫生和安全检查是一日活动不可或缺的例行内容,可以说是学生的日课,是其生活的一部分。同时还有健康教育讲座,每学期必有的运动会、体检、外出参访和健康宣传、文娱活动等。

学校的健康教育精心布局、系统设计、多元实施,为培养学生的健康意识,丰富学生的健康知识,形成学生终身受用的健康行为习惯服务。

(四)遗传、环境、教育三因素的关系

影响学生健康发展的因素有遗传、环境、教育,这三个因素之间有怎样的关系呢?

遗传性是人类世代相继的依据。遗传形成个体的身体形态、结构、感官、神经、生理、生化、免疫、行为、智能、情绪等各种性状,表现出生命体的本质特征。重视遗传对人身心发展和对儿童体质和健康的影响和作用，从而珍视并尊重生命的成长与发展。寻找到提高人口素质的策略与方法。遗传与环境、教育相比，更具生物性，是生命物质的基础，是与生俱来的遗传给人的生命、生存、生活提供了可能性。

而环境与教育在儿童成长与发展中起着决定性作用。因为儿童生活在环境当中，家庭环境、学校环境、社区环境给予儿童广阔的成长发展天地。儿童与家人、邻里、亲友、伙伴、同学、老师沟通交流，每天经历日常的生活、学习、劳动、休闲娱乐等丰富而复杂的活动。教育以比遗传大得多的影响力，使儿童认知、情感、意志大大发展，形成鲜明独特的个性。环境与教育可使原来良好的遗传素质得以更好地发挥。环境和教育还可以让遗传有缺陷者克服或超越障碍，如盲童通过盲文学习以手以耳代目，听障儿童通过电子耳蜗和聋儿语训达到“不聋不哑”。环境与教育如春风化雨，滋润着儿童走向少年、青年、成年，在个人适应和社会适应中成长为身心健康的人。

第三节　学校卫生管理与工作系统

学校卫生工作涉及面广，千头万绪。明确的管理及工作系统建设成为学校卫生工作品质的保障。

一、学校卫生工作管理系统

学校卫生工作是中央政府行为，是各地政府行为，是学校行为、班级行为以及学生个体行为。关于学校卫生管理在《学校卫生工作条例》中已有明确规定，下面从各层级看各级管理工作。

（一）教育部与卫健委

国家的法律、法规、各项方针政策规定教育行政部门负责学校卫生工作的行政管理，卫生行政部门负责对学校卫生工作进行监督指导。我国主要由教育部体育卫生与艺术教育司主管学校卫生工作。教育部参与相关法律、法规的制定，确定我国学校卫生健康教育的政策方针与大方向。在全国进行调研，支持并督促检查全国学校卫生工作。卫健委也参与相关法律、法规制定并监督指导全国学校卫生工作。

（二）各地方政府教育行政部门与卫生行政部门

我国各省、自治区、直辖市，所属市、区、县教育行政部门设有体卫艺处和中小学卫生保健所。负责支持管理学校卫生工作在本地区的开展；负责地方相关政策的制定，在当地大、中、小学建立卫生保健室或医院，配备专职医生、护士和相应的设施、设备，开设健康课及相关课程；负责检查督促各学校的卫生、健康教育工作的实施。各级地方政府设置爱国卫生运动委员会这一议事、协调机构，领导统筹协调公共环境卫生、防病治病、病媒生物防制、健康教育工作。各地卫生行政部门对当地学校卫生工作进行服务及督导，具体由各地卫生监督部门实施卫生监督。

(三)学校卫生工作团队

学校分管学校卫生工作的校长领衔组建以校医为主要负责人，以学校心理咨询教师、卫生健康课教师、生物课教师为重要成员，联合学校德育处、少先队、共青团、学生会、教导处、总务处以及相关学科的教师，选出各年级分管学校卫生健康的负责老师，各班班主任、学生代表、家长代表，组建学校卫生工作团队。

(四)学校卫生工作者

我国高等师范院校开设的学校卫生学课程是教育专业师范生的专业必修课。同时对在职教师进行学校卫生学的培训，并在教育实习、见习中纳入学校健康卫生内容。部分医学院校建立卫生系，成立学校卫生或儿童青少年卫生研究室，教育和医疗两个体系从教学、科研方面培养了学校卫生工作后备人才，并对当地学校卫生工作提供支持服务。

二、学校卫生工作系统

我国建立了由上而下的学校卫生行政管理系统，开展了一系列的相关工作。

(一)国家确定卫生工作条例，制定卫生标准，确立工作方向

1990 年 4 月 25 日经国务院批准，1990 年 6 月 4 日国家教育委员会令第 10 号、卫生部令第 1 号共同发布《学校卫生工作条例》，该条例是我国学校卫生工作的依循和具体工作导引。该条例第一条为“为加强学校卫生工作，提高学生的健康水平，制定本条例”。

(二)各地方政府卫生行政部门

1. 各级教育行政部门、体卫艺处及中小学卫生保健机构(所、站、中心)

各级政府、教育局所属，体卫艺处及中小学卫生保健机构将学校卫生工作的国家方针政策，传达至各学校，与当地各部门合作开展工作。所以，各级体卫艺处和中小学卫生保健机构是国家卫生健康方针政策与基层学校沟通的桥梁，是当地学校卫生工作的指导中心，支持服务中心。主要工作为：

(1)贯彻国家学校卫生工作要求并结合当地工作实际，制定地方文件，确定当前工作重点，制定评估标准。对当地各级卫生健康机构、中小学进行定期、随机等调查、巡访；对当地学校卫生工作儿童青少年卫生健康发展和存在的问题进行深入的了解；能处理突发状况且有追踪查访。

(2)开展学校卫生工作咨询服务，解答并协助解决问题，且提供相关信息服务。

(3)协助一线学校组建学校卫生团队，支持协助其开展工作。督促检查各学校健康课的开设。有针对性地参与学校卫生工作的现场评量，并给予指导。

(4)每学期有该地区学校卫生工作总结，并报告上级主管部门，呈示有建设性的意见。能结合当地实际，为当地政府重视学校卫生工作建言献策。

(5)建立学校卫生示范校,发现学校卫生优秀教师并给予重点培养。

(6)能对儿童发育、健康状况和学校卫生工作有趋势性发展的预测,能制定发展规划。在本地区组建多学科、跨专业的学校卫生、健康教育工作支持队伍。

(7)直接为中小学服务的工作包含研究中小学生体质健康,进行多发病、常见病防治的业务指导;开展预防接种,监测当地儿童青少年生长发育情况,形成常年监督及情况分析报告机制;针对中小学组织开展形式多样的健康教育活动,开展卫生健康社会性服务。

(8)开展培训工作。有系统培训、专题交流以及两者相结合的培训;有针对不同人员的培训,如教师培训、心理辅导人员培训、校医培训、管理干部培训、食堂人员培训、家长培训、学生讲座等等;有下至学校或站点的培训,也有集中在卫生保健所的培训。

(9)开展研究工作,承担学校卫生相关科研项目。提高学校卫生从理论到实践的能力和水平。在与基层学校的互动交往中提升指导力、决策力。

2. 各级卫生计生部门、医院、妇幼保健站、疾病预防控制中心

卫生部门承担学生体检,青少年生长发育健康状况监测,疾病预防、治疗,健康咨询服务,卫生健康知识普及宣传,学校社区的公共卫生事件处置等。与学校有密切的专业合作,各级卫生行政部门组建学校卫生督导组对当地学校卫生工作进行督导。具体由各地卫生监督局(所)实施。

3. 社会参与

社会参与泛指社区基本构成单位,如街道居委会,其他兄弟学校,公办、民办机构对学校卫生工作的支持。社工、义工参与学校卫生工作。从本地生态环境中充分运用各种资源,将卫生健康教育根植于无处不在的生活中并得到来自社会生活的支持和帮助。

4. 大专院校相关专业

大专院校相关专业,以其专业性、系统化的特点,从知识、技术、观念及人力、物力上为学校卫生工作注入活力。在与一线学校的卫生健康工作互动中获得双赢。

(三)学校卫生工作在学校开展,是具体的工作实践

为了完成学校卫生工作的各项任务,学校必须有健全的卫生组织,执行各岗职责,践行具体工作。

1. 学校卫生工作组织

学校卫生工作组织受当地学校保健委员会领导,接受上级教育和卫生行政部门的监督。

在学校具体由分管体育卫生的校长领导,由教导主任、总务主任、团委负责人、工会代表、校医(保健教师)、体育教师、生物教师、心理咨询教师、劳技课教师、健康课教师、教师代表、学生代表、少先队辅导员、生活辅导教师和女生指导教师(有住宿生的)、家长代表等参加,组建委员会,各委员分工,负责督促、检查、总结学校卫生工作。

学校各班级可选派积极分子1～2名为卫生委员,参加校卫生委员会,或由3～5人组成卫生小组,班委会中也应设卫生委员一名。由学生会领导,校医进行业务指导。一般中

学还可以成立红十字少年组织，在全校各班级选择学生参加，与卫生室配合，协助推动卫生工作和校外服务。

中小学的班主任受教导处指导，他们是学校卫生工作的积极执行者，几乎所有卫生工作都要通过班主任进行布置和贯彻。

2. 学校基层卫生工作内容及相关工作人员职责

(1)学校卫生室医务人员的职责。

积极当好学校领导的参谋，做好业务技术指导。每学期开始，拟定学校卫生保健计划及实施意见，提请领导批准，列入学校工作计划。

做好防病治病工作。

定期进行健康检查。要建立和健全健康档案，做好登记、统计工作，提高保健措施。

负责常见病、多发病和一般外伤的治疗工作，并承担一般急救工作。对重危病人，要及时送至医院。

做好计划免疫工作，定期进行预防接种。随时掌握疫情，加强传染病管理，做好饮食、饮水卫生监督工作，预防传染病的发生和流行。当学校发现传染病时，应按规定及早报告疫情，采取措施，防止蔓延。

预防近视眼和完成部分缺陷矫治。制订学生视力保护工作计划，定期给学生做视力检查，统计分析，找出原因，进行预防近视的技术指导。对学生进行龋齿、脊柱弯曲异常、扁平足等矫治工作。

对学生的学习、生活环境、教学设备、课业、劳动等进行卫生监督，并提出卫生要求，采取保健措施。

开展体育锻炼，进行体育卫生监督。监督内容包括学生体质、健康情况、运动场地、运动器材、运动量等，以防伤害事故发生。

学校卫生室要有计划地做好经常性的卫生宣传教育工作，培养学生的卫生习惯，提高师生员工的卫生知识水平。定期培训卫生员和卫生骨干。为学生、教师、炊事人员、后勤人员等开办卫生讲座、上卫生课。组织全校师生员工开展各项卫生活动。

卫生室要积累有关卫生资料并对其进行分析研究。每个学校应有卫生记录卡片、簿册，以便调查统计，不断提高学校卫生工作的质量。卫生记录卡片、簿册的内容主要包括：学生个人健康卡(包括预防接种登记)；门诊记录(记载病历、诊断及因病缺课、请假情况)；外伤事故登记簿，记载体育、劳动、生活中(校内、校外)发生的外伤或事故；传染病登记；卫生室药品财产出纳保管簿。

进行有关婚育的宣传、指导工作。

(2)小学保健教师的职责。

只设保健教师的学校，保健教师的职责有以下内容：

做好学校领导的参谋和学校卫生技术指导工作。拟定学校卫生保健工作计划，检查、推动、总结卫生工作。

制订保护学生视力的工作计划，做好技术指导。

进行卫生宣传教育，指导培养学生卫生习惯。在高年级训练卫生员，培养卫生骨干。

监督改善学校环境卫生、教学设备、课业负担，与学校和班主任配合，改善教室采光照明，调整课桌椅，并对学生的体育锻炼或经常性一般劳动进行卫生监督。

担任简易治疗、健康检查（身高、体重、视力测量）、急救转诊工作。及时矫治沙眼、龋齿、脊柱弯曲异常等。做好毕业生体检组织工作。

抓好晨间检查工作，随时掌握疫情，实行计划免疫，做好预防接种组织工作，做好传染病的预防工作。

组织开展全校性的卫生活动及宣传教育活动，并经常与当地医疗、卫生防疫、疾病控制单位联系，不断提高学校卫生保健工作的质量。

(3)班主任的卫生工作任务。

了解全班学生的病史，掌握学生的健康情况。分析造成不健康的原因，根据学生的体力、年龄、性别及发育和健康情况，合理安排课业负担、运动量、劳动量和活动量。

贯彻执行学校布置的相关任务，同时组织、检查以及督促本班学生搞好经常性的卫生工作，并积极参加爱国卫生活动。

利用班会、晨间检查活动及其他机会，对学生进行健康教育，培养学生的卫生习惯，如“五勤四不”(勤洗手、勤剪指甲、勤理发洗头、勤洗换衣服、勤刷牙漱口，不喝生水、不吃不洁净食物、不随地吐痰、不乱丢果皮纸屑)个人卫生习惯的检查。检查时要指出缺点并加以纠正。

对学生因病缺课的情况应及时调查，如发现学生患传染病或怀疑是传染病，应及时与学校校医、保健教师及家长联系，学校、家庭共同配合做好观察隔离和消毒工作。研究学生卫生保健问题。

组织晨间检查，定期或突击抽查学生个人卫生。检查教室、寝室环境卫生，参加卫生评比工作。发现和培养卫生积极分子，并给予表扬和鼓励，以推动全班的卫生工作。

向学校和任课教师提出改善学生学习、劳动、体育锻炼、生活条件、饮食营养等方面的合理化建议。督促学生积极参加体育锻炼。对本班经常或突击参加校内外训练的学生运动员，更应加强他们与学校及体育教师的联系，关心他们的学习、生活和健康情况。

掌握本班学生视力情况，配合学校做好保护学生视力的工作，督促学生做眼保健操，端正学生坐姿，培养学生正确看书和写字的习惯、良好的电脑使用习惯，每两周调换学生座位。对视力减退的学生，要进行家访，动员学生家长关心、保护学生视力。

做好本班学生疾病、健康发育情况和清洁卫生习惯的登记统计工作。

班主任离任时，应向新接任的班主任做“学生健康状况和学生习惯培养”的交接工作。

(4)任课教师的职责。

教师上课时，要随时注意学生的精神状态，发现学生精神萎靡或脸色异常应及时了解情况，妥善处理。同时要随时纠正学生坐姿和读书写字的不正确姿势。

教师的板书要端正清楚，字体大小适中，方位要上下左右兼顾，使坐在教室中任何位置的学生都能看清，以保护学生视力。呈现视频时应注意光线及亮度。

布置课外作业要适当，测验要有计划性。要做到准时下课，不拖堂，不侵占学生课间休息时间。

教师要结合课堂教学内容，对学生进行健康教育和环境教育。

带领学生实践外出，以及上物理、化学、生物等实验课时，要注意安全教育和安全保护。

体育教师在上课前要仔细检查场地、运动器材以及学生服装，事先了解学生的健康情况以及女学生月经情况，进行合理组织，注意安全防护。生物老师从生理角度解释、指导卫生、健康的生理机制。心理咨询教师从心理、行为角度加强学生的卫生健康习惯，教给学生进行行为及自我调节以获得心理卫生的方法，开展心理咨询服务。劳动技能课教师应带给学生更多的生活实践技能。健康课教师要与学生一起探讨身心健康的意义、方法，并使学生获得更多的有关健康的观点、知识与能力。

(5)生活辅导员、女生指导员的职责。

每天巡视学生宿舍，检查学生卫生状况和宿舍环境卫生状况。

教育学生严格遵守生活制度，按时起床、学习、进餐、睡眠。严禁学生吸烟、喝酒，赌博。

发现病人，应与校医或保健老师及时联系，根据病情安排隔离、治疗及合理饮食。

安排寄宿生和寄膳学生的伙食，经常与食堂人员联系，一同研究改善学生的营养。

对学生生活环境进行卫生检查，发现有影响学生身心健康或不完善情况（如通风不良，地板、天花板破裂，电开关损坏漏电等）时，应及时与有关部门联系，立即采取相应措施。

对住宿学生进行青春期卫生教育，特别是女生指导员应着重做好女生的经期卫生教育，并与总务处联系，做好热水、盥洗设备等物资供应工作。

(6)学校总务人员的职责。

保证学校师生员工的学习、工作、生活、保健的必要设备和物资供应，如课堂教学卫生设备、照明设备、实验设备、清洁扫除工具、健康检查设备、体育运动器具、生活必需设备等的物资供应。

管理学校环境设备，如房屋的修建、校舍的布置、校园的绿化、环境的卫生保护等。

办好学生食堂，供给合理的膳食和饮用水。运动场旁应有凉开水或卫生凉水供应。

学校的后勤工作是政策性强、庞大而复杂的工作，学校要有勤勤恳恳，提供生活、学习活动服务的好后勤，把供、管、修、用四方面的工作全面抓好，才能保证学校卫生工作的全面开展。

3. 跨专业团队整合、常年进行的学校卫生工作

学校的工作，要与当地疾控中心，地区医院、专科防治所（结核、沙眼等）联系，得到其帮助。此外，还要与儿童福利机构联系，如儿童乐园、儿童疗养院、少年之家、儿童影剧院、儿童餐厅等，使儿童能在这些场所活动，确保其健康，增强和恢复其体力。组成多学科、跨专业的整合团队是学校卫生工作有效开展的保障。

同类型的学校，如当地小学之间、职业中学之间、特殊学校之间，在当地教育、卫生部门领导下，组织卫生（体育卫生）协作小组，保持密切联系，共同商讨，交流经验，相互检查评比，发扬互相协作的精神，更好地推动学校卫生工作。

学校卫生工作需不断地持续进行，成为学校日常性工作，不能只是一时的运动，需要不断地评估，发现并解决问题。学校卫生工作必须全校人人参与，而不只是几位相关课程教师的事。学校卫生教育要关注健康、心理、劳技、体育、生物等课程的开设，杜绝挤占健康教育课的现象。

□ 复习提纲

1. 简述我国学校卫生学是怎样一门学科。谈谈你的看法。

2. 从我国学校卫生工作的发展和相关研究中，就你感兴趣的问题，作口头论述。

3. 从现代健康教育观出发，你认为学校卫生工作有怎样的实践意义？

4. 谈谈你对国家《学校卫生工作条例》的理解。并按条例规定，到一所学校进行学校卫生工作调查，写一份调查报告。

□ 参考文献

1. 哈尔滨医科大学. 儿童少年卫生学(第二版)[M]. 北京：人民卫生出版社，1980.

2.《学校卫生手册》编写组. 学校卫生手册[M]. 杭州：浙江科技出版社，1980.

3. 叶恭绍，吕姿之. 三十二年来我国儿少卫生(学校卫生)科研工作回顾与展望[M]. 中华医学会儿少卫生学组. 中华医学会第一届全国儿少卫生学术会议论文汇编. 1982.

4. 索维托夫. 苏联学校卫生学[M]. 霍儒学，等译. 北京：人民卫生出版社，1958.

5. 马军. 中国学校卫生工作体系建设[J]. 中国学校卫生，2015(4).

6. 徐苏恩. 我国学校卫生发展简史[J]. 中国校医，1978(2).

7. 唐锡麟. 新中国建国前学校卫生史考[J]. 中国学校卫生，1998(5)

8. 唐锡麟. 学校卫生在历史上的几种类型[J]. 中国学校卫生，1998(3).

9. 张丹红，张苏萌. 20世纪前叶我国以学校卫生为书名的著作略述[J]. 中国学校卫生，2005(4).

10. 戴旭芳. 特殊儿童学校卫生学[M]. 重庆：重庆大学出版社，2014.

第二章

儿童青少年的生长发育

【学习提要】

1. 掌握生长、发育的概念,以及生长发育过程的分期。
2. 了解各系统解剖生理特点。
3. 熟悉各个时期儿童青少年的身心发育特点。
4. 掌握儿童青少年的生长发育规律和身体形态特征。
5. 了解生长发育调查的目的、主要指标和方法,熟悉各种评价方法。

人体的生长发育从卵细胞受精到成熟,是一个长达 20 年左右的连续、统一的过程。其中,有三个核心概念:

生长:指细胞的繁殖、增大和细胞间质增加,表现为组织、器官、身体各部和全身大小、质量和化学成分的变化,属于量变范畴,可分为形态变化和化学变化两方面。

发育:指身体组织、器官和系统的功能演进和完善过程,包括心理、语言、智力、行为的成熟,属于质变范畴。生长和发育相互依存,密不可分:生长是发育的前提,发育寓含于生长之中。细胞、组织和器官在形态上发生变化时,必然伴随功能的分化和增强,通常并述为"生长发育"。

成熟:指生长和发育达到一个相对完备的阶段,标志着个体在形态、生理功能、运动能力和心理行为等方面达到成人水平,具备独立生活和生养下一代的能力。

我国通常将生长发育过程做以下分期:

胎儿期　从受精卵形成开始,到孕 40 周胎儿娩出。

新生儿期　从出生到满 28 d。

婴儿期　从出生 28 d 后到 1 岁。

幼儿前期　1～3 岁。

幼儿期　也称学前期,3～6 岁。

童年期　也称学龄期,6～11/12 岁,小学阶段。

青春期　约 10～20 岁,女孩比男孩早 1～2 年。

青年期　　18～22 岁。

像任何事物一样，人体的生长发育也有其客观规律，并有种族、性别、地区差异和时代的特点。儿童青少年的解剖生理特点和生长发育规律是正常人体在一定生活条件下生长发育的必然趋势和本质联系。我们只有认识和掌握儿童青少年解剖生理的特点和生长发育的规律，才能更好地对儿童青少年进行教育、体育、卫生保健工作。

第一节　儿童青少年解剖生理特点

儿童青少年的机体与成人的机体相比，有许多不同之处。不同年龄段的儿童青少年的解剖生理特点，不仅是生长发育的基本内容，同时也是学校卫生工作的重要根据之一。

一、运动系统

运动系统由骨、关节和骨骼肌组成，约占成人体重的 60%。全身各骨、关节相连形成骨骼，起支持体重、保护内脏和维持人体基本形态的作用。骨骼肌附着于骨，在神经系统支配下收缩和舒张，收缩时，以关节为支点牵引骨改变位置，产生运动。

(一)骨骼的特点

骨骼是组成运动系统的主要部分。儿童青少年的骨骼比较柔软，软骨多，骨较短细，骨化没有完成。在生长过程中，骺软骨不断增生并骨化，使骨伸长。骨膜中的成骨细胞也不断增生，使骨增粗。青春发育期前后，骺软骨逐渐骨化，骨与骨骺接合成一个整体，在 20～25 岁，骨化过程完成。正常儿童可以通过 X 线检查，看其成骨化中心的多少和骺部的接合情况测定骨骼的发育年龄。

儿童青少年骨骼的主要特征是骨的化学成分与成人不同。骨中含的有机物较多，无机物较少，其比例约各占一半。成人骨中的有机物和无机物的含量比例约为 3∶7。因此，儿童青少年骨骼的弹性较大，而硬度较小，不易骨折但容易弯曲变形。

骨髓是主要的造血器官，也是免疫器官之一。它存在于骨髓腔和骨松质的空隙内。4～5 岁以前，全部是具有造血机能的红骨髓；5～7 岁骨髓内逐渐有脂肪产生，至成年除长骨两端，短骨和扁骨的骨松质内的红骨髓终身保持造血机能外，其他部分的红骨髓均为脂肪组织所代替，变为黄骨髓，失去造血机能。

儿童青少年骨骼各部的特点如下：

1. 腕骨

新生儿无腕骨，以后逐渐发育。腕骨骨化中心出现的年龄次序是：男女小儿出生 3 月时，出现头状骨及钩骨；2 岁半出现三角骨；5～8 岁出现舟骨；女孩 9 岁，男孩 11 岁半，出现豆骨；整个腕骨在 11～13 岁骨化完成，女孩较男孩早 2 年完成。

掌指骨的骨化在 18 岁以前完成。当前多采用腕骨的 X 线照片观察腕骨骨化中心出现时期及骺部接合情况来测定骨骼的发育年龄，研究其与性发育的关系，以及预测身高等。应该指出，上述正常范围是很大的。

根据以上观点，要在儿童青少年书写和劳动时，适当安排其劳动量，同时要注意对儿童和青少年腕部和掌指骨骼的锻炼。

2. 胸骨

儿童的胸骨由胸骨柄、胸骨体和胸骨剑突合成，其各部连接不巩固，一般要在20～25岁才接合。

维生素D缺乏、呼吸道疾病及坐姿不正均会影响胸骨的发育，可能导致胸骨畸形，甚至影响内脏的发育。

3. 骨盆

骨盆由髋骨、骶骨、尾骨以及有关的韧带组成。髋骨又由髂骨、坐骨、耻骨三块骨接合而成。出生后，这三块骨之间是软骨结合，以后是耻骨、坐骨逐渐形成骨性结合（5～11岁）。在青春发育后期（16～19岁），髂骨与坐骨的软骨才出现骨化点，它们完全骨化在19～24岁，是人体骨骼中骨化最迟的部位。一般女性的骨盆宽短，男性的骨盆较狭长。

在儿童青少年生长发育时期，不正确的跳跃和不良姿势可使骨盆变形或造成骨质撕裂，影响骨盆的发育。女孩穿高跟鞋也不利于骨盆的发育。

4. 脊柱

儿童青少年脊柱发育的时间较长，一般要到青春发育期的11/12岁～16/17岁，才基本定型，在整个发育时期，易受外界影响而变化。

脊柱有三个弯曲，即颈弯、胸弯和腰弯，随着儿童青少年动作的发展，这三个弯曲逐步形成和巩固。7岁时颈弯和胸弯才固定，性成熟时腰弯才逐渐固定。在14岁以前，椎骨间充满软骨。大约在15岁，椎骨间出现新的骨化点，椎骨上下出现板状物。在20～21岁或更晚，这些板状物才与椎体结合，脊柱才最后定型。

因此，在整个儿童青少年时期，家长和教师要注意防止学生的脊柱弯曲变形，应要求学生随时端正坐、立、行、走的姿势，坚持做课间操，以消除躯干和背部肌肉的局部紧张。此外，在体育活动与劳动中，负重量不宜过重，练习和劳动时间不宜过长。儿童青少年脊柱的柔韧性好，早期可以从事体操、武术、舞蹈训练，但是负担量要适当。经研究，对脊柱进行静止用力的过伸练习较容易导致椎体骨骺炎，应予以注意。

（二）关节的特点

儿童青少年在关节结构上与成年人基本相同，但关节面软骨相对较厚，关节囊较薄，韧带的伸展性大，关节周围肌肉细长，所以关节的灵活性和柔韧性都较成人好，但牢固性较差，在外力作用下，较易脱位（脱臼）。体育锻炼可使关节周围肌肉的力量增强，增加关节牢固性。但在练习中又要注意发展儿童青少年关节的柔韧性，使关节既牢固又灵活。

关节囊和韧带的抗拉强度比骨干与骨骼连接处大 2～5 倍，因此，对儿童青少年关节的扭伤，必须小心检查有无骨骺损伤的可能。

（三）肌肉的特点

儿童青少年的肌肉发育尚未完全，在形状、成分和机能方面都与成人有差别，其质量与体重比是随着年龄的增长而增加的。

儿童青少年的肌肉较成年人柔软，肌肉纤维较细，肌腱较宽，肌肉的水分多，蛋白质、脂肪、糖及无机盐较成人少，因此肌肉柔软松弛，能量储备差。在 15～18 岁时，肌肉水分减少，其他物质增多，肌腱量增加，弹力加强。在青春期，男性睾酮的分泌增多，有促进蛋白质合成的作用，促进肌肉的生长发育，使肌肉纤维增粗，是肌肉发育的高峰，这是青春后期才适于发展青少年力量的生理依据之一。

在儿童青少年四肢骨骼发育过程中，远端出现骨骺较早，近端较迟，如尺骨的远端骨骺在 6 岁时出现，而近端的骨骺约在 11 岁时出现，两者均在约 19 岁时与骨干结合。因此，儿童四肢肌肉在骨骼上的附着点距关节旋转轴的距离相对于成人就要远一些，因而力臂相对较长，行动比成人省力，有利于做柔韧均匀和不太激烈的动作，如武术、体操的基本功和游泳等。

青少年的肌肉发育落后于骨骼，肌肉细长，其力量和耐力都差。在 15 岁以后，肌肉纤维明显增粗时。肌肉力量也明显增加，女孩在 15～17 岁，男孩在 18～19 岁时，肌力增长最为明显，此时进行力量训练，效果显著。但是，在儿童时期也应该进行适当的力量训练，如负荷较轻、动作较快速的练习以及中等强度的力量练习，以提高神经系统对肌肉运动的动员能力，改善肌肉的协调性，为以后的锻炼打下基础。

人体各部骨骼肌均含有红肌和白肌两种纤维，但不同人的同一种肌肉内红肌与白肌的比例不同，这是由于人的素质不同所造成的。据研究，纵跳能力好的人，肌肉里的白肌纤维比例较大。在儿童青少年时期，从事力量、速度和耐力等各方面的体育训练和劳动锻炼有助于肌肉的全面发展。

二、呼吸系统

呼吸系统是人体进行气体交换，即吸收氧气，排出二氧化碳，维持人体生命活动的重要系统。在儿童青少年时期常见的疾病中，呼吸系统的感染（特别是上呼吸道感染）占的比重大。因为儿童青少年呼吸道比较短窄，黏膜组织柔嫩，容易受损伤。黏膜上有丰富的血管和淋巴管，而且儿童青少年对气候变化的适应力较弱，易患感冒和其他上呼吸道炎症。

（一）上呼吸道（鼻、咽、喉）

鼻：幼小儿童由于面部和颅骨发育没有完成，鼻和鼻腔相对短小，鼻黏膜柔软，富有血管，鼻道较狭窄，容易受感染，并且轻微的感染即可引起充血、发炎、流鼻涕，造成鼻道阻塞,呼吸困难,甚至患鼻炎。据统计,目前鼻炎已经成为幼儿及中小学生常见的疾病。

咽:婴儿的鼻咽及咽部相对狭小,且较垂直。扁桃体在新生儿时期藏于腭弓之间,腺窝和血管均不发达,以后随着淋巴组织的发育而逐渐长大,4～10岁时发育达到高峰,14～15岁后又逐渐退化。所以扁桃体肥大和咽炎及腺体增殖常见于学龄儿童,特别是小龄儿童。此外,咽炎导致耳咽管阻塞,容易发生中耳炎,这是儿童的常见病。

喉:幼儿喉腔狭窄,黏膜纤弱,富有血管,发生炎症时,容易造成呼吸困难。3岁以内男女幼儿喉头外形相似。3岁以后男孩甲状软骨板的角变锐,10岁后喉结逐渐明显,形成男性喉形。男女孩声带发育不同,12岁以后区别明显,男孩声带变得较女孩长,声音也开始变低。要注意保护儿童青少年的声带,如学生朗读、唱歌要适度,严禁大声喊叫。

(二)下呼吸道(气管、支气管、肺)

儿童的气管和支气管较成人的管腔狭窄,软骨未硬固,管腔内黏膜柔嫩,血管较多。黏液腺的分泌不足,纤毛运动差,易受损伤。如有尘埃及微生物侵入,对儿童的危害较成人更大。

儿童肺的弹力组织差,肺间质发育旺盛,血管比较丰富,充血多,含气少。6～7岁时肺泡组织结构与成人基本相似,但是肺泡的容量和数量较少,随着年龄的增长、体格的发育,肺的总容量才逐渐增加。肺在出生后几个月和青春期发育最迅速。儿童青少年的胸廓与呼吸肌的发育表现在肺活量的增长上。

与全身的骨骼肌一样,儿童青少年胸廓与呼吸肌的发育在青春发育期明显加快,在这一时期,应适当参加长跑、游泳、球类运动,促进胸廓的发育,提高呼吸肌的工作能力。在体育锻炼中,要指导儿童青少年配合动作掌握呼吸节律和学会深呼吸。例如:长跑时呼吸节奏是三步一呼与三步一吸,或二步一呼与二步一吸,而且要主动吸气。这样既锻炼了呼吸肌,又增加了肺的有效通气量,从而加强了气体的交换。在做体操时,一般屈身时呼气,静止用力时要屏息,肩带需要相对固定,以利于做爆发动作时憋气。

由于儿童青少年的新陈代谢旺盛,需氧量比成人多,但是呼吸肌肌力较弱,呼吸深度较浅。因此,呼吸频率比成人高。在耐力练习与力量练习时,要按年龄提出要求,注意安排间歇时间,并且不宜长时间屏息。在儿童青少年力量练习中常伴有憋气,在憋气时,胸腔内压力急剧上升,甚至可以升为正压,不利于静脉血的回流,可使心脏发生空虚性收缩。憋气后,静脉内滞留的大量血液迅速流入心脏,又可使心脏充盈过度,这对儿童青少年的心脏是一种强烈的刺激。所以儿童青少年应尽量少做带有憋气的力量练习。

通常,儿童青少年经过系统锻炼后,肺活量均有明显增加。

应该注意呼吸卫生,如保持居室、教室的空气新鲜,注意生活环境和劳动场所的通风换气,使儿童能够吸入新鲜空气,增强和活跃呼吸及新陈代谢。要注意培养儿童用鼻呼吸的习惯,加强身体锻炼,等等。

三、循环系统

(一)血液组成的特点

儿童青少年的血液总量比成人少，但按体重百分比来看，则比成人多。成人的血液量约占体重的7%～8%，新生儿血液量约占体重的15%，一周岁儿童的血液量约占体重的11%，14岁儿童的血液量约占体重的9%。

血液中有形成分与成人也有差别。如新生儿血液中红细胞为(6～7)×10^{12}/L，血红蛋白约为170～200g/L，以后迅速下降，15岁左右接近成人水平。新生儿血液中白细胞总数是成人的2倍，婴儿期白细胞数维持在10×10^{9}个/L左右，8岁以后接近成人水平[(4～10)×10^{9}个/L]；其中，嗜中性粒细胞和淋巴细胞，新生儿时期分别占35%和55%，8～14岁分别占55%～65%和30%，15岁以后达到成人水平。

嗜中性粒细胞在幼儿前期，由于血清中促吞噬因子的功能比成人低，其游走能力和吞噬功能较差，所以这个阶段的儿童抵抗能力较差，易患传染病。

在血小板方面，儿童青少年血小板的数目与成人相近，每立方毫米血中含血小板15万～25万个。

造血器官，骨髓和骨髓以外的造血器官、淋巴结、脾脏、肝脏等的新生力量强，能很快生成新细胞，补充死亡细胞。但是这些器官的功能不稳定。任何小的影响都会破坏其功能。如儿童有感染或营养性疾病时就会引起贫血或肝脾肿大。

(二)心脏、血管发育的特点

儿童青少年心脏的质量和容积均小于成人，但与体重的比值则和成人相近。心脏的质量随年龄增长逐渐增长，到青春期，心脏已达成人水平。心脏容积也有类似规律。

心脏的发育有两次增快阶段，即2岁前和青春期。

除12～14岁以外，男孩的心脏都比女孩心脏重。儿童在6～7岁后心脏弹性纤维开始分布到心肌壁内，增强了心脏收缩功能和弹性，有利于心脏调节功能的改进。

儿童肺、肾、皮肤等处毛细血管丰富且血流量大，供血多，身体得到的营养和氧气充足。儿童在10岁以前肺动脉较宽，至青春期主动脉的直径开始超过肺动脉。儿童年龄越小，血管壁越薄，血管的弹力越小。到12岁时其动脉结构接近于成人。儿童血管的发育在6～7岁前超过心肺的发育，青春期后血管的发育则落后于心肺的发育。

(三)心肺血管的生理特点

心率、脉搏：在正常情况下二者是一致的，由于儿童新陈代谢旺盛，心肺发育不完善，只有提高脉搏频率才能适应组织需要。因此，年龄越小，心率和单位时间内的脉搏次数越多。支配心肺活动的神经在10岁以前尚未发育完善，因此儿童青少年的心率不稳定，脉搏节奏也不规律，要在10岁以后，随着支配心肺的神经发育完善，心率和脉搏才逐渐稳定。

心肺的输出量：儿童时期由于心肺发育未完善，收缩力较弱，主动脉口径相对比肺动脉小，故每搏输出量比成人小。血液循环一周的时间也较成人短。如：3 岁小孩血循环 1 周需 15 s，14 岁小孩血循环 1 周需 18 s，成人血循环 1 周需 22 s。

血压：随着年龄的增长，心肺收缩力加强，血管的弹力有所下降，血压逐渐增高（见表 2-1）。

表 2-1　健康儿童青少年平均血压(mmHg)

年龄（岁）	男		女	
	收缩压	舒张压	收缩压	舒张压
7	96	59	94	59
8	98	61	96	60
9	99	62	98	62
10	101	63	100	63
11	103	64	103	65
12	105	64	103	65
13	107	65	104	65
14	110	67	105	66
15	112	68	105	66
16	113	69	105	67
17	114	70	106	67
18	115	71	107	68

（摘自中国学生体质与健康研究组《2010 年中国学生体质与健康调研报告》）

在青春期后期，即女性 16 岁以后，男性 18 岁以后，有些人可能会出现高血压症状，称为青年性高血压。其特点是收缩压增高，一般在 150 mmHg（1mmHg＝0.133kPa），且有起伏，舒张压正常。这是由于性腺、甲状腺分泌旺盛，使神经兴奋性提高，血管生长落后于心肺生长所致。这种情况，随着年龄增长和内分泌机能的稳定会逐渐改善。

四、消化系统

消化系统包括消化道和消化腺两个部分。

（一）消化道（主要包括口腔、食道、胃、肠）

1. 口腔

口腔中的牙齿，在整个机体发育过程中，先后有两组牙齿发生。

第一组牙为乳牙。乳牙在婴儿出生后 6～8 个月开始萌出。一周岁末有 8 颗乳齿，2～3 岁时 20 颗乳牙全部萌出。如果乳牙萌出较晚或不正常出现（如尖牙比切牙先出），一般为营养不良或疾病所引起，如患佝偻病的儿童就有此情况。

第二组牙为恒牙。儿童在6～7岁时乳牙开始脱落，恒牙开始萌出。乳牙逐渐被恒牙代替。在12～14岁时乳牙和恒牙的交换完毕。恒牙中有20颗和乳牙交换，另外12颗磨牙是在乳牙的后方增生出来的。恒牙全部出齐在18～25岁。

必须注意的是，乳牙虽然在出生后6～8月开始长出，但是它的钙化早在胎儿5个月时就已经开始了。最后一颗恒牙的钙化完成时，人体已达到发育的成熟时期。由此可见，儿童青少年的每一个发育阶段的身体健康状况都会影响牙齿的生长。因此，必须从胎儿时期起就要注意身体钙的供给和吸收情况，才能保证牙齿的健康成长。

2. 食道

儿童的食道比成人短而窄，黏膜细嫩，管壁较薄，弹力组织较差，容易受损伤。

3. 胃

儿童的胃黏膜柔软，血管丰富，胃壁较薄。弹性组织、肌肉层及神经的发育还未完善，胃容积也小。胃腺分泌的消化液酸度低，消化酶也较成人少，消化能力比成人差，因此儿童饮食的质量和烹调方法应与成人有差别。

4. 肠

儿童的肠道较成人相对长一些，成人的肠道为身长的4.5倍，婴幼儿的肠道为身长的5～6倍。9岁以前大肠和小肠均衡地生长，以后则小肠的生长落后于大肠。肌管系统和弹力纤维均未发育完善，但是黏膜发育良好，有丰富的血管和淋巴网，容易吸收营养物质。因此，一般儿童比成人的吸收能力强。

(二)消化腺(主要包括唾液腺、胰腺、肝脏)

1. 唾液腺

唾液腺出生时即已形成，可以分泌唾液淀粉酶等物质，分泌量随着年龄增长而增加。儿童对淀粉的消化能力也是随着年龄增长而增强的。

2. 胰腺

婴幼儿的胰腺富有血管和结缔组织，实质细胞较少，分化不完全，但是能分泌与成人一样的胰液。

3. 肝脏

儿童的肝脏与成人比较占体重比例相对大些，如5～6岁的儿童肝脏占体重的3.3%，而成人的肝脏只占体重的2.8%。儿童肝脏内有大量血管，由于肝细胞分化不全，组织较弱，所以肝脏容易充血，对感染的抵抗力弱，因此儿童容易患肝病。但是由于结缔组织发育差，再生力较强，在患肝炎后，只要及时治疗，恢复速度较成人快。

五、泌尿系统

1. 肾脏

幼儿的肾脏在出生时已基本发育，质量大于成人。如新生儿的肾脏为体重的1/133～1/100，成人的肾脏为体重的1/225～1/200。在1岁及12～15岁时肾脏的发育最快。

儿童的肾脏最初呈明显的分叶状，2～4 岁以后分叶消失。由于肾小球的毛细血管分支较少，血压较低，酶系统发育不成熟，肾小球滤过率较低，肾小管的排泄及再吸收的能力较差，对尿的浓缩和稀释功能都比成人弱。

2. 膀胱

儿童膀胱的位置较成人高，随着年龄增长而逐渐降入骨盆腔内，到 20 岁左右降入骨盆腔底部。

儿童膀胱的容量较小，随着年龄的增长而逐渐增大，如 10 岁儿童的膀胱容量约为 750 mL，15 岁青年约为 1000 mL，成人约为 1500 mL。

儿童膀胱的黏膜柔弱，肌层和弹力组织薄弱，因为中枢神经系统发育不完善，常常由于膀胱反射的刺激、食物和大量饮料的刺激、精神的刺激或睡眠不正常等引起幼儿不自觉地排尿，即 5～10 岁儿童常见的“夜尿症”。这种疾病多见于男孩，要预防和治疗这种缺陷，可以从执行正常的生活制度及合理的膳食着手。

3. 尿道

儿童的尿道较短，新生男孩的尿道长 5～6 cm，女孩尿道更短，为 1～3 cm，且生长速度较慢，男孩 13～14 岁尿道长 12～13 cm，女孩 15～16 岁时尿道才增至 3～5 cm。

儿童尿道的黏膜柔嫩，弹力差。尿道的黏膜容易受损伤和脱落，因此要注意保护外阴的清洁，特别是女孩，要防止尿道感染而引起膀胱炎症。

六、神经系统

神经系统是生命活动的重要调节系统。人体在神经系统的统一调节下，各器官和系统进行着不同的生理活动，在与内外环境斗争的过程中成为对立统一的整体。神经系统在各系统中起着支配、主导作用。

1. 大脑

新生儿的脑重为 350～380 g，在第一年内发育迅速。1 岁时约为 950 g，约为出生时的 2.5 倍。神经元的数量和神经纤维的长度均在不断增加，向大脑皮层各层深入，为婴儿与外界环境发生复杂的暂时联系提供了物质基础。

在婴幼儿时期，神经纤维外层髓鞘的发育很不完善，刺激经神经传达到大脑时，因髓鞘隔离不完善，可广泛传于邻近的神经纤维，不能在大脑皮层内形成一个明确的兴奋灶。此外，髓鞘不完善的神经，传导速度慢。因此，婴幼儿对外界的刺激反应慢，易泛化，表现为易激动，易疲倦，注意力不集中，情绪不稳定。

3～6 岁的儿童脑的发育仍很迅速，6 岁时脑重约 1200 g，神经纤维的分枝加多加长，有利于神经细胞之间的联系。6 岁左右大脑半球的一切传导通路几乎都已经髓鞘化，身体受外界刺激后，可以很快地、准确地由感觉器官沿着神经通路传到大脑皮层的高级中枢，大脑皮层间增加了暂时联系的可能性。此时分化作用也大大加强，条件反射比较容易建立。儿童在

5～6 岁时，脑电波显示飞跃状态，这时是儿童智力发育的主要阶段。有人认为，这一阶段的教育影响着以后智力的发育，这也是将入学年龄提前到 6 岁或更前一些的生理依据。

7～8 岁的儿童大脑继续发育，脑重增至 1400 g 左右，接近成人的脑重，同时神经细胞的体积增大，细胞分化基本完成，神经细胞突起的分枝变得更密，出现许多新的神经通路。此时大脑额叶迅速生长，使儿童运动的正确性、协调性得到发展。大脑的抑制能力和分析综合能力加强，工作能力也逐渐加强。儿童的行为变得更有意识。但是这一时期的儿童对第二信号——语言文字的反应尚未完善，对直观形象的模仿能力很强，而对抽象概念的思维能力较差，教师在教学过程中应该积极采取直观教学方法。

9～16 岁的儿童青少年脑的质量增加不多，主要进行着脑内部结构与机能复杂化的过程，神经的联络纤维在数量上大大地增加，联络神经元的结构和皮层细胞结构及机能在迅速地发展和形成。这是发展联想、推理、抽象和概括的思维能力的物质基础，也说明这一阶段大脑机能在进一步成熟。在 10～13 岁时，抑制过程加强，分化能力提高，动作的协调性加强。但是由于分化能力仍较弱，又受到小肌肉群未充分发育的制约，所以此年龄段的儿童仍较难掌握复杂精细的动作。在 14～16 岁时，反应的潜伏期缩短，分化能力较强，女孩的分化抑制发展一般较早。这一年龄的青少年，尤其是女孩，能够掌握复杂的高难度动作，在体操、滑冰等运动中表现得尤为突出(见表 2-2)。

表 2-2　儿童青少年大脑皮层一般机能比较(反应时的平均值)

性别 / 指标 / 年龄(岁)	男			女		
	运动反应潜伏期(ms)	出现错误的百分率(%)	人数(人)	运动反应潜伏期(ms)	出现错误的百分率(%)	人数(人)
6～7	485.0	58.3	81	505	40.2	54
8～9	490.0	54.2	35	515	39.5	38
10～13	499.5	56.1	36	482	33.3	57
14～16	458.0	41.3	93	416	28.3	49

(摘自北京师范大学体育系《体育卫生学》)

2. 小脑

新生儿的小脑发育不完善，脑沟不深，半球小。1 岁时小脑发育迅速。3 岁时小脑已经基本与成人相似，此年龄的儿童能维持身体的平衡和动作的准确性。

3. 脊髓

儿童脊髓的发育较脑缓慢，初生后小儿脊髓反射通路已发育完全。脑神经和脊神经的髓质形成在最初 3 个月，而神经末梢的发育需要 3 年时间。

儿童青少年的植物神经与中枢神经系统同时发育，并且较早成熟，出生后 1 年植物神经系统发育基本完成。

为使儿童青少年神经系统正常发育，加强灵敏性、协调性，应该注意加强感觉器官的训练，加强体育活动及劳动锻炼，防止疲劳。还需确立良好的学习和生活制度，严禁青少年饮酒、吸烟，以促使其神经系统的正常发育。

七、内分泌系统

人体的内分泌腺有下丘脑、脑垂体、甲状腺、胸腺、松果体、肾上腺和性腺等，它们分泌激素，直接进入血管和淋巴管，随血液送到全身，对调节机体新陈代谢、生长发育和生殖具有重要作用。

1. 下丘脑

下丘脑在间脑的第三脑室底，是重要的内分泌器官，被称为激素之源。

它是下丘脑—脑垂体—靶腺系统的控制中心，例如青春发育期的下丘脑—腺垂体—性腺反馈系统的功能发育是该期性腺发育的重要环节（长反馈），靠的是下丘脑的控制调节。

又如促甲状腺激素释放激素与甲状腺激素的释放密切相关，是人体生长发育的重要激素。再如下丘脑对脑垂体的生长激素作用很大，是青少年生长发育的重要因素。

2. 脑垂体

脑垂体位于脑底，与下丘脑相连，出生时已发育好，一般在 4 岁前及青春期迅速生长，机能也更活跃。脑垂体受下丘脑控制，能分泌多种促激素，支配甲状腺、肾上腺、性腺的活动。

脑垂体前叶分泌的生长激素，是从出生到青春期影响生长的主要内分泌素。青春期的分泌量较成人和儿童为高。一天中白天分泌少，夜间分泌多。幼儿时期如生长激素分泌不足，则幼儿生长迟缓，身体矮小，甚至患侏儒症，但是智力通常发育正常。如果机能亢进，则儿童生长速度过快，甚至患巨人症。

3. 肾上腺

肾上腺分为皮质和髓质两部分。皮质分泌三种内分泌素，即盐皮质固醇、糖皮质固醇及性激素。这些激素主要调节水、电解质以及糖、蛋白质、脂肪的代谢，调节性器官和第二性征的发育，并能增强机体对有害刺激（如过敏、炎症等）的耐受力。

肾上腺髓质分泌肾上腺素和去甲肾上腺素，它们与心血管系统、淋巴系统及中枢神经系统的兴奋、内脏平滑肌的松弛、肝糖原的分解以及维持体液平衡等密切有关。

4. 甲状腺

甲状腺在胎儿出生时即已形成，在 14～15 岁青春期时腺体发育最快，可达 20 g 左右，这一时期常有甲状腺代偿性肿大，特别是女性。

甲状腺的功能是调节新陈代谢，影响中枢神经系统的兴奋性，促进生长发育。它对软骨骨化、牙齿生长、面部的外形和身高比例产生广泛的作用。幼儿时期如果甲状腺功能不足，可能导致呆小症（克汀症），患者骨骼生长停止，身体矮小，头骨发育过早停顿，大脑不发达，智力受影响，性发育停滞。如果甲状腺机能亢进（甲亢），又会使中枢神经兴奋性及感受性增高，影响自主神经系统，表现为心跳加快，出汗过多，情绪易激动。

5. 甲状旁腺

甲状旁腺主要调节钙磷平衡。甲状旁腺分泌的激素过多可以使血钙升高，血磷降低；分泌过少时，血钙下降，血磷增高，神经系统过度敏感，可发生手足抽搐。

6. 松果体

松果体位于背侧丘脑下部，能加速整个机体的神经机能的均衡发展，它和胸腺共同促进身长的增加，它对生殖系统有抑制作用。青春期以后逐渐钙化，活动开始减退。

7. 性腺

性腺是生殖器官，同时又是内分泌腺。性腺自胚胎期 4～5 周开始形成。男孩睾丸至出生时已降至阴囊内，10 岁以前生长缓慢，青春期睾丸的质量迅速增大，15 岁少年的睾丸比 7～8 岁儿童的重 7 倍。在 8～9 岁以前，睾丸只能分泌少量的雄性激素，到青春期分泌量明显增多。

女子的卵巢在青春期以前发育很慢，月经初潮时，才达到成人卵巢质量的 30%，青春期以后发育迅速，18 岁时可达成人卵巢的质量。卵巢产生雌激素、黄体素，能促进第二性征的发育。

人类个体发育的速度从出生后一直下降，到了青春期会出现一个突增阶段。青春期的发育是受一系列内分泌影响的。婴幼儿和儿童时期内分泌变化很小，无明显的性别差异。

无论男孩、女孩都分泌同等少量的性激素，在下丘脑引起反馈作用，抑制着下丘脑促性腺激素的分泌。在青春期，下丘脑和脑垂体前叶迅速发育，并分泌和成人几乎相同的激素。多种激素促使儿童身高、体重、身体各部包括大脑的发育。卵巢、睾丸及肾上腺皮质分泌相应的性激素。卵巢主要分泌三种性激素，即雌激素、孕激素及少量的雄激素。睾丸分泌雄激素（主要为睾酮）及少量的雌激素。此外，在青春期，肾上腺皮质、甲状腺等腺体所分泌的激素有利于促进组织的分化和成熟，尤其对神经和性腺的影响更大，是生长发育和成熟的重要因素。在以上多种激素的协同作用下，青春期一系列生长发育特征出现。这些激素对下丘脑及脑垂体又起反馈作用，使身高、体重增长速度缓慢下来，最后达到停止阶段。

八、免疫系统

免疫是机体同进入体内的抗原物质相互作用，而保持自身完整性和稳定性的反应，免疫反应是机体的一种防御功能，免疫功能是由免疫系统实现的。免疫系统包括免疫器官、免疫细胞和免疫分子三个部分。

（一）免疫器官（中枢器官和外周器官）

1. 中枢免疫器官（胸腺和骨髓）

胸腺：以胚胎期（第二个月发生）和新生儿期生长最为旺盛。出生时重 10～15 g，2 岁时重约 20 g，青春期时质量达到高峰，达 30～40 g，但腺重与体重的比值已下降。青春期后腺体渐萎缩，为脂肪组织代替。到老年时只留有残迹。胸腺的主要功能是产生T淋巴细胞，将这种有免疫功能的T淋巴细胞转到外周淋巴器官中，可以保持长时期的免疫活性。

胸腺的组织结构随年龄的变化而变化，在新生儿前期胸腺最旺盛，对免疫功能的建立起主导作用。因此，先天性胸腺发育不良的幼儿易患感染性疾病。先天无胸腺的儿童往往在5岁前夭折。儿童青少年时期，胸腺的皮质所占比例最大，髓质（将T细胞转至外周淋巴器官）次之，脂肪最少。如在成年摘除胸腺，因T淋巴细胞已广泛转移，对免疫功能影响不大。

近年来发现，胸腺在人体免疫功能方面有着十分重要的作用，它分泌的胸腺激素不但指挥着机体细胞免疫功能的强弱盛衰，而且它的退化与恶性肿瘤、自身免疫性疾病、老年病以及某些原发性免疫缺陷有着密切的联系。

骨髓是多能干细胞和B淋巴细胞的发源分化部。

2.外周免疫器官（外周淋巴组织，有脾脏和淋巴结及扁桃体等）

脾脏是人体最大的淋巴器官，脾小动脉周围的淋巴鞘皮质充满T淋巴细胞，而红髓部充满B淋巴细胞，婴幼儿出生后早期，其他淋巴网状内皮系统尚未发育成熟时，脾脏起着重要作用。

淋巴结及其他淋巴组织（扁桃体、肠集合淋巴结、阑尾），是有免疫功能的重要器官，它们是身体免疫活性细胞分布和衍生的场所。

（二）免疫活性细胞

免疫活性细胞是指受抗原物质刺激后能发生免疫反应，也就是有免疫能力的细胞。主要有T淋巴细胞、B淋巴细胞和K细胞三类。

骨髓的多能干细胞进入胸腺繁殖分化而成胸腺依赖淋巴细胞，即T淋巴细胞。主要分布在外周血液中，占淋巴细胞总数的70%，T淋巴细胞更新率慢，寿命长，可达数年，也称长寿淋巴细胞。其功能主要是进行细胞免疫与肿瘤免疫，移植排斥反应，与抗细胞内寄生微生物免疫有密切关系。

骨髓中多能干细胞直接进入周围淋巴组织，如脾、肠集合淋巴结等，分化繁殖为囊依赖淋巴细胞，即B淋巴细胞，主要分布于淋巴结和脾脏的红髓中，在血液中含量为30%。B淋巴细胞更新快，寿命短，也称短命淋巴细胞。其主要功能是产生免疫球蛋白分子发挥液体免疫作用。

另有K细胞，又称杀伤细胞，可以把结合有抗体的靶细胞杀伤和破坏。

（三）免疫分子

免疫分子主要是免疫球蛋白、补体等，在体液免疫中发挥重要作用。

1. 免疫球蛋白

免疫球蛋白是一种抗体。人体的免疫球蛋白分子目前已分离有五类，即IgG、IgA、IgM、IgD、IgE。其中IgG、IgA是人体内抗体的主要组成部分。

IgG 是人体内最主要的抗体，它在血中的含量约占血清总抗体的 80%。对病毒、细菌、毒素等具有免疫活性。男性 15 岁、女性 12 岁达到成人水平，25～29 岁达到高峰，以后下降。

IgA 是人体分泌液中的主要抗体，有抗菌、抗病毒的免疫活性，在呼吸道、消化道等黏膜上发挥局部的免疫作用。男性约在 9 岁以后，女性在 12 岁以后达到成人水平。20～25 岁达到高峰(见表 2-3)。

表 2-3　健康人不同年龄血清 IgG、IgA 水平正常值

年龄组	IgG/g·L^{-1}	IgA/mg·L^{-1}
新生儿	7～14.8	0～22
0.5～6 个月	3～10	30～820
6 个月～2 岁	5～12	140～1080
2～6 岁	5～13	230～1900
6～12 岁	7～16.5	290～2700
12～16 岁	7～15.5	810～2320
成人	6～16	760～3900

2. 补体

补体是血清中的球蛋白成分，是一个多种血清蛋白酶系统，至少由 11 种不同的血清球蛋白(C_1g、C_1r、C_1s、C_2、C_3、C_4、C_5、C_6、C_7、C_8 和 C_9)组成，约占正常血清蛋白的 10%。补体参与多种免疫反应，在人体正常防御机能中起着重要的作用。

总之，应该认识到机体是一个统一的整体。各系统的发育彼此互相关联，前后顺序相互交替，某一系统的发育为其他系统打好基础。例如，神经系统是全身协调的重要器官，发育较早，而生殖系统是繁殖下一代的，发育较迟。在任何时期，各器官和系统的发育都不是孤立的，而是相互制约、相互影响的。某一系统发育速度的变化会影响其他器官系统发生相应的变化。例如，体育锻炼和劳动锻炼能促进肌肉与骨骼的发育，同时也能促进神经系统、循环系统、呼吸系统及消化系统的发育，而这些系统的发育又为肌肉与骨骼的发育提供有利的条件。这是一种自然辩证的关系，可以证明锻炼对青少年的重要性。

第二节　儿童青少年身心发育的特点

一、童年期(六岁至十一二岁)

童年期是指儿童从六岁到十一二岁这一时期。该时期,儿童进入学校,学习成为儿童的主导活动,所以,这个时期又被称为学龄初期或小学期。

这个时期儿童的身体发育速度比较平稳,对疾病的抵抗力增强了,患病率和死亡率显著降低,是儿童身体最健康的阶段。儿童的活动从学前生活中以讲故事及游戏为主的活动形式转向用文字进行系统学习为主的活动。这种转变在小学一年级时显得尤为突出。在这个年龄的后期,儿童的学习能力、活动能力和独立生活能力有显著发展。

性别发育趋势出现反转。6～8岁的女孩身高比同龄男孩略矮,体重略轻。到9岁时,这种发育趋势就反过来了。对许多女孩来说,10岁时身高迅速增长起来。这种身高迅速增长的现象,女孩比男孩要早两年发生。

在神经系统的发育方面,这个阶段大脑的质量在持续增加,12岁时已达到1400 g左右,接近成人的脑重,同时神经细胞的体积增大,树突的分枝变得更密,大脑的额叶也显著增大。由于大脑迅速发育,抑制能力和综合能力显著增强,动作协调性显著改善,儿童独立生活的能力也逐渐加强,儿童的行为也变得更有意识。

言语的发展也很迅速。通过学校各种课程的学习,儿童的词汇量扩大了,儿童的理解能力和概括能力得到增长。并且,校内和校外丰富的生活体验,使他们能正确地使用词汇。在这一阶段内,儿童已能掌握多种多样的言语形式,如口头言语、书面言语、对话言语和报告言语等。

儿童的记忆从无意识阶段过渡到有意识阶段,而且儿童逐渐掌握了记忆的方法。思维的发展是从具体思维过渡到初步的抽象思维,在这个阶段,儿童能逐渐理解周围世界各种现象之间的因果关系。

在这个阶段,儿童的情感逐渐稳定下来,意志加强了,自觉性开始发展,但控制能力还不够强,集中注意持续的时间短,有好动、好问的特点。如开始询问有关性别的问题,对家庭生活也有兴趣。这个年龄阶段的初期,男女儿童喜欢一道玩耍,但到后期有的儿童对异性会反感。

学龄初期,儿童有鲜明和生动的想象力,但有时仍然不能很严格地区分幻想与现实的界限。应当有意识地引导儿童把这种幻想能力向创造性、科学性方面发展。

根据这个阶段的特点,卫生教育的重点内容为培养儿童良好的卫生习惯,如保证足够的营养、睡眠和户外活动。要保护视力、防龋、安全教育等。在这个阶段的后期,性教育也不能忽视。

二、青春期(10～20岁)

青春期是个体从童年向成年过渡的时期，是从不成熟到成熟的关键转变阶段，约在10～20岁，女孩10～18岁，男孩12～20岁。青春期发育可分为三个阶段：早期主要表现为生长突增，出现以身高增长为代表的突增高峰，性器官和第二性征开始发育，持续2～3年；中期以性器官、第二性征发育为主要特征，出现月经初潮(女)和首次遗精(男)，持续2～3年；后期体格生长速度逐步减慢，直至骨骼完全融合，性器官、第二性征发育达到成人水平，社会心理发展加速，持续3～4年。

青春期变化之快犹如“暴风骤雨”，涉及体格、生理、心理、行为、社会适应等多个方面的变化。朱智贤认为，青春期是一个半幼稚、半成熟的时期，是独立性、依赖性、自觉性和幼稚性错综矛盾的时期。克鲁普斯卡娅指出，少年期的年龄特点在于具有一种半儿童、半成人的心理。对这个急剧变化的青春发育时期，必须给予应有的重视，不能等闲视之。因为这个时期的健康发育水平不仅表现着当前的健康和发育水平，而且决定着成年后机体、智力的发育，并为壮年和老年的健康打下基础。绝不应该由于这个时期的患病率及死亡率比其他年龄期低而有所忽视。这个时期有些疾病，如结核病、肝炎、肾炎、心肌炎较多，自主神经功能紊乱、地方性甲状腺肿、甲状腺功能亢进、月经紊乱、神经官能症和精神分裂症明显地比童年期多。有些病，如原发性高血压，可助长动脉粥样硬化，严重地威胁着老年时期的健康。同时，青春期小孩尚具有一系列不同于童年及成人的特殊问题，包括生理、心理、教育、行为各方面的问题。对这些问题，如果不能正确引导，早期预防，及早发现并纠正，很可能造成不必要的危害，甚至影响其一生，严重的甚至危害家庭和社会。

(一)性器官和性机能的发育

1. 女性

女性子宫的发育在10～18岁时直线上升，它的形状及其各部比例也有所改变，阴道加长，并变为灰色，黏液腺也发育，排出大量分泌物，阴道分泌物由碱性变为酸性。

女性性功能最重要的指标是月经初潮，称性发育的“里程碑”。月经初潮一般发生在生长速度高峰出现后的一年，多发生在夏天，发生年龄在11～17岁(90%发生于12～14岁)。月经初潮的平均年龄比男性的首次遗精约早1.9岁。据国外报道，伴随着体格发育水平的不断提高，身高的长期加速，月经初潮年龄也在不断提前。有的国家统计每10年提前3个月。月经初潮后的一年内，月经周期并不规律，一年左右才逐步按月来潮。月经初潮与排卵有一定的间歇期是正常的。早熟的比晚熟的间隔期更长些。

女性第二性征伴随性器官发育，通常乳房的发育是最早指标，在10～12岁，乳晕增大类似肿块，以后乳房增大，同时阴毛也开始长出。腋毛的出现要晚半年到一年。

2. 男性

男性生殖器官分内、外两部分，前者包括睾丸、输精管、前列腺等附属腺，后者包括阴囊和阴茎。尽管个体差异大，但各指征出现顺序相似：睾丸最先发育，其后是阴茎，与此同时身高出现突增。10 岁以前发育很慢，进入青春期发育加速，前列腺开始发育后分泌液体，发生遗精。首次遗精是男性生殖功能开始成熟的重要标志，发生于 12～18 岁，约比女性月经初潮年龄晚 2 年。

男性第二性征的发育，毛发是一个突出的标志。青春期开始后，外阴部生出短而细的阴毛，逐渐变黑变多，性成熟时阴毛向上并向两腿延伸，阴毛长出后 1～2 年，腋毛长出，唇部开始有须，额部发际后移，脸型从童年型向成年型转变。随着雄激素水平增高，喉结增大，声带变长变厚，一般 13 岁后变声。多数男孩 18 岁前完成第二性征发育。约 2/3 的男孩会有乳房一过性发育，乳晕下出现小硬块，轻度隆起，有触痛感，半年左右消退。

以上身体各部的迅速发育，尤其是性器官的发育，对儿童心理、情绪、行为方面都有重要影响，因此必须把这些知识及时教给儿童青少年，以防这些剧变导致儿童青少年产生不正常的心理，如恐惧、好奇、害羞等。

3. 骨龄和性成熟的关系

时间年龄不能确切联系性发育，而骨骼的钙化程度则与月经初潮及第二性征的发育在时间上较吻合，因而用骨龄能更确切地反映发育的成熟程度。根据 Greulich-Pyle 图谱，第一掌骨远端的籽骨出现前不会发生月经初潮，要在它出现两年后月经初潮才会出现。也有人认为第二指骨最远的骨骼与骨端钙化开始后 6 个月，月经就来潮。他们还发现男、女青春期开始时的骨龄也相差约两年。又发现一个月经初潮在 15 岁的女孩的骨龄相当于正常 13 岁女孩的骨龄。这些都说明骨龄与性成熟的联系比时间年龄与性成熟的联系更为密切，说明骨龄更能确切地反映发育水平，从时间年龄及骨骼年龄的关系还可预测成年时的身高。我国国家体委（1992，现为国家体育总局）为适应少年运动员选材需要，还制定了《中国人手腕骨发育标准 CHN 法》（TY/T001－92 行业标准）。

4. 性成熟与体格发育的关系

在青春期的儿童青少年，胸围增长较显著，躯干的增长比前阶段稍快一些，四肢增长迅速。性成熟早则生长速度早些下降，且生长停止也早些。体格发育好的少年，性发育也好；身材矮小者，性发育也落后。

(二)神经、心理的发展

青春期脑的质量增加有限，例如 12 岁时脑重已达到 1400 g 左右，接近成人脑重。在这个时期，脑部主要进行着细胞内部结构和机能复杂化过程，皮质细胞的机能与结构在特别强烈地发展着，联络神经纤维在数量上显著增加，联络神经元的联结也在形成，为发展联想、推理、抽象和概括思维创造了物质基础。脑在各个方面迅速地发展着，特别是在这个阶段的后期，在 13～14 岁时，脑电波又表现出一个飞跃现象，说明机能上的成熟。在青春发育期，由于甲状腺机能旺盛而刺激高级神经系统，而神经系统这时具有不稳定性，且处于青春期的青少年容易疲劳，在安排其生活制度时必须注意。

青春期身体内外各部的迅速发育，对青少年产生巨大的影响，青少年的心理状态开始发生变化，逐渐产生了独立性。他们希望摆脱父母和老师的管束，但又不能完全独立。这时，他们很需要父母和老师的引导和帮助，使这种独立性及时正确地发展。多数青少年这时发展了群体观念，在集体当中有一种安全感，他们的言行、爱好，甚至衣着都互相影响。有时还会发展成为一个小集团，对家庭的传统习惯不愿适应，尤其是受到斥责伤了自尊心时容易有思想、言行上的反抗。青少年又经常过高估计自己和小集团的力量，有时会发展到犯罪行为。家长及老师必须密切注意，正确引导。

在性发育过程中，有些女孩从天真烂漫的性格变为缩手缩脚的性格，这时需要老师和家长给予适当的鼓励。有些男孩为了体现男子气概，学习抽烟喝酒，对于这些男孩，必须给予劝告纠正。在该阶段，不论男孩或女孩，在同性中易发生强烈感情，而对异性则具有反感，男女同学互相歧视，随着年龄增长，关系又会逐步达到正常。

要注意防止青少年当中发生不正当的男女关系，这是一个严重的社会问题，必须引起各方面的重视，若发生该情况，应对其采取积极的、正面的、科学的教育和引导。

青春发育期是智力发育的重要阶段，处于该阶段的青少年，感觉、知觉非常灵敏，记忆力强，思维能力在不断提升，潜力很大。青春发育期也是个性发展的重要阶段，坚韧不拔的毅力、刻苦顽强的精神将在正确的培养锻炼中形成；在家庭、学校、社会中得不到温暖时，青少年可能形成孤僻、怪诞，甚至暴躁的性格。因此，处于青春期的青少年特别需要教师、家长和社会各方面的关切，从青少年的心理卫生方面确保他们健康成长。

(三)青春期常见的疾病和其他问题

青春期的急剧生长发育与某些疾病的发生有一定关系。

常见的疾病除童年期的龋齿、近视需要继续加强防治以外，青春期的孩子由于机体在代谢、免疫、内分泌等方面发生变化，肺结核的发病率又出现了一个小高峰。而且此时疾病容易呈进行性，有扩散倾向，故应加强青春期的防疫措施。创伤在青春期是一个重要问题，尤其在男性中，由于青少年体力迅速增长，反应快，他们对自己能力常估计过高，容易造成不必要的损伤。较常见的是在体育比赛及劳动时发生外伤，甚至导致残疾或死亡，必须给予足够的重视，及时给予必要的安全教育和保护措施。青春期由于心脏的进一步发育，以及支配心血管活动的神经机能受到正在发育着的不够协调的内分泌的影响，长期持续的情绪紧张、负担过重，可能导致青少年机体出现某些暂时性的失调现象，如心律不齐、青春期高血压等。因此，合理组织教育过程，定期健康检查，可以减少发病，也可早期发现、早期治疗。青春期由于促甲状腺素的分泌增高，碘泵代谢活跃，在碘缺乏的情况下，容易发生青春期甲状腺肿大；此外，青春期女孩甲状腺功能亢进的发病率比童年期明显增高，因此对于有甲亢或甲亢症状的青少年，应当及时地做进一步的治疗。青春期，青少年在体格发育上的个体差异较大，偶见青春期体格发育异常迅速或迟缓者，如果未查出有内分泌异常或其他疾病的，多属正常发育的边缘，一般不需要特殊治疗。对明显超速的女孩可酌情用雌激素。对发育特慢的儿童可酌情用苯丙酸诺龙等不影响性征的同化激素类药物。青春期的性教育是很重要的，关于女孩月经的健康教育，首先应明确告知女孩月经初潮后半年到一年内月经周期尚未稳定，这是正常现象。在月经周期稳定以后还可能因劳动强度突然增加或环境、情绪等方面的突然改变而发生痛经和月经失调（如月经量过多或过少，经期提前或延迟）。一般多在原因解除后或逐渐适应变化后恢复正常。如时间拖得太久或症状加剧应进一步诊治。对青春期女孩要做好月经卫生的宣教，使她们对月经卫生有所认识并认真执行。青春期男性遗精是正常的生理现象，常在睡眠或梦中发生，多由生殖器官受到刺激或神经兴奋达到一定程度引起，只有很频繁地或一有冲动就排精才属病态。

青少年健康危险行为在青春期表现较为突出。凡是给青少年的健康、完好状态乃至对成年后的健康和生活质量造成直接或间接损害的行为，通称“青少年健康危险行为”。在《中国青少年健康相关/危险行为调查综合报告 2005》一书中，将其分为以下 7 类：(1)导致各种非故意伤害的行为，(2)导致各种故意伤害的行为，(3)物质成瘾行为，(4)精神成瘾行为，(5)导致各种性传播疾病（包括 HIV 感染）和非意愿妊娠的性行为，(6)各种不良饮食行为，(7)缺乏体力活动行为。

总之，青春发育期是整个发育过程中的一个重要阶段。这个时期，青少年在形态、生理、内分泌以及心理、智力、行为等各方面都有巨大的变化，因而对我们教育工作者有很高的要求。不仅要求教育工作者要掌握儿童青少年形态、生理的特点，懂得儿童青少年的生理和心理卫生，还要能将这些知识教给儿童青少年，使他们了解自己应向什么方向发展，可能发生哪些问题，如何走向正确的发展道路。只有这样才能培养他们向德、智、体、美、劳全面发展的目标健康地成长。

三、青年期(18～22 岁)

青年期是人一生中体格强健、精力旺盛、思想敏锐、感情丰富、欲望强烈的时期。女子的身高通常到 18～20 岁停止生长，男子通常到 20～22 岁才完全停止生长。这时体重的增长也逐渐缓慢下来，但是比身高增长晚一些停止，因此该时期的男女青年显得丰满强健。骨骼的发育已全部骨化完毕，肌肉仍然继续发育，这个阶段大小肌群在灵敏、精确、耐力等方面都得到进一步的发展。青春发育期的不协调动作已完全消失。运动机能也达到高峰，心血管系统也更加稳定和完善。白细胞的数量和质量达到成人标准。由于身体各部达到成熟，性的发育也达到完全成熟的阶段，男女青年有了爱的欲求。异性交往、恋爱、婚姻等问题如处理不当，会产生严重后果。

青年期由于神经系统发育成熟，生活空间扩大，心理发展显著，认识能力、思考活动、抽象思维和推理能力均进一步发展，对人生和世界的基本态度已逐渐形成。青年虽然在生理上已为成人，但其对事物认识不全面，在现代生活的压力下，可能出现一些问题，如酗酒、吸毒、吸烟、滥用药物、自杀、犯罪等问题。身心疾病是这一时期的特殊问题。因此，要特别注意保护青年的身心健康。

第三节 生长发育的一般规律

生长发育的一般规律指个体生长发育的普遍方式。因受遗传、环境等多因素影响，个体的生长和发育有早有晚，速度有快有慢，差异很大。每个儿童青少年有自身的特殊性，又都遵循一些普遍规律。了解这些规律，不仅有助于评价其发育现状，且可了解既往的发育史和未来的生长潜力。

一、生长发育的连续性

各组织、器官、系统不同时期有不同的生长速度，但整体上都朝向共同的目标——成熟。该动态、连续的过程称“生长轨迹”，指在外环境无特殊变化的情况下，个体发育过程通常稳定，呈鲜明的轨迹性。中枢神经系统内有影响该轨迹的复杂调控系统，受遗传基因控制。它尽力使生长中的个体在群体中保持一定幅度的上下波动。一旦出现疾病、内分泌障碍、营养不良等，会出现明显的生长迟滞；一旦这些阻碍因素被克服，儿童青少年会立即表现出向原有轨道回拢的强烈趋向，即出现赶上生长。换言之，遗传决定人的最大生长潜力，但个体能否实现、能在多大程度上实现该潜力，取决于生活环境。

二、生长发育的阶段性和程序性

(一)阶段性

生长发育中各种量变和质变，组合成不同发展阶段。本章前面提到的年龄分期，是对发育阶段的大体划分。每一个阶段可以细分为许多更小的阶段，前阶段为后阶段奠定基础，后阶段则是前阶段的发展趋势。任何一个阶段出现障碍，必然对其后的阶段产生不利影响。

(二)程序性

各阶段顺序衔接，使生长发育表现出鲜明的程序性。

胎儿一婴幼儿期遵循“头尾发展律”：从生长速度看，胎儿期头颅生长最快，婴儿期躯干生长最快，2～6 岁期间下肢增幅超过头颅和躯干，使儿童身体比例不断变化，由胎儿 2 个月时特大的头颅(占全身 4/8)、较长的躯干(3/8)和短小的下肢(1/8)发展到 6 岁时较匀称的比例(头占 1/8，躯干占 4/8，下肢占 3/8)。头颅发育早于躯干，躯干早于四肢，以保证神经系统优先发展，言语、动作加快发育(图 2-1)。粗大运动(gross motor)也遵循该规律，按抬头、翻身、坐、爬、站、跑、跳的程序进行。

手的精细动作遵循“近侧发展律”：近躯干的肩部肌肉先发育，进而发展到上臂、前臂、手腕和手指远端的细小肌肉。4 个月的婴儿见到妈妈，会高兴地挥动全上肢，但取物不用手指，而是一把抓；8 个月时能用拇指、食指抓物，但握住不会松手；12 个月左右才会用拇指和其余手指的指尖来拿捏细小物体，握放自如；2 岁后手的动作更准确，会用勺子吃饭，但需要在手腕的协调、配合下进行；写字、画图等则要到 5～6 岁才能实现。

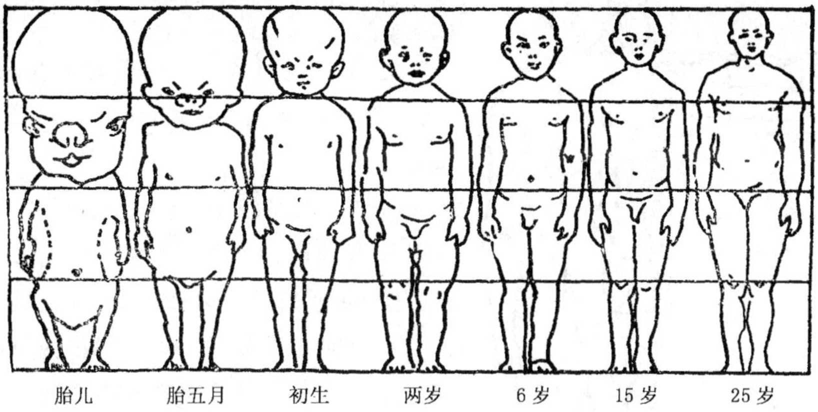

图 2-1　由胎儿到成人身体发育的比例变化(据 W. T. Robbins，1928)

青春期发育遵循"向心律"：身体各部形态发育顺序是下肢先于上肢，四肢早于躯干，呈自下而上，自肢体远端向中心躯干的规律性变化。足最早开始生长，也最早停止生长；小腿接着开始突增，其后是大腿、骨盆宽、胸宽、肩宽、躯干高，最后是胸壁厚。上肢突增的顺序依次为手、前臂和上臂；手的骨骺愈合也由远及近，顺序为指骨末端→中端→近端→掌骨→腕骨→桡、尺骨近端。

三、生长速度呈波浪式

整个生长期内，个体的生长速度是不均衡的，时快时慢，使生长曲线呈波浪式。从胎儿到成人先后有两次生长突增。第一次突增自胎儿 4 个月开始，持续到出生后第一年。身长在胎儿 4～6 个月增长约 27.5 cm，占新生儿身长的一半，是一生中增长最快的阶段。体重在胎儿 7～9 个月增长约 2.3 kg，占新生儿平均体重的 2/3 以上。出生后增长速度有所减慢，但第一年身长增幅仍达 20～25 cm，约为出生时身长的 40%～50%，体重增长 6～7 kg，为出生时的两倍。2 岁后生长速度减慢并保持稳定，身高年均增长 4～5 cm，体重年均增长 1.5～2 kg，直到青春期前夕。第二次突增期发生在青春期早期，女孩比男孩早 1～2 年，生长速度再次加快，身高一般年均增长 5～7 cm，处于身高突增高峰(peak height velocity，PHV)时一年能增长 10～12 cm，男孩增幅更大。体重年增长值一般为 4～5 kg，高峰时可达 8～10 kg。突增后身高生长速度再次减慢，女 16～17 岁，男 18～20 岁停止增长。

男孩突增幅度大，持续时间长，成年时绝大多数形态指标值高于女孩。从生长速度(年增长率)来看，体重的峰值较高而身高峰值较低；胸围、四肢围度与体重的增长速度曲线形状相似；而坐高、四肢长与身高的增长速度曲线相似；肩宽、骨盆处于两者之间。

由于身体各部增幅不同，自出生后的整个生长过程中，身体各部的增长比例大致是：头部增长 1 倍，躯干增长 2 倍，上肢增长 3 倍，下肢增长 4 倍，最终形成以较小的头颅、较短的躯干和较长的下肢为特征的成人体态(图 2-2)。

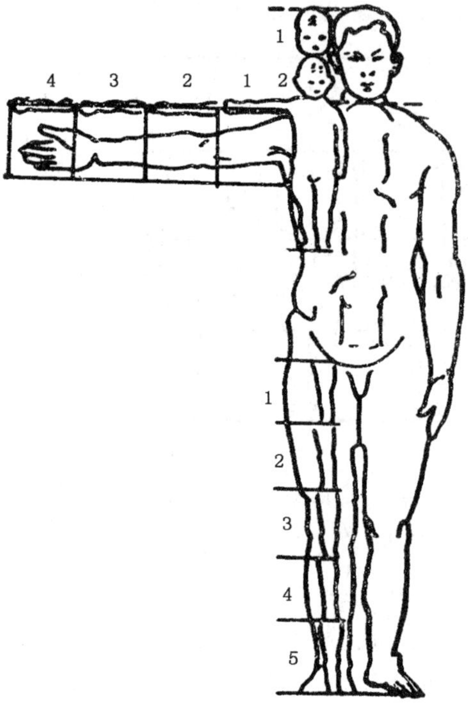

图 2-2 婴儿至成人身体各部分发育的比例

四、各系统发育非均衡性与统一性

上肢发育中各组织、器官的生长模式在时间进程上各有各的特点,大致可以归为四类(图 2-3)。

(1)一般系统型:包括全身的肌肉、骨骼、脏器等,出现两次突增,其余时间稳步增长;青春发育后期增长幅度逐渐减小,直到成熟。

(2)神经系统型:脑、脊髓、视觉器官等,只有一个突增期,主要出现在 6 岁前。这一“优先发育”模式对提高小儿生存能力,保障其他器官、系统有序、全面发育有特殊意义。

(3)淋巴系统型:包括胸腺、淋巴结和间质性淋巴组织等,在出生后头 10 年生长迅速,12 年左右接近成人的 200%。因此,体检时评价儿童淋巴系统成熟度不能以成人为参照标准,例如小儿扁桃体通常较大,需要和扁桃腺炎区分开来。其后,各淋巴器官体积、质量下降,但继续在健全机体的细胞、体液免疫系统方面发挥着积极作用。

(4)生殖系统型:出生后第一个 10 年内,生殖系统几乎没有发展;青春期开始后迅速生长,短短几年内外观形状达到成人水平。

不同系统的生长发育既不平衡又互相协调,是人类作为生物物种之一,在长期生存和发展中对环境的一种适应。任何一个系统的发育都不是孤立的,而任何一种作用于机体的单因素都可对多个系统产生影响。例如:体育锻炼不仅促进肌肉、骨骼发育,也促进呼吸、心血管、神经系统功能水平的提高。

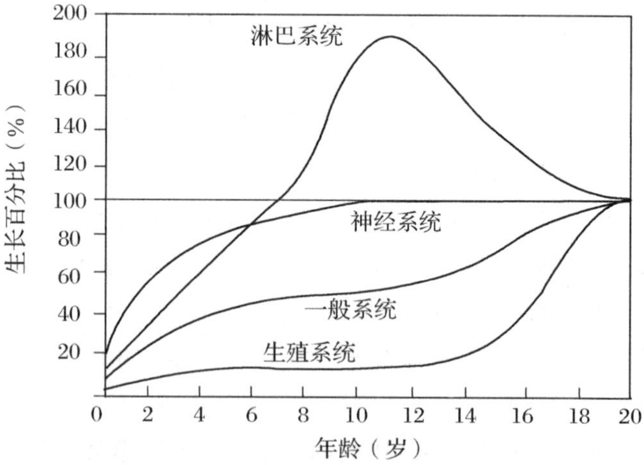

图 2-3 身体组织和器官的生长曲线(Scammon,1930)

五、生长发育包括密切联系的生理和心理两个方面

儿童生理和心理的发育是统一的。二者密切联系，互相影响，相辅相成。

(1) 儿童的疲倦是由于生理上的不适应而产生的，转而会影响情绪。若教师上课采用多种教学方法，便可以使这类学生情绪饱满，精神愉快，从而减少疲倦感。

(2) 儿童的情绪可以影响生理功能。如儿童进餐时精神不愉快，或受到斥责、处罚，吃饭时哭泣等均可影响食物的消化和吸收。

(3) 儿童身体的缺陷可以引起心理不正常。如斜视的儿童常有自卑感；耳聋可以造成发音障碍或发音不正确；常受斥责的儿童说话时犹豫不决，容易养成口吃的习惯。

(4) 情绪和身体的外形有关系。情绪一贯正常的孩子精神愉快，经常挺胸、抬头，坐、立、行、走的姿势正确，动作敏捷。情绪长期受到压抑的孩子会精神不振，注意力不集中，不爱活动，以致外形出现病态，如站不直、弯腰、驼背、行动迟缓。

(5) 精神食粮和物质食粮同样重要。生理方面，食物不足或营养不平衡能影响儿童身体的发育，但是过量的饮食也会造成消化不良或肥胖症。心理方面也是如此，从小得不到母爱的孩子，多半孤僻；父母及家庭溺爱的孩子，一切随心所欲，很容易养成唯我独尊、唯我正确、无组织无纪律的习惯。教育工作者要十分注意儿童生长发育过程中生理和心理两方面的影响，要使二者统一协调。

六、每个儿童的生长发育有自己的特点

儿童先天和后天条件的不同，不可能长得一样，因而有高矮、胖瘦、强弱、智愚之分。

先天决定一个孩子发育的可能性，后天决定发育的现实性。先天后天条件的不同使每个人的发育具有自己的特点。在研究评价一个孩子的发育时，不能仅以其身高或体重同标准均值做比较而立即做出片面的评定，将其过去和目前发育情况做全面比较才更有意义。

每个儿童有自己发育的速度和特点，这不仅表现在发育各阶段中，就是达到成熟期也各具特征。但是，总体呈现生物学上的常态分布。因此，不可能也不应该强求儿童发育都是一个样子。教育者的任务是要尽可能充分地发挥他们遗传的潜力，使儿童青少年在受教育的过程中得到全面的发展。

第四节　我国儿童青少年身体形态的特征

早在 1910 年，Merrin 首先发表了中国学生素质发育的横断面人体测量资料。1930～1931 年间，我国许世瑾、吴国利系统地研究了 8466 名上海学生的生长发育情况。中华人民共和国成立前虽然还有一些报道，但是大部分资料无统一标准。中华人民共和国成立后，对儿童青少年的生长发育开展了多次全国性的调查研究工作。

我国儿童青少年身体形态发育的特征包括以下内容：

一、生长长期趋势

生长长期趋势(简称长期趋势),是自19世纪以来人类发展进程中非常重要的生物现象之一。它有四个明显的群体特征:①各年龄儿童体格发育水平不断提高;②青春期发育提前;③身体比例逐步变化;④成年身高持续增长。

大量文献报道显示,长期趋势在几乎所有的发达国家、越来越多的发展中国家已经或正在形成。不同国家、不同群体的长期趋势有不同的表现模式,在全球范围内大体可分为以下四类:①长期稳定型;②明显加速型;③晚发型;④无增长和负增长型。我国属于晚发型,大城市群体已进入长期趋势中期,儿童期、青春早期增势依然强劲;我国乡村的汉族和少数民族群体尚处于早期,最令人关注的现象是性发育提前。

(一)汉族儿童青少年生长长期趋势

1. 近半个世纪以来大城市汉族儿童生长长期趋势

根据中国16大城市数据,从20世纪50年代到2005年,7～18岁男女生平均身高从143 cm、140 cm分别增长到155.2 cm、150.1 cm,增速分别达2.5 cm/10年和2.0 cm/10年(表2-4、2-5);7～18岁男女生平均体重从35.1 kg、34.3 kg分别增长到47.4 kg、43.1 kg,增速分别达3.1 kg/10年、2.3 kg/10年。

表2-4　中国16大城市7～18岁男生20世纪50年代至2005年身高长期趋势

年龄/岁	1950s/cm	1985年/cm	1995年/cm	2005年/cm	1950s～1985年增速/cm·10年$^{-1}$	1985～1995年增速/cm·10年$^{-1}$	1995～2005年增速/cm·10年$^{-1}$	增幅/cm	平均增速/cm·10年$^{-1}$
7～	117.2	122.6--	124.1--	125.5-	1.9	1.6	1.4	8.3	1.6
8～	120.4	127.1--	129.5--	132.3--	2.3	2.3	2.7	11.8	2.4
9～	125.1	132.3--	134.9--	137.8--	2.5	2.7	2.9	12.6	2.7
10～	129.5	136.9--	139.8--	142.9--	2.6	2.9	3.1	13.4	2.9
11～	133.8	142.2--	146.1--	149.1--	2.9	3.9	3	15.3	3.3
12～	139.4	147.1--	151.9--	155.5--	2.7	4.8	3.6	16.1	3.7
13～	145.5	155.8--	160.6--	162.2-	3.6	4.9	1.6	16.8	3.4
14～	152.2	161.9--	165.7--	167.7--	3.4	3.8	1.9	15.4	3.0
15～	158.5	166.3--	168.7--	170.9--	2.7	2.5	2.2	12.4	2.5
16～	162.8	168.8--	170.4--	172.1--	2.1	1.6	1.7	9.3	1.8
17～	165.1	170.3--	171.4-	172.8-	1.8	1.1	1.4	7.6	1.4
18～	166.6	170.8--	171.9-	173.4--	1.4	1.0	1.5	6.7	1.3
平均	143.0	150.2	152.9	155.2	2.5	2.5	2.3	12.1	2.5

注:①本表采用t检验,“-”,$P<0.05$,“--”,$P<0.01$;②t检验结果:1985年代表与1950s的比较,1995年代表与1985年的比较,2005年代表与1995年的比较,后同。(摘自季成叶. 现代儿童少年卫生学(第2版). 北京:人民卫生出版社,2010)

表 2-5　中国 16 大城市 7～18 岁女生 20 世纪 50 年代至 2005 年身高长期趋势

年龄/岁	1950s /cm	1985 年 /cm	1995 年 /cm	2005 年 /cm	1950s～1985 年增速 /cm·10 年$^{-1}$	1985～1995 年增速 /cm·10 年$^{-1}$	1995～2005 年增速 /cm·10 年$^{-1}$	增幅 /cm	平均增速 /cm·10 年$^{-1}$
7～	116.3	121.3^{--}	123.5^{--}	125.1^{-}	1.8	2.2	1.6	8.8	1.9
8～	119.9	126.4^{--}	128.5^{--}	131.0^{--}	2.3	2.1	2.5	11.1	2.3
9～	124.4	132.1^{--}	134.7^{--}	136.9^{--}	2.7	2.7	2.2	12.5	2.5
10～	129.2	137.7^{--}	140.3^{--}	143.0^{--}	3.0	2.6	2.8	13.9	2.8
11～	134.4	144.0^{--}	147.0^{--}	149.8^{--}	3.3	3.1	2.7	15.4	3.0
12～	140.5	149.7^{--}	153.2^{--}	155.0^{--}	3.2	3.5	1.9	14.6	2.9
13～	146.4	154.7^{--}	156.6^{--}	157.6^{-}	2.9	1.9	1.0	11.2	1.9
14～	150.7	156.8^{--}	158.2^{-}	159.3^{-}	2.1	1.3	1.2	8.5	1.5
15～	153.1	157.6^{--}	159.1^{-}	160.3^{-}	1.7	1.4	1.2	7.3	1.5
16～	154.4	157.8^{--}	159.9^{--}	160.9^{-}	1.4	1.4	1.0	6.5	1.3
17～	155.3	158.8^{--}	160.3^{-}	161.3^{-}	1.2	1.5	1.0	6.1	1.2
18～	155.8	159.1^{--}	160.1^{-}	161.2^{--}	1.0	1.3	1.1	5.4	1.1
平均	140.0	146.3	148.5	150.1	2.3	2.1	1.7	10.1	2.0

（摘自季成叶. 现代儿童少年卫生学(第 2 版). 北京：人民卫生出版社，2010）

2. 中、小城市汉族儿童 1985～2005 年生长长期趋势

“7～18 岁平均身高”的增长速度比大城市更迅猛。男生从 146.3 cm 增长至 153.5 cm，增速为 3.6 cm/10 年，女生从 143.1 cm 增长至 148.6 cm，增速为 2.75 cm/10 年。同期内，体重也出现大幅度增长。不过，以 BMI(身体质量指数)来衡量的相对体重增长，无论增幅、增速都低于大城市相似群体。例如，该群体“7～18 岁男、女生平均 BMI 值”20 年内的增速分别为 0.8 cm/10 年和 0.5 cm/10 年，而大城市相似群体分别达到 1.0 cm/10 年和 0.7 cm/10 年。

3. 乡村汉族儿童 1985～2005 年生长长期趋势

为了反映占我国人口 70%以上的乡村儿童群体在经济和生活水平上存在的较大差异，将历次全国学生体质与健康调研的乡村样本分成“大城市郊区”“沿海发达乡村”“中南部乡村”和“西部乡村”四组。这些群体的主要变化有：

(1)“大城市郊区”伴随改革开放以来的迅猛都市化进程和生活水平的显著提高，出现和上述中、小城市相似的长期变化。

(2)“沿海发达乡村”长期变化表现也很明显。“7～18 岁平均身高”男、女生增速分别为 3.2 cm/10 年和 2.6 cm/10 年，快于同期大城市而略慢于中、小城市。身高增长变化在青春期各年龄段尤其明显。BMI 则不然，“7～18 岁平均 BMI 值”男、女生增速分别仅为 0.3 cm/10 年和 0.0 cm/10 年，比中小城市更低。

(3)“中南部乡村”大体代表全国乡村平均水平。20 年内“7～18 岁平均身高”男、女生

增速分别达 2.9 cm/10 年和 2.5 cm/10 年，整体上略高于大城市同期增速。“7～18 岁平均 BMI 值”男、女生增速分别仅为 0.2 cm/10 年和 0 cm/10 年。男生 16 岁后尽管体重在增长，但增长速度赶不上身高的增长速度。女生该现象更明显，12～18 岁后多数年龄增长速度甚至出现负值。

4.“西部乡村”有长期变化但程度较低

“7～18 岁平均身高”男、女生增速分别为 2.3 cm/10 年和 1.6 cm/10 年，比“中南部乡村”更低。它也是乡村样本中唯一增速慢于大城市同期增速的群体，青春期提前的趋势也不明显。“7～18 岁平均 BMI 值”男、女生增速分别为 0.3 cm/10 年和 0.2 cm/10 年。

(二)少数民族儿童青少年生长长期趋势

和汉族儿童一样，生活在中华民族大家庭中的少数民族儿童群体，有显著的生长长期趋势表现。以下仅举三例说明。

1. 西藏藏族儿童 1965～2005 年生长长期趋势

(1)7 岁男生平均身高从 111.7 cm 增至 118.3 cm，女生从 111.1 cm 增至 116.7 cm；40 年内分别增长 6.6 cm 和 5.6 cm，增速达 1.7 cm/10 年和 1.4 cm/10 年。

(2)7 岁男生平均体重从 16.8 kg 增至 21.9 kg，女生从 16.7 kg 增至 21.0 kg；40 年内分别增长 5.1 kg 和 4.3 kg，增速达 1.3 kg/10 年和 1.1 kg/10 年。

(3)17 岁男生平均身高从 159.0 cm 提高到 168.7 cm，女生从 152.1 cm 提高到 157.5 cm；40 年增幅男女生分别为 9.7 cm 和 5.4 cm，增速分别为 2.4 cm/10 年和 1.4 cm/10 年。在 17 岁有如此快速的身高增长，即使在大城市汉族群体中也不多见。

(4)各年龄体重均持续增长。以其中的 12 岁为例，40 年内男生平均体重从 25.6 kg 增长至 35.4 kg，女生从 25.6 kg 增长到 36.2 kg，增速分别达到 2.5 kg/10 年和 2.7 kg/10 年。

2. 新疆维吾尔族儿童 1964～2000 年生长长期趋势

(1)7 岁男生平均身高从 114.2 cm 增至 124.1 cm，女生从 113.8 cm 增至 121.5 cm；36 年内增长 9.9 cm 和 7.7 cm，增速分别达 2.8 cm/10 年和 2.1 cm/10 年。

(2)7 岁男生平均体重从 20.0 kg 增至 24.2 kg，女生从 18.8 kg 增至 24.3 kg；36 年内分别增长 4.2 kg 和 5.5 kg，增速达 1.2 kg/10 年和 1.5 kg/10 年。

(3)17 岁男生平均身高从 163.1 cm 增至 171.3 cm，女生从 153.3 cm 增至 159.4 cm；36 年内分别增长了 8.2 cm 和 6.1 cm，增速分别达 2.3 kg/10 年和 1.7 cm/10 年。

(4)各年龄体重和 BMI 同步显著增长。以 12 岁为代表，男生平均体重从 27.8 kg 增长至 36.8 kg，女生从 28.3 kg 增至 38.4 kg，36 年内分别增长了 9.0 kg 和 10.1 kg，增速分别达到 2.5 kg/10 年和 2.8 kg/10 年。

3. 吉林延边朝鲜族儿童 1956～2005 年生长长期趋势

(1)7 岁男生平均身高从 115.5 cm 增至 124.1 cm，女生从 114.6 cm 增至 123.8 cm；49 年中分别增长了 8.6 cm 和 9.2 cm，增速分别达 1.8 cm/10 年和 1.9 cm/10 年。

(2)7 岁男生平均体重从 21.1 kg 增至 25.7 kg，女生从 20.2 kg 增至 24.9 kg；49 年中

分别增长了 4.6 kg 和 4.7 kg，增速分别达 0.94 和 0.96 kg/10 年。

(3)17 岁男生平均身高从 159.8 cm 增至 171.0 cm，女生从 153.5 cm 增至 159.7 cm；49 年中男、女生分别增长了 11.2 cm 和 6.2 cm，增速分别达 2.3 cm/10 年和 1.3 cm/10 年。

(4)朝鲜族儿童生长长期趋势的鲜明特点是：身高、体重进行同步增长，趋势与大城市汉族儿童相似。49 年中，7～17 岁男、女生 BMI 均值分别以 0.75 kg/10 年和 0.65 kg/10 年的增速逐渐上升。其中，近 20 年(1985～2005 年)的增速超过前 10 年。该现象主要与民族聚居地——吉林延边地区近 20 年来改革开放、经济高速增长、生活水平大幅提高等因素有关。面对该民族儿童身体充实度的迅猛增长趋势，目前更令人担忧的健康问题是超重、肥胖检出率的大幅提高。

二、体格发育的城乡差异

城乡差异是我国儿童生长发育群体差异中非常明显的表现之一。该差异由城乡不同社会环境、生活水平等诸多因素引起。其中影响最大的有营养摄入、疾病控制、儿童保健服务水平等。从表 2-6、表 2-7 可见，城乡差异在 6～20 岁相似群体中普遍存在，学龄初(6 岁)已非常明显。乡村学生青春期突增较城市同龄者晚 1～2 年，成年人身高显著落后于城市。

表 2-6　中国汉族男生三项体格发育指标城乡差异比较($\overline{x} \pm s$)

年龄/岁	身高/cm		体重/kg		胸围/cm	
	城市	乡村	城市	乡村	城市	乡村
6	120.63±5.10	117.76±5.27	23.16±4.42	21.12±3.70	58.17±4.61	56.48±3.07
7	125.74±5.81	122.53±6.03	25.73±5.36	23.29±4.50	60.25±5.29	58.19±4.28
8	131.23±6.19	127.77±6.21	29.03±6.62	25.94±5.34	62.76±6.23	60.30±4.89
9	136.07±6.32	132.77±6.34	32.19±7.40	28.64±6.01	65.21±6.83	62.25±5.40
10	141.07±6.82	137.60±6.62	35.07±8.63	31.79±6.97	67.97±7.55	64.54±5.86
11	146.68±7.38	142.70±7.42	39.97±9.67	34.92±7.94	70.47±8.05	66.86±6.50
12	152.75±8.45	148.31±8.27	44.33±11.23	38.98±9.19	73.19±8.44	69.37±7.02
13	160.08±8.64	155.68±8.91	49.63±11.78	44.05±10.13	75.97±8.43	72.40±6.84
14	165.86±7.67	161.60±8.32	54.43±12.03	48.66±10.02	79.09±8.09	75.51±6.79
15	169.42±6.63	166.03±7.12	58.02±11.61	52.48±9.49	81.57±7.73	78.06±6.29
16	171.11±6.28	168.39±6.42	60.34±11.60	55.58±9.10	83.18±7.43	80.39±5.84
17	171.83±6.39	169.73±6.20	61.65±11.06	57.43±8.56	84.24±7.13	81.71±5.62
18	171.89±6.39	170.14±6.07	61.97±11.05	58.65±8.66	84.62±7.10	82.86±5.51
19	171.86±6.01	170.12±5.87	62.19±9.56	59.36±8.28	84.95±6.24	83.38±5.23
20	172.15±6.21	170.14±5.83	62.72±9.80	59.48±8.13	85.33±6.35	83.66±5.03

(摘自中国学生体质与健康研究组. 2005 年中国学生体质与健康调研报告[M]. 北京：高等教育出版社，2007)

表 2-7　中国汉族女生三项体格发育指标城乡差异比较($\overline{x}\pm s$)

年龄/岁	身高/cm		体重/kg		胸围/cm	
	城市	乡村	城市	乡村	城市	乡村
6	119.17±4.99	116.34±5.16	21.65±3.56	20.03±3.24	55.91±4.02	54.56±3.45
7	124.07±5.70	121.20±6.10	23.85±4.46	22.13±3.93	57.72±4.49	56.22±3.89
8	129.82±6.01	126.70±6.19	26.77±5.26	24.64±4.68	60.03±5.23	58.35±4.33
9	135.35±6.61	132.20±6.80	29.88±6.28	27.50±5.53	62.45±5.86	60.52±5.12
10	141.48±7.16	138.11±7.46	33.93±8.54	31.00±6.78	65.62±6.78	63.32±5.91
11	148.00±7.35	144.12±7.75	38.82±8.77	34.95±7.53	69.49±7.38	66.67±6.40
12	152.55±7.07	149.10±7.26	42.43±9.00	38.80±7.72	72.14±7.15	69.73±6.43
13	156.26±6.10	153.52±6.34	46.00±8.60	43.29±7.73	74.94±6.86	73.13±6.10
14	158.14±5.85	155.78±5.76	48.85±8.62	45.99±7.25	76.99±6.72	75.29±5.76
15	159.06±5.71	156.84±5.52	50.60±8.25	48.09±7.12	78.33±6.30	76.94±5.58
16	159.51±5.65	157.61±5.53	51.32±7.57	49.76±6.60	79.04±5.89	78.18±5.27
17	159.90±5.63	158.02±5.63	51.86±7.87	50.58±6.59	79.37±5.94	78.82±5.19
18	159.78±5.60	158.11±5.43	52.08±7.77	50.86±6.43	79.74±5.91	79.21±5.10
19	160.30±5.56	158.80±5.32	52.03±6.91	51.10±6.32	80.05±5.43	79.57±5.00
20	160.27±5.52	158.80±5.33	51.88±6.87	51.00±6.17	80.23±5.36	79.80±4.98

(摘自中国学生体质与健康研究组. 2005年中国学生体质与健康调研报告[M]. 北京:高等教育出版社,2007)

近20年来,我国城乡学生群体都出现迅猛的身高增长趋势,经济处于中上水平乡村群体增速比城市更快。例如:1982～2005年,城市7～18岁身高平均增速男、女分别为2.5 cm/10年和1.9 cm/10年,而乡村男、女增速分别达2.8 cm/10年和2.2 cm/10年,经济处于中下水平的乡村和城市间的身高差距有缩小趋势。

三、体格发育的南北差异

通常以秦岭、淮河为界,将我国的行政区域分为南方和北方。研究证实,北方群体的体格水平整体高于南方,构成我国儿童青少年生长发育群体差异的另一重要表现——南北差异(north-south disparity)。该差异不仅表现在身高、体重上,也表现在胸围,肢体长度、维度、径度等方面。它独立于城乡差异,也独立于地区社会经济发展水平。王忆军等对2005年全国学生体质与健康调研资料的分析表明:城乡男女身高、体重均值的南北差异有随年龄增长而上升的趋势。18岁时,北京城市男、女生平均身高分别比南方高2.3 cm和2.2 cm,平均体重重4.3 kg和3.2 kg;同样,北方乡村男、女生平均身高分别比南方高2.7 cm和2.0 cm,平均体重分别重3.8 kg和3.8 kg。不过,季成叶等(2009)校正相关因素(如高身材者跳得远、跑得快)后,却未发现在生理功能、运动素质等体能指标方面存在同样的南北差异。

四、体格发育的社会经济差异

不同群体的体格发育差异，与所在地社会经济发展水平密切关联，也是我国儿童青少年群体差异最明显的表现之一。目前主要使用人均生产总值、年人均收入、人均期望寿命、社会商品零售额、恩格尔系数、儿童负担率、社会福利水平等指标来反映这些差异。2005 年 30 个省（自治区、直辖市）汉族城、乡 18 岁男女生的身高、体重调查结果显示：身高、体重分布独立于城乡、南北差异。例如：上海、江苏虽位于南方，其发育水平显著高于地处北方的陕西、甘肃群体。

季成叶等(2007)从 2005 年全国学生体质与健康调研资料中选出样本，分“沿海发达地区”“东中部”“南部”和“西部”等 4 组，4 组的社会经济平均水平顺次递减。四组的身高或 BMI，无论学龄初、青春突增期或成年早期，都以经济最发达的沿海最高，而“南部”与“西部”处于末位。后两者中“西部”相对高些，这是南北差异的反映。不过，因近二十多年来经济发展更快，“南部”儿童体格的增长幅度明显超过“西部”，两者的差距也在逐步缩小。（提示：我国不同地区群体的体格发育差异，是城乡、南北、社会经济发展水平等三大环境因素综合作用的结果。）

2010 年全国学生体质与健康调研结果表明：

1. 形态发育水平继续提高

我国城乡学生的身高、体重和胸围等生长发育水平继续呈现增长趋势。例如：与 2005 年相比，城市男生、城市女生、乡村男生、乡村女生 7～18 岁年龄组身高分别平均增长 1.01 cm、0.79 cm、1.55 cm、1.12 cm，体重分别平均增长 1.35 kg、0.80 kg、2.02 kg、1.15 kg，胸围分别平均增长 0.71 cm、0.59 cm、1.26 cm、0.94 cm；19～22 岁年龄组身高分别平均增长 0.84 cm、0.55 cm、1.34 cm、0.64 cm，体重分别平均增长 1.52 kg、0.27 kg、2.07 kg、0.34 kg，胸围分别平均增长 0.63 cm、0.29 cm、0.97 cm、0.43 cm。

2. 中小学生身体素质下滑趋势开始得到遏制

7～18 岁中小学生爆发力、柔韧性、力量、耐力等身体素质指标持续下滑趋势开始得到遏制，与 2005 年相比，有了不同程度提高。

(1)爆发力素质（立定跳远）出现好转。与 2005 年相比，反映下肢爆发力的立定跳远成绩有所提高，7～18 岁城市男生、城市女生、乡村男生分别平均增长 1.12 cm、1.03 cm、0.76 cm。乡村女生立定跳远成绩与 2005 年基本持平。

(2)柔韧素质（坐位体前屈）出现好转。与 2005 年相比，反映身体柔韧度的坐位体前屈成绩有所提高，7～18 岁城市女生、乡村男生、乡村女生分别平均增长 0.49 cm、0.04 cm、0.53 cm。城市男生坐位体前屈成绩与 2005 年基本持平。

(3)耐力素质止“跌”。代表耐力素质的测试指标视不同年龄一性别组而有所不同。7～12 岁男女学生测试“50 m×8”往返跑，13～22 岁男生测试 1000 m 跑、女生测试 800 m

跑。中小学生的耐力素质指标持续下滑趋势已经得到遏制：与2005年相比，7～12岁小学城乡男生“50 m×8”往返跑成绩基本持平；城市女生、乡村女生“50 m×8”往返跑成绩分别平均提高0.05 s、0.20 s。

与2005年相比，13～15岁城市男生、城市女生耐力跑成绩分别平均提高3.03 s、3.58 s；乡村男女生耐力跑成绩与2005年基本持平。

与2005年相比，16～18岁城市男生、城市女生、乡村男生、乡村女生耐力跑成绩分别平均提高0.48 s、0.46 s、0.34 s、0.91 s。

(4)力量素质(握力)继续提高。调研结果显示，与2005年相比，7～18岁城市男生、城市女生、乡村男生、乡村女生的握力分别平均提高0.43 kg、0.42 kg、0.36 kg、0.16 kg。

3. 大学生身体素质继续呈现缓慢下降，但下降幅度明显减小

19～22岁年龄组除坐位体前屈指标外，爆发力、力量、耐力等身体素质水平进一步下降，但与前一个五年相比(2000～2005年)，下降幅度明显减小。

与2005年相比，19～22岁城市男生、乡村男生立定跳远成绩分别平均下降1.29 cm、0.23 cm，引体向上成绩分别平均下降1.44次/min、1.45次/min，1000 m跑成绩分别平均下降3.37 s、3.09 s；城市女生、乡村女生立定跳远成绩分别平均下降2.72 cm、0.92 cm，仰卧起坐成绩分别平均下降3.02次/min、2.48次/min，800 m跑成绩分别平均下降3.17 s、1.87 s。另外，城市男生、城市女生握力分别平均下降0.18 kg、0.35 kg；城市男生、城市女生、乡村女生50 m跑成绩分别平均下降0.06 s、0.10 s、0.05 s。

第五节　生长发育的调查与评价

一、生长发育的调查

(一)调查目的

生长发育调查的目的，是研究生长发育规律和各种因素对生长发育的影响，为采取相应的卫生措施和检验儿童青少年卫生工作的效果提供科学依据。

我们要从各种能影响生长发育的因素中找出当时的主要矛盾，研究其作用机制，从而制订出相应的卫生措施。

通过调查并根据资料制订当地儿童生长发育“标准”，以便在不同集体之间、不同历史时期，将资料进行比较，并用来评价儿童身体发育水平。

(二)调查内容

生长发育调查的内容，应该根据调查的目的来决定。对儿童生长发育的调查研究，最初是从形态开始的。一百多年前已有形态发育数据的记录，随着科学的发展又开展了生理机能等方面的测定及心理方面的观察，这样就可逐步对儿童的生长发育有一个全面的、

整体的、综合的了解。在选择调查指标时，一般是选择人体形态、生理和生化方面的指标，但应注意选择少数重要的、能说明生长发育状况的指标，而不是指标越多越好。此外，还应考虑到各项指标的测定方法必须具备一定的精确度和可数量化。在实际工作中还要根据调查的目的，考虑指标的实际意义和当时人力物力的可能性，测定技术的简便等，以便推广并能将结果进行比较和评价。

(1)形态指标：最基本的是身高、体重、坐高、胸围。身高是生长的基本指标，身高增长会引起其他三项也同时增长。

此外，在不同年龄组儿童的调查中，可选择代表该年龄阶段发育特征的指标。例如各种围度，在 6 岁以下需要测量头围，因这一指标在出生后是不断发展的。10 岁以上可以测量臂围、腿围以观察肌肉发育。在青春期开始后，测量肩宽和盆宽以鉴别男女两性在体态上的分化。为了评价营养状况，观察皮下脂肪的积储程度，可测定皮层厚度。在青春发育开始期应检查第二性征的出现及等级，如乳房、阴毛、腋毛、面部须毛及喉结等。

骨骼发育的调查，常用手骨和腕骨的 X 线摄片，观察骨化中心出现及骨骼与骨干之间的愈合情况。

以上所列形态指标可以根据不同儿童集体的需要进行选择。

(2)生理机能指标：儿童青少年的形态发育，虽然也有波浪式的表现，但还是比较稳定的。而生理机能方面的发育变化更为迅速，受外界条件的影响更大，变化的范围也更广。尤其是在不同的体育锻炼和劳动情况下，系统地进行生理机能的观察更便于了解外界环境因素对儿童生理方面的影响，进而与常数作比较，判断体力强度和工作能力。生理机能可以从以下几个方面进行测定。

①心脏血管功能：以脉搏、血压为基本指标，并可以进行心电图、心血流图观察。

②呼吸功能：以呼吸频率、呼吸差和各种肺容量为基本指标。

③肌力：以握力、背肌力及静力性肌耐力为基本指标。

④综合运动能力指标：监测最大氧耗量可以全面地观察骨骼肌肉、心脏血管和呼吸机能相互配合的能力。

(3)生化和临床检验：主要了解身体内部各组分变化以及日常代谢情况。

①青春发育期血清中激素含量水平。

②尿液中肌酐及羟脯氨酸测定可以反映肌肉和骨骼的发育情况；

③其他如血红蛋白、红细胞等的检查。

(4)心理方面的观察：人的心理是社会条件的反映，儿童出生后即处于一定社会中而与外界发生关系，在成人照顾教育下，儿童从事一定活动，掌握知识经验、发展言语、形成个性和世界观。在不同社会制度下，儿童生活条件和受教育程度等都不同，因而智力等心理因素的发展也不同。如中华人民共和国成立后社会生活和人与人之间的关系，以及人的精神面貌的变化，都会影响到儿童心理的发展。所以要研究在一定社会条件下儿童心理发展的规律及各阶段发展的特点，作为选择教育内容和教育方法的参考。

(5)体征描述资料：有些生长发育情况还不能或不便数量化，只能定性描述，但在评价时也有参考价值。

①营养状况：主要结合人体重，观察体态、皮肤的光泽与弹力、黏膜血液充盈等。还可注意有无早期软骨病的体征（如肋骨串珠、方头、赫氏沟）。

②体型：可描述为瘦小、矮胖、瘦长、粗壮、一般等。

③肌肉量和弹性：肌肉量主要检查两侧的肩肌、胸肌或背肌。肌肉外形难分辨者，肌肉量低；当肌肉的外形明显地显露时，则肌肉量高；其他情况在肌肉量上都属中等。弹性方面主要检查肱二头肌的紧张度。

④骨骼：有胸廓型、背型、腿型等。

⑤牙齿：发育和更换的情况。

⑥腺体：扁桃体、甲状腺。

⑦各种发育缺陷。

以上均在调查时，分别在记录本上注明。

(6)询问：有些情况要通过询问或填表来了解。

①在做深入研究时，有些指标如血压等，可以同时对家长进行测定和询问。

②家庭生活条件及饮食习惯。

③既往病史及现有慢性病症。

④女孩月经初潮年龄。

(三)调查方法

根据不同的调查目的，调查方法有很多种，最基本的可以分为两大类。

1. 横断面调查

其是指在较短时间内，在一定地区范围内，选择有代表性对象，对某几项指标进行一次性大数量调查。横断面调查能在短期内获得大量资料，对建立指标的正常值，或建立生长发育指标，了解不同地区、民族、人群的生长发育规律、特点和变化趋势等有重要作用。由教育部等中央五部委领导，先后于1979年、1985年、1991年、1995年、2000年、2005年、2010年进行的全国学生体质与健康调研，教育部先后于2002年、2004年、2008年、2012年对15省区市学生体质健康监测等，都已成为了解我国学生群体体格、体能多指标发育水平，地区、民族、人群差异，分析儿童青少年生长发育特点和长期趋势，制定国家级生长发育正常值和标准等的基础资料。横断面调查规模大、时间短，需集中较多测试人员。调查前应有周详的调查方案，指标宜多。调查对象应根据调查目的确定，不仅应有较强的代表性，还应对其社会人口属性（如民族、地域、经济状况等）有明确的界定。

2. 追踪调查

又称前瞻性调查，是针对同一批研究对象，在较长时间内进行的定期、连续多次调查，借以观察儿童青少年的发育动态。通过长期追踪观察可以找出生长发育规律，并可以研究某些因素对生长发育的影响。例如，在某一个学校选择一个体育班与一个对照班，每季度重复进行测量，经过几年时间观察体育锻炼对生长发育的影响。

Davenport 和 Boas 早在 1930 年就把追踪观察法用于青春发育期的研究。之后美国、英国、日本等国家都逐渐有一些关注儿童生长发育的研究机构对少数儿童进行较长期的观察。如 Stuart 的研究从胎儿时期起即对母亲进行观察，在胎儿出生后，定期观察其在形态、生理、心理发育等方面的情况。有些机构还对孪生儿童进行观察，以便分析先天及后天因素对发育的影响。中华人民共和国成立后，我国儿童青少年卫生工作者也先后开展了追踪观察的研究。

追踪观察法首先要求自始至终控制一定的人数，使样本的大小不变，其次是在长期测量调查中保持一致的技术标准，使前后结果有比较的可能。

（四）调查设计

无论哪种调查，在调查前必须制订一个周密的调查计划。

1. 调查对象的选择和抽样

调查的目的决定调查的对象。如要制订该地区儿童青少年的发育“标准”时，首先应该注意代表性问题，应在该地区选择有代表性的中学生和小学生进行调查，而不应选择有特殊条件的。调查的对象应是健康的和正常的，畸形、残疾和患有器质性疾病以及影响身体发育的疾病，如患某些慢性病（结核病、迁延性肝炎、慢性肾炎等）的学生均不作为调查对象。

调查人数必须保证不同性别的各个年龄组内有足够的数量。根据人力、物力和时间，适当限制调查范围。根据过去大量的调查经验，我们认为儿童在 3 岁以上可按每 1 岁为一组，每一性别年龄组 100 人；10 岁以上，每一性别年龄组 150～175 人（后者因生长发育加速，变化较大，各个体间差异也较大，故人数需要相对多些）；过了 18 岁，每一性别年龄组调查 100 人即可。调查对象应按随机性原则抽取。

2. 测量时间和测量季节

身高和体重在一天之中有变化，身高在傍晚时稍矮于早晨起床时，这是由于儿童的脊椎还未完全钙化，到傍晚时脊椎间的软骨受自身重量的压力而压缩。而且脚弓也较为平坦，此外由于身体肌肉的疲劳，也会出现不同程度的弯曲，这些因素可使身高缩短 1～2 cm。

体重一般在饭后要重些，而在激烈体育运动或重体力劳动后，由于代谢增加及大量出汗，体重会减轻。

在横断面大数量测量时，由于测量的人数多，不可能固定在一个很短的时间内进行，而上午、下午均得安排测量时，应该注意以后同机构或对地区再进行测量时，仍采用同一时间，这样获得的资料就可以进行前后对比。在追踪调查时，由于人数少，应当固定时间，如每季节测量一次时就必须严格规定每次都在一定的时间内进行测量。

机能指标变化更大，例如睡眠后脉搏频率和血压较低，而在运动后有所提高。有时情绪紧张也能影响脉搏和血压。因此，在测量前要求对象先休息一下，对他讲明调查要求，消除紧张，使他们情绪安定下来。

身高、体重在各个季节的增长也不同。在考虑调查季节时，当地气候较暖的季节便于测量。我国地区广大，各地习惯和生活条件不同，一般以5、6月或9、10月为宜。因为此时天气较暖，又未临近考试，对学校来讲便于安排这项工作。

3. 年龄的计算

年龄的计算必须强调统一，否则所得的结果难以比较。根据测定的年、月、日和出生的年、月、日之差来计算实足年龄，从出生日起到下一个生日差一天的时期内算在这个年龄内。例如出生日期为1983年6月25日，测量日期为1996年6月24日，实际年龄为13岁少一天，应归入12岁。如只知虚岁和阴历，则需要根据阴阳历对照表核对后算出实足年龄。

4. 调查的技术

(1)测量仪器和测量方法：测量仪器的准确性以及测量方法的统一性，与测量结果的准确度有密切关系。因此，在使用仪器前必须严格校正。如果采用非自动化仪器，则在操作上应尽量消除人为因素和操作技术而造成的偏差，即统计学上所要求避免的系统误差。在使用每一种仪器测量时，必须严格按照该仪器的操作要求。在动态观察测量时自始至终应使用同一种仪器。在进行实地测量时必须注意严格遵守测量方法，例如测身高时必须保持正确姿势，测量体重时必须强调被测者仅穿薄衣薄裤。

(2)调查表格和记录：调查表最好采用卡片式，每一被测者一张，事前必须印好。要用较好的纸张印刷，因为使用的时间较长，每次分析整理时，要经过许多人的手。要求在测量前把学生的姓名，性别，出生年、月、日填好，在测量时发给学生。测量数字的记录必须准确并尽量精确，在小数点后的位数尽可能保持1～2位。

(3)调查的组织：参加调查人员要通过培训，统一测量方法和要求。严格按照规定要求进行测量。事前应向被调查单位和对象讲清调查的目的和注意事项，做好组织和宣传工作，以保证调查工作的顺利进行。在具体进行测量时，最好采用流水作业法。每人专门负责测量1～2项。最后需有一个人收集卡片，同时检查有无遗漏项目。若被测者有身体缺陷和畸形，需要在调查卡(表)上注明。测量时要请班主任维持秩序，班级卫生员协助做好记录。

(4)资料的整理：对测量数据进行统计分析前，应先将测量记录卡片或表整理好。

①首先查对记录是否完整，若有遗漏和明显错误，个别被测者可以剔除。例如某张卡片上有些项目漏填则会在统计时显得各指标的总人数不等；又如某项数字明显地过大或过小(可能是记录上的错误)，则能影响最后数值，这种情况应将整张卡片剔除。身体有缺陷或畸形者的卡片也应剔除，不进行统计。

②把卡片按性别分开，然后按年龄把卡片归类。每一年龄为一组。在每一年龄组内，如系大样本，还须按各指标的数字分组编制频数表，一般组数在10～15组，则统计上比较方便。如系小样本，可不用分组。

③把原始记录卡片上的数字，抄在事前设计和准备好的整理表上，以便以后进行统计，不必时常翻阅原始记录卡片。如系大样本，则根据最小值和最大值的全距规定组距和

组数，只要把频数分布列在整理表上，便可进行统计。

使用电子计算机运算前，经检验合格的卡片，按穿孔的要求分类、编号、归档。

二、生长发育的评价

对儿童青少年生长发育状况的全面评价，应包括儿童青少年的形态发育、生理和心理机能的发育，以及其他健康状况等。使用比较广的是形态发育方面的评价，多从发育水平、发育速度和发育的匀称程度等方面进行评价。

(一) 正常值和“标准”

生长发育评价是生长发育的重要研究内容，也是学校卫生工作者了解、分析个体和群体生长发育状况的经常性工作之一。评价需要标准，但以往常用的“标准”实际是指“正常值”。两者都可用于评价，但概念、性质不同。

建立“正常值”应先通过大样本调查，取得生长发育指标的测量数据；经过统计学处理，分性别、年龄计算各指标的统计量(如均值±标准差)。正常值有两类：“现状正常值”和“理想正常值”。前者的样本来自本地区中等水平的人群，只剔除那些因慢性疾病或残障而对生长发育有明显不良影响的个体。它反映本地人群的真实情况，便于采取干预措施。“理想正常值”则要求较高。例如：对象都应是足月正常体重新生儿，自幼生活在适宜环境，营养充分，无慢性病史，有良好生活条件和卫生服务。该环境成长的个体，生长水平高，生长潜力得以充分发挥。很明显，理想正常值高于现状正常值，一旦建立，能长期使用。

“标准”建立在正常值基础上，需符合以下条件：①样本尽量接近“理想”，排除明确的不良环境因素。②原则上，全国应制定统一的评价标准，采用同一把“尺子”进行横向、纵向比较。我国是一个统一的多民族国家，有些民族受种族遗传影响大，条件成熟时可为他们建立单独的“标准”。但在全国范围(尤其汉族群体)内进行跨地区、跨人群比较时，应使用同一标准。③各地可根据自身需要，建立省级(地区性)“正常值”。好处是，可灵敏反映本地区内不同社会经济群体间的差异和不同年代间的变化趋势。但这些“正常值”不能取代全国统一标准，以免造成混乱。④有条件地区可同时使用国际通用标准和国内标准，这样既便于进行跨国、跨文化比较，也可利用后者校正前者存在的问题(如标准偏高或偏低)。利用国际标准分析人群中存在的差异时，要着重考虑种族遗传因素而非社会经济差异。国际标准通常适用于群体差异较小的儿童期，而自青春期发育开始后，种族遗传对评价结果的影响较大。⑤尽量使用先进的统计方法(如下文提及的 LMS 法)，使选定的中间值和界值点尽量准确，避免非正态分布影响。⑥用于临床筛查的界值点，原则上应以临床症状为依据。

(二)生长发育正常值的制订

最常用的制订正常值的方法有两种：

一种利用均值、标准差制订，建立在“多数发育指标在群体中呈正态或近似正态分布”的假设基础上。理论上，分别有68.3％、95.4％、99.7％的儿童发育水平在$\overline{x}\pm s$、$\overline{x}\pm 2s$、$\overline{x}\pm 3s$范围内。即：多数儿童青少年的发育水平集中于均值上下；离均值越远，人数越少。不过该理论应用于儿童发育上有缺陷，因为大多数发育指标实际上呈偏态分布。不过，用$\overline{x}\pm s$来反映总体均值的范围和偏离程度的方法已沿用多年，能直观、清晰地评价发育等级，故目前(尤其在基层保健单位)仍在使用。

另一种利用百分位数制订，比上一种方法更合理，既适用于正态分布指标，也适用于非正态分布指标。它以人群P_{50}为中间值(基准)，以P_5、P_{25}、P_{50}、P_{75}、P_{95}等百分位数划分5个等级；在该基础上加P_3和P_{97}成7等级；如再加P_{10}和P_{90}则成9等级，结果更细致。儿少/学校卫生多采纳5等级评价法。以身高为例，身高$\leqslant P_5$属下等；身高位于$P_5\sim P_{25}$属中下等；身高位于$P_{25}\sim P_{75}$属中等；$P_{75}\sim P_{95}$属中上等；身高$\geqslant P_{95}$属上等。百分位数在将数据转化为正态分布的基础上确定正常值用数字表达，便于直观地反映对象实际发育水平。若以此为基础采用LMS法，效果更好。

(三)生长发育评价的意义

(1)有助于了解个体、群体儿童青少年的生长发育现状，处于什么等级，有无发育异常迹象，可能发展趋势如何等。

(2)提供客观依据，在筛查、诊断生长发育障碍，评价环境因素对生长发育的影响，提供保健咨询建议，选拔运动人才等方面发挥重要作用。

(3)可将生长发育评价列入社区保健指标体系。通过观察、评价指标变化来评价学校卫生措施的实效，作为学校卫生监督的评价依据。

生长发育评价针对个体和群体，由四类内容组成：①生长发育水平；②生长发育速度；③各指标间相互关系(匀称度)；④体质综合评价。没有一种方法能完全满足对生长发育进行全面评价的要求，须针对评价目的，选择适宜方法进行组合。理想的评价方法是：所用指标测定简便、精确；评价结果直观、形象；应用方便，便于评价。

一般按个体评价和群体评价介绍评价方法，本书按生长发育水平评价、生长速度评价、各指标间相互关系(匀称度)、体质综合评价进行介绍。

(四)生长发育水平的评价

(1)等级评价法。应用离差法原理，即先根据算术标准差的位置远近，划分成5、7、9个等级(5个等级评价法使用最广泛，见表2-8)。评价时只要将个体某指标实测值与同年龄一性别组的发育正常值比较，即可确定等级，这种方法简便、实用。使用时应注意：①若个体实测值在$\overline{x}\pm 2s$外，不能轻易判断为异常，需连续观察，结合临床检查，慎重做出结论。②应正确理解各等级的含义。如身高5等级可理解为“上、中上、中、中下、下”等；若体重，则不能将“上”理解为最好，因为其中有不少个体可能是肥胖者。③用$\overline{x}\pm s$和利用百分位数来划分的等级，即使都有5个等级，该等级中所含的人数也不同。例如，同属“中等”发育水平，用 $\overline{x}\pm s$ 法理论上含总体的 68.3%，而用百分位数法仅含 50%。

表 2-8　生长发育评价的五等级划分

等级	均值标准差法	百分位数法
上等	$>\overline{x}+2s$	$>P_{97}$
中上等	$\overline{x}+s\sim\overline{x}+2s$	$>P_{75}$
中等	$\overline{x}\pm s$	$P_{25}\sim P_{75}$
中下等	$\overline{x}-2s\sim\overline{x}-s$	$<P_{25}$
下等	$<\overline{x}-2s$	$<P_{3}$

等级评价法还可方便、快捷地对群体儿童进行评价。例如，可将两个班或两所学校的所有相似资料，先按既定的发育指标及其标准，逐个将个体划入五个不同等级，计算不同等级的人数及其构成比。表述群体评价结果时，可应用相对突出分布在“上”“下”等中的比率来显示差异，利用 χ^2 检验确定差异的显著性，常用于发育水平的评价。等级评价法反映群体的发育差异不受群体内部成员性别、年龄差异的影响，因为其评价各个体是分别按自身对应的“年龄一性别”标准进行的。该方法的结果只能针对单项指标，无法同时反映发育匀称度，用于动态追踪更是缺乏直观性。

(2)离差曲线图法：曲线图法是对离差法原理的另一种实际应用。先按某指标的性别一年龄组 $\overline{x}\pm s$、$\overline{x}\pm 2s$、$\overline{x}\pm 3s$ 值在坐标图上(该指标为纵坐标，年龄为横坐标)制成标准曲线，相连成线(图 2-4)。个体实测值直接点在图的相应位置上，连续几年的值连成曲线，这样既能观察该儿童生长现状，又可分析发育趋势。

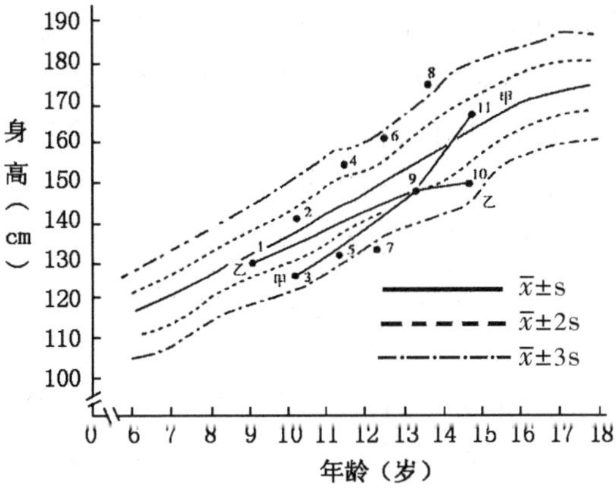

图 2-4　身高发育标准曲线图

曲线图法优点是：评价方法简便、结果直观；既可描绘发育的水平等级，或追踪某指标发育趋势，也能大体了解个体的发育速度；既针对个体，也可比较群体水平。曲线图法的不足是：针对不同性别的每一指标都要作图，较费事；不能同时评价几项指标；不能用于评价发育匀称度。

(3)指数法：利用数学公式，根据事态各部分比例关系，将两项或多项指标相连并转化成指数进行评价。指数计算方便，便于普及，所得结果直观，使用广泛。常用指数有三类：第一类反映体型，由身高、坐高、体重、胸围、肩宽、盆宽等指标组成，如身高胸围指数、肩宽盆宽指数等；第二类为营养指数，如身高标准体重、BMI 等；第三类为功能指数，如握力体重指数、肺活量体重指数等。常用的指数有以下几种。

①身高体重指数，又称克托莱(Quetelet)指数。计算公式：

身高体重指数=[体重(kg)×1000]/身高(cm)

②身高胸围指数，又称 Livi 指数。计算公式：

身高胸围指数＝[胸围(cm)×100]/身高(cm)

③身高坐高指数，计算公式：

身高坐高指数＝[坐高(cm)×100]/身高(cm)

④肩宽盆宽指数，计算公式：

肩宽盆宽指数＝[盆宽(cm)×100]/肩宽(cm)

⑤艾里斯曼(Erisman)指数，计算公式：

艾里斯曼指数＝胸围(cm)－[身高(cm)×0.5]

⑥体质指数(body mass index，BMI)和 Kaup 指数，计算公式：

BMI＝体重(kg)/[身高(m)]^2

Kaup 指数＝[体重(kg)×10^4/[身高(cm)]^2

⑦劳雷尔(Rohrer)指数，计算公式：

Rohrer 指数＝[体重(kg)×10^7]/[身高(cm)]^3

⑧握力指数和背肌力指数，计算公式：

握力指数＝[左、右手平均握力(kg)]/体重(kg)

背肌力指数＝背肌力(kg)/体重(kg)

⑨肺活量体重指数和肺活量身高指数，计算公式：

肺活量体重指数＝肺活量(mL)/体重(kg)

肺活量身高指数＝肺活量(mL)/身高(cm)

指数法的缺点是较机械，应结合专业知识予以克服。例如：一些儿童身材高大又粗壮，另一些矮小又瘦弱，两者的身高体重指数可能一样，粗看都属“匀称体型”，细看身高、体重，可见前者生长良好，后者却可能既生长迟缓又消瘦，是兼具两类营养不良症状的发育水平低下。制订和应用评价标准时还应注意：①反映体型的指数都可表现出明显的种族、地区差异；②许多指数呈偏态分布。最好先用百分位数法将指数分成若干等级，再按实际需要确定等级含义。我国儿童青少年部分常用指数的均值范围见表 2-9、表 2-10。

表 2-9　中国 7～18 岁儿童青少年部分常用指数均值范围

指数	男	女
身高体重指数	177.6～333.5	172.2～315.1
身高胸围指数	46.7～49.9	45.5～50.1
身高坐高指数	53.9～55.1	53.5～56.2
肩宽盆宽指数	71.0～73.3	73.4～77.2
Rohrer 指数	121.2～110.8	109.7～125.5
肺活量体重指数	64.6～72.0	57.0～63.4

(摘自中国学生体质与健康调研报告，2005)

表 2-10　中国城乡 19～22 岁大学生常用指数均数及标准差

指数	城市（$\bar{x}\pm s$）		乡村（$\bar{x}\pm s$）	
	男	女	男	女
身高体重指数	342.2±29.3	314.7±28.3	334.1±26.0	319.4±27.1
身高胸围指数	50.2±2.6	49.9±2.8	50.8±2.3	51.6±2.6
身高坐高指数	53.1±1.2	53.7±1.4	54.4±1.1	54.3±1.3
肩宽盆宽指数	70.3±3.6	77.6±3.7	71.9±3.2	78.3±3.5
Rohrer 指数	117.7±10.2	125.7±12.3	120.3±10.0	129.5±11.2
肺活量体重指数	72.7±8.0	58.6±7.1	72.5±6.9	57.4±7.1

（摘自中国学生体质与健康调研报告，2005）

（4）百分位数法：有表、图等形式。由于身体发育资料有的（如体重或某些指标）可能呈偏态分布，这种偏态资料不符合正态分布规律，用离差法评价会得出错误结论。因此，目前英、美等许多国家采用百分位数法估计正常值范围，这就不受资料分布类型限制。表中 P_3、P_5、P_{10}、P_{25}、P_{50}、P_{75}、P_{90}、P_{95}、P_{97} 等顺序排列，P_{50}（中位数）为基准值，其他反应离散程度。表 2-11 即汉族城市 6～19 岁男生身高百分位数正常值。图 2-5 是 2002 年美国 2～20 岁男生年龄身高百分位数曲线图，和体重、BMI 等相应图结合，是许多国家评价生长发育水平的标准。

表 2-11　汉族城市 6～19 岁男生身高百分位数正常值（单位：cm）

年龄/岁	P_3	P_5	P_{10}	P_{25}	P_{50}	P_{75}	P_{90}	P_{95}	P_{97}
6	111.3	112.4	114.2	117.3	120.5	124.0	127.0	129.0	130.3
7	115.0	116.4	118.5	121.7	125.7	129.5	133.1	135.2	136.7
8	120.0	121.4	123.5	127.0	131.1	135.3	139.1	141.5	143.2
9	124.7	126.0	128.0	131.8	136.0	140.1	144.0	146.5	148.5
10	129.0	130.4	132.8	136.4	140.9	145.5	149.8	152.3	154.0
11	133.3	134.9	137.5	141.7	146.4	151.4	156.3	159.5	161.5
12	137.5	139.4	142.0	146.8	152.5	158.5	164.0	167.0	169.0
13	142.7	145.0	148.3	154.3	160.7	166.2	170.7	173.1	174.6
14	149.6	152.0	153.7	161.5	166.4	171.0	175.7	177.6	179.0
15	156.8	158.5	161.0	165.0	169.5	173.9	175.1	180.1	181.4
16	159.3	160.8	163.3	167.0	171.0	175.3	177.8	181.5	183.0
17	159.9	161.3	163.9	167.8	171.7	176.0	179.1	182.1	183.6
18	160.1	161.6	164.0	167.8	171.8	176.0	180.0	182.5	184.1
19	161.0	162.5	164.2	168.0	171.7	175.8	179.7	182.0	183.4

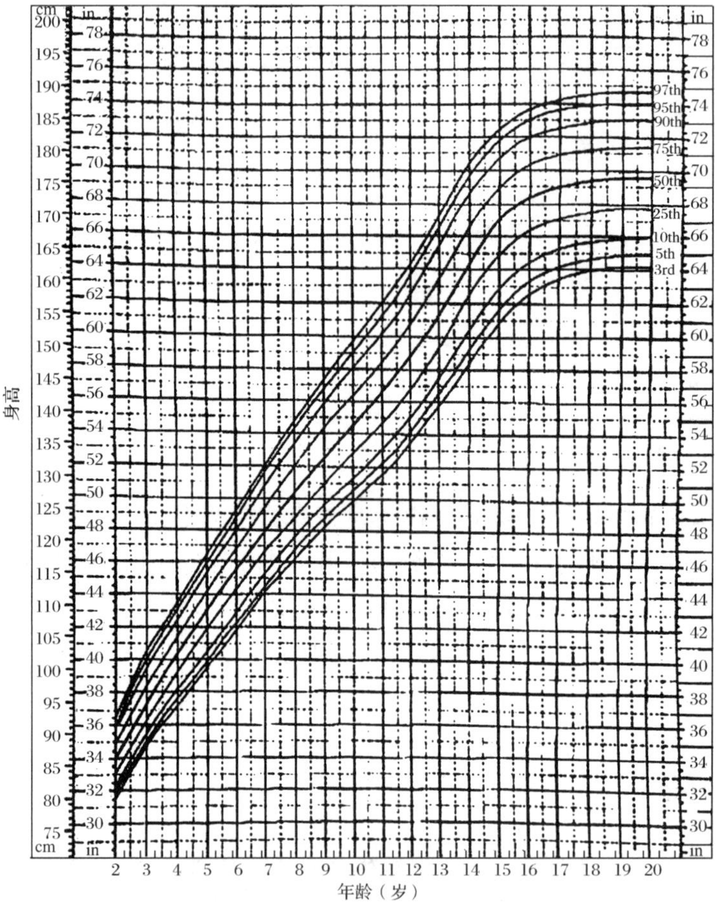

图 2-5　美国 2～20 岁男生年龄身高百分位数曲线图(2002 年)

(五)生长速度评价

1. 生长速度(growth velocity)

生长速度是反映生长发育的重要内容,常用指标有身高、体重、头围(3 岁以下)等,其中身高最常用。遗传、环境影响在机体内产生的变化,可通过生长速度的加快或减慢来反映。即使同年龄、同性别的个体,生长速度变异也很大,尤其在青春期突增阶段。因此,评价生长速度可有效反映生长的动态变化,筛查生长发育异常。当使用横剖面资料制订标准时,以年增加值、年增长率来反映的近似值,原则上只适用于群体。评价个体生长速度时,仅能部分反映其趋势;判断该速度是否异常需特别慎重。

2. 群体生长速度评价

表 2-12 以 2000 年中国汉族 6～17 岁男生身高年增长值和年增长率为例,根据横断面资料所计算的性别一年龄组指标均值、标准差、年增长值、年增长率和修匀值,据此绘制曲

线图并修匀,将修匀值/修匀曲线和标准值/标准曲线比较,判断生长速度及其变化。

表 2-12　2000 年中国汉族 6～17 岁男生身高年增长值和年增长率

年龄/岁	均值/cm	标准差/cm	年增长值/cm	年增长率/%	修匀值/%
6～	119.96	5.40	4.29	3.58	—
7～	124.25	5.86	5.56	4.47	4.04
8～	129.81	5.95	4.73	3.64	3.93
9～	134.54	6.33	5.35	3.98	3.85
10～	139.89	6.57	5.29	3.78	3.95
11～	145.18	7.22	6.16	4.24	4.40
12～	151.34	8.60	8.06	5.33	4.57
13～	159.40	8.75	5.38	3.38	3.61
14～	164.78	7.74	3.86	2.34	2.32
15～	168.64	6.72	2.04	1.21	1.31
16～	170.68	6.28	0.79	0.46	—
17～	171.49	6.11	—	—	—

(摘自 2000 年中国学生体质与健康调研报告,2001,"—"代表无相关数据)

(1)年增长值。将群体前后连续两年身高均值相减,如将 8 岁组平均身高减去 7 岁组平均身高,得 7 岁组年增长值。

(2)年增长率。将年增长值除以身高基数即得年增长率。不同年龄个体基础身高不同,而身高年增长值必然受其基数影响。因此,身高基数不同者尽管增长值相同但含义不同;基数越小,生长速度越快。除以身高基数后,绝对数还需利用下列公式变为相对数(年增长率),才能进行比较。

$$V_t = \frac{H_{t+1} - H_t}{H_t} \times 100\%$$

式中:V_t 为年增长率;H_t 为前一岁组身高均值(身高基数);H_{t+1} 为后一岁组身高均值。必要时,也可用下列二项二次平均法公式来计算修匀值:

$$V_t = \frac{(a+b) \div 2 + (b+c) \div 2}{2} = \frac{a+2b+c}{4}$$

式中:b 为修正后的年龄组年增长率;a 、c 分别为 b 上、下相邻年龄组的年增长率。修匀处理后,原各年龄组因数值高、低不齐而模糊的趋势变得明晰,更能代表该年龄组。

3. 个体生长速度评价

个体的生长发育速度评价应使用追踪资料获得的正常值,有素质检测图和以发育类型为基点两种方法。

(六)评价发育匀称度和发育年龄(表 2-13)

1. 相关一回归法评价发育匀称度

相关一回归法可用以评价发育匀称度,反映身体各部分发育是否均衡、协调和健美,是体质健康的重要指标。常用个体的身高、体重、胸围等指标,以人体三围空间(彼此内在关系密切)形式组成二元回归模型 $Y=B_0+B_1X_1+B_2X_2$ 来描述。

表 2-13 身体发育水平和匀称度综合评价标准

评价等级	评价标准
良好	(1)身高上等,体型粗壮 (2)身高上等,体型匀称
较好	(1)身高中上等,体型粗壮 (2)身高中上等,体型匀称 (3)身高中等,体型粗壮 (4)身高上等,体型瘦长
一般	(1)身高中等,体型匀称 (2)身高中下等,体型粗壮 (3)身高中下等,体型匀称 (4)身高中上等,体型瘦长
较差	(1)身高下等,体型粗壮 (2)身高下等,体型匀称 (3)身高中下等,体型瘦长 (4)身高中等,体型瘦长
落后	身高下等,体型瘦长

2. 发育年龄

又称生物年龄或生理年龄,指用身体某些体格、功能或第二性征指标的发育水平及其变异,制成年龄标准来评价个体的生长发育状况。受遗传、环境因素共同影响,不同个体的发育速度、成熟程度各不相同;其身材大小、高矮、生理功能完善程度、心理发展水平等差异也很大。单纯使用实足年龄很难准确反映发育程度和水平。评价发育年龄,则可提供一个辅助性生物依据。因此,发育年龄在学校卫生、儿童保健、临床医学、体育学、心理学、法医学等专业广泛应用。所有发育年龄中,骨龄和生长发育最密切,应用最广泛。

(七)营养不良筛查标准

目前,我国已开始使用国家卫生和计划生育委员会发布的《学龄儿童青少年营养不良筛查》(WS/T 456—2014)标准来评价营养不良。营养不良包含生长迟缓和消瘦,前者主要起因于胎儿、婴儿、幼儿阶段的膳食蛋白质—能量摄入不足，属长期性营养不良；后者是“营养不良”的主要表现之一，属即时性营养不良，起因于现实性的膳食蛋白质—能量摄入不足。

使用表 2-14 界值范围进行生长迟缓判断。凡身高小于或等于相应性别—年龄组“生长迟缓”界值范围者为生长迟缓。使用表 2-15 界值范围进行消瘦判断。凡 BMI 小于或等于相应性别、年龄组“中重度消瘦”界值范围者为中重度消瘦；凡 BMI 处于相应性别、年龄组“轻度消瘦”界值范围者为轻消瘦。

表 2-14　6～18 岁男女学龄儿童青少年分年龄身高筛查生长迟缓界值范围(cm)

年龄/岁	男	女
6.0～	≤106.3	≤105.7
6.5～	≤109.5	≤108.0
7.0～	≤111.3	≤110.2
7.5～	≤112.8	≤111.8
8.0～	≤115.4	≤114.5
8.5～	≤117.6	≤116.8
9.0～	≤120.6	≤119.5
9.5～	≤123.0	≤121.7
10.0～	≤125.2	≤123.9
10.5～	≤127.0	≤125.7
11.0～	≤129.1	≤128.6
11.5～	≤130.8	≤131.0
12.0～	≤133.1	≤133.6
12.5～	≤134.9	≤135.7
13.0～	≤136.9	≤138.8
13.5～	≤138.6	≤141.4
14.0～	≤141.9	≤142.9
14.5～	≤144.7	≤144.1
15.0～	≤149.6	≤145.4
15.5～	≤153.6	≤146.5
16.0～	≤155.1	≤146.8
16.5～	≤156.4	≤147.0
17.0～	≤156.8	≤147.3
17.5～18.0	≤157.1	≤147.5

表 2-15　6～18 岁男女学龄儿童青少年分年龄 BMI 筛查消瘦界值范围(kg/m²)

年龄/岁	男生		女生	
	中重度消瘦	轻度消瘦	中重度消瘦	轻度消瘦
6.0～	≤13.2	13.3～13.4	≤12.8	12.9～13.1
6.5～	≤13.4	13.5～13.8	≤12.9	13.0～13.3
7.0～	≤13.5	13.6～13.9	≤13.0	13.1～13.4
7.5～	≤13.5	13.6～13.9	≤13.0	13.1～13.5
8.0～	≤13.6	13.7～14.0	≤13.1	13.2～13.6
8.5～	≤13.6	13.7～14.0	≤13.1	13.2～13.7
9.0～	≤13.7	13.8～14.1	≤13.2	13.3～13.8
9.5～	≤13.8	13.9～14.2	≤13.2	13.3～13.9
10.0～	≤13.9	14.0～14.4	≤13.3	13.4～14.0
10.5～	≤14.0	14.1～14.6	≤13.4	13.5～14.1
11.0～	≤14.2	14.3～14.9	≤13.7	13.8～14.3
11.5～	≤14.3	14.4～15.1	≤13.9	14.0～14.5
12.0～	≤14.4	14.5～15.4	≤14.1	14.2～14.7
12.5～	≤14.5	14.6～15.6	≤14.3	14.4～14.9
13.0～	≤14.8	14.9～15.9	≤14.6	14.7～15.3
13.5～	≤15.0	15.1～16.1	≤14.9	15.0～15.6
14.0～	≤15.3	15.4～16.4	≤15.3	15.4～16.0
14.5～	≤15.5	15.6～16.7	≤15.7	15.8～16.3
15.0～	≤15.8	15.9～16.9	≤16.0	16.1～16.6
15.5～	≤16.0	16.1～17.0	≤16.2	16.3～16.8
16.0～	≤16.2	16.3～17.3	≤16.4	16.5～17.0
16.5～	≤16.4	16.5～17.5	≤16.5	16.6～17.1
17.0～	≤16.6	16.7～17.7	≤16.6	16.7～17.2
17.5～18.0	≤16.8	16.9～17.9	≤16.7	16.8～17.8

(八)肥胖筛查标准

"中国学龄儿童青少年超重肥胖筛查 BMI 分类标准",简称 WGOC 标准(表 2-16),已成为我国统一使用的 BMI 超重、肥胖筛查标准。

表 2-16 中国学龄儿童青少年 BMI 超重、肥胖筛查标准（WGOC 标准，kg/m²）

年龄/岁	超重		肥胖	
	男性	女性	男性	女性
7～	≥17.7	≥17.2	≥19.2	≥18.0
8～	≥18.1	≥18.1	≥20.3	≥19.9
9～	≥18.9	≥19.0	≥21.4	≥21.0
10～	≥19.6	≥20.0	≥22.5	≥22.1
11～	≥20.3	≥21.1	≥23.6	≥23.3
12～	≥21.0	≥21.9	≥24.7	≥24.5
13～	≥21.9	≥22.6	≥25.7	≥25.6
14～	≥22.6	≥23.0	≥26.4	≥26.3
15～	≥23.1	≥23.4	≥26.9	≥26.9
16～	≥23.5	≥23.7	≥27.4	≥27.4
17～	≥23.8	≥23.8	≥27.8	≥27.7
18～	≥24.0	≥24.0	≥28.0	≥28.0

(九)儿童青少年发育水平的综合评价

《儿童青少年发育水平的综合评价》(GB/T 31178—2014)由中华人民共和国国家卫生和计划生育委员会、中国国家标准化管理委员会于 2014 年 9 月 3 日发布，自 2015 年 1 月 1 日起实施。

标准规定了儿童青少年发育水平综合评价的评价指标、指标权重分配、指标标化评分和评价方法。该标准适用于 7～18 岁的儿童青少年，不适用于丧失运动能力的残疾和智力障碍儿童青少年。

1. 评价指标

(1)身体形态：体重指数(体重/身高，kg/m)。

(2)生理功能：肺活量指数(肺活量/体重，mL/kg)。

(3)身体素质：50 m 跑(单位为秒)、立定跳远(单位为厘米)、耐力跑[7～12 岁以下儿童 50 m×8 往返跑、13 岁及以上女生 800 m 跑、男生 1000 m 跑(单位为秒)]。

(4)心理健康：从精力与睡眠状况、活动能力、饮食与健康、学习能力及态度、自我概念、负性情绪、亲子关系、同伴关系、师生关系、居住环境、活动机会性和生活便利性以及生活质量满意度等维度评定儿童的社会心理健康状态。

(5)身体健康：有无视力不良、龋齿、贫血、肠道蠕虫感染、肥胖、营养不良及心、肺、肝、胃、肾等器质性疾病。

2. 评价指标权重分配(表 2-17)

表 2-17 五类指标权重分配

指标类别	具体指标	权重系数(W_i)
身体形态	体重指数	0.153 5
生理功能	肺活量指数	0.153 5
身体素质	50 m 跑	0.075 0
	立定跳远	0.075 0
	耐力跑	0.075 0
心理健康	生活质量	0.153 5
身体健康	有无视力不良、龋齿、贫血、肠道蠕虫感染、肥胖或营养不良及心、肺、肝、胃、肾等器质性疾病	0.314 5
合计		1.000 0

3. 评价指标标化评分

(1)身体形态、生理功能、身体素质指标标化评分(表 2-18)。

个体的身体形态、生理功能和身体素质等指标实测值(x_i)，按照最新一次的全国学生体质健康调研报告资料判定所属等级，将其转化为相应标准分 T_i，依次赋予 90 分、80 分、70 分、60 分、50 分的标准分。

表 2-18 身体形态、生理功能、身体素质指标等级划分

指标类别		等级划分				
		上等水平(90 分)	中上等水平(80 分)	中等水平(70 分)	中下等水平(60 分)	下等水平(50 分)
身体形态		$P_{50} \leqslant P < P_{70}$	$P_{30} \leqslant P < P_{50}$	$P_{15} \leqslant P < P_{30}$ $P_{70} \leqslant P < P_{85}$	$P_5 \leqslant P < P_{15}$ $P_{85} \leqslant P < P_{95}$	$< P_5$ 或 $\geqslant P_{95}$
生理功能		$\geqslant P_{97}$	$P_{75} \leqslant P < P_{97}$	$P_{25} \leqslant P < P_{75}$	$P_3 \leqslant P < P_{25}$	$< P_3$
身体素质	立定跳远	$\geqslant P_{97}$	$P_{75} \leqslant P < P_{97}$	$P_{25} \leqslant P < P_{75}$	$P_3 \leqslant P < P_{25}$	$< P_3$
	50 m 跑	$\leqslant P_3$	$P_3 < P \leqslant P_{25}$	$P_{25} < P \leqslant P_{75}$	$P_{75} < P \leqslant P_{97}$	$> P_{97}$
	耐力跑	$\leqslant P_3$	$P_3 < P \leqslant P_{25}$	$P_{25} < P \leqslant P_{75}$	$P_{75} < P \leqslant P_{97}$	$> P_{97}$

(2)心理健康指标标化评分。

生活质量量表的标准分为心理健康指标的得分。按以下界值将得分转化为相应标准分，即上等水平(≥70 分)、中上等水平(60～69 分)、中等水平(40～59 分)、中下等水平

(30～39 分)、下等水平(<30 分),依次赋予 90 分、80 分、70 分、60 分、50 分的标准分。

(3)身体健康指标标化评分。

身体健康指标评分按扣分方式计算。无疾病状态的得分为 100 分,按照鼓励治疗和预防原则,按表 2-19 所示赋予不同疾病以分值。总分 100 分减去不同疾病得分之和,即为该个体的身体健康得分。如同时有多种疾病,则扣完为止。

身体健康指标标化评分按以下界值将其转化为相应标准分,即按上等水平(100 分)、中上等水平(97～99 分)、中等水平(87～96 分)、中下等水平(80～86 分)、下等水平(<80 分),依次赋予 90 分、80 分、70 分、60 分、50 分的标准分。

表 2-19　疾病得分评判标准

疾病种类	评判标准
视力不良	轻度视力不良 3 分,中度视力不良 5 分,重度视力不良 10 分
龋齿	只计算恒牙,每颗龋齿 2 分,限 10 分,填充完好的龋齿不赋分
贫血	贫血 3 分。贫血筛查按照 WS/T 441－2013 执行
肠道蠕虫感染	阳性 10 分
肥胖	超重 10 分,肥胖 15 分
营养不良	生长迟缓 5 分,消瘦 10 分
器质性疾病	每项现患疾病 30 分

4.评价方法

(1)综合评价计算公式。

以各指标的标准分乘以相应权重系数的各指标加权标准分,再将各指标加权标准分累加得综合指数得分。

综合指数得分按照下式计算:

$$M = \sum M_i = \sum T_i W_i$$

式中:

M——综合指数得分;

M_i——各指标加权标准分;

T_i——各指标的标准分;

W_i——各指标相应权重系数。

(2)评估等级。

综合指数得分按以下界值评定个体发育水平等级,即上等水平(≥79 分)、中上等水平(75～78 分)、中等水平(69～74 分)、中下等水平(65～68 分)、下等水平≤65 分)。

□ 复习提纲

1. 脊柱有几个生理性弯曲？脊柱大约在什么时候才最后定型？

2. 为什么要注意培养儿童用鼻呼吸的习惯？

3. 儿童身体发育的规律和特点是什么？掌握它对儿童青少年的健康和发育有什么作用？

4. 应该怎样从整体出发，去掌握各年龄儿童形态、生理和心理特点？

5. 我国儿童青少年身体形态有哪些特征？掌握这些特征有什么意义？

6. 怎样调查和评价儿童青少年的生长发育水平？

7. 什么是生长长期趋势？生长长期趋势的特点有哪些？

□ 参考文献

1. 季成叶，刘宝林. 儿童少年卫生学(第 6 版)[M]. 北京：人民卫生出版社，2007.

2. 裴益民. 体育卫生学[M]. 兰州：兰州大学出版社，2013.

3. 王雁. 人体解剖生理学[M]. 北京：北京师范大学出版社，2009.

4. 季成叶. 现代儿童青少年卫生学(第 2 版)[M]. 北京：人民卫生出版社，2011.

5. 中国学生体质与健康研究组. 2005 年中国学生体质与健康调研报告[M]. 北京：高等教育出版社，2007.

6. 中国学生体质与健康研究组. 2010 年中国学生体质与健康调研报告[M]. 北京：高等教育出版社，2012.

第三章

儿童青少年心理卫生

【学习提要】

1. 了解心理卫生健康基本概念及常用测评，对心理卫生健康服务体系与教育实施进行总体把握并结合个案加深理解。

2. 能对各年龄段儿童青少年心理特点、心理卫生内容和存在问题进行分析，并提供相应的教育策略。

3. 能对青少年健康危险行为分类，对我国流行现状及趋势有结合实际的了解。

4. 能对特殊儿童青少年的心理卫生问题及教育策略进行有针对性的资料收集和问题分析。

第一节　儿童青少年心理卫生健康概说

一、关于健康、心理健康、心理卫生

随着人类的进步，健康由过去单一的生物医学模式而发展出了生理、心理、社会模式。2001 年世界卫生组织（WHO）正式颁布《国际功能、残疾和健康分类》，明确指出："健康指生理、心理与社会的完整幸福状态。"健康既是人生命生活幸福的状态，也是人生命生活的追求。健康既包含生理的身体健康，如身强体壮；也包括心理的健康，如人际关系和谐，家庭、学校、社会适应良好。生理、心理两者相辅相成，互为因果。身与心共同支撑起完整、幸福的人生。本章从心理卫生健康角度作介绍，心理卫生健康是指为达到心理健康的目的，根据心理活动规律，采取各种措施、策略，预防身心疾病，确保身心良好状态。因此，心理卫生与心理健康是目的与方法、策略的关系。心理卫生侧重于精神方面，故称为精神卫生。

二、心理卫生的意义

心理卫生的重要意义在于维护心理健康。心理卫生是人的生命和生活主动、积极的

精神保卫者，通过认知、注意、记忆、动机、需要、兴趣、情绪、意志等，使人与周围环境处于平衡、协调的状态，获得人格的成长。

心理卫生的意义还在于防止心理问题的产生，对影响心理健康的因素予以克服，能发现和应对异常心理表现。

三、心理健康的目标

国外一些研究认为有六种心理健康品质：自主性、环境控制、个人成长、与他人的积极关系、生活的目的、自我接纳。

我国心理健康专家将心理健康目标整合为：

(1)有较好的自控能力，能自尊、自爱、自信，有自知之明。

(2)适应能力强，能适应环境变化，能保持正常的人际关系，在集体中受到别人的欢迎和信任，行为和社会身份相符合。

(3)对未来有明确的目标，切合实际，不断进取，有理想和事业上的追求。

(4)道德方面主要是不损害他人的利益来满足自己的需要，有辨别真伪、善恶、荣辱、美丑等是非观念的能力，能按社会规范约束自己的言行，能为人们的幸福做贡献。

四、儿童青少年的心理问题

儿童青少年出现心理问题和心理疾病是遗传和环境两大因素相互作用的结果，比如由于遗传代谢障碍或孕期分娩异常以及出生后患病等造成幼儿脑部伤害等。在环境因素中，心理问题与社会环境、经济状况以及受教育情况有密切的关系。

儿童青少年的心理疾病一般分为精神发育不全、神经官能症、人格障碍和精神病四种。这里仅对儿童青少年的行为问题和异常心理表现做一些简介。

1. 心理障碍

(1)学习障碍：学生在健康状况良好，没有其他环境因素影响下，其学习成绩和兴趣忽高忽低，可能影响自我观念，逐渐形成对失败的恐惧，会出现逃避学习的“学校恐惧症”，表现为焦虑不安。

(2)情绪障碍：受外界强烈影响，心理上出现矛盾，如学生活动能力强与知识不足的矛盾；独立性与家庭依赖性的矛盾；生物性需要与社会的矛盾；强烈的物质、精神需要与现实可能性间的矛盾……这些心理会使学生情绪不稳定，忽而愉快，忽而沮丧，忽而满足，忽而厌恶，形成两极性。

(3)品行障碍：主要是心理活动的外在表现。轻则说谎逃学，重则犯罪，常有侵犯性和破坏性行为。这种学生一方面需要进行道德教育，一方面要矫正其异常心理。

(4)人际关系障碍：在学生所处的班集体中，当老师和同学对自己评价不一致时产生的心理和行为障碍。有这种障碍的学生常过高估计自己，表现为离群索居，不与他人来往，表现一种嫉妒心、自卑感……称为“激情嫉妒”或“心境嫉妒”。

(5)性心理障碍：多为男性，出现恋物癖、露阳癖、窥淫癖，以达到性的满足。

2. 功能发育迟缓而出现的症状

一般男孩较女孩多见，如言语障碍或口吃，10 岁左右的儿童约有 3%尿床。

3. 适应不良反应

青少年在成长发育的过程中，心理的发展和成熟比身体的发展相对要慢些。此时，他们处在逐步脱离家庭的监护，走向社会的阶段，一方面要不断地接受外界的新事物、新知识；另一方面又要独立处理人际关系、学习、工作、恋爱、婚姻等问题。这些问题如果处理不当或者无所适从，常常会产生不良的心理反应，表现出行为、情感、思维和意志活动等方面的异常。轻者表现为烦躁不安、易怒、情绪不稳定、失眠多梦等，重者有类似多动症等方面的表现，兴奋话多，冲动毁物，外出游荡，甚至消极自杀等。这种情况称为青少年适应不良反应。如果持续时间过长，会影响精神和身体，给家庭和社会带来危害。

五、心理健康常用测验与评量

在儿童青少年心理健康教育和心理健康建设中会运用测验与评量以了解儿童青少年的心理健康状况，常用的测验与评量有以下几种。

（一）标准化智力测验

测验经标准化程序编制，并按标准化程序使用。标准化测验需满足有效的问卷项目：建立常模；对测验的检验（信度、效度、辨别度）。标准化智力测验是通过智力测评量表运用客观、系统、科学的方法评量个体的智力发展状况。标准化智力测验主要是为了做儿童智力鉴定、分类、安置，也能提供一定的教育诊断信息，对于标准化智力测验，如我国心理学泰斗潘菽教授所言："标准化智力测验可以用，但不能乱用。对其测验结果可信，但不可全信。"标准化智力测验给出的智商值对学生、家长、教师来说均是较敏感指标。施测要慎重，由专业人员按专业要求操作，结果不是简单的智商值通报，应有专业的教育信息与解释。

1. 中国比奈测验

中国比奈测验源于比奈·西蒙编制的智力测验量表，经陆志韦、吴天敏及各年代专业人员分别于 1924 年、1936 年、1982 年多次修订，最新版本是 2003 年的第五版（SB－V）量表，共 51 个项目，分为词汇、理解、谬误、语言关系、图形分析、仿画、填图、折纸剪纸、数量数列、等式、语句记录、数字记忆、物品记忆等。测验适用于 2～18 岁城乡幼儿、儿童、成人。该测验第一次采用智力商数表示智力高低，使得智力更加量化，后期使用离差智商，其表示方法更为科学。

2. 韦氏儿童智力量表

根据美国韦克斯勒量表，我国于 2008 年在张厚粲教授主持下，由珠海京美心理测量技术开发有限公司完成了韦氏儿童智力量表第四版中文版（WISC－IV）的修订，改变了我国智力测验量表陈旧和常模老化不足的状况。该公司修订了 3～6 岁韦氏幼儿智力量表和韦氏儿童智力量表。

该测验可做智商解释、内在能力分析、因素和组型分析、质的分析、问题分析等。韦氏儿童智力量表可加强施测过程的观察，对施测结果进行多角度的整体评价，且引入标准化智力测验的动态性评量观念与实作，形成提示系统增加教育诊断功能与教学互动过程探究。

3. 儿童绘人测验

1926 年，美国心理学家 F. L. Goodenough 首创用绘人方法测定智力，适用于 4～12 岁儿童，是较简单的智能诊断工具。我国对绘人测验进行了标准化改进。

(二)社会适应能力测验

社会适应能力测验是一个参与测验人员多元，测验具现场性、回顾性和弹性，反映被试者实际生活能力和社会适应能力的标准化测验。常用社会适应能力测验量表有以下几种。

1. AAMR 适应行为量表

1965 年，美国智力障碍协会(AAMR)进行了一项适应行为各领域的研究，这项研究产生了两个适应行为量表，一个为 3～12 岁儿童设计，一个为 13 岁到成人设计，合称为 AAMR 适应行为量表(1974 年修订)。1981 年该量表的学校版再经修订，第一部分为个人日常生活技能，含独立能力、身体发育、经济活动、语言发展、数量关系、家务活动与职业活动自我调节、责任、社会化。第二部分为评估不适应行为，如：暴力破坏、反社会、反抗、不信任、退缩、刻板与怪癖、不当人际交往方式、不良说话习惯、不能接受或偏执、自伤等不良习惯、多动、心理困扰、药物服用情况等。

2. 文兰社会成熟量表

1935 年，文兰社会成熟量表由道尔(Edgar A. Doll)在新泽西州文兰的一所训练学校创制，共三个版本，包括面谈调查版、面谈拓展版、课堂版，适用于 0～30 岁。作为适应行为指标的标准分数意味着设定的社会智商可以明确表示各年龄人群的不同社会适应能力。文兰量表很强调会谈技术，信息来源除来自被试者外，还有与其关系密切的亲友、教师等，该表被译成多国文字，运用广泛。

通过提炼和更新内容，该量表增加了适用人群的范围，关注特殊人群的需要，如智力障碍者、自闭症者、多动症患者、脑伤患者。扩展了年龄范围，适用人群扩大到 0～90 岁。完善的领域包括：交流(理解、表达、书写)；日常生活技能(个人、家庭、社区)；社交(人际关系、休闲娱乐、迁移能力)；运动能力(精细动作、粗大动作)；适应性行为参数(内隐行为、外显行为、其他)。

3. 其他量表

除美国外，其他国家也发展了适应行为量表，如日本三木安正于 1980 年修订文兰社会成熟量表，形成日本婴儿—初中学生生活能力量表(日本 S—M 社会生活能力检查量表)，该量表有 132 个条目，分独立生活、运动、作业操作、交往、参加集体活动、自我管理

6个分项目。我国左启华、张致祥教授在中国0～14岁智力低下流行病学调查全国协作组项目中选择三木安正S—M社会生活能力检查量表，进行中国再标准化，形成“婴儿—初中生社会生活能力量表”。该量表在我国智力障碍儿童鉴定中常被选用。

（三）筛查、评估表

在健康教育、实验检测、诊断治疗等工作中，常用到一些筛查、评估表，有的供专业人员用，有的供家长、社会人员参考。

1. 新生儿行为评定量表（NBAS）

该表是美国著名儿科大夫布莱泽顿于1973年制定的，适用于年龄最小的婴儿，从出生第一天到满月为止皆可使用，目的在诊断和预测。我国经大规模协作研究已有完整的新生儿行为神经测验方法。新生儿行为评定的临床意义在于发现脑伤引起的新生儿神经行为异常，对围产期有问题的高危儿童进行监测，一定程度上预测婴幼儿后期中枢神经系统的情况。

2. 贝利婴幼儿发展量表（BSID）

该表适用于2～30个月的婴幼儿，含三个分量表：智力量表、运动量表、行为记录。该表被认为是较好的婴幼儿发育测验表，其信度、效度均较高。

3. 格塞尔发展量表（GDS）

美国心理学家格塞尔是该量表创始人。他认为婴幼儿随着神经系统不断成熟分化会产生相应的行为范型，这种行为范型随着年龄增长而成为一个有秩序的行为系统，因此正常的行为范型是成熟的指标，以此为标准可对儿童进行客观评定，看到儿童的发展现状，及时发现其神经系统缺陷，以便进行早期干预。该量表主要诊断四个方面的能力，即动作能力、应物能力、言语能力、应人能力，并找到婴幼儿在4周至36个月行为上出现特殊质的飞跃的所谓“枢纽龄”，且对每个枢纽龄上的四种能力做了描述，确立了63个项目，以此作为检查项目和诊断标准，从而建立了8个分量表。

4. 丹佛发育筛查测验（DDST）

美国丹佛学者弗兰肯堡与多兹编制的主要检查出生2个月至6岁婴幼儿的发育水平的DDST在各国广泛使用，我国北京、上海曾对DDST进行修订和标准化，将题目简化到只有12项，只需5～7 min便可完成，具有实用意义。北京市儿童保健所也曾修订DDST，完全保留原项目，该测验在保健系统中应用广泛。

5. 儿童发展手册

为了对儿童生长发育情况进行监测，及时发现问题所在，医院、儿保所、儿童教育康复机构编制发放了儿童发展手册，给出一些指标性提示，比如邵智指出正常婴幼儿心智发展水平是：一视二听三抬头，四握五抓六翻身，七坐八爬九扶站，十捏周岁独站稳。而婴儿睡眠过多，看起来像个乖孩子，既不哭也不吵，非常安静，对周围环境无动于衷或者很晚才会对人微笑，不注意别人说话，则常伴有运动发育迟缓。婴幼儿不注意周围物体常被认为视觉有障碍,当发现宝宝视觉有问题时还应同时注意智力发育问题。对声音刺激不敏感,往往被认为听力有障碍,所以对耳聋患儿要留意。儿童生长发育中的警惕信号还有不少,此类资料在医院、康复机构、妇幼保健院、幼儿园均有发放,家长可以索要、比照。孩子出现某些问题时家长不必过于紧张,可及时就医、测查,以获建议与服务。

(四)日常的观察、评估表

日常的非标准化的观察、调查表可以帮助老师、家长了解儿童身心发展方面的状况以及问题、障碍、困难所在,并为以后的教育、康复提供参考。非标准化的观察评估表很广泛,多由医疗、卫生、教育、康复、心理专业人员编制,操作方便,容易获得。内容包括学习特点、学习态度评估,儿童兴趣调查,注意力观察评估,模仿力观察评估,学生自我决定能力评估,学生合作行为观察,学生争吵行为观察,学生情绪调查,学生独立性调查,语文数学成就调查,等等。这类观察、评量表具动态性,能较及时反映学生现实生活中的需求。

六、儿童青少年学校心理卫生教育、心理健康服务体系

(一)配备心理卫生教师,开设心理健康课程

1. 心理健康课程开设

国家已在各中小学规定了心理健康课的开设时数,并有教材、教育计划和教学内容、策略、方法指导。

心理健康课多以班级授课制方式介绍心理卫生健康基本知识以及心理健康的具体方法措施,并有针对心理健康问题的预防与处理策略,常用课堂教学与实际操作、案例教学、积极行为支持、问题讨论等方式开课。

2. 心理健康教师配备

心理健康课的开设必须有相应的教师配备,各中小学心理健康教师的主要工作有:心理健康课、学校心理咨询室的主要负责人,负责学校的心理咨询与心理辅导工作。在全校开展心理卫生普及宣导工作,为全校教师、员工教授心理卫生知识,组建教职工心理卫生支持团队,并由骨干教师培训解决学校发生的学生心理卫生健康重点、难点问题。

(二)学校的心理卫生教育学校班级支持

1. 学校重视形成全校性心理卫生健康教育体系

学校领导从校长到领导班子能对心理卫生健康问题的重要性有一致的认识,并有专人主管专项工作,将学生心理卫生健康工作纳入全校工作计划当中,融入学校各部分的工作当中,融入学校教育教学所有工作当中。

2. 为学生心理卫生、心理健康服务成为全校教职员工的教育意识和教育行为

对学校的教职员工进行全员心理卫生知识和心理健康服务培训,在学校形成心理卫生健康意识和心理健康行为。

3. 创建促进师生员工心理卫生健康的学校环境、班级环境

学校是团结、合作、真诚、尊重、平等、友爱、互助、热情、礼貌、学习、进步、勤劳、守纪律、有秩序、有关心、能包容、有创造、能表达、自由、快乐、清洁、美丽、被肯定、有责任、有希望的所在，建设良好健康的学校和班级环境，才有望学生形成良好健康的心理。学校环境靠学校领导、教师、学生、家长共同创造。

4. 常年开展全校、全班的心理卫生健康活动

学校班级每年每学期均有与心理卫生健康相关的活动，除心理健康课的开设外，学校、班级组织有心理卫生健康报告会、讨论会、辩论会、故事会，可以由校内教师、领导做报告，也可请心理学工作者、学生、家长、其他学校的教师教授，重要的是学生自己的心理卫生健康体会和做法的交流。同时，运用广播、书籍、报纸杂志、电影、网络进行宣传、沟通，通过墙报、宣传品等宣导心理卫生知识，还可通过音乐、美术、心理剧编演等校内活动反映心理卫生健康教育的体会与成果。学校、班级还可组建心理卫生健康兴趣活动小组，参加校内、校外、社会上的相关活动等，不断深化心理卫生健康工作。

5. 心理卫生健康班级教育与个别化心理咨询服务相结合

心理卫生健康教育除全校性、全班性的集体教育教学指导外，还通过心理教师、班主任、科任老师针对学生个体的心理需求，开展个别的心理咨询、心理指导等服务。

(三)儿童青少年心理卫生健康教育模式

儿童青少年心理健康卫生教育基本模式，如万钫所指出的："健康信息知识→态度→行为→增进健康。认识是基础，态度是动力，行为是目标。"即通过对学生健康信息的了解，对其健康现状进行把握，使其通过相关健康知识的学习，获得心理健康态度，且形成健康行为。这是一个在心理卫生健康教育中的教与学的模式。既有教师的引导，又有学生的学习。具体操作上则是：对学生的心理卫生健康进行评定→形成心理卫生健康教育方案(含知识、能力、态度)→实施心理卫生健康教育(含内容、策略、方法)→养成心理卫生健康行为习惯。

七、心理卫生健康教育的实施

(一)了解学生心理卫生健康现状及需求

欲对学生进行心理卫生健康教育，首先需把握其心理健康现状及需求。具体可通过日常的教育教学中与学生的接触，同时利用日常的观察、调查等途径合理运用相关的调查、访谈表等进行一些相关评估，从而较为准确地了解学生的心理教育需求。

政府还可发展对学生的卫生健康的监测系统。我国已建立了学生生长发育监测制度。美国于 1991 年建立了全球第一个青少年健康危险行为监测系统，从 1991 年至 2005 年开展了大规模监测活动。该系统监测目标明确，历次监测指标相对稳定，便于比较，且每次监测有工作目标，监测对象集中于 9～12 年级青少年中最具代表性的人群，监测结果

成为改善措施的依据。许多学校依其结果,设置健康教育课程,制订健康教育目标,并促进健康教育立法,且促进本地区与青少年健康相关的学校、社区卫生工作顺利开展。

(二)拟定心理卫生健康教育方案与措施

在了解学生的基础上拟定教育方案。比如:集体心理健康教育方案、个别学生的心理咨询方案、对学生进行心理辅导等方案。

(三)心理卫生健康教育核心问题及常用调节方法

1. 自我心理成长

根据心理卫生健康教育的品质目标,在教育教学中帮助学生抓住核心问题即自我心理成长,从自我心理意识对自己进行正确认识和自我选择,对自我选择负责任,能掌控、调节自己的心理。在自我心理成长中指导学生避免极端自私和极端妒忌这两种危害心理健康的行为。自私之心、妒忌之心人皆有之,但若发展至极端,则严重影响心理健康,害人害己。

2. 心理健康调节常用方法

心理健康,即能够处理日常生活中与人、事、物的关系,而保持心理的良好平衡状态。常用的调节方法有:

(1)建立同理心。即常说的将心比心,换位思考。比如:某同学最心爱的东西坏了,所以与你说话时态度不好,你能站在他的角度理解他的心情而不计较他刚才的态度。

(2)倾诉、分享。遇到自己认为很想不开的事,心情不好时,遇到高兴快乐的事时,都能向自己的亲人、信赖的人或同学朋友倾诉或分享。

(3)转移。当心情不好的时候,比如愤怒、忧伤、焦虑,感到自己一直焦灼于一点时可以到公园散步或做家务、画画等,用另一个活动转移注意力,走出不良情绪,且主动离开现场换一下环境。

(4)让步。与别人交往中出现较为激烈的争执时,能分析情境,做理智的让步。

(5)沉思。凡事均有来龙去脉,有起因、经过、结果,对人、对事应静心分析,厘清关系,找到因果关联而有行动和应对。

(6)升华。不止于眼前,对当下的人、事、现状,能从更高、更广、更远处引申当前事件,变压力为动力。例如:同学讥笑某人是豆芽菜,能激发此人去好好锻炼身体。

(7)宣泄。当情绪、情感郁积于心时,能有宣泄的合理通道和办法。比如:在亲人面前哭一场,在操场上大叫几声,对着墙壁拍打几下,能缓解自己的极端情绪而不妨碍他人。

(8)领悟。对大自然,对社会生活中的人、事、物有感动,能体会其中的意涵。如能欣赏大江大河的雄壮、春光的明媚,能体会到建筑工地上工人的辛劳、武警执勤的责任、父母唠叨中的关爱,发现且能享受珍惜人间的真美真情。

(9)社会学习。生活学习中有榜样,能模仿。树立是非观,有尊崇之心,生活有目标、有内容、有追求、有行动,见贤思齐,能树立生活的规范,养成良好行为习惯。

(10)自我提醒。生活中自己对自己进行调控。例如易发火的人，房中贴“制怒”的条幅；遇到紧急事件告诫自己“冷静、不慌张”。

第二节　各年龄段儿童青少年心理卫生

一、学前(幼儿期)

3～6岁儿童，一般在幼儿园上学，常称为学前儿童或幼儿。

(一)心理特点

幼儿处在人生的发展期。身心发展主要含感官知觉、粗大动作、精细动作、沟通、认知、生活自理、社会七大领域。这是人的奠基期、关键期，身心均在迅速发展成长。身心发展与心理健康关系密切。幼儿的心理健康标志是：智力发展正常，情绪稳定，情绪反应适度，乐于与人交往，人际关系融洽，行为统一协调，性格特征良好。

(二)心理卫生内容及其教育

让孩子学习情绪的表达和对自己情绪的调节。喜怒哀乐，人皆有之，常经动作、表情表达。对幼儿可让其说出自身的高兴、生气等事，同时教孩子用正确的方式表达。比如讨厌一个人，不是用手脚去踢打对方，而是离他远点。情绪表达注意适当的环境。比如：在图书馆不能大哭、大笑；在人少的河边可以大叫大喊发泄。幼儿情绪多与生理因素、与需求获得与否有关，情绪教育从认知、理解、表达、调控着手。

培养孩子的自我意识和对自己的认识，使其有自我概念、自我角色认识，能表达自己的主张。孩子常从认识自己的相貌、身体部位、所属物开始，形成你、我、他概念。在与人的交往以及集体活动中，从做出选择、对选择负责任开始培训孩子，从而使其认识自己、表现自己。

社会交往，包括与家庭、与学校、与社区中人、事、物的交往，含结交朋友、表达情感、团体适应、求助、助人等。社会交往中有社会交往礼仪，如打招呼问好；社会交往方法策略，如：同理心、合作、沟通、分享、宽容、思考等；社会交往效果，如成为好朋友、成为熟悉的人等。

形成良好生活习惯。幼儿期生活习惯的培养是心理卫生教育的重要内容。生活中处处皆是习惯养成场景。主要有衣食住行的习惯。一日的有从起床、上幼儿园到回家、晚上就寝的各时段各项活动的习惯；有学习、休闲、工作的习惯；有处事待人的习惯。良好生活习惯让孩子的生活有秩序、有规律，能够形成稳定、平和的心理，获得的不光是当下，而是终身受益的良好心理与生活品质。

幼儿期性教育为诸多儿童心理学专家、教育专家所强调。孩子从小就应知道自己是从哪里来的，而有对生命探索的欲求，能珍惜珍视生命，进而知道自己的性别及性别特点，也了解异性的特点，从小将与同性、异性相处当作自然的事情，能相互关心，相互敬重，平等合作。在生命起始阶段就开启性教育，解除性的压抑，建立良好的两性关系，生发良好性格，让孩子在一生中有较为顺利健康的成长。

二、小学(儿童青少年期)

(一)心理特点

6、7 岁到 12、13 岁，儿童进入小学学习阶段，这包括儿童期及部分少年期。这是儿童心理发展的重要转折期。学习活动成为主导活动。学习的动机、兴趣、需求等开始形成且分化。学习策略逐步形成并日渐丰富。儿童的感知、思维、语言、情绪、社会性可能出现障碍。思维以具体形象思维为主要形式，逐步向以抽象思维为主的形式过渡。各类推理能力、思维品质在迅速发展。自我意识更深刻，自我调控能力增强，自我中心成分渐少，社会认知、社会交往能力提升。品德发展表现出协调性特点，逐步形成系统的道德认识和相应的道德行为习惯。

(二)心理卫生内容及其教育

1. 与老师和同学们的关系

首先是与同学的关系。儿童喜欢成群地玩耍和学习，群体的大小随年龄而变化。据调查：低年级儿童往往由于住得接近或某种偶然机会聚集在一起，一般两三个人形成一个小集体。如果某个儿童受到小集体的排斥，对其心理影响不大，他可以参加其他的小集体。到了中年级，小集体人数可以增加到六七人。高年级时，小集体又可以减少到三四人。这种集体的形成，是基于彼此的爱、相互同情和尊重而形成的，所以，在相互结合的稳定性增强后，如果某个儿童被排斥，他会感到痛苦。

在小学高年级还会出现由于观点相同而结成的所谓非正式集体。它以组织坚固、团结性强为特征，有公认的领导，有对集体的责任、义务和道德。这种集体从好的方面看，可以锻炼学生对生活的适应力，亲自体会人际关系等。但这种集体也可能成为有破坏性、攻击性的小集团，即所谓的“兄弟伙”。他们违反纪律、危害治安，甚至犯罪，并且相互包庇，如果有人揭发，会受到报复。由于儿童寻求新经验的欲望强，所以最初愿意参加这种集团，如果想离开便要受到报复，造成心理伤害。在中小学还有不能忽视的霸凌现象。所以，家长和教师要密切注意这种情况，以便有效应对。

其次是与教师的关系。尤其是小学低年级的儿童，对教师无条件地崇拜，所以教师的言行、态度对学生的心理有重大的影响。

教师是人类灵魂的工程师，对每一个学生都要一视同仁地关心、爱护，不应以学生成绩的好坏、家庭的贫富、儿童的美丑决定好恶，要以真挚的感情无微不至地关怀爱护每一个学生，并诱导学生爱护同学、集体，使所有的学生都在原有的基础上进步和提高，都有健康的心理。

2. 学习问题

学习是小学生的主导活动。学习成绩优劣往往给学生个性的发展带来不同的影响。考试成绩，对学生心理健康影响很大。据调查，考试常不及格的儿童中，有心理、行为问题的较多。考试成绩差、学业不良而产生的自卑和欲求不满足，是造成心理、行为问题的主要原因。成绩优秀的儿童这类问题较少，但也有一部分人会产生优越感，骄傲自满、脱离集体，赢得输不得，因担心失败而焦虑。应试教育造成的心理效应显见。

唯学习论的单一评价机制使部分儿童对课堂、对学习产生了消极对抗、厌学情绪，导致不被老师肯定，在班级地位低下。学校形成的激烈竞争，使学生悲观失望，失去学习兴趣、自卑，从而引发不良行为。

为了促使儿童心理健康，应采取必要的教育手段和方法。

(1)在儿童成长过程中，认识方面的发展是重要的，但情感、意志的培养，身体健康也应被重视。所以，要注意他们的心理卫生教育，使学生德、智、体、美各方面协调发展。

(2)学习成绩并不能全面反映个人能力，因此评价学生的学习成绩时，不能仅以考试分数的高低为标准，而应将学生的学习态度和努力程度作为评价的重点，并从德、智、体、美各方面综合地评价。

(3)强调因材施教。对所谓优秀生、一般学生和后进生，都要在其原有的基础上，本着“不让一个孩子掉队，让每个孩子进步成功”的原则，采用不同的教育方法，提高他们的能力，使他们的心理健康发展。

(4)给学生一定的自由活动时间，尊重学生的自由活动并合理安排学生的学习和生活。

(三)不良行为

儿童的不良行为是指旷课、逃学、偷窃、说谎和对性的过分关心等，要与一般的调皮、打闹、玩笑区别开来。

儿童的旷课、逃学有复杂的心理机制，它是以个性特征为基础，加以各种外界因素影响而造成的一种神经症候群。具有内向的以自我为中心倾向的儿童和自卑感强的儿童，如果学习成绩不佳，受到教师、同学或家长的责难和歧视，容易发展为逃学。

旷课、逃学一般有几个阶段，开始是由于学习成绩不良，受到教师和同学的排斥，在学校里产生适应障碍，失去到校的积极性。在必须到校和想旷课的矛盾中，通过斗争，最后逃学的动机取胜而拒绝去学校。如果家长不知或默许，则逃学就成为持续性的了，甚而发展到离家出走。这类儿童在家庭里也会产生适应障碍，有时会发生暴力攻击行为。如果儿童对旷课的危害有认识，逃学后会产生负罪感和不安全感。

教师要分析儿童旷课、逃学的原因，根据不同情况采取不同的教育方法，特别是应与家长配合并说服其他学生，以热情、期待、欢迎的态度，帮助儿童到校上课，解除儿童的心理矛盾。

偷盗行为在儿童中不时发生，发生这种行为的原因，主要是对物体占有者的羡慕和贪小便宜，儿童对这种错误行为的性质常认识不足。所以，发现这种儿童时，应坚持诱导说服教育，切忌当众责骂，轻率地给儿童加上小偷之类的罪名，否则会伤害儿童的自尊心，带来严重的后果。

儿童也常有说谎的行为，其主要原因是儿童怕自己的欲求遭到拒绝或犯错误后受到斥责而说谎。儿童也常常由于想象或幻想表现出一些与事实不符合的言行，实际上这不是说谎。

对说谎的儿童同样要分析原因，晓以利害，导以正道，鼓励他们诚实，勇于改正错误。

儿童时期对性的过分关心是不正常的。由于内容不健康的电影、电视或周围的一些不良影响，儿童对性产生好奇心。对儿童的这类行为绝不能简单公开地斥责为流氓行为，公开批评和斥责会使儿童丧失自尊心，产生自卑感，又可能刺激其他学生的好奇心。应该个别谈话，使他知道错误，并指出如何改正。

儿童发生不良行为，多数是从 9 岁开始。因此，教师和家长要特别加强对这一年龄段儿童的教育。

三、初高中(青春期)

(一)心理特点

青少年从 11、12 岁开始进入青春期，经发育期，到 20 岁左右进入成人期。青春期的青少年处于身体迅速成长和性发育阶段，有了更多的社会角色与社会交往及社会适应的需求。因而需在面对身心矛盾时增强自我意识、确定自我形象而产生自我认同感。这是一个特殊的发展时期，有一系列的心理和社会问题。

(二)心理卫生内容及教育

1. 适应新的生理、心理巨变

青春期的少年生理、心理发生着巨大变化。青春期又称为个体身体发展的鼎盛期和性成熟期，是个体生长发育的第二个高峰期。生理发育主要表现在身体外形的变化、体内机能增强以及性发育和成熟，而性的发育成熟标志着人体生理发育的完成。一般认为女孩的月经初潮、男孩的首次遗精是青春期来临的标志。青春期生理的变化影响着青少年的行为。其身心发展的不平衡性及矛盾突显出来。外形变化产生成人感，性成熟产生性兴奋，对性问题好奇、渴望，又不能公开表达而产生压抑。生理上的成人感与心理上幼稚的矛盾具有明显的不平衡性。林崇德归纳此时期的身心特点为反抗性与依赖性、闭锁性与开放性、勇敢与懦弱、高傲与自卑、否定童年与眷恋童年。

面对生理、心理的巨变，青春期的心理卫生健康教育应从以下方面着手：

除开设生理卫生课外，还应开设青春期教育、性教育、人口理论等健康教育课程。依各年级不同特点、性别特点传授生长发育知识，注意启发引导，与家长配合，注意教育的有效性，破除神秘感，帮助学生迈好青春期第一步。

引导学生对性行为形成正常的态度。要对学生进行性知识教育，使其认识到性成熟是正常的生理现象；避免一些淫秽小说、电影、录像等对性的刺激；指导学生阅读优秀文艺作品，陶冶学生的情操；合理组织生活，丰富生活内容，加强锻炼，养成良好的生活习惯；少穿紧身衣裤，少做摩擦外生殖器的活动，减少对生殖器的直接刺激；引导学生专心学习，培养学生多方面的兴趣与爱好。

在性教育中还要明确告知少年群体早恋或未婚先孕的情况，并阐明其危害性。

家长和教师要引导青少年男女正常交往，组织内容健康的文娱体育活动，丰富学校家庭生活，对色情、淫秽的东西要坚决制止，对陷于性问题的学生可采取脱敏训练，同时使青少年找到更多更科学合理地释放身体能量的方法，过好自己的青春期生活。

2. 自我意识

众多心理学家认为青春期是自我意识发展的第二个飞跃期。走入青春期的青少年有了比小学时更多的知识和更广泛的社会经验。同时随着思维的进步和日趋成熟而有了更深入的不同于儿童期的对自己的关注，诸如：我是谁，我现在是一个怎样的自己，我今后要做什么，我有怎样的兴趣爱好，我有哪些优点和缺点，我赞成肯定什么，我反对否定什么等的自我认同。伴随着第二性征的出现，性发育成熟，青少年的自我意识如祝蓓里指出：独立意识发展，自我意识分化强烈，关心自己个性成长，自尊心强，道德意识高度发展。这阶段青少年的自我概念有质性提升。同时自我评价的发展使青少年的调节、控制力得到加强。心理学特别强调所谓的自我同一性，即自我认同，强调自己在社会中处于何种地位，这是一个社会人很重要的东西，是成长的过程、趋向成熟的过程，是自我与环境相适应的过程。埃里克森认为：青春期是同一性最混乱的时期。不少研究认为，同一性和青少年自我意识发展关系密切，同一性混乱是自我意识发展的结果。这一时期的青少年情绪表现为两极性，如林崇德指出的：强烈、狂暴、温和、细腻共存，情绪可变和固执共存，内向和表现共存，生出许多烦恼，产生孤独感和压抑感。

3. 反抗心理

随着自我意识的飞跃发展，青少年希望得到尊重，希望独立自主。青少年常有自我理想与现实的落差，自我与环境和社会的矛盾突显。青少年与环境中的人、事、物会产生一些矛盾，具体而言首先是与父母的对抗，埋怨父母的管束、父母对自己的不理解，与父母产生隔阂。其次是学校、老师、学业对青少年形成压力，青少年在学校班级中未被充分关注、未获应有肯定而使其产生对抗心理。再有就是同学、朋友不关心、误会自己，或对在朋友圈中的地位不满，因而产生争吵、攻击、打架斗殴等行为，更有甚者离家出走，进入不良团伙，滋生反社会心理，甚而走向违法犯罪。有研究称，女孩 13 岁、男孩 14 岁是出现反社会行为的关键年龄。

综合青春期的自我意识和反社会心理，父母和教师应采取正确的态度关心和教育他们。一方面不要把他们当作小孩来对待，要尊重他们的意见。另一方面，也不要把他们当作成人来看待，要给予必要而正确的指导督促。既要采取措施充分发展他们在学习和生活上的独立性和自觉性，同时又要积极而恰当地帮助他们克服幼稚心理、冲动性和依赖性。这些态度对正确发挥其独立性，有积极的意义。

首先家长、教师对学生要有充分的尊重，不要凌驾于学生之上，应以平等之心对待他们，凡事多讨论、多商量，共同解决问题，共同完成活动。活动之后有评议，与学生成为朋友，让对话空间畅通，相互有交流、有合作。家长、老师还应提供必要的支持和辅导，从而赢得学生的信赖，消除对立。

其次开展集体活动，从由教师、家长组织到由学生自己讨论、决定。给学生自主自由的机会与平台，学生自己策划完成活动且提倡所有学生都参与。让学生有责任、有角色、有工作，能表现和表达。同时，开展社会实践活动，除参观、访问、郊游外，开展社工、义工等社会服务性工作，利于学生在社会参照系中自我定位。教育学生处理自己的情绪问题，正确对待成功与失败，度过不良情绪期，形成稳定良好情绪及心态的策略与方法且运用于生活实践当中。

4. 人际关系

青少年自我角色增多，人际交往多元化且日趋复杂。人际关系是影响心理健康的因素之一。青少年的自我意识形成、对抗心理产生多与人际关系相关，这个时期的青少年需要将自己的烦恼等与外人倾诉，从家人或朋友处得到关心、尊重、肯定。

这一阶段是子女最易与父母疏离的时期，家庭中父母子女关系和谐，对少年的心理健康有重要作用。父母的言行应成为孩子的表率，要全面关心孩子身心健康，使孩子信任自己，心悦诚服地接受教育，让自己在孩子心目中成为可爱可信的人。父母对孩子要有正确的评价，除孩子的学习以外，对性格、品德、锻炼、健康水平各方面都可以进行评价，鼓励孩子发扬优点，克服缺点，不断进步，是非分明。特别要注意防止仅从孩子的学习成绩去评价好坏；对学习成绩差的孩子更不能给予太大刺激和压力，如打骂威胁，使他们产生紧张感、压迫感，出现异常行为甚至为此而轻生。总之，父母“望子成龙”，但不能有脱离实际的要求和急躁情绪，避免引起与孩子之间的紧张、对立。让孩子参与家庭事务的决策及家庭活动、劳动，承担部分家庭责任，让孩子与家庭共享欢乐，共克困难，是较好的家庭教育选择。

教师对学生最重要的是尊重、公平、公正、关心、爱护，与学生共同营造出一个和谐、团结、平等、真诚、互助、阳光、向上的班集体。班级不是恶性竞争之地，教师不是教室的霸王。教师与学生关系协调，教师起到指引、指导作用，能促进学生成长。

青少年的朋友关系是很重要的人际关系，这是青少年很看重、很珍视的。他们对朋友的真诚、忠义、互帮互助非常重视，对朋友间的分歧、裂痕或背叛就很容易产生气愤、失落等情绪。朋友成为青少年优先选择的倾诉对象。青少年时期对异性的关注、好感甚至爱慕之情较为稚嫩，最终走入婚姻的不多，处理得好是一段美好的、鼓励前进的力量，处理不当也可能带来心理创伤。所以多有朋友相处之道的经验，男女相处之道的学习以及对同学情、男女情及相互关系的积极行为建设，在经验中感受、体悟，将对青少年的学习与成长有益。

(三)心理社会问题

青少年心理社会问题是指青少年在这一时期出现的有违社会规范或有损自己、他人和社会的行为。

1. 我国青少年健康危险行为分类

我国学者参照国际惯例，针对国情，将青少年健康危险行为分为以下 7 类：

(1)各种非故意伤害的行为，如车祸、溺水、跌坠、砸伤、爆裂伤、食物中毒等。

(2)各种故意伤害的行为，如打架、自杀、自伤、自残等。

(3)物质成瘾行为，如吸烟、饮酒、滥用药物(精神活性药物或毒品)和吸入剂(汽油、油漆、涂改液)等。

(4)精神成瘾行为，如游戏机成瘾、网络成瘾、色情读物成瘾、赌博等。

(5)导致各种性传播疾病(包括艾滋病)和非意愿妊娠的性行为，如多性伴性行为、被迫发生性行为等。

(6)不良饮食行为，如过多摄入高能量、高脂食物，少摄入营养食物(牛奶、蔬菜、水果)；偏食、挑食、过多吃零食；盲目或不健康减肥行为等。

(7)缺乏体力活动行为。“动”的角度，指缺乏体育锻炼、日常体力活动不足；“静”的角度，指静止性活动(看电视)时间过长。

2. 我国城市青少年健康危险行为流行现状与趋势

青少年健康危险行为直接危及健康和生命，还会引发社会问题。

2005 年在卫生部疾病控制司领导下，由北京大学儿童青少年卫生研究所牵头，进行了我国第一次全国规模的城市青少年健康危险行为调查。调查覆盖全国 18 个省市，受试大中学生合计 21.3 万余人，年龄 12～23 岁。该调查全面揭示了我国城市青少年人群各类健康危险行为的流行现状和趋势，重点可归纳为以下 5 个方面。

(1)不健康饮食行为。

伴随生活水平提高和生活环境的都市化转变，我国青少年各种不健康的饮食行为、体力活动不足和“以静代动”的生活方式日益普遍，加速了“肥胖易感环境”的形成：19.5％的受试者不喝牛奶或豆浆，3.6％的受试者从不吃早餐，27.2％的受试者经常吃甜点，12.8％的受试者经常大量喝软饮料，4.3％的受试者每周吃西式快餐 4～5 次。调查前的 7 d 中，25.3％的学生从不参加体育锻炼；16.4％的学生每日必须完成 4 h 以上的课外作业；11.7％的学生每日看电视时间超过 4 h。

(2)非故意伤害事故频发。

在 2005 年的 12 个月内:①严重受伤报告率为 29.1%,其中跌坠伤占 31.0%,车祸伤占 4.1%,砸碰伤占 18.9%,烧烫伤占 4.5%,打架等暴力伤占 6.9%,溺水受伤占 1.7%;②骑自行车违规率达 44.2%,最常见的是骑车带人(31.2%);③步行违规率占总调查人数的 71.3%,其中经常违规者达 7.1%。

(3)心理压力大,自杀行为增多。

在 2005 年的 12 个月内,24.8%的学生因学习压力大而心情郁闷;13.5%的学生曾在生活中出现“孤独无助感”;16.9%的学生曾有强烈的“伤心绝望”感;约 9.2%的学生经常失眠;19.6%的受试者曾考虑过自杀;6.0%的学生曾制订自杀计划;2.4%的面临升学考试压力的初三、高三学生自杀意念发生率最高,其后迅速下降。

(4)物质和精神成瘾行为不容忽视。

我国青少年吸烟者开始吸烟年龄平均为 12~13 岁,目前吸烟率为 14.9%(男 22.4%、女 3.9%)。目前饮酒率为 27.9%(男 35.5%、女 20.8%),醉酒率为 17.3%(男 22.1%、女 12.7%)。分别有 6.7%和 5.8%的男、女生报告曾擅自用过安定等镇静催眠药物,1.5%和 0.4%的男、女生报告曾尝试用毒品。8.9%的学生(男 12.9%、女 5.2%)存在网络成瘾现象。

(5)过早性行为。

1/3 的高中生报告有特殊意义的异性朋友。大学生中的 25.9%曾看过色情书刊或音像制品,报告有性行为的大学生第一次性行为发生年龄平均为 17.5 岁。有性行为的大学生中,只有 49.3%的学生在最近一次性行为中曾使用安全套。

3. 青春期主要心理社会问题

从卫生健康角度,青少年健康危险行为指给青少年健康、完好状态乃至终身生活质量造成直接和间接损害的行为。这些行为除非故意伤害如车祸、溺水、跌伤、砸伤、爆裂伤、食物中毒外,多数属青少年期的心理社会问题。归纳如下:

(1)吸烟。

青少年中有人认为吸烟是长大了的表现,可以兴奋神经。据统计,我国目前 9~12 岁小学生中有 10%~15%的人吸烟,12~15 岁初中生有 35%以上的人吸烟,15 岁以上高中生、大学生吸烟者占到被调查者的 75%。吸烟伤及神经功能,降低视听能力,吸烟导致呼吸系统、消化系统疾病,甚至癌症。国家已颁布公共场所禁烟令,在中小学生守则中也有禁止吸烟的规定。

(2)酗酒。

对于酒,青少年中部分人认为可以借酒消愁,而饮酒环境普遍为节日聚会、庆祝场合。中小学守则明确规定不准饮酒。青少年饮酒或长期豪饮容易产生酒精依赖、酒精中毒,伤脑、心脏及肝,轻则注意力涣散,记忆力、判断力下降,重则出现反常行为,影响其发育,还可引起人格改变，或导致交通、工伤事故，甚或刑事犯罪。应让青少年将酒的危害认识清楚，学校应营造不吸烟、不饮酒的环境，家长应予以配合。

(3)毒品。

毒品看似离青少年很远，实则离青少年很近，因此远离毒品的教育刻不容缓。关于毒品的基本常识、毒品的危害应让青少年彻底认识清楚，以防止毒品的侵害，建立终身拒绝毒品的防线。

(4)游戏成瘾。

这里的游戏一般指游戏机游戏、网络游戏等，这些游戏对青少年有吸引力，有有益的方面，但若长期沉迷其中，则影响生理、心理的成长，影响正常生活和社会适应，造成人际交往矛盾、家庭矛盾，还有可能因受暴力、色情游戏等的不良引导而产生攻击或反社会行为。

(5)网络成瘾。

与游戏成瘾有类似之处，网络除获得输出信息外，还有沟通、交流的作用，教师、家长对青少年的上网行为需要进行有效的教育、引导。青少年是网瘾高发人群，长时间沉迷于网络会造成生理、心理、社会适应不良。对现实、对身边的人失去兴趣，出现情绪困扰，动机冲突，远离集体，产生焦虑、抑郁等情绪，严重的网络成瘾损害身心健康。教师、家长、学生均应对此有清醒认识、理智的行动。

(6)自杀。

我国是目前世界上自杀率较高的国家之一，而自杀者中有许多是青少年。青少年自杀原因有怀孕、学业失败、与父母冲突、被同伴拒绝、被老师训斥或惩罚、严重受挫、社会排斥、犯罪后恐惧、听信诱惑等。自杀与心理的压力、困难增多从而导致心理崩溃有关。

(7)反社会行为、青少年犯罪。

近年来青少年犯罪有增加趋势，呈现暴力化、团伙化。犯罪一般表现为盗窃、抢劫、强奸、群殴、霸凌等，危害社会和人民的生命财产安全。

青少年心理社会问题，导致诸多健康危险行为，这些行为的发生发展都随社会经济发展而变化，随环境而变化。青少年易受大众媒体流行时尚、技术革新等因素影响，尤其反映在与健康相关行为方面。因此要了解青少年健康危险行为的特点与规律，以便提供有针对性、有实效的卫生健康教育。

(8)青少年心理、社会问题应对。

青少年的心理、社会问题需全方位应对：家庭、学校、社会合力，加强教育，加强法治建设。家庭和睦，有良好的网络环境，校园环境和谐，同伴同学关系融洽，有利于培养青少年自我教育能力，促进自我成长。针对社会心理问题及健康危险行为，我国采用多学科合作，行为干预，调整环境，并提供心理、卫生、医疗、社会、教育整合性服务。

第三节 特殊儿童青少年心理卫生健康

一、特殊儿童概述

(一)特殊儿童

特殊儿童指因身心发展或学习、生活中与普通儿童有显著差异而需给予特殊服务的儿童，主要含听觉障碍(聋)、视觉障碍(盲)、智力障碍、肢体障碍、语言障碍、情绪行为障碍、学习困难、病弱的儿童及资优儿童。社会文化影响方面，通常包括单亲与离异和重组家庭，留守、流浪及其他处境不利的儿童青少年。

(二)特殊儿童心理发展

1. 特殊儿童心理发展特点

特殊儿童与普通儿童的心理发展相比，既有普遍性，又有差异性，且普遍性远大于差异性。这是目前国内外大多数特殊教育学者已经形成的共识。

(1)特殊儿童心理发展与普通儿童的共性。

特殊儿童首先是儿童，其次才是有特殊需要的儿童。无论生理上还是心理上，特殊儿童和普通儿童都存在很多共性。台湾学者陈政见认为，特殊儿童与普通儿童的共性主要体现在5个方面：①发展历程模式相似；②生理组织结构相似；③心理需求要素相似；④人格结构发展相似；⑤社会适应内容相似。

(2)特殊儿童心理发展的特殊性。

特殊儿童与普通儿童之间的差异是客观存在的，主要表现在以下三方面：

①特殊儿童的身心缺陷明显多于普通儿童；②特殊儿童的身心发展障碍与潜能并存；③特殊儿童的身心发展是阶段性与连续性的统一；④特殊儿童的个体间差异和个体内差异都明显大于普通儿童。

总之，特殊儿童的发展是普遍性发展和特殊性发展的有机结合，普遍性发展提供了一切发展的基础，没有这一基础，所有的发展都无法实现；同时，特殊儿童又需在此基础上开展相应的特殊训练。

2. 常见特殊儿童青少年心理与行为特征

由于特殊儿童个体内与个体间差异较大，在这里很难赘述各种障碍类别特殊儿童的特征，因此，这里只选取了其中较为常见的三类特殊儿童的心理与行为特征进行简单阐述。

(1)听觉障碍儿童的心理与行为特征。

①感知觉特点。

听障儿童在感知事物时的特点主要表现在知觉信息加工不完整、视觉的优势地位以及缺陷补偿等三个方面。

②注意特点。

听障儿童的注意最早表现为条件性的定向反射，比如注意人脸。半岁后，随着动作发展，注意范围扩大，周围的许多事物只要与视觉有关就能引起他的注意。但一岁内的注意都是无意注意。三岁后的幼儿期，随着活动和游戏增多，生活范围扩大，听障儿童的有意注意开始形成。但与正常儿童相比，他们的无意注意和有意注意形成和发展都比较缓慢。

③记忆特点。

三岁以前，听障儿童的记忆基本属于无意记忆，三岁以后记忆水平明显提高。听障儿童的想象记忆优于词汇记忆。

④思维特点。

听障儿童思维内容具体，多以形象性的内容作为对象。听障儿童多半是通过列举概念的方法来阐明概念而不是通过内涵来解释概念。所以，在思维过程中容易发生概念扩大或者缩小的错误。此外，听障儿童难于理解和运用抽象词汇和意义不明确的虚词。

(2)视觉障碍儿童的心理与行为特征

视觉障碍儿童在认知、情绪与社会适应、学业成就方面表现出与明眼儿童不同的特征。

①认知特征

• 知觉

盲童与低视力儿童由于视觉受损，听觉和触觉成为他们感知客观事物的主要途径。因此，盲童的听觉在发展中表现得非常灵敏。盲童可以通过听觉进行空间定位，利用声音判断方向。并且可以通过听觉来了解和熟悉生活与学习环境。盲童的触觉也十分敏锐。通过训练，盲童不仅能学会六点盲字，还可以认识到物体，触觉也帮助盲童形成正确的概念和发展思维。盲童与低视力儿童在空间知觉、形状知觉和知觉与动作的统合等方面较明眼儿童差(贺荟中，2003 年)。

• 注意与记忆

在认知发展上，视觉障碍儿童较明眼儿童有一定滞后，但听、触等注意力表现很好。由于视觉经验的匮乏，视觉表象难以形成，导致低龄视觉障碍儿童表现出以机械记忆为主的特点，对物体再认的成绩也远低于明眼儿童。但随着年龄的增长，这种差异将逐渐减少，并趋于消失(苏振江，2000 年)。

• 学习能力

视力受损或伤残必然会影响个体的学习能力，但影响程度是因人而异的。先天性盲与低视力儿童比后天性盲与低视力儿童在学习上将面临更大的困难。就视觉障碍儿童的学习能力问题，国内外学者的研究结论大致归纳如下：①视力的缺陷并不明显影响智力，视觉障碍儿童并不一定比明眼儿童智力低下；②视觉障碍儿童在概念形成上常有较大困难；③视觉障碍儿童的学业成绩通常较明眼儿童差。

• 语言

语言的习得主要是通过听觉而不是视觉，所以就视觉障碍本身而言，并不影响儿童语言的发展。但是视觉障碍儿童在语言的发展上仍存在弱点，一方面，视觉障碍儿童在说话时的姿势、体态等次要方面表现出异样；另一方面，视觉障碍儿童，尤其是盲童，在语言表达上使用的词汇缺乏感性基础，缺少视觉形象，常出现词与视觉形象相互脱节，不能准确把握一些视觉词汇内涵的现象。

②情绪特征与社会适应。

视觉障碍儿童由于视力缺陷，处于黑暗之中，生活自理也需要付出比明眼儿童更多的努力才能学会，因此，常处于焦虑与挫折的消极情绪状态中。同时，因无法看到行为的后果，视觉障碍儿童常显得被动、依赖与无助。加之无法通过视觉信息来进行有效的模仿、学习，无法运用肢体语言与别人沟通，就大大影响了其正常的人际关系的发展。

(3)智力障碍儿童的心理与行为特征。

①身心特点 。

智力障碍儿童整体表现为身心活动样样都有，但是整体发展晚、慢、差，具体为：

• 注意力特点

注意力难以集中，难以实现需要较长时间专注的活动；智力障碍儿童注意的范围比一般人狭窄；智力障碍学生注意分配差，复杂的注意分配困难。

• 记忆特点

识记过程缓慢，保持不牢固，再现不精确；短时记忆有困难；不善于运用记忆策略；记忆材料缺乏目的性。

• 语言发展迟缓

语言障碍是智力障碍学生中最常见的问题之一，有报告称：70％以上的智力障碍学生有语言方面的问题。多数智力障碍学生语言发展迟缓，水平低。此外，不少智力障碍儿童还存在构音、声音和语流方面的障碍。智力障碍学生语言障碍的严重程度随智力落后程度的加重而越加显著。

• 思维水平低下

思维障碍是智力障碍儿童的典型特征。由于智力障碍儿童生活经验有限，思维十分贫乏，尤其是语言发展水平低，直接影响了思维的发展。

思维的具体性是智力障碍儿童思维的基本缺陷，他们的思维长期停留在直观形象阶段，受到具体形象或表象的束缚，不能理解形象背后的本质的共同特征，只能根据事物表面特征加以具体描述。

思维缺乏目的性和灵活性。思维的不灵活性主要表现在他们已经形成的心理定式不易改变，习惯了的行为方式难以进行修正，遇到新问题习惯用类似的方法来解决，思维方法刻板、僵化，缺少变通。

思维缺乏批判性和独立性。一方面智力障碍儿童不善于独立思考问题，难以发现和提出问题，缺乏自我评价的能力；另一方面容易受暗示，缺少主见。

②个性特征

• 缺乏主动性

智力障碍儿童在学习和参加各种活动过程中主动性一般较差，他们不善于支配和管理自己的行为或主动克服困难，常常要在老师和家长的督促、鼓励下才能做完某件事。短期目标对他们能起激励作用。

• 容易冲动，自我控制能力差

由于智力障碍儿童自我控制能力比较差，对外部环境的某一影响常常以冲动的、瞬时产生的行动来回答，并没有去考虑是否应该这样做。

• 易受暗示，脾气固执

智力障碍儿童对待周围人们的影响表现出一种矛盾的情况，他们常常不假思考地接受周围的建议，有盲目服从或不服从状况。

• 失败预期高于成功期待

由于生活和学习上长期遭受挫折，智力障碍儿童对失败的期待比对成功的期待更高。

• 动机不足，求知欲差

智力障碍儿童求知欲不旺盛，较难将社会对他们的要求变成自己的需要和兴趣。

二、特殊儿童筛查

特殊儿童筛查是发现特殊儿童的第一步，目的在于提供鉴定诊断依据，进而给予特殊儿童医疗、康复、心理、教育服务。在此从学校卫生角度着重介绍特殊儿童筛查，而特殊儿童筛查有早期的产前筛查、新生儿筛检。各年龄段儿童发展的心理行为评量表可用于发现有问题的儿童。本节特别介绍对听觉障碍、视觉障碍、智力障碍、自闭症儿童、多动症儿童的简易筛查。

(一)听觉障碍儿童的筛查

筛查听觉障碍的简单易行方法，主要有声音定向检查法、观察法、哨声测听法、击掌测听法和语音听力检查法等。

1. 声音定向检查法

声音定向检查法主要是针对新生儿及两岁之前的婴儿进行听觉检查的方法。儿童出生后，采用声音定向的方法可以判断他们的听力是否存在问题。

2. 观察法

观察法是观察儿童在自然状态下，受到声音刺激后有无相应的行为反应，而间接推断其听力是否正常的方法。这种方法适用于听力损失较轻的儿童，当儿童有如下表现时，家长和老师要予以重视。

(1)听别人讲话时神经紧张；

(2)与人交谈时，常面无表情；

(3)听话时头部倾斜,常作侧耳状;

(4)看电视或听录音时,常将音量开得很大;

(5)在家里,很平常的声音如电视、门铃声、他人的声音都听不到或反应迟缓;

(6)语言发展比同年龄儿童迟缓,且发音不准确;

(7)常常比手画脚,用动作表达其意思。

3. 哨声测听法

哨声测听法是用哨子对儿童的听力状况作出判断的方法。测试者选择普通的哨子,在距被测者一定距离处用不同力量吹哨子,可初步判断出被测者是否有听觉障碍。

4. 击掌测听法

击掌测听法是测试者在被测儿童身后击掌,利用儿童对击掌声的反应来判断儿童听力损失的程度。测试者一般站在儿童身后 1 m 左右突然猛力击掌,隔一两分钟重新击掌一次,如果 5 次以上儿童都没有反应,便可推测其听力损失超过 60～80 dB。

5. 语音听力检查法

语音听力检查法是利用人说话的声音对儿童听力进行测查的方法。这个方法适用于年龄稍大的儿童。

(二)视觉障碍儿童的筛查

筛查视觉障碍的简单易行方法,主要包括观察法和实物检查法。

1. 观察法

由于存在视力障碍的儿童早期可能会有一些明显的表现,因此家长或教育工作者应对这些表现高度重视,及早对儿童进行诊断性检查。下面列举一些视力障碍儿童早期的表现。

(1)经常揉眼睛;

(2)经常睁开或闭上眼睛,抬头伸脖子;

(3)学习时有困难,玩游戏时需要眯着眼睛;

(4)做精细的工作时,显得急躁不安;

(5)不能清楚地看见一定距离的东西;

(6)斜视,常挤压和揉眼睛;

(7)不断地从一个眼睛到另一个眼睛地向外揉;

(8)红眼圈、眼睑肿胀;

(9)眼睛发炎、感染和含有泪水;

(10)眼睛痒、刺痛;

(11)视物不清;

(12)头昏眼花;

(13)模糊不清或复视。

家长一旦发现孩子有以上表现,就应高度重视并怀疑孩子是否存在视力障碍,进而采取下一步诊断措施。

2. 实物检查法

实物检查法是以儿童熟悉的物品作为检查工具,来确定儿童的视力是否有问题。这种方法适用于年龄较小的幼儿。它一般包括以下两种方法：乒乓球测试和硬币测试。

• 乒乓球测试：将一个常见的白色乒乓球置于深色背景下，被检儿童站在正前方 2 m 处，若能看见乒乓球并捡起的话，其视力大约相当于 0.02；若看不见，其视力约为一级盲。被检儿童站在正前方 3 m 处，若仍能看见乒乓球，其视力大约相当于 0.05；若看不见的话，其视力约为二级盲。

• 硬币测试：将一枚 5 分硬币置于深色背景上，被检儿童站在正前方 4 m 处，若能看到并捡起，其视力大约相当于 0.05。将一枚 1 分硬币置于深色背景上，被检儿童站在正前方 3 m 处，若能看到并捡起，其视力大约相当于 0.05；被检儿童站在正前方 6 m 处，若能看到并捡起，其视力大约相当于 0.1。

（三）智力障碍儿童筛查

根据国家智力障碍新定义，智力障碍儿童鉴定标准为：标准化智力测验在两个标准差以下；社会适应能力明显低于同龄儿童；问题发生在 18 岁以前。智力障碍儿童的筛查，要求先对儿童做发展史、日常生活调查，学校生活状况调查。由专业机构进行标准化智力测验和社会适应能力测验 。学校进行前面部分工作，即各调查问卷的填写，由教师、家长共同完成，同时做学生学历和学业成绩记录。其中发展史含儿童早期发展主要情况。日常生活含娱乐形式、课余学习、辅助成人劳动，与家庭成员、街坊邻里相处，语言交往，一般公共生活。学校生活含教师态度，对学校、班级规定的执行情况，情绪行为异常表现，学习能力，等等。有条件的话，学校还可用儿童智力筛查量表，最后筛查出的学生由鉴定机构鉴定。

（四）自闭症儿童心理卫生的筛查

《美国精神障碍诊断与统计手册》(案头参考书)(第五版)中关于自闭症谱系障碍的四项标准包括：

(1)在社会性交往方面存在缺陷，这些缺陷具有一定的持续性，且并非由于普遍发展障碍所致，症状表现同时包括以下 3 项内容：

①缺乏社会性情感互动的能力，具体症状表现从轻到重包括：缺乏恰当的社交技能，无法运用对话交流来分享兴趣、情绪及情感，对社会性互动缺乏回应，以及无法进行自发性的社会活动；

②缺乏运用非言语交流行为进行社会性交往的能力，具体症状表现从轻到重包括：无法融合使用语言交流与非语言交流技能，表现出异常的目光接触以及肢体语言，对非言语交流的理解与运用存在障碍，以及缺乏面部表情或非言语姿势；

③无法开始或维持一段符合其年龄发展水平的社会关系，具体症状表现从轻到重包括：无法根据社会性情境的需求来调节自己的行为，无法进行想象性游戏，无法发展同伴关系，以及对人缺乏兴趣。

(2)表现出局限的重复性的行为、兴趣以及活动，症状表现至少包括以下内容：

①刻板及重复的行为或语言，反复摆弄某些物件(例如，单一刻板的肢体行为、模仿性语言、重复使用某物体或存在异常的语言)；

②刻板地遵守某些习惯、仪式化的语言或非言语行为，或是无法接受改变(例如，仪式化行为、刻板习惯、反复提问或容易因为细微改变而引发强烈的负面情绪)；

③明显僵化及狭隘的兴趣爱好，表现出异乎寻常的专注强度及专注程度(例如，沉迷于特殊物体、过分局限或固着的兴趣爱好)；

④对感知觉刺激表现过于敏感或过于迟钝，或是对环境中的感知觉刺激存在异常的兴趣(例如，无法辨别冷热痛觉、对特别的声音或材质反应异常、过度嗅或触摸某些物体、沉迷于光线或是旋转的物体)。

(3)症状必须出现在童年早期(但也可能由于个体的社会性需求尚未达到规定的水平，而使症状无法全部表现)。

(4)症状导致个体日常功能受限或损伤。

(五)多动症儿童的筛查

儿童多动症的筛查项目如表 3-1 所示。

表 3-1　儿童多动症筛查项目表

项目(症状或行为)	程度(请打"√")			
	无	有一点	多	很多
1. 上课时注意力不集中，思想容易开小差	0	4	7	9
2. 活动过多，常常手脚动个不停或好捉弄人	0	3	6	8
3. 脾气暴躁，情绪不稳，所提要求必须立即得到满足	0	2	4	6
4. 一事未完又换另一事，做事冒险或有头无尾	0	2	4	6
5. 作业难以完成或边做边玩	0	3	5	7
6. 智力正常，但学习成绩较差或时好时坏	0	3	6	8
7. 常常干扰或打断别人的说话和活动	0	1	2	3
8. 有说谎、打架、逃学或偷窃行为	0	3	5	7
9.3 岁以后仍不能控制排尿或睡眠易惊	0	2	4	6
10. 想改正自身毛病却无法控制	0	2	4	6
11. 所受家庭教育过分严格或溺爱	0	3	5	8
12. 记忆力较差或脑电图轻度异常(未做的不答)	0	1	2	3

备注：总分在 26 分(含 26 分)至 30 分者，即有多动症可能，分数越高则可能性越大；分数在 30 分(含 30 分)以上者，即可确定为儿童多动症。该病症会不同程度地影响儿童正常的学习和生活。

三、特殊儿童青少年的心理行为问题

特殊儿童青少年有与同龄人一致的心理、行为表现，包括心理、行为问题。他们在社会生活中遇到的压力(如来自学校、班级、家庭、学习过程、邻里、人际交往的压力)比正常人大得多，也频繁得多。社会设置的障碍有比感官和大脑缺陷大得多的影响，一方面促使其现状恶化，产生"越骂越笨"的情况；另一方面，使其正在形成和发展的心理活动受阻，影响特殊儿童心理正常发展，使其容易自卑、自轻、退避。为补偿失败，有的特殊儿童也可能狂妄自大，攻击破坏，报复。特殊儿童青少年还存在轻信他人、容易被人利用等情况。

四、特殊儿童青少年心理卫生健康教育策略

通过心理诊断，在对特殊儿童青少年心理卫生健康现状有了清晰的了解后，便可以采取相应的方法对其进行心理卫生健康教育。实施心理卫生健康教育的过程中，一方面，对普通儿童青少年采用的教育策略同样适用于特殊儿童青少年；另一方面，特殊儿童青少年心理卫生健康教育又应该有针对其特殊性而采取的策略。

（一）特殊儿童青少年心理卫生健康教育的一般方法

1. 心理教育法

心理教育法是在教师的心理教育影响下师生共同活动的方法，包括认知改变法、实际锻炼法、榜样示范法、情感陶冶法等。这些方法旨在预防儿童的心理问题，提高儿童心理健康水平。相对而言，心理教育法较适用于有一定认知水平的儿童，如中小学生、无明显智力障碍的儿童。

(1)认知改变法。

①定义：通过摆事实、讲道理，提高儿童对心理健康的认识并形成正确观点的方法。

②方式：认知改变法运用语言文字改变认知的方式——讲解、讲座、谈话、讨论、阅读；运用事实改变认知的方式——参观、访问、调查。

③要求：认知改变法的方式多样，可综合运用，但运用时应遵循个别性、趣味性、时机性原则。

(2)实际锻炼法。

①定义：有目的地组织儿童进行一定的实际活动，以培养他们的良好心理品质的方法。

②方式：实际锻炼法的实施通常采用实践活动、布置任务、纪律约束、心智训练（个人头脑风暴、群体智力激励法、摆脱常规、假象推测、列举缺点、图形想象）等方式达成。

③要求：在实施实际锻炼法过程中，首先应注意检查督促，其次要严格要求，最后应注意唤起儿童的主动性。

(3)榜样示范法。

①定义：以他人的优良品质和模范行为对儿童进行心理健康教育的方法。榜样把良好的心理品质和行为规范具体化、人格化，使教育有很强的吸引力、说服力和感染力。

②类型：伟人的示范、教师的示范、长辈的示范、同伴的示范。

③要求：为了充分有效地发挥榜样的心理教育作用，在实施过程中应注意选好榜样、把握特点、善于指导、激发情感。

(4)情感陶冶法。

①定义：指通过创设良好的情境，潜移默化地培养儿童心理素质的方法。

②方式：环境陶冶、艺术陶冶、人格陶冶。

③要求：在实施情感陶冶法过程中，首先应创设良好的环境，其次要注意适度地引导儿童参与到活动中；最后应注意启发思考。

2. 心理咨询法

心理咨询法是指心理咨询师运用心理学的原理和方法，帮助求助者发现自身的问题和根源，从而挖掘求助者本身潜在的能力，来改变原有的认知结构和行为模式，以提高对生活的适应性和调节周围环境的能力，主要包括心理分析法、合理情绪法、来访者中心疗法等。

(1)心理分析法。

①定义：是指根据心理现象之间及心理现象与行为之间的因果关系，由一种心理现象推知另一种心理现象、心理特征或行为的方法。简言之，就是心理领域里的推理，是心理领域里的由因到果或由果到因的推理活动。

②方式：心理分析法的实施主要通过自由联想、阻抗分析、移情分析、梦的分析等方式达成。

③要求：在实施过程中，心理咨询师要让患者有较清醒的自我认识，最理想的情况是让患者知道他内心的潜在冲突与其疾病之间的因果关系，使患者从过去不明智的、糊涂的甚至荒唐的状态转向明智的和清醒的状态。

(2)合理情绪法。

①定义：也称理性情绪疗法，是指帮助求助者解决因不合理信念产生的情绪困扰的一种心理治疗方法。

②方式：主要通过与不合理的信念辩论、合理的情绪想象、家庭作业及决断训练、社交技能训练等方式达成。

③要求：在实施过程中，心理咨询师要通过纯理性分析和逻辑思辨的途径，改变患者的非理性观念，帮助其解决情绪和行为问题。

(3)来访者中心疗法。

①定义：也称为求助者中心疗法，这种咨询方法认为任何人在正常情况下都有着积极的、奋发向上的、自我肯定的无限的成长潜力，在很大程度上能够理解自己并解决自己的问题，无须咨询师进行直接干预，人能够通过自我引导而成长。

②方式：来访者中心疗法的实施主要通过坦诚交流、设身处地理解、无条件的积极关注与交流等方式达成。

③要求：在实施过程中，心理咨询师要在一开始就能让求助者感觉到关注，即无条件的积极尊重，这种尊重建立在“一对一”的基础上。不论来访者的阶层、感情和行为是什么样的，都要发自内心地感到对方是一个有价值的人。

3. 行为矫正法

行为矫正法又称行为疗法，是指利用心理学和行为科学的理论使人的行为发生变化，解决人的不适应问题的方法。由于在心理治疗中，它能使人的行为、认知发生变化，具有一定的客观效果，所以受到较高的评价，这也使得行为疗法的技术不断被开发出来。

行为矫正法的主要技术和运用策略如下：正强化主要运用高偏好的刺激做练习的强化物，以增加良好行为的出现率；负强化主要运用厌恶刺激使人产生厌恶感，以增加良好行为的出现率；惩罚主要是通过呈现厌恶刺激或移除偏好刺激，以减少不良行为的出现率；消退主要是之前被强化的行为被终止强化物的给予，以减少不良行为的出现率；塑造主要用于建立新行为，从不会到会，以增加行为的数量、力量及强度等；连锁也主要用于建立新行为，是一个连续反应的连接，每一个反应都是前一个反应的区辨刺激；代币制主要是用代币充当期望行为强化物来矫正行为，代币累积起来可以计算成绩或成果等；自我管理主要是自己对自身行为进行监控，自己实施行为矫正程序，以抑制不良行为或增加期望的行为；系统脱敏法主要是在放松的状态下从弱到强呈现刺激或情境，以使个体逐步脱敏与适应。

4. 家庭疗法

家庭疗法以家庭互动模式来探讨心理治疗方面的临床问题，认为当事人的心理问题是家庭功能不良的一种病症，唯有改善其家庭系统，才能有效地治疗。家庭心理治疗强调具体的问题导向，而且治疗时间较其他方法短，同时，也尊重当事人及其家庭，使人易于接受。尽管当事人的行为问题与心理困扰不完全来自家庭，但如果能改善家庭互动与家庭结构，将有助于改善当事人的心理困扰，促进身心发展，因此，家庭疗法有着重要的价值和地位。

(二)特殊儿童青少年心理卫生健康教育的特殊方法

1. 游戏疗法

游戏疗法是指通过游戏手段对儿童的心理和行为障碍进行矫正和治疗，是一种利用非语言媒介手段进行心理卫生教育的心理学治疗技术，在游戏治疗中，游戏本身不是目的，是治疗的手段。

游戏疗法的适用面极广，在各类特殊教育机构、康复中心及幼儿园甚至家庭中都可以个别或小组的形式进行。个别治疗能较有效地解决特殊儿童因障碍而产生的问题，对有情绪行为障碍儿童、口吃儿童、自闭症儿童等的治疗较为适用。集体治疗因有参与者之间的交流和互动，会使治疗过程更具有真实性，对有社会适应困难的儿童更为适用。治疗者要为儿童创设良好的游戏环境，让儿童玩他想玩的任何游戏，儿童的任何举动都能被理解、接纳，治疗的主要任务是观察儿童的行为举止，适时引导儿童向有利的方向发展。

在使用游戏疗法对特殊儿童青少年进行心理卫生教育时，首先治疗者要善于观察特殊儿童青少年的心理卫生问题；其次要理解并解释特殊儿童青少年心理卫生问题；最后，完全接纳特殊儿童青少年。

2. 箱庭疗法

箱庭疗法又称沙盘治疗、世界疗法等。箱庭疗法简单易行，起初用于治疗学校不适应儿童和情绪障碍儿童的心理问题，随后扩展成为一种适用于各种神经症患者的疗法。箱庭疗法还可以作为一种创造性的治疗活动，结合小组合作等活动，用以开发儿童和成人的心理潜能。

箱庭疗法主要使用沙、沙盘以及一些人或物的缩小模型来进行心理治疗与心理辅导，其方法是让来访者从玩具架上任意挑选一些玩具摆放在盛有细沙的箱子里，完成一个或一系列场景的箱庭作品，完成后由咨询者分析创作的作品。

在使用箱庭疗法对特殊儿童青少年进行心理卫生健康教育时，当儿童走进治疗室后，治疗师要将其带到沙盘边并告知："你可以用这个沙盘和玩具柜里的玩具制作一个场景，任何模样和形状都可以，时间不限。"在箱庭疗法结束后，治疗师如果不能理解箱庭作品，可以这样问儿童："这是什么？……这个东西代表什么？在这个箱庭中，你在哪里？"并记录儿童的回答。儿童走出治疗室后，治疗师要将儿童的作品拍下。箱庭疗法在特殊儿童青少年心理卫生健康教育中具有一定的作用，是由于该疗法强调创作过程中本身自发和自动的特点，最大限度地给人们以想象的自由，允许人们精心构造和发展自己头脑中任意驰骋的思想，其本质是非言语和象征性的。

3. 艺术治疗

在心理治疗领域，艺术治疗通常是广义的，即通过学习美术绘画、音乐舞蹈、黏土雕塑等表现形式的课程，达到治疗的目的。如音乐治疗是用音乐刺激感官、宣泄情绪、抚慰心灵，以恢复、保持及改善个体心理及生理的健康。舞蹈治疗是通过肢体动作表达自我与探索内心世界，对于情绪低落、紧张及人际沟通不良等问题有显著的帮助。儿童通过舞蹈治疗可获得身心的疏解，提高注意力及记忆力。戏剧治疗是利用演剧及剧场上的技巧，协助个人处理内在心理及外在环境的冲突，利用角色扮演、玩偶、面具等相关的戏剧元素和设计活动，让儿童在安全的环境下宣泄情绪，提升自我情绪管理能力、社交技巧和创造力。

例如，对于多动症、自闭症儿童来说，艺术治疗所要改善的是因多动、自闭所导致的情绪障碍、问题行为及表达能力不佳等问题，而非针对"多动""自闭"的症状进行治疗，其行为的改善只是艺术治疗的附加成果。多动症儿童最大的问题在于无法集中注意力，但通过绘画、捏陶等活动，可以帮助其稳定情绪，并从中学习如何专注地做一件事情。而当自闭症儿童能通过创作活动发泄情绪，或通过作品表达意见、提高自信之后，就会逐渐减少用情绪性的言行反映心理和想法。因此，通过改善、稳定情绪方面的问题，间接改善不适宜行为，这是艺术治疗的重点。

4. 神经平衡疗法

神经平衡疗法是由台湾物理治疗师叶仓甫在20世纪末21世纪初创立和完善的。该疗法以神经发育理论为基础，详细阐述了人类动作控制的组织，即神经、肌肉和骨骼所形成的关节，以及三者之间的关系，强调脑瘫儿童在稳定愉快的情绪心理状态下所获取的主动控制经验是促进神经稳定性增长的重要途径。该疗法借鉴凯伯的知动学习理论，认为感觉通路的建立和肌肉张力的发展是人类学习的基础，提出了感官知觉与动作、认知、语言、情绪、心理之间相互影响的关系，以及动作与认知、语言、情绪、心理等各项能力之间的协同发展，尤其强调情绪心理对动作、认知和语言发展的影响，强调动作知觉发展是认知和语言学习的基础。

神经平衡疗法注重对特殊儿童心理卫生基本素质的养成、基本学习能力的培养，主要包括情绪的稳定性、注意力持续时间、指令听从等内容，能通过评估找到特殊儿童发展的临界点，并能依据他的学习模式设计符合其学习特点的训练计划。同时，该疗法强调学习的首要条件是感觉通路的建立，在七大感官知觉发展的基础上，外在刺激从感受器“登陆”，通过传入神经传到中枢神经，经中枢神经处理后通过传出神经到效应器，表现为被观察到的行动或不能被观察到的心理活动。这种刺激反应活动是人类的基本学习模式，各种感官知觉是一起协同工作的，而效应器也是链接在一起协同工作的，所以人的发展是一个整体，各项能力（即动作、认知、语言、情绪心理等）之间相互影响、协同发展，共同构成了一个完整的人的形象。

□ 复习提纲

1. 请到一个中小学班级开展一次健康教育活动，并写一份总结报告。

2. 就儿童青少年的身心特点或主要问题中的 1～2 项，在查阅资料和调查、访谈后，完成一篇 3000 字以内的论文。

3. 请通过查阅资料并结合本章中介绍的特殊儿童青少年心理卫生健康相关知识和自己参与认识特殊儿童的活动，在班级开展一次“特殊儿童卫生健康教育之我见”讨论会。

□ 参考文献

1. 林崇德. 发展心理学[M]. 杭州：浙江人民出版社，2002.
2. 黄希庭. 心理学导论[M]. 北京：人民教育出版社，2007.
3. 万钫. 幼儿卫生保健[M]. 北京：五南图书出版公司，1999.
4. 张文京. 特殊儿童早期干预理论与实践[M]. 重庆：重庆出版集团，2010.

第四章 教育教学卫生

【学习提要】

1. 掌握学习时大脑皮层机能活动的五大特点，它们是合理安排学习内容、时间和形式，防止和减少疲劳的生理基础；

2. 熟悉学校作息制度，包括时间跨度差异很大的不同时间周期，比如一学年、一周、一日的作息制度，制订作息制度时各有侧重，并具体体现在课程表的编排上面；

3. 熟悉教学卫生在不同学科、不同教学活动各个阶段的具体要求；

4. 了解研究学习能力、测试大脑疲劳等的常用方法。

儿童青少年在生长发育的同时，经历着受教育的过程。这一过程既有脑力活动又有体力活动。合理组织教育过程，不仅能促进儿童青少年的身心发育和健康，还可以保障其德、智、体、美等全面发展。教育过程的卫生任务是：研究各项教育措施对不同年龄儿童青少年脑力和体力工作能力、身心发育和健康的影响；研究如何根据儿童青少年的身心发育特点，科学组织教育和教学过程，使学生能够保持最佳的生理、心理状态，充分发挥大脑的潜力，提高学习效率；控制或排除不良影响因素，防止过度疲劳，保护学生的健康，促进正常发育，以达到全面发展、提高整体素质的目的。

第一节　学习的生理机制

一、学习时大脑皮层机能的特点和规律

当学生学习文化科学知识时，脑力劳动占优势，当学生从事体育锻炼和生产劳动时，体力劳动占优势，但体力劳动本身以及伴随它的一切生理反应都是由大脑皮层调节的。无论脑力还是体力劳动的效果，都取决于当时大脑皮层的机能状态。为了保持和提高儿童青少年脑力和体力工作的效率，我们必须掌握其高级神经活动的特点和规律。

（一）优势法则

当外界事物（书本、电视等）引起学生兴趣时，大脑皮层的相应区域就会产生优势兴奋灶，表现为注意集中。优势兴奋灶可以将大脑皮层的其他区域的兴奋吸引过来，加强自己的兴奋程度，同时使其他部位呈抑制状态。处于兴奋状态时反应能力最好，条件反射易于形成，学习效率高。因此，学习时使学生明确学习目的，引起学生的兴趣，就可以使他们的注意力容易集中，提高学习的效率。儿童时期的优势兴奋灶容易消失，注意力集中的时间较短（见表 4-1）。所以，组织教学时，除应激发学生学习兴趣外，还应注意教学的持续时间要适合学生的年龄特点，年龄越小，一节课时的时间安排应越短。

表 4-1　各年龄儿童的有意注意时间

年龄（岁）	有意注意时间（min）
3～4	7
5～6	15
7～9	20
10～11	25
12～14	30

（二）动力定型

当内、外部的条件刺激依一定的顺序不变地重复多次后，大脑皮层的兴奋和抑制也按一定的排列顺序形成大脑皮层的动力定型，在行为上形成所谓的"习惯"。在教育和教学过程中的一切技能和习惯（如阅读、写字、弹奏乐器、绘画等技能，学外语、体育锻炼等习惯），其神经机制都是暂时联系形成了动力定型。在形成动力定型的初期，由于兴奋点的扩散会导致一些多余无效的动作，例如儿童初学写字时会出现与写字无关的身体其他部位的动作，学习运动技能时也有这种情况发生。当学生反复练习后，兴奋点逐渐集中在指挥相应动作的皮层区域内，从而抑制无关部位的活动，这样就形成了某种习惯或掌握了某种技能。最后经过一定时间的重复练习，就可以达到自动化的程度。我们通常说的得心应手、技巧熟练，就是形成了动力定型的结果。当形成的习惯巩固和技能熟练后，大脑皮层的活动就可以消耗较少的能量来提高工作效率，使身体不易疲劳。能否形成动力定型，需要多长时间，取决于儿童的身心发育水平、大脑皮层中形成的相对固定的神经环路的复杂程度、训练次数、新旧动力定型间是否冲突等因素的综合作用。

时间也可以成为条件刺激物，前一种活动可以成为后一种活动的刺激物。定时作息可以使学生形成习惯的原因即在于此。例如学校制订合理的作息制度，严格训练学生按时起床、睡眠、学习、进餐、劳动、锻炼、休息、盥洗等，并反复练习成为习惯。这样，学习和劳动效率就可以大大提高，学习时注意力集中，劳动时精力充沛，进餐时能充分消化，睡觉时容易入睡，该醒时能自动醒来。这就增强了对生活的适应能力，可以在神经元能量消耗最少的情况下完成大量的工作。

儿童青少年年龄越小，神经系统的可塑性就越大，越容易培养良好的习惯。在培养习惯的过程中，神经系统要付出巨大的能量，动作愈复杂，形成习惯所需的时间也越长。如果破坏已经建立的动力定型，特别是突然改变已经习惯的生活秩序，对儿童青少年的脑细胞是一种很大的负担。对婴幼儿或个别儿童可以引起不正常的反应，甚至可以导致高级神经活动的病理反应。

(三)镶嵌式活动

大脑皮层的不同区域执行着不同的任务，分工很精细。学习中，大脑皮层各区域并非全都处于兴奋状态，始终是部分区域呈兴奋(工作)状态，而另一部分区域处于抑制(休息)状态。随着学习性质的变化，大脑皮层的兴奋区与抑制区会相互转换，称为镶嵌式活动。大脑皮层之所以能够长时间地工作，就是兴奋区和抑制区常在轮换的缘故。多种活动互相轮换，可以使大脑皮层各区轮流休息，这一特性是合理组织学生各种活动、课程交替安排以提高学习和劳动效率的理论基础。根据镶嵌式活动特性，我们安排第一信号系统占优势的活动与第二信号系统占优势的活动相互轮换，劳动和休息交替，这样就可以使大脑皮层在一日、一月、一年之中自始至终都能保持适度的兴奋状态和较高的工作效能。儿童的神经系统尚未发育成熟，兴奋容易扩散而不易集中，注意力不易持久，因此在安排学生活动时要注意脑力和体力劳动适当地轮换，而且持续时间不能太长。儿童青少年年龄越小，神经系统发育越不成熟，各种不同性质的教学活动的转换越要频繁。

(四)始动调节

人在工作和学习开始时，大脑皮层的工作能力较低，然后逐渐提高。这是由于神经细胞和机体的其他组织都有惰性的缘故。这种始动调节在一节课、一天、一周、一学年的开始都能见到。所以在教育和教学过程时，必须根据这一特点循序渐进，从易到难，逐渐增加难度和强度。在安排活动时应将难度大的放在神经活动的兴奋高潮时进行，可以取得较好的效果。

(五)保护性抑制

人体在从事脑力和体力活动时，大脑皮层兴奋的代谢逐步加强，血流量和脑的消耗量都在加强，使脑的工作能力逐渐提高。但是人的工作能力有限，如果经过长时间的紧张活动，消耗过程超过了恢复过程，其机能活动性就会逐渐降低，大脑皮层就会自动反馈性地进入抑制状态，起着保护大脑皮层免受功能衰竭的作用，称为保护性抑制。

长时间的紧张学习会导致机体疲劳。学习时疲劳表现为感觉器官降低和学习能力下降。疲倦是疲劳的主观感觉，它是一种心理现象。疲劳的感觉有头昏脑涨、瞌睡、失眠、头热、脚冷等。

疲劳开始时，由于主动内抑制减弱，可能出现注意力分散，不安，不听教师讲课等情况，甚至影响教学秩序。疲劳二期的表现为抑制扩散，进入瞌睡状态，学生的思维能力、理解力、注意力、记忆力等减弱，肌肉活动的动作欠灵巧，工作速度减慢，准确性下降。例如默写及解答问题时，完成任务的时间延长，错误增加；生产劳动时，劳动效率降低，易出废品，容易发生外伤事故。由此可见，在疲劳时进行学习、运动和劳动，效率都会受到影响。在教育和教学过程中必须注意学生的疲劳现象，及时防止它的发展。

如果学习后经过适当的休息和睡眠(睡眠也是保护性的抑制)，疲劳消失，工作能力就能恢复到原有的水平。如果学生已经发生显著的疲劳，得不到应有的休息，继续进行学习劳动，则会产生过度疲劳。这时，在大脑皮层中强迫的兴奋过程与保护性抑制过程发生矛盾。这种矛盾继续紧张持久下去就会影响学生健康，容易引起神经衰弱或其他类型的神经官能症。

较轻的疲劳通过休息(如课间休息、星期日休息以及寒暑假的休息等)，就可以解除；过度疲劳，即使经过休假和体育锻炼也不能完全恢复，实际已成为一种慢性疾病。学生的过度疲劳会导致大脑半球顽固的慢性充血，它不仅使学生心理机能(思维、理解力、记忆力、注意力)减弱，还会造成头痛、失眠、食欲不振、感情淡漠等。过度疲劳如不及早防治，除了神经衰弱外，还可降低身体对疾病的抵抗力。

因此，在教育教学工作中必须根据大脑保护性抑制的特点，合理组织安排学习和各项活动，注意学生的早期疲劳表现，及时组织休息，以促进大脑皮层机能的恢复，以保护学生的身心健康。

二、学习和记忆

学习时，语言、文字、符号等刺激通过视、听等分析器把兴奋传到大脑皮层的相应区域——言语中枢，形成优势兴奋灶，这优势兴奋灶与原来已经建立的条件联系接通，形成新的条件联系，经过分析综合，产生知觉、记忆、思维等一系列心理活动；同时由于负诱导现象，使兴奋灶周围的大脑皮层区产生抑制，从而保证学习时注意力集中，将学习的知识储存在脑中，这种脑力活动就是记忆过程。生理学家认为脑中有三级贮存(库)，即感觉记忆、短时记忆和长时记忆。例如：当人们初次接触某一事物或数字时，如不经过注意和处理，转眼就可遗忘，这是感觉记忆。若将感觉记忆变成口头表达的符号、文字并经重复，就能转移为短时记忆。短时记忆保留时间仍然很短。通过与刺激信息反复接触(如学习中的复习)，信息便进入一个较持久的贮存系统，可以长期乃至终生不忘，这称为长时记忆。因此学习时复习的次数和运用的次数越多，保持记忆的时间就越长(见图 4-1)。低年龄儿童短时记忆力强而长时记忆力不足，所以学习中应更多复习和应用，逐步提高长时记忆水平。

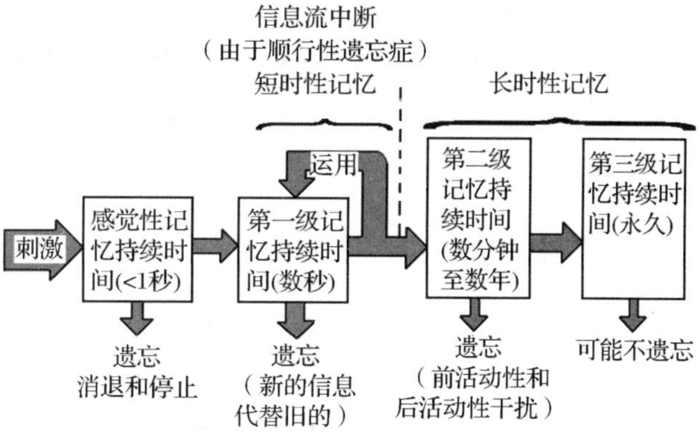

图 4-1　从感觉记忆至第三级记忆的信息流图解

研究发现，在学习活动中，大脑皮层许多部位出现兴奋状态（脑中血流量和耗氧量增加），说明学习过程是由许多神经元群彼此联系，相互影响，共同参与活动而完成的。在传入神经和传出神经之间，存在一个巨大的中间区域——额叶、顶叶、边缘系统。人们认为记忆可能是由于神经通路经过反复运用导致在突触处发生变化，特别是神经递质使细胞间的联系更加容易。如患脑功能轻微失调的儿童就是因为缺乏神经递质，注意力不能集中，表现为对一切事物只能关注片刻，记忆力差。

根据大脑活动的特点，刺激脑细胞，可使其机能敏锐，如可运用细致观察、形象联想、有效反复等方法帮助记忆。在充分发挥大脑潜力的同时要注意劳逸结合，防止过度疲劳是提高记忆必须重视的问题。

第二节　学校作息制度

作息制度又称生活制度，主要指一日生活制度，即对学生一昼夜内学习、劳动、课外活动（文娱活动、健身）、进餐、睡眠、休息及自由活动（生活料理和家务活动）的时间分配和交替顺序等形成制度。从学校卫生的角度出发，作息制度还应包括学周、学期及学年的作息安排。

学校作息制度应符合以下原则：针对不同年龄阶段和不同健康状况的学生分别制订作息制度；按照大脑皮层功能特点及脑力工作能力的变化规律，合理安排学习、活动和休息；既要完成规定的学习任务，又要满足身心健康的需要，保证学生全面发展；学校和家庭的作息制度协调统一；作息制度相对稳定，不要轻易变动。

学校的作息制度要根据学生的年龄特点，大脑皮层的机能特性，教育的需要，健康的状况以及季节、地区的特点制订。合理的作息制度对提高教学质量、加强学生的自觉自律、保证学生劳逸结合、保护身体健康以及稳定学校的教学和文明生活秩序有积极的作用。因此，学校与学生家长需密切配合，指导并敦促学生认真遵守作息制度，以促进学生身心健康发展。

一、学年安排

学校一学年中学习、劳动和假期的分配，要根据学生的年龄特点、学生能力变化的规律和教育的要求来决定。学期与假期的轮换，可以使学生在连续几个月的学习与劳动后，经过休息而恢复脑力与体力，以预防过度疲劳，保护健康。小学生身体发育还不很成熟，工作能力有限，因此，他们的学期应短些，假期应长些。在学期内必须完成教学计划规定的教学任务。在假期内不搞变相的上课，应该多组织有益于学生身心健康的活动，如郊游、文艺欣赏、科技活动等，但不能过多地占用学生的自由活动和休息时间。

教育部印发的《义务教育课程设置实验方案》《普通高中课程方案（实验）》规定：义务教育阶段每学年上课时间 35 周，学校机动时间 2 周，复习考试时间 2 周（初中最后一年的第二学期毕业复习考试增加2周)，寒暑假、国家法定节假日共13周；普通高中每学年教学时间40周，社会实践1周，假期(包括寒暑假、节假日和农忙假)11周，每学期分两段安排课程，每段10周，其中9周授课，1周复习考试。

学生在全年中学习能力变化的情况：调查表明，若把1学年等分为4个学季，每1个学季作业分量大致相等，则学生的学习成绩在第2学季末和3、4学季中显著降低。因此，全学年的学习任务不应平均分配在4个学季，而应该考虑全学年中学习能力变化规律后作合理的安排。特别是第4学季因学习能力显著下降，要少排新课而多安排复习。学年内穿插安排一段时间的生产劳动，可起到脑力劳动与体力劳动轮换的作用，只要合理组织，可以提高学生在后一段时间的学习能力。

要特别注意对一年级新生的照顾。6～7岁的儿童从幼儿园或家庭生活转入学校，对儿童是一个很大的转变。如果过渡不好，往往使儿童身心受到不良影响。据一些学者观察研究，部分初入学的儿童在其入学后一段时间内，情绪不稳定，往往沉默，食欲减退，发育水平下降，抗病力减低。初入学儿童一般难以习惯学校的学习和纪律，容易疲劳。因此对他们要逐渐增加学习负担。国外学者的实验研究证明，对一年级学生的学习安排最好是：

第一学季每天排课3节，每节30 min；

第二学季每天排课4节，每节30 min；

第三学季每天排课4节，每节35 min。

在这种安排下，实验班的平均学年成绩为4.2分，比对照班的3.8分高；用条件反射法和校字法试验所反映的实验班学生的中枢神经系统功能指标，都呈现出最好的状态。

每学年开始时的准备和组织工作也很重要，开学前最好能组织学生与教师座谈。班主任应带领学生熟悉学校环境，了解新学年的任务及作息制度，还应安排座位，说明学生守则。这样可以使学生对教师的言语和学校环境形成初步的条件反射，以后可以得到巩固，使新生入学前有良好的情绪进入新学年的学习。

二、一周的安排

学生在一周中每天的工作能力都不相同。在一周内，学生经过双休日后，疲劳消失，但由于细胞和其他组织一样具有惰性，需要一段时间来克服，所以一般星期一工作能力并不高，星期二才升高，星期三、星期四时期达到高峰，以后下降，因此，一周中星期一、星期五安排较轻的学习任务。如果有劳动课，最好安排在星期四。研究证明，这样安排可以提高学生下周的工作能力。如果课外作业安排过多，或教师教学方法不当，学生用过多的时间复习，使双休日不能得到很好的休息、活动，这样一周来的疲劳不能消除，不但影响下周的学习效率，长期下去还会形成过度疲劳。

三、一日作息制度

一日作息制度是指对学生一昼夜全部时间进行合理安排，包括课业学习(上课和自习)、劳动、课外活动、进餐、睡眠和休息等。它是教学卫生的重要因素,也是评价教学过程卫生的主要指标之一,它应该与儿童青少年的年龄相适应,满足他们的生理需要。

科学工作者发现,在生物体内有一种近似的结构——生物钟。人体内也有一个精确的生物钟。它控制着人的生理活动。同一个人,在一天凌晨、清晨、上午、下午、傍晚、深夜等不同时间思维效果是不同的。其中精力充沛,大脑处于高度兴奋状态的时间称为最佳用脑时间,在这段时间去学习,其工作效率比其他时间高,应该有效地利用这段最佳时间。

国外学者实验研究证明:无论从事脑力劳动还是体力劳动,一天 24 h 中儿童青少年的最高能力曲线与成年人一样,以凌晨 2～4 点最低,以后逐渐上升,上午 9～10 点达最高峰。午后约在 14～15 点下降到一天工作能力的平均线,以后又上升形成第二高峰,但其高度不及上午时的最高峰。22 点后下降到平均线下,以后很快地下降到工作能力的最低点。

由此可见,一昼夜间的功能曲线有两个高峰,上午的工作能力高峰明显高过下午的高峰。从大量观察材料中,可以看出学生在一天学习中,其工作能力变化有一定规律。从第一节课开始工作能力逐渐上升,第二节时达到高峰,第三节因在课间操休息后,工作能力仍保持较高水平,以后下降。经过午间休息后,下午第一节工作能力回升,但到下午第二节后又迅速下降,有时由于放学前的活动兴奋而略有回升。例如用阅读字数和阅读错误率两个指标,调查小学四年级学生学习日的工作能力,从调查结果得知:在上午 4 节课后和下午第 2 节课后,无论在阅读字数和错误率方面,都显示出工作能力降低到早读前的水平。国内其他的研究也发现,初中一年级和高中一年级学生也呈现出类似的结果。

(一) 课业学习

学生一日课业学习负担主要决定于上课和自习的时数。儿童年龄越小,大脑皮质兴奋过程占优势,兴奋和抑制都容易扩散,容易疲劳,因此学习时间应该越短。学习负担过重往往是破坏一日作息制度的重要原因。如果学习时间过长而导致睡眠和户外活动不足,不但会降低学习效率,而且会降低机体对疾病的抵抗力,对身体发育也有不良影响。国家标准《中小学生一日学习时间卫生要求》(GB/T 17223-2012)规定:小学一、二年级一日学习时间(包括上课和课外自习时间)不应超过 4 h;小学三、四年级不应超过 5 h;小学五、六年级不应超过 6 h;初中、高中各年级一日学习时间分别不应超过 7 h 和 8 h。

学生每天的课外自习(包括预习、复习和课外作业),对于提高课堂学习效果和巩固所学知识有重要作用,但时间也应有限制。《中小学生一日学习时间卫生要求》(GB/T 17223-2012)规定了早读、课外自习时间:小学一、二年级不宜安排早读,不留书面家庭作业;小学三至六年级,早读不宜超过 20 min,课外自习时间不应超过 60 min;中学各年级,早读不宜超过 30 min,课外自习时间不应超过 90 min。

每节课的持续时间应根据不同年龄的有意注意时间(见表 4-1)而调整。年龄愈小,其兴奋不易集中,注意力不持久,容易出现疲劳;随着年龄的增长,神经系统的功能日趋完善,主动注意时间逐渐延长。由于教学方法的改善和教学内容的合理组织,一节课的持续时间可以比有意注意时间长一些。目前,我国一节课的持续时间各地不一,有的地方小学为 40 min，中学为 45 min。研究证明，45 min 一节课对小学一年级学生是不合适的，因为这样做学生到第 4 节课视觉反应时间会明显延长。《中小学生一日学习时间卫生要求》(GB/T 17223-2012)规定：小学生每节课时间不应超过 40 min，上午 4 节，下午 1～2 节；中学生每节课时间不应超过 45 min，上午 4 节，下午 2～3 节。

学生早晨开始上课的时间也有卫生上的要求，如过早会使学生睡眠不足，或使他们早餐仓促或来不及吃早饭就赶到学校上课，这样对学生的精神和健康都有不良影响，特别是因为怕迟到而引起的情绪紧张能成为一种精神刺激，使儿童在第一节课时过度兴奋而不能很好地集中注意力，以后又容易发生疲劳，感觉饥饿，长期会影响学生的营养和精神状态。有些地区学校早读或第一节课上课时间安排过早，在冬季往往天还未亮，如果教室照明条件不够好，不但影响学习效果，而且会促使学生得近视。因此，学校应该因时因地制宜，适当地规定早晨开始上课的时间。

(二)课外活动

学生的课外活动包括体育锻炼、文艺、科技、社团活动和社会工作等，它可以促进体力和智力的发育，并起到机能轮换的作用，还可以培养学生思维、组织和工作能力。社团活动时间需合理安排。在通常情况下，社团活动每周不超 2 h，社会工作每周 3 h。每天由学校统一安排在校学习和各种活动的时间。学生干部一般不要兼职。在通常情况下，晚上和星期日不安排集体活动。

户外活动是儿童青少年成长过程中不可缺少的部分。它使身体新陈代谢旺盛，解决需要的新鲜空气多而肺活量小的矛盾，弥补呼吸功能不够完善的缺陷。儿童在户外与大自然接触，充分利用日光、冷空气和冷水锻炼身体，可以增强身体的抵抗力，减少疾病，特别是呼吸道的疾病。因此，在学生课外活动中必须保证充足的户外活动时间(包括户外活动、游戏和徒步往返学校)。《中小学生一日学习时间卫生要求》(GB/T 17223－2012)规定：确保中小学生每天锻炼 1 h，没有体育课的当天，下午课后应组织学生进行 1 h 的集体体育锻炼。研究表明，每天坚持 1 h，其锻炼效果远胜过“一曝十寒”式的不均匀性锻炼。

(三) 休息

许多观察表明，学生在第一节课中工作能力逐渐下降。课间休息是两节课之间消除疲劳的重要措施，同时对刚学到的知识起巩固记忆的作用。根据大脑皮层镶嵌式活动的特性，课间应该采用活动性的休息，到室外呼吸新鲜空气、游戏、散步或远眺等，这样可以消除上课时的脑力疲劳和维持坐姿时肌肉的静力性紧张，并使眼的调节肌得到松弛，对保护学生视力有利。同时教室也才有机会通风换气。

经验证明，休息时间太短或太长都是不符合生理要求的，课间休息最少应该有 10 min，有效的休息时间是 15 min。我国通行的课间休息是 10 min，第二和第三节课间休息延长到 15～30 min，并且利用这段时间组织学生进行课间操、眼保健操活动。有些学校还组织间食，即在早午餐之间供应点心，这些措施有利于提高学习效率，有利于促进学生的健康，应该提倡。研究证明，8～10 岁学生每天 45 min 的活动性休息和 5 min 课间操，可使肾上腺皮质机能加强，降低患病率和提高学习成绩。《中小学生一日学习时间卫生要求》(GB/T 17223-2012)规定：在两节课之间，课间休息时间不应少于 10 min；第二和第三节课之间，课间休息时间宜为 20～30 min。

除了课间休息以外，自习过程中也应该有间休，可进行活动性休息或远眺。有人对六年级学生观察发现：下午有 1.5 h 户外体育活动的学生，晚自习时正确解答算术题的工作效率比没有活动的高。午间休息对消除上午的学习疲劳、保持下午和晚上的学习效率也很重要，应督促学生合理地休息，午间休息应以静息性休息为主，夏季可有短时间午睡。

(四) 睡眠

正常的睡眠是大脑皮层抑制过程广泛扩散的结果。在大脑皮层抑制的情况下，大脑皮层细胞的功能得到恢复，因此睡眠是一种保护性机能，能保护大脑皮层细胞免于功能衰竭。睡眠时身体各器官的功能活动降低，机体的异化过程减弱，生长激素明显增高，保证发育期间所要求的同化超过异化，对促进生长发育有重要意义。睡眠还能促进记忆，睡眠时遗忘速度减慢，并促使短时记忆转化成长时记忆。因此，使儿童青少年有足够的睡眠，不但可以消除一天的疲劳，保证高级神经系统的正常功能，而且可以保证身体和心理正常发育。

儿童青少年的睡眠时间，应随年龄和健康状况而异。《中小学生一日学习时间卫生要求》(GB/T 17223-2012)规定：每日睡眠时间，小学生不应少于 10 h，初中生不应少于 9 h，高中生不应少于 8 h。研究表明，体质虚弱、患病初愈的低龄儿童每日需要更多的睡眠时间。

睡眠不但要有足够的时间，而且要有足够的深度。为此，必须尽可能创造良好的睡眠环境，如安静的寝室，软硬适宜的床铺，适宜的微小气候，宽松的衣被等。睡前要避免精神或其他刺激，如睡前不要从事过度兴奋的活动或太紧张的脑力劳动，不要长时间看电视，不要吃得过饱，不喝过多的水(特别是茶水)，不吃有刺激性的食品等。此外，还要养成定时睡眠和定时起床的习惯。

(五) 膳食制度

所谓膳食制度，就是规定每天的进食次数和时间，以及各餐的热量分配。在合理的膳食制度下，由于定时定量进食，使胃部负担适宜和均衡，并且进食时间成为条件刺激，使大脑皮层形成动力定型，食物进入时，正当食物中枢兴奋性提高，这样就可以引起良好的食欲，保证食物很好地被消化吸收，从而促进儿童青少年的身心发育和健康。合理的膳食制度，是学校卫生工作的重要内容，搞好学校的膳食，对促进学生发育、增强体质以及提高学习效率都有很大的作用。

膳食制度主要应该根据不同年龄学生所需热量、胃容量和胃的排空时间，以及学生实际的活动情况和当地居民的膳食习惯来制订。学生一般可以实行三餐制，各餐相隔时间为 4～6 h，每次进餐时间应有 20～30 min，饭后休息 0.5～1.5 h。体力活动后要休息 10～20 min 才进餐，晚餐距睡前应隔 1.5～2 h。

早餐距上一餐已过了约 12 h,要吃饱吃好。如果不吃早餐或吃得很少,随着大脑和其他器官能量的消耗,血液中葡萄糖的含量下降,就会有饥饿感。许多不吃早餐的学生,到第三节课时,往往因饥饿乏力,注意力分散,影响学习效果。如经常这样,就会影响身体的发育和健康。学校最好为学生增加一次间食,但间餐必须清洁卫生,增加营养。

在不同的作息情况或不同的健康情况下,膳食制度可做一定的调整,但不宜经常改变,而且必须注意各餐相隔时间不宜过长或过短。过长会引起强烈的饥饿感,易使学生一次性进餐过多,破坏胃的均衡活动和过度扩张;两餐之间相隔时间过短,会使食物中枢和消化器官得不到适当的休息。如果经常改变进餐时间和食量,则不易建立大脑皮层的动力定型,使消化器官的活动无一定规律,引起胃液分泌在质量上发生改变,使消化力减弱,食欲减退,影响健康。

四、课程表的编排

学校应该根据学生一日和一周中工作能力的变化规律,合理编排课程表,并严格执行,以便形成一周的动力定型。这对预防疲劳、提高学习效率有重要作用。

在一日中把最难的课程排在上午第二、三节,较难的课排在上午第一节和下午第一节,最容易的课程排在上午第四节和学习日的末尾。在一周中,星期二、三、四可以安排较难的课程,星期五课程应该容易些。早晨第一节课前安排短时间早读,以适应大脑皮层的始动调节。课程的难易不是绝对的,一般认为外语、数学、物理和化学最难,其次是历史、地理、语文和作文,音乐、体育、劳动和美术比较容易。

考虑大脑皮层镶嵌式活动的特点,不应连续安排两节以上性质相同的课程,尤其是小学生不能这样安排。因为除了教师的形象、语音、动作所形成的单一刺激外,教学内容相同容易引起大脑皮层的抑制,降低学习效率。研究证明:在小学四年级 180 名学生中,不同性质课程的转换对提高学习效率有良好的作用,其中体育和手工所起的作用最大,劳动课如果安排在星期三、四,则能提高学生后半周的学习能力。

学校的作息制度是提高教育质量,促进学生健康和发育的有力保证。作息制度的每项内容均应具有科学性、教育性和政策性。学校行政领导、教师、学生和职工,都要认识作息制度重要的教育、卫生意义,并且严格执行。

第三节　教学卫生

教学过程包括授课和学习两个方面。学生的各种学习活动,需要身体的各器官、各系统参加工作。因此,知识和技能的学习是对学生身体和能力发展的锻炼。教学卫生的任务是根据学生身心发育的水平和机能活动的规律,合理组织教学工作,促使学生的生理和心理得到健康发展,提高学习能力。

一、讲课

儿童青少年在教室里上课时，主要是接受语言文字对感觉器官的刺激，引起大脑皮层相应区域的兴奋和周围区域的抑制。如果兴奋性持久，就可能使注意力集中，提高学习效率。

学生能够维持高度学习能力的时间长短是因人、因时、因地而不同的。影响的因素很多。影响学习能力的内因是指学生本身的智力因素、年龄特点、健康状况、智力工作的训练程度和学生对学习的态度等，其中学习态度起着重要作用。影响学习能力的外因如学习地点的环境条件(教室的微小气候、噪声、照明、课桌椅、黑板、书籍)、营养、教学内容、教学方法、作息制度等。教师在教学中必须根据影响学生学习能力的各种因素去合理地组织教学工作。

教师讲课时的教学内容和教学方法是直接影响学生的学习能力和学习效果的重要因素。教学内容要适合学生心理发育水平和知识水平，由浅入深地编排。如果一开始就很艰深，学生难以在原有的基础上，理解、消化，使脑力活动紧张，过度地消耗大脑皮层细胞，就会很快产生疲劳。同时，对于难懂的教材，学生往往不感兴趣，容易分散注意力，产生厌倦情绪，更促使疲劳加速发展。这样会使学生的学习能力下降。反之，如果教材太浅，也不能引起学生学习的兴趣，对学生感知觉、记忆、想象和思维等智力的发展无促进作用。因此，教师要根据学生智力的年龄特点和发育规律决定讲课内容，既不能要求过高，又要有意识地促进其进一步的发展，同时要针对个别情况因材施教，这样就可以减轻学生学习负担，使学生保持高度的学习能力，提高教学效果。

教学方法对于提高学生学习效果，提高教学质量有很大的作用。除了采用直观教学法以外，要激发学生的学习兴趣，采用综合、比较、分析的方法，使学生动员身体各种感官，参加认识过程，这样可以使大脑皮层广泛地联系，使学生易于理解，便于记忆。

对不同年龄的学生，教师应该采取不同的教学方法。年幼的儿童，其大脑皮层第二信号系统发育不全，对语言文字的刺激容易产生疲劳。单调的声音和千篇一律的讲法易使儿童的高级神经活动陷入抑制状态。因此对他们要多采用实事、模型、图画等辅助教具及音像(幻灯片、电视、电影)进行教学，通过第一信号系统来强化第二信号系统的条件联系，引起他们的学习兴趣，使他们的神经活动保持较长时间的兴奋状态。

在小学，应该特别重视一年级儿童。他们从幼儿园或家庭生活突然转到教室上课，对静坐一节课是不习惯的。从幼儿园进入小学的儿童对幼儿园的生活制度已经形成习惯，要改变需要有一个过程。幼儿园大班每天只有 2 节作业课，每节 25～30 min；进入小学后突然增加到 40 min 一节课，这样他们会感到困难。因此，一年级初期的儿童，应当逐渐培养他们安静地坐着听课的习惯。最好缩短一节课的时间或在一节课中组织课程轮换，或在课中组织活动性休息(做课间操)。

上课时，儿童的注意力随着时间的延长而涣散，年龄愈小注意力愈不能持久。小学低年级每一节的前部分时间注意力比较集中，因此应将一节课的前 3/4 的时间用来讲新课或解决最难理解和掌握的问题，最后一部分时间用来复习、补充讲课或布置作业等。

初中学生处于少年期，这是一个迅速生长的时期，神经系统迅速发育，大脑皮层的联络纤维大量增加，脑神经细胞分化机能接近成人水平，抽象逻辑思维日益占主要地位。他们开始对抽象材料感兴趣，能够用抽象原理和公式来理解具体问题。初中时期，看过而记住的东西比由听来而记住的东西多，因此直观教学在初中仍占主要地位。思维中的具体形象成分也仍然起着主要作用。

初中学生已逐步树立与社会需要相联系的学习动机，但学习的自觉性还不够高，兴趣还不够稳定，有意注意在适当的教学条件下可以保持 40 min，因此，一节课可以采用一种教学形式，如讲课或复习。初中学生的有意记忆和意义记忆得到发展，思维具有独立性和批判性，但容易产生表面性和片面性，学习的自觉钻研和独立思考能力较差。因此，应充分利用其感性认识，帮助他们发展抽象逻辑思维能力，鼓励他们发扬“好疑”和“爱争论”的优点，同时注意克服思维的表面性和片面性。

高中时期的青年，生理上接近成熟，神经系统的发育已达到更高的水平。学习的动机更强，兴趣更广泛，能够自觉钻研、自我监督、自行支配时间和运用学习方法。观察事物更有目的性，更全面、系统和深刻，但仍不够精确。辩证逻辑思维开始形成，抽象逻辑思维占优势，进一步形成独立思考能力。在教学方法上仍应采用实验和现场教学方法，通过感性认识巩固理性认识，注意培养他们的精确观察力和辩证逻辑思维能力。

学校采用录音、录像、网络电视、电影、幻灯片等进行电化教学，不但形象化，而且使教学方法规范化，有利于提高教学质量和学习效率。但是，这只能作为辅助方法，如果组织不合理会使学生加重疲劳和近视。

采用电化教学时必须遵守以下卫生要求。

每次观看时间不能太长，一般 5～30 min；电化教室要有适当的照明，一般要满足学生书写的需要，以保持桌面平均照度达到 300 lx；电化教室的设计要考虑效果，不能过大或过小。观看电视的视看距离应为屏幕对角线的 3～12 倍，最佳视距范围为 5～10 倍，仰视角度不应超过 30°，水平斜视角（以视线到达屏幕中心计算）不应超过 45°；供教学用的电视荧光屏不宜小于 74 cm（29 inch）；电视机外壳上应加装用不透明材料制成的遮光板，以减少其他光源在电视机屏幕上产生的反射眩光。

讲课时，控制学生情绪是教师的重要职责之一。要不断满足学生的求知需要，使之产生积极的情感，以提高学习积极性，推动学习；使学生明确学习的目的；启发学生对课业的兴趣；说明困难，帮助学生建立克服困难的信心；随时查明并消除消极的情绪表现和原因。

教师的态度、对学生的评价，都直接影响学生的心理。因此，教师要认真备课，针对学生学习这门课程的心理因素，进行周密计划和安排，使学生学习时能处于最佳心理状态。

教师讲课时要使学生保持最佳的心理状态和提高学习能力，就应该注意建立正确的师生关系，提倡尊师爱生；同学之间相互关心，形成友爱和谐的集体。教师要循循善诱，不能以斥责、留堂和罚做作业等手段处分学生，防止过重的课后负担。

教师讲课时除了从学生身心发育的规律注意以上问题以外，还要注意讲课的环境条件和学生的坐姿。教师讲课时需要有一个安静、清洁、卫生的环境，应符合卫生要求，并能合理使用。教师有责任教育学生并培养学生良好的卫生习惯，使教室通风换气，调节室内微小气候。此外，教师还要做到上课不拖堂，下课 10 min 组织学生到室外活动，根据学生的视力和身高合理安排课桌椅，根据天气情况调节室内照明，保护学生视力等。教师在上课时还要随时注意矫正学生的读写姿势，小学或初中最好每人有一个防止近视架（T 形），下部固定在桌上，以保护学生视力，防止脊柱弯曲异常。

二、阅读

阅读是紧张的视力工作和脑力工作，是大脑皮层第二信号系统的分析和综合活动。阅读需要调动眼调节功能，长时间的阅读也会使眼球肌肉和维持坐姿的肌肉紧张。阅读时不注意卫生要求，是引起眼部肌肉和中枢神经系统疲劳，促成近视和脊柱弯曲异常的主要原因。阅读时应注意以下卫生要求。

（一）眼与书本的距离

眼睛在远望时不需要调节，看近物时才需要调节，物体距离愈近，眼睛需要调节的度数就愈大。例如，当物体距眼睛 50 cm 时，眼睛需要调节 2 个屈光度（俗称 200°），距离 25 cm 时需要调节 4 个屈光度（400°）。当物体与眼睛距离小于 25 cm 时，所需调节度急剧上升，这样就加强了眼调节肌的紧张度，使眼的屈光状况向近视方向发展。在儿童青少年期阅读时，书本与眼的距离，最好不小于 30 cm。

（二）书本与视线形成的角度

当书本平面与视线成直角时，由于一个字两笔画延伸到眼睛所形成的视角最大，字在视网膜上所形成的景象最清楚，因此，在阅读时最好使用有 12°～15°倾斜的桌面，或在水平桌上加一个与水平面成 30°～40°的书架，使儿童头部略向前倾以便达到视线与书本的夹角接近直角，使文字形成清晰的景象，避免颈部肌肉的疲劳（见图 4-2）。

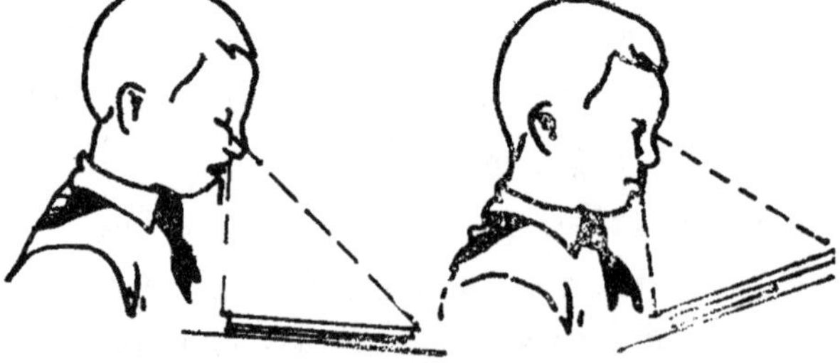

图 4-2　坐在平面桌和斜面桌前眼睛到书本的距离

（三）阅读时的姿势

阅读时坐姿要端正，脊柱正直，头不过于前倾，不耸肩，不歪头，前胸距桌缘约一拳，大腿平放，足跟着地。这样可以使身体的重心稳妥地落在坐骨和椅靠背的支撑点范围内，以减低维持坐姿的肌肉疲劳。

(四)阅读时的光线

阅读时光线必须从左方来,以免产生阴影。光线要求分布均匀,不眩目,不闪烁。人工照明教室桌面的照度要求是平均照度值不低于 300 lx,照度均匀度不低于 0.7。

(五)阅读时间

连续长时间阅读会使大脑皮层过度紧张,引起前额紧迫感和头痛眼胀的现象,对所读材料不能领会深刻,还会使眼的调节处于紧张状态,容易形成近视。因此,在连续阅读 20～30 min 后(随年龄而异),应抬头向远处眺望片刻。每阅读 1 h 后应休息 10 min,或到户外活动和远眺,使视觉分析器和调节肌得到休息。

(六)阅读环境

应安排适合身材的课桌椅,以保证维持正确的坐姿和保持眼睛与书的正确距离。保证良好的照明条件,保持教室墙壁的洁白,黑板平滑不反光,课本和作业本纸张洁白、不刺眼,印刷字迹清晰,减少噪声干扰等,以减轻疲劳,提高阅读效率,预防近视眼。

(七)培养良好的阅读习惯

培养学生正确阅读的姿势和方法,不在走路乘车时阅读,不在直射光及昏暗光线下阅读,不躺着看书等。

三、书写和绘画

学生书写和绘画时,除了大脑皮层、视觉分析器和维持姿势的肌肉参加活动外,主要还有腕关节和掌指关节的肌肉以及前臂和肩部的紧张活动。书写、绘画都是较细致的工作,需要手指和细小肌肉参加。幼小儿童的小肌肉发育较晚,腕骨骨化尚未完成,因此,儿童在书写绘画时,除了与阅读时一样要注意眼与作业的距离、照明质量、坐姿和间休等方面的要求以外,还应规定书写的时间不宜过长。小学生每次 5～15 min,中学生每次 20～30 min 为宜(见表 4-2)。

表 4-2　各年龄儿童青少年持续书写的时间限度

年龄(岁)	持续书写的时间限度(min)
6	5
7～9	10
10～11	12
12～14	20
15～17	25～30

(据 C. E. Cobetob　1953)

儿童开始练习写字的时间不应早于幼儿园大班。小学一年级可以正式开始学习写字。最初使用铅笔,8～9 岁可以开始使用签字笔和毛笔。要求笔尖、笔杆粗细适中,笔芯软硬适宜。

儿童初学写字时,教师应当教会他们正确的写字方法和握笔的姿势。笔杆和练习本应成 60°角。握笔时食指应较大拇指低些,写字时靠腕关节用力使笔杆活动自如(见图 4-3)。

绘画时除手部肌肉活动外,视觉分析器也参与紧张的活动。研究证明,美术学校学生中近视眼比普通学校的学生多。按卫生要求画室课桌面(工作平面)的维持平均照度不低于 500 lx;学生绘画 20～30 min 后应休息远眺,40～45 min 后,应有 10～15 min 的休息,到户外活动,远眺,使眼睛得到休息放松。正确书写姿势常用"一尺"(眼离书写处 33 cm)、"一寸"(手握笔离笔尖 3.3 cm)、"一拳"(坐直后胸离桌缘一拳),即"一尺一寸一拳"的要求。

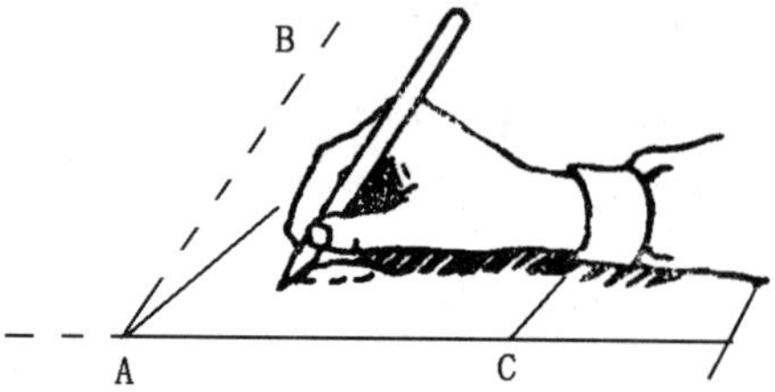

图 4-3 书写时手的姿势

四、唱歌

唱歌主要是声带的震动和肺部的活动。唱歌时吸气快,张口呼吸,因此空气通过鼻腔的时间缩短,在鼻腔中的除尘、加温、加湿过程不完全。唱歌时要特别注意预防呼吸道疾病和声带疲劳、损伤。

(一)唱歌的地点

要求空气新鲜,温度、湿度适宜。不要在干燥、过冷的空气环境中唱歌,尤其不宜在冬季户外冷空气中唱歌,以免引起呼吸道疾病。

(二)唱歌时的姿势

以立姿最为适宜,要昂首挺胸,以保持胸腔和膈肌的充分活动。歌本应放高些,以免妨碍发音和呼吸。

(三)唱歌的材料

应选择音域适合儿童生理特点的歌曲,儿童时期适宜的音域为 c1～d2(即 C 调 1～2)。如音调过高或过低,节奏太复杂,音程跳动太大,速度太快太慢,会造成声带过度紧张和呼吸不协调,影响发音的正确性和造成声带损伤。

(四)唱歌的时间

持续唱歌的时间不宜过长,幼童每次 4～5 min,较大儿童每次 8～10 min 后应休息,以免声带嘶哑,课堂上可以分组轮唱,以免声带过度紧张。

青春期开始的少年,喉部各软骨发育较快,组织逐渐坚固,声带变厚变长,开始变声,同时由于声带发育快而喉部肌肉发育较慢,因而引起共济失调,容易疲劳。此时如唱歌不注意休息,可能导致声带变厚和闭合不全。所以在变声期做过分的发声练习对声带的发育不利,要特别注意保护。一般主张女子 17 岁以前,男子 18 岁以前不要做过多的声乐训练,特别要避免高声叫喊,无节制地唱歌等。

五、计算机学习

计算机(电脑)已广泛进入学校、家庭,计算机的使用技能是学生必须掌握的一门基本技术,计算机教学也早已成为一种重要的教学手段。但如果不能正确使用计算机,会给学生造成一些不必要的伤害。

（一）注意用眼卫生

学生操作电脑学习时，视线常常需要在屏幕、书本、键盘、黑板间不停转换，眼睛不断地在明暗不一、远近不同的地方观察，眼睫状肌紧张地不断舒缩调节晶状体的屈度大小以保持物像的清晰，同时，虹膜也在不断地舒缩调节瞳孔的大小以改变进入眼内光束的多少。所以，眼睛容易产生酸胀痛，甚至视力模糊等不适症状，长此以往，容易导致视力不良。为保护视力，须注意以下几点。

1. 计算机教室满足合理照明条件

为获得良好的亮度分布，屏幕与文本的亮度比应小于 1∶3，屏幕与周围环境的亮度比应小于 1∶10，在视看屏幕的视线方向尽量减少眩光，工作台即键盘、文本的平均照度宜为 300 lx。

2. 减轻眼疲劳

每隔 20 min 眼睛就应休息片刻，向远处眺望一会儿。人对明暗光线的视察容度是有限的，当文字、图像衬在一个很明亮的背景上时，势必会造成眼神经的高度紧张，而容易产生疲劳。所以，使用电脑者身后如果有窗户，最好挂上窗帘。键盘操作时练习盲打，以减少眼疲劳。

（二）注意肌肉劳损

长时间操作电脑会导致手指关节、手腕和手臂肌肉、双肩、颈脖和背部等部位的疼痛，这是由于与骨连接的关节肌肉组织的劳损造成的。因此，操作电脑时应注意坐势，身体正直，两足平放，二臂略离胸部，肘、腕、手在同一平面，两肘轻度外展，依靠十指运动击打键盘。手腕不可过高或过低，避免疲劳损伤，导致腕管综合征。持续操作电脑人员的手一般应每 1～2 h 休息 10～15 min。

近年来，随着信息技术的高速发展，平板电脑日益普及，引发并带动了教育领域的一场变革。国内外许多地区已经在教育领域中使用平板电脑，并用于教育教学的相关研究。北京、上海、武汉等地纷纷在中小学尝试在学生中使用平板电脑为平台的“电子书包”项目，取得了不错的教学效果。但同时，我们也应关注平板电脑使用过程中的一些卫生健康问题。如长时间盯着电子屏幕，眨眼次数减少，导致眼睛表面水分蒸发，泪液膜不完整，但又没有通过眨眼来及时修复，造成眼睛干涩、疲劳；电子屏色彩丰富，场景变化快，本身亮度容易与环境亮度不协调等，容易造成眼疲劳；电子屏摆动角度、位置不当，长期埋头视看，导致颈部肌肉与骨骼损伤等问题。

六、考试

考试是紧张的脑力劳动。学生因为准备考试，精神过度紧张，往往不遵守生活制度延长学习时间，致使睡眠不足，户外和体育活动以及休息时间减少，从而，引起头痛、头晕、失眠、食欲不振、体重减轻等症状。由于长期紧张疲劳，个别学生可能导致神经衰弱，使交感神经兴奋性加强，脉搏加快，血压升高，学习能力下降。为了避免这些现象，要十分重视考试期间的卫生。

（一）要消除学生对考试的紧张心理

在考试前，教师必须向学生说明考试的意义、目的和方法。使学生认识到考试是学习后的总结阶段，是很好的复习机会。为了减少考试的过度紧张，应加强平时的教学工作。不能采取突然袭击的办法，以免造成学生精神上的过度紧张。

（二）加强考试前的辅导，安排充分的复习时间

如学生家中没有适合的自修地点，学校应组织学生到校复习，可指定专门教室，并提供足够的照明。

（三）学校与家长联系

在考试期间老师与家长更应共同监督学生遵守生活制度，保证足够的休息和睡眠。应督促学生每阅读 20～30 min 后休息片刻和远眺，每 45～50 min 休息一次，休息时应要求学生到户外活动。晚间睡眠前一小时应停止极度的紧张复习，最好做几节体操后睡觉。

（四）考前注意营养均衡

考试时应注意供给学生足够的营养，特别是蛋白质、糖类、脂类、维生素 A、维生素 B 和维生素 C 等。可适当增加肉类或豆类食品及新鲜蔬菜，减少纯油脂和糖。

（五）进入考场前，不要喝过多的水，同时要防止过饱、过饥

进入考场后，首先应稳定情绪，沉着冷静，拿到试卷先全面确认一遍，再按先易后难的顺序应试；考试结束前，需仔细检查，切勿因思维定式造成失误。

（六）特殊学生特殊对待

对生病或病后恢复期的学生，可与校医商议，根据个人具体情况，分别辅导，补考或免考。

第四节　学习能力研究

关于学习能力的研究，历来是教育学、心理学、神经心理学与生物生理学等科学工作者的课题。继巴甫洛夫的高级神经活动的实验研究之后，生物生理学等在中枢神经系统信息传递过程的研究上又取得了进展。学校卫生学也曾经用生理学和心理学的方法，研究了不同年龄儿童学习能力的变化规律，在制订适合不同学习阶段学生的生活作息制度方面获得了一定成绩，如小学一年级新生一节课的时间要缩短，增加下午课外活动时间，保证学生充足睡眠等，以提高他们的学习能力。现将目前比较常见的几种有关学习能力的研究方法略述如下。

一、心理学的测验方法

心理学把抽象的思维能力当作智力的重要方面，所以常运用语音、字词、数字、图画等刺激物来测验儿童鉴别这些符号的能力，以评定其思维能力的高低。

继比奈测验法之后，美国韦克斯勒的儿童智力量表是目前应用较广泛的一种智力量表。其新修订的第四版量表（WISC－Ⅳ）以总智商和言语理解、知觉推理、工作记忆、加工速度四个指数考察儿童的认知能力，并提供指数之间、分测验之间以及不同加工过程之间的差异比较，使得研究者对儿童认知能力的评估和诊断更加细致具体，大大提高了智力测验对儿童认知能力的评估和诊断功能，使智力测验在更多的教育应用中发挥更加广泛的作用。

此外，剂量作业法也是一种心理学测验儿童学习能力的方法，也有人认为它是介于心理学与生理学之间的边缘方法。这类方法要求受测者在限定的时间内完成一定量的作业，其优点是操作简便，又适用于集体测试，但受试者的情绪与熟练程度往往会影响测验的结果。

剂量作业法包括演算法、几何图形法、校字法等。

（一）演算法

按算题的难易编组多种“题例”，以供不同年级的学生使用。如给小学三年级学生的“题例”，20道四则运算题，规定演算5 min，收回后，检查每个受测者完成的题数及做错的题数，然后根据一个班上的受测学生上课前后平均解题数与错误率的比较来评价学生学习能力的变化情况（见表4-3）。

表4-3 演算法的一个算术题例

算 术 题 例

（供小学三年级用）

三年级______班 成绩：解题数______

姓名______ 错误率：______%

57－19＝	136÷8＝	102－15＝	81÷3＝	44＋18＝
23×6＝	27＋35＝	16＋5＝	66＋47＝	96÷6＝
72÷6＝	83－25＝	56÷2＝	94－36＝	93－37＝
36＋62＝	15×6＝	69＋62＝	24×6＝	23×7＝

（二）几何图形法

几何图形测验用表由360个方形、圆形、菱形、三角形等图形随机排列而成，上下18行，每行20个图形（见图4-4）。测试前，先给受测者说明测试方法。从口令“开始”到“停止”的时间共2 min。在几何图形中填写译码“＋”“－”号时，必须从左到右，顺行次而下，不可跳行乱画，当听到“停止”口令时必须立即在最后阅读的图形旁画上标记，并马上放下笔。

在一天内，若进行多次测验，每次测验用的译码必须预先准备，如第一次⊕、⊟，即要在圆形内填上译码“＋”号，方形内填上“－”号……使每次填在图形中的符号不重复，这样可避免由于重复、熟练影响测试结果。几何图形法适合小学低年级学生应用。常以全部受测者平均阅读图形总数与错漏率来评价上课前后学习能力的变化。

□◇□○◇△◇△○□◇□○□○◇△◇□△

○◇△□△◇□△□○△○□○◇○△○◇□

△◇□◇○◇△○△□◇△○△□□△○□○

◇□◇△◇△○□△○□○□◇○◇○□△□

△◇△◇△○◇△□□○□△○◇□◇○□△

□○□△○△□◇□○△□○△◇○□△◇○

◇△◇□△□△□○□◇○△○□◇△◇△□

○◇○◇○△○◇□△□△◇△○□◇△◇○

□○◇□◇○□△◇□△◇○△◇○□◇△□

△□○△○□○△○◇○△□◇□◇○□◇○

△□△◇□◇△□◇○◇□○△○◇□△□△

○△◇○◇□○△○△□◇△□△□◇□○◇

◇○□△○△○□△◇△□◇○□△○◇△□

○◇○◇△□◇△□○□◇○△◇○◇△□◇

△○□○□○△○◇□△◇△□○□△○◇○

◇□△◇△◇△□○△◇○◇○△○□△□◇

□◇□○◇□◇○△○○□○□◇□△○△□

◇△△◇□△○◇□△◇△□○□○◇△○◇

图 4-4 几何图形测验用表

(三)校字法(又称划字法)

校字法是由 26 个拉丁字母随机编组成 30 行，每行 40 个，共 1200 个字母(见表 4-4)。此法适合中学或小学高年级学生应用。要求受测者校阅表中的某一字母，如“C”。受测者听到“开始”的口令后，立即持笔进行校阅，凡遇字母“C”就将它划掉。测试时间也是 2 min。在正式测试前需练习多次以熟悉方法。如果观察学生一天中学习能力的变化，至少得安排 5 次测试：即上午上课前、第二节与第四节课后，下午上课前与下午末节课后各测一次。用每次受测者平均阅读总数与平均错漏率作为评价一天学习能力的数量与质量指标。

表 4-4　校字法测验用表

__________学校__________班级　阅字数__________错误率(%)__________
座号_____姓名__________　　　　错漏数__________AYP 指数__________
日期____________第_____次　应删数__________校字时间(分)_____

5　10　15　20　25　30　35　40

KEXHBAEBXKNXBECKACNEABECAEKNACXKHCBKNBHE — 40
HCBANXKXCAXNKHXNHECHBAHKNXCKBNHCANXENXBA
ABXKACEHKYEHNEABKCEKHCAEKCABHCBKNXNHBXAB — 120
NEHXBHNAHECABHEXCHNBKAXHEANXKANEXBCXNACK
XBKNACHENCAHNCNBKCBAXKBENCBKHEXKHNKEBXHC — 200
BAHKEXKBHXCEABKEXANKHCEBKHNAEXHBNEXKHCNA
HXENACBANCKBCANCNKEXNEXCABXKHNACKXHNEDKH — 280
CBXHCNCXKANEAXBKHENCABKEXCAXNXHKCBKENHEB
HKNEXCAKNXABEHANCXABHKCBHKXEBHAENHAKEHBX — 360
BECXBAKCHNXCNXHBEKCABEKCNBAKNCHABNEXCAHE
XNAKHENBNKAXKBNCHEBEXCHKAHBCKNBHEXANKXEC — 440
ACXEKAXCACKHBXHKBAHCENKBHNXEABKEXABKEHCN
KHNAEBHXCKXEHCNAHXEXACBANCBNCABCENAXNEXA — 520
CKBNHXCBKEHNEBHKXENCBKAXKHNAKCXHNEBAHCBX
NCHBXKAHEACBKHENCABKEXCAXNBHCKBKEHNEANXE — 600
AHBNACXABKNCEXKHEBHANEHKAHECXBECXABKCHNX
KBNCXEHCABENXKHCBEKBHXENCBAKNCNACBENAXKH — 680
HNCENKAXCAHXKNCEHKBAXEKABEXNHKBXEKHABHBE
NHCEKACKHBNXCAXEKBAXNKHBCAEKANXBHCNXCBHA — 760
BENHKXCNAHKXCABXENAXENCEKBCAKEHXBNCNHXCK
ABCEXNKAHXBEHNEAHBXEBHKCNHKCXANAHBEXANKC — 800
CNXHKACXAKEACXBCEKEXKAHNXNAEKBXBCKHEBKNH
XAEXHBNKEXHCNACKEXBHCXEHNKCBABNABNCBKNCX — 920
ENCBKAHXCEKABNEHNCABKEXCAXKHBKBEHKNEBHEA
KENHAXKCNHBXHBCXAENKECBXECNXEAHBNCKABHNX — 1000
AHBNCAXABKNCEXKHEBHANEHKAHECXBECXABCKHNX
KBNCXEHCABENXKHCBEKBHXENCBAKNCNACBKNAXKH — 1080
HNCENKAXCAHXKNCEHKBAXEKABEXNHKBXEKHABHBE
NHEKACKHBNXCAXEKBAXNKHEBCAEKANXBHCNXCBHA — 1160
BENHKXCNAXKXCABXENAXENCKEBCAKEHXBNCNHXCK——1200

二、生理学研究法

近年来，由于使用脑电描记仪和电子显微镜等现代化的精密仪器，人们对中枢神经系统中神经细胞间传递信息等过程有了一些认识，进一步了解到人的中枢系统的功能状态，为深入研究人的学习能力创造了良好的条件，但是，这些研究仅限于在实验室内进行。为了满足学校的实际工作需要，常通过感觉器官，尤其是视觉或听觉器官间接反应中枢神经系统的活动状况，可以个别或集体测试。

(一)视、听觉反应时测定

人体对光亮、声音等信号刺激产生反应的速度取决于大脑皮层的兴奋性，兴奋性越高，反应的潜伏期就越短，反之，则反应潜伏期就越长。当人疲劳时，大脑皮层神经细胞的活动机能降低，对光亮和声音的辨别能力减弱，反应潜伏期延长。通过视、听觉反应时的测定，可以判断中枢神经系统的功能。

测试前，要考虑被试者的条件，以同年级、同年龄、同性别为宜，身体健康和学习成绩中等，方能代表大多数学生的水平。反应时的测定仅适用于分散的个别测定，如用于集体时必须限制人数，否则，因间断时间太长，会影响结果的准确性。

(二)明视持久度测定

当注意力不集中，视力、对比感度等视觉机能减退时，眼睛分辨细小物象的能力减弱，不能明视的时间增加，这种明视时间对注视时间的百分比称为明视持久度。它是检查学习活动是否引起疲劳的方法之一。

1. 蓝多氏法

以一张 10 cm 见方的优质白纸，绘黑色蓝多氏环，环的外径 3.5 mm，环粗和缺口均宽 0.7 mm，检查时蓝多氏环与受测者眼距 2.5 m，与眼在同一水平面上(近视眼可适当移近)直至看清环的缺口为止。向受查者发出开始口令后，受检查者立即注视蓝多氏环的缺口，不断报告自己眼睛看见或看不见的变化情况。检查者用秒表分别记下看见、看不见的秒数。检查总时间为 2 min。算出受检查者看见蓝多氏环缺口的时间占总时间(120 s)的百分比，即为明视持久度。

$$明视持久度(\%)=明视时间(秒)\div注视总时间(秒)\times100\%$$

将一节课前后两次明视持久度进行对比，从其增减可以看出学习能力的升降情况。

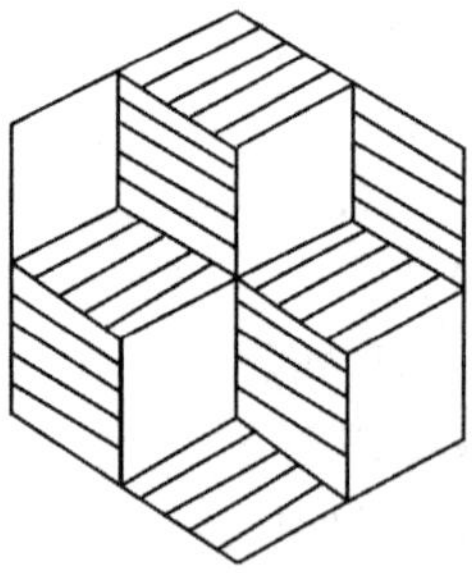

图 4-5 品字形立体方块图

2. 立体方块图法

检查表上呈“品”字形的三个立方体的图案(见图 4-5)。方块每边长 1 cm。检查时，将图放在距受检查者眼前 30～40 cm 处，当发出开始口令时，受检者立即注视图案，当看到品字形时，即用手指指向上方；看到倒品字形时，即用手指指向下方，前者为明视，后者为非明视。检查时间为 3 min。将明视时间算出，与总检查时间 180 s 相比，算出的百分比即为明视持久度。

上述明视持久度在当作上课前后学习能力比较时，一般认为相差须超过 10%方有意义。因为此法与学习负担的性质和分量有关，与视力的条件亦有关。同时此法不能反映大脑皮层区的扩散与集中及其相互诱导的动态。

(三)眼电兴奋性测定

在暗处,双眼闭拢,让 100 μA 以下的低强度直流电通过眼睛进入身体时,能使眼睛产生闪光感觉,引起眼闪光感觉的小电流强度叫作阈强度,阈强度的倒数即眼电兴奋性。大脑皮层视觉兴奋性增强时,眼电兴奋性也上升,测眼电兴奋性可以反映大脑皮层的兴奋状态。

检试时,使用眼电兴奋性测试仪(见图 4-6),也可用电计仪代替。令受试者闭上双眼,再用黑布条蒙上,把眼电兴奋性测试仪的两个电极用沾有生理食盐水的棉花包上,将大电极放入受检查者左手掌中握住,小电极贴在遮着黑布的右眼睑上,然后从小到大通以不同强度的电流,直到受检查者感到闪光,记下此时的电流强度,再重复两次,以三次的平均阈强度计算眼电兴奋性。

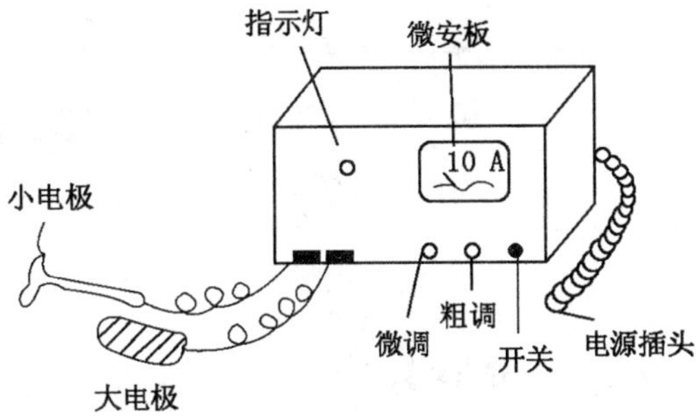

图 4-6 眼电兴奋性测试仪

眼电兴奋性=1/阈强度×100

眼电兴奋性的数字越大,表示大脑皮层的兴奋性越高,反之则表示大脑皮层的兴奋性越低。

□ 复习提纲

1. 教育和教学过程中的一些卫生要求,是根据哪些理论提出的?
2. 学校为什么要制订和执行作息制度?
3. 学校作息制度的内容是什么?
4. 一日作息制度有哪些卫生要求?
5. 怎样测定学生的学习能力?
6. 收集不同学段、不同学校的作息制度,探索作息制度制订的卫生学依据,并提出优化建议。

□ 参考文献

1. 季成叶. 儿童青少年卫生学(第 7 版)[M]. 北京:人民卫生出版社,2012.
2. 陈寿瑜,李无为,饶世立,等. 中国学校卫生保健[M]. 北京:科学普及出版社,1997.
3. 教育部体育卫生与艺术教育司. 学校卫生人员培训教材[M]. 北京:中国方正出版社,2003.
4. 中华人民共和国卫生部. 中小学生一日学习时间卫生要求:GB/T 17223-2012[S]. 北京:中国标准出版社,2013.
5. 中华人民共和国卫生部. 学生使用电脑卫生要求:GB/T 28930-2012[S]. 北京:中国标准出版社,2013.
6. 李林静. 学校卫生学(第 5 版)[M]. 重庆: 西南师范大学出版社,2012.

第五章

体育锻炼及实践活动卫生

【学习提要】

1. 了解学校体育锻炼对儿童青少年的生长发育的影响及掌握体育锻炼卫生的内容特点及要求；

2. 通过工业劳动和农业劳动掌握劳动卫生内容特点等，通过教与学双方的互动分析掌握综合实践活动卫生的内容、特点。

第一节　体育锻炼卫生

一、体育锻炼对儿童青少年的影响

儿童青少年身体正处于迅速生长发育时期，身体组织、器官、智力和心理发育都具有很大的发展潜力和可塑性。抓住这一重要时期，指导他们进行科学的体育锻炼，对于儿童青少年身体的生长发育，促进身心健康，都具有积极的影响。

(一)运动系统

体育锻炼过程首先可以加速儿童青少年的血液循环，有效改善处于造骨时期骨组织中的血液供应，刺激软骨板的生长，从而加速骨的生长。其次，室外活动中，日光照射促进体内维生素 D 的生长，加速骨的钙化。第三，运动中的肌肉开放的毛细血管数量达安静时的 15～30 倍以上，体育锻炼可使肌纤维变粗、体积增大、弹性增加，提高肌肉的能力和耐力。经常锻炼的儿童青少年身高要高一些，关节要灵活一些，韧带要坚韧一些。

(二)呼吸系统

体育锻炼能促进儿童青少年呼吸系统发育，提高其机能水平，增强对各种病菌侵袭的抵抗能力。除了表现为呼吸肌发达和胸围扩大外，还表现在呼吸深度、呼吸差、肺通气量、肺活量增大及安静时呼吸频率相应减慢等方面。

(三)循环系统

体育锻炼过程中,心脏负荷加大,使儿童青少年心率适当增加,血液流量增大,全身和冠状动脉循环得到改善的情况下,心肌获得充足的营养,促使心肌发达、心室壁增厚、心脏体积增大和心脏收缩力增强。

(四)神经系统

体育锻炼过程中,运动器官的每一动作都使儿童青少年的神经系统的兴奋和抑制过程得到增强,神经活动的平衡性和灵活性得到提高,从而使神经细胞反应迅速、灵活且不易疲劳。

体育锻炼还对儿童青少年的消化、泌尿、内分泌等系统具有积极的影响,因此,进行科学的体育锻炼,有利于促进儿童青少年身体发育和强健体魄。

二、学校体育锻炼的卫生要求

(一)锻炼要求

1. 根据运动系统解剖生理特点

儿童青少年的骨组织与成人相比,水分和有机物较多,无机盐较少,所以在体育锻炼中,要注意正确体姿的培养,当发现有身体姿势不正确或发育缺陷时,及时加入矫正姿势和克服发育缺陷的练习。儿童青少年不宜反复在坚硬的地面上做跑、跳及从高处落地的练习,防止下肢骨过早骨化和骺软骨的损伤。在做一些静止性动作时要多休息,变化体位和着力点,防止造成脊柱弯曲,骨盆和肢体畸形。负重练习要慎用,过重负荷可能会使骨化过早完成,影响身高。儿童青少年宜多进行户外锻炼和柔韧练习,有计划地发展小肌群力量和伸肌力量。学龄儿童应避免进行大数量、大强度的专项技术训练,要以身体全面发展为主。与此同时要注意在膳食中保证儿童青少年的钙、磷的供给。

2. 根据心血管系统解剖生理特点

儿童青少年的心脏血管系统与成人的相比,心脏心肌纤维短而细,弹力纤维分布较少,心脏瓣膜发育尚不完善,心脏的质量及容积都比成人小。所以在体育锻炼中,要科学合理安排儿童青少年的运动负荷,强度可以稍大一些,但不应要求过高、过急,密度要小一些,间歇次数要多一些,练习时间不宜过长。不宜过多进行一些长时间紧张的运动、负荷过大的力量性练习及消耗过大的耐力性练习。

3. 根据呼吸系统的解剖生理特点

儿童青少年的呼吸道从鼻腔到支气管均比成人小,软骨尚未硬固,呼吸道内富有柔嫩的黏膜及丰富的血管,黏膜分泌不足,纤毛运动较差,所以在体育锻炼中,儿童青少年应避免做过多的屏气、倒立和背桥等动作,这些动作可使儿童青少年胸腹腔压力骤减、头部的血回流心脏困难及心房的血流入心室阻力增加，这些都会给心脏造成一定的负担。要培养儿童青少年根据动作的结构和节奏，掌握科学的适宜的呼吸方法。

4. 根据神经系统的解剖生理特点

儿童青少年大脑皮层神经过程的兴奋和抑制不均衡，兴奋占优势，兴奋过程相对较强，容易扩散，其兴奋和抑制转换较快，灵活性高等特点，要求在体育锻炼中，选择内容形式丰富、多样化、趣味化、娱乐化、时尚化的活动项目，并在教学过程中多采用直观教学和示范教学手段，促进儿童青少年第二信号系统的发展。不宜要求儿童青少年做过于复杂、精细的技术工作，应在教学中循循善诱、鼓励，激发儿童青少年参加体育锻炼的自觉性。

5. 根据年龄、性别及体质等状态特点

在体育锻炼中，根据学生的年龄、性别、体力、体质、健康状况、运动水平及竞技状态等，分配不同的运动量和运动时间，不同难度的动作及运动项目。这样才能达到运动的目的和要求，促进学生的生长发育和健康，不断提高运动成绩。

(二)体育锻炼原则

1. 要坚持锻炼

经常锻炼不仅使动作变得熟练，而且能对身体产生良好影响，如使身体形态机能发育更趋完善，生理功能加强。例如，一个长期锻炼的体操运动员比缺少锻炼者的体态要健美得多。所以，要求学生每天必须有一节课的课外活动，促其经常锻炼。

2. 要循序渐进

体育课、课外活动必须有计划、有步骤地增加运动量，由小量到大量，由简单到复杂，使学生机体逐渐适应。如果突然采用大量及复杂的技术动作，体力负荷过大，神经紧张，则易产生过度疲劳，发生运动创伤。儿童青少年的体力是随着年龄增加的，所以运动量也应该随年龄逐渐增加。

3. 要全面锻炼

儿童青少年参加体育运动，必须坚持各种运动项目的全面锻炼，促使身体力量、速度、灵敏度、耐力等都得到发展，使机体各器官系统和生理功能得到均衡发展和全面改善。专项运动只有在全面锻炼的基础上才能发展和提高。

4. 要有准备和整理活动

(1)准备活动：体育活动刚开始时，内脏活动尚处于较低水平，如果突然进行剧烈运动，容易导致植物性神经系统功能紊乱。运动时先做准备活动，可逐渐提高活动的水平，同时使肌肉和关节消除僵硬状态，减少运动创伤的发生。

(2)整理活动：植物性神经系统由紧张状态恢复到安静时的活动水平，也需要一定的时间，例如 400 m 赛跑到达终点后，如果不继续做慢跑整理活动就立即坐下或躺下，使肌肉运动停止，下肢静脉就不能很快将血送回心脏，而心脏仍然保持运动时的高度活动水平，仍在将大量血液送到下肢，此时下肢便会淤血肿胀；同时脑部及其他部分缺血，往往发生"重力性休克"。所以，为了身体躯干及内脏比较一致地恢复到安静状态，必须逐渐减少运动量。一般可采取慢跑、行走、放松体操及呼吸运动等使身体逐渐平静下来。

5. 运动与休息适当交替

在体育锻炼时，如果连续活动时间过长，中间无休息时间，则身体各部分的生理功能往往得不到迅速及时的恢复，无法再继续负担较大工作量，容易发生疲劳，引起运动创伤。如果休息时间过长，容易引起大脑皮层的抑制，不利于继续运动，可使已达到的运动水平明显下降。

三、游泳卫生

我国十分重视游泳运动，提倡从幼儿起开始锻炼。各级学校要创造条件开展游泳运动。为了达到游泳的目的，确保安全，学校在上游泳课或组织锻炼运动时，必须注意以下五个方面的问题。

(一)游泳前必须检查身体

游泳前必须进行体格检查，凡有心脏病、肾脏病、高血压、肺结核、中耳炎以及患有各种传染病者，都不宜游泳。此外，患有严重沙眼、传染性眼结膜炎者和月经期的女生都不宜参加游泳。

(二)游泳场所的选择

在江河内游泳，必须选择江河上游地带比较清洁的水源处。污染严重，特别是钩端螺旋体病和血吸虫流行地区更要注意选择，并要注意水深和流速，做好标记。初学者，不要到深水和急流处游泳，即使已会游泳者，也不应到急流有漩涡处去游泳，同时应避免接近正在航行的船只，以防意外。

(三)游泳时间的选择

在饱食后及饥饿时均不宜游泳。游泳的时间，必须根据不同体力情况加以控制，一般每次不超过 2 h，以免过度疲劳和出现抽筋现象。

(四)下水前后的活动要求

下水前，要做些准备活动，一般可以做广播操或跑步、跳跃等活动或做游泳体操。除身体活动外，下水时，可先以水擦面部、背部、胸部和大腿，使身体适应冷水刺激后，再进入水中游泳。

入水后，身体会出现一系列反应。刚下水时，身体突然遇到冷水刺激，体表血管收缩，血液循环减少，因而皮肤变得苍白或起鸡皮疙瘩，感觉寒冷。这是入水后的正常生理反应，叫作"初期反应"。以后，身体各器官活动的物质代谢加强，体表血管扩张，热量增加，血液循环改善，身体感到温暖。这些变化叫作“二期反应”，是身体适应寒冷刺激的积极反应。这种反应出现得越迅速，持续时间越长，表明身体机能状况良好，这是在水中活动的最佳时间。有人在二期反应后又重新感到寒冷，皮肤苍白起鸡皮疙瘩，嘴唇青紫，甚至全身寒战，这表明身体已不能适应水中环境，这叫作“三期反应”。如有三期反应出现，应立即上岸，擦干身上的水，用力摩擦皮肤使之发红。也可以做体操、跑步，还可以喝些热饮料，使身体暖和起来。

在练习游泳时，下水后身体不要停留不动。

游泳完毕后要有整理活动。上岸后，如有淋浴设备，应将身体冲洗干净，用清水洗眼和耳四周，漱口。冲洗后将身体擦干，做柔软体操或其他轻微活动、散步、小跑，放松全身肌肉。游泳后可有轻微按摩。

游泳后为预防眼耳疾病，应将耳部水排空或用药棉吸干，鼻内水要擤出擦干；可滴氯霉素眼药水。

(五)游泳时抽筋的处理

游泳时发生抽筋(肌肉痉挛)，往往可能造成溺水事故，必须预防并及时妥善处理。

引起抽筋的原因有两方面：一是精神紧张，加之突然受到寒冷刺激。二是由于游泳时间太长，体力消耗太大，引起过度疲劳，用力过猛可能发生抽筋。

在水中发生抽筋时，首先要保持镇静，一面自己解救，一面呼人来救。发生抽筋后，一般不再继续游泳，立即上岸，擦干身体，按摩抽筋部位的肌肉，注意保暖。

解脱抽筋的方法，有牵引、按摩等法。

中小学校，应提倡集体游泳，要有教师和辅导员带队，下水前和游泳结束后要点名，清点人数。严格遵守纪律，掌握游泳的时间。平时要加强安全卫生教育，特别在夏季炎热天气，要防止学生单独到江湖塘堰游泳，以确保安全。

四、体育锻炼的卫生监督

(一)运动场地与设备的卫生

运动场地与设备的卫生要求，包括位置选择、坐落方向、采光与照明、通风、采暖与降温、清洁等。

1. 田径场的卫生

田径场的跑道平坦、富有弹性，晴天保持一定的湿度，雨天应便于雨水的渗透；跳跃场地的助跑道除平坦、软硬适度外还应避开阳光的垂直照射；踏跳板要与地面平齐；坑内应填满三份锯末与七份沙子的混合物；跳高或撑竿跳高的沙坑应高出地面；投掷区必须与其他运动场地分开；单双杠、高低杠、木马、爬竿、吊环等固定器械要经常检查有无锈蚀、断裂等情况，发现问题应及时调换或修理。

2. 球类场地的卫生

球类场地中,篮、排球场地要平坦、不滑,不易引起灰尘;足球场地最好有草皮或人工草皮。球场周围 2～2.5 m 范围内不得设置任何障碍物,以免撞伤。

3. 游泳池的卫生

(1)室外游泳池需每日对游泳池水质做一次化学及细菌学检查。若是利用江河做游泳池的除了要确保水源无污染外,其水流速度不能超过 0.5 m/s,水深在 1～1.8 m,池底无淤泥、大石块等。池边应设简易的更衣室、淋浴室和厕所。

(2)室内游泳池的深、浅水区应严格分开。每人使用池水的面积不少于 5 m^2,水质标准为:pH7.2～8.0。换水方式可采用全换水式、流水式和循环式,其中游泳池内余氯含量不低于每升 0.3 mg,细菌总数不能超过每毫升 100 个,大肠杆菌的数量不超过每升 3 个,水温保持在 18～25℃。水的透明度要求为站在岸上能看清放在池底任何一个地方的一个直径为 10 cm,中间直径 5 cm 的黑色圆盘。不管是室外还是室内的游泳池都须有必要的急救设备和救护人员。

(二)体育课的医务监督

1. 健康分组

新生入学初,在身体初查的基础上,应根据学生的健康状况、身体发育水平、功能状况以及运动经历,由校医和体育教师一起协商将学生分成“基本组”——发育无异、功能良好、有一定锻炼基础的学生,“准备组”——发育轻微异常、身体素质较差的学生和“医疗体育组”——发育不良,健康状况明显异常的学生三个组别。通过分组,区别对待可避免不合理的体育活动给部分学生的健康造成不良影响。

2. 医学观察

(1)观察学生在体育锻炼中的机体反应。课前询问学生的自我感觉,测定血压、脉搏等生理功能指标;在课中观察学生的面色、神情、出汗量等外部表现,来确定学生的体质状况;课后进行生理功能检查。

(2)观察外部环境对学生的影响。首先要观察体育课的组织和教法,监督其过程是否遵循循序渐进、区别对待等基本原则和要求。其次要在课前检查运动环境、场地器材的卫生条件,还要检查学生的着装等。

3. 自我医务监督

在体育锻炼过程中,除了医务人员对学生进行检查以外,还要求学生运用所学的生理卫生知识,注意自己身体健康状况和生理变化,及时调整锻炼计划。

观察的内容:

(1)运动中的自我感觉,包括心跳和出汗量。

(2)运动后的自我感觉,包括心情、睡眠、食欲等。

(3)测量体重、胸围、肺活量、握力、背肌力,以作为锻炼是否适当的重要资料。

(4)清晨起床前自行测脉搏。必要时锻炼前后也可测量,做简单的心血管机能试验。

(5)已开始月经的女学生,应记载月经情况,包括月经来潮日期、持续天数和数量等经期的自我感觉(如痛经、情绪激动)以及经期进行体育锻炼的反应等。

4. 课程的卫生监督

(1)体育锻炼时间:《学校体育卫生工作条例》明确规定:"普通中小学校、农业中学、职业中学每天应安排课间操,每周安排三次以上的课外体育活动,保证学生每天有一小时体育活动时间(含体育课)。"早锻炼可安排在每天清晨起床后至上午第一节课前进行,锻炼时间不宜过长,以 20～30 min 为宜;课间操及活动一般安排在上午第二节课后至第三节课前进行,锻炼时间一般以 10～15 min 为宜;实行大课间活动,是把学校体育工作作为推进素质教育的重要突破口,确保阳光体育运动落到实处,形成健康意识和终身体育观,使健康成为习惯。一般大课间时间安排每天半小时,有传统的广播操、眼保健操,还有丰富多彩的体育游戏、艺术活动,有全校集体进行的活动,还有全班分小组的活动,有室外的,也有下雨时室内进行的活动。大课间活动充分调动学校师生的主动性,增强互动,使学生以快乐的心情进行体育锻炼,达到对学生促德、健体、调智、审美的教育。大课间活动时应避免伤害,维系安全,重视人员保护是必要的工作。大课间活动有组织领导者、规划者和实施人。

(2)体育课的组织:根据不同年龄阶段的生理特点,科学安排体育课的内容,全面增强学生体质。体育课堂内容形式多样,如既有上肢活动也有下肢活动,既有速度也有力量、柔韧等练习。运动负荷要科学掌握,早锻炼的运动负荷不宜过大,以心率 130～160 次/min 为宜,避免一些剧烈的运动和比赛;课间操运动负荷(最高心率)应控制在 150 次/min 以下;课外活动运动负荷(心率)应在 180 次/min 以下,并与体育课错开安排。

5. 竞赛的卫生监督

(1)赛前医务监督:首先学校医务人员和体育教师一起协商,根据儿童青少年的生理解剖特点、气候、环境等因素,做好体育竞赛程序的组织编排工作。其次赛前应对参赛学生进行体格检查,重点检查其安静脉搏、血压、心脏听诊等心血管系统和关节等运动系统,必要时应做功能试验。若发现有感冒、发热、过度疲劳等异常情况,一般不允许参加竞赛。第三,督促参赛学生做好准备活动,其强度和时间要根据不同项目的特点、气候、状态来确定。

(2)赛中医务监督:在体育竞赛场上应建立赛期临场医疗急救站,对赛中出现的腹痛、晕厥、肌肉痉挛等常见伤病要加强观察,及时发现和处理,对于一些严重伤病,应现场紧急处理后及时送往医院救治。

(3)赛后医务监督:根据运动项目的特点,在赛后有针对性和选择性地进行体检,测定某些生理、生化指标,询问参赛学生的自我感觉,观察机体的恢复状况。赛后注意补充营养，促进能量物质和机体功能恢复，若发现异常，应分析原因并作处理。

五、常见的体育运动病症预防与处理

（一）运动性痉挛

1. 征象

运动性痉挛俗称抽筋，其征象为肌肉剧烈挛缩发硬、疼痛难忍，痉挛肌肉所涉及的关节伸屈困难，并持续发作数分钟。

2. 原因

（1）身体疲劳会直接影响肌肉的生理功能，这样会使肌肉中的血液循环和功能代谢变慢，造成肌肉较多的乳酸等代谢产物堆积，导致痉挛产生。

（2）寒冷刺激肌肉，兴奋性突然增高使得肌肉发生强直收缩，致使痉挛产生。在游泳时受冷水刺激或在冬天户外锻炼特别容易发生肌肉痉挛。

（3）肌肉的连续紧张收缩，致使肌肉的协调性紊乱，导致痉挛产生。

（4）长时间的剧烈运动或高温季节锻炼，容易造成大量排汗，从而大量的电解质从汗液中丢失，造成身体电解质过低，引起肌肉兴奋性增高，导致痉挛产生。

3. 处理

（1）在进行一般运动项目时发生肌肉痉挛，可采用相反的方向牵引痉挛的肌肉。但牵引时不宜用力过猛，用力要均匀，同时对痉挛的肌肉进行按摩，处理时要注意保暖。热疗也有一定的疗效。发生痉挛后都不宜进行运动，应注意保暖，局部按摩放松。

（2）在游泳过程中发生肌肉痉挛，不要惊慌，深呼吸一口气，仰浮于水面，立即呼救；若是不太严重的腓肠肌痉挛，则先吸一口气，仰浮于水面，用痉挛肢体对侧的手握住痉挛肢体的足趾，用力向身体方向拉，同时，用同侧的手掌压在抽筋肢体的膝盖上，将膝盖关节伸直，待缓解后，慢慢游向岸边。

4. 预防

（1）认真做好准备活动，对易发生痉挛的肌肉可事先做适当的按摩。

（2）冬季运动要注意保暖；夏季运动注意补充电解质和维生素 B_1 的摄入。

（3）疲劳时不宜进行剧烈的运动。

（4）游泳下水前要做好寒冷适应，水温过低时，游泳时间不宜过长。

（二）运动中腹痛

1. 征象

腹痛是较为常见的运动病症，表现为安静时不痛，运动时才痛，疼痛与运动强度成正比。中长跑、竞走及自行车等运动项目发生率较高。

2. 原因

(1)运动性腹痛多由于准备活动不足、呼吸节奏失调、饭后过早运动等原因造成肝脾淤血、呼吸肌痉挛、胃肠道痉挛等。

(2)腹内疾病也是引起运动中腹痛的一大原因,例如患有溃疡病、肠结核、慢性阑尾炎等疾病的人在参加体育锻炼的过程中使病变部位受到牵扯和震动而产生疼痛,其疼痛部位多与病变部位一致。

(3)腹外疾病,例如患有胸膜炎、肾结石及腹肌损伤的人在参加体育锻炼的过程中也极易产生腹痛。

3. 处理

(1)根据原发疾病进行相应的治疗。

(2)加强全面的身体素质训练。

(3)运动中发生腹痛,可适当减慢速度,并做深呼吸,调整呼吸与动作的节奏,如无效应请医生处理。

4. 预防

(1)进行科学体育锻炼,循序渐进地增加运动负荷,加强全面身体练习,不断提高身体生理机能水平。

(2)合理膳食,餐后一小时才能参加体育锻炼,切记不在空腹的状态下锻炼。

(3)运动前做好充分的准备活动。

(三)运动性猝死

1. 定义

运动性猝死是指有或无症状的正在进行体育锻炼的人在运动中或运动后 24 h 内意外死亡。一旦发生,抢救非常困难,且死亡率甚高。

2. 种类及预防

(1)心源性猝死占运动性猝死的绝大多数,据国内外文献报道,其在年轻人运动猝死的病例中,占到 80%以上。其中,常见的疾病有冠心病、心脏瓣膜病、先天性心脏病、马方综合征等。患有上述疾病的人在锻炼的过程中容易造成冠状动脉急性供血不足、相对性局部缺血、心肌代谢障碍及心肌传导系统的急性紊乱等征象,造成意外的发生。针对这一群体的体育锻炼要加强医务监督力度,做到以下三点:一是锻炼前进行严格的体格检查,识别运动猝死的高危人群。二是加强运动中的医务监督,密切观察运动时出现的各种症状。三是严格遵守科学训练原则,培养良好的科学锻炼习惯。

(2)中暑被列为运动猝死中仅次于心源性猝死的第二原因。剧烈运动或耐力运动是在热环境下进行的,特别容易使体温调节系统紊乱导致完全健康的人猝死。为防止中暑要从以下三个方面加以注意:一是夏季体育锻炼首先要选择适宜的时间,避免在最热的时间进行,宜穿浅色、透气性好的运动服。保证充足的睡眠,加强医务监督。二是注意营养和水的供给。三是对不耐热的个体要加强预防措施。

第二节 生产劳动卫生

学生参加生产劳动有利于树立劳动观念，掌握劳动技能，丰富文化课的内容，通过参加工业、农业劳动和实践活动，对思想品质、劳动能力、习惯养成、健康发育都会有良好的影响。当前我国各中小学及大学对体力劳动非常不重视，此种现象不可等闲视之，亟待改变。生产劳动随着产业结构改变，有了很大发展，除工农业外还有商业、服务业等等，重体力劳动逐步走向智能化、自动化。但并不意味着我们的教育中体力劳动可以缺少，肩不能扛，手不能提，好逸恶劳的下一代产生，是今天教育的失职。本节从体力劳动培养出发，做工农业劳动卫生介绍。

由于青少年正处在生长发育过程中，所以，组织学生劳动时，对工种的选择、劳动负荷量、劳动休息制度、劳动设备及劳动保护等方面，均有一些特殊的要求。应深入研究生产环境因素，如气温、噪声、震动、有害气体、粉尘等对青少年健康和发育的影响，以便拟订出青少年在各种不同生产中的劳动条件和劳动持续时间的卫生标准。在发展职业教育中，对学生参加生产劳动的卫生更应重视。

一、工种选择的原则

(一)工种应适合青少年的年龄特征

青少年骨骼成长迅速，骨化尚未完成，脊柱、胸廓、骨盆、足弓等还未定形，在不良体位、负荷过重的长期影响下容易发生变形，引起脊柱弯曲，产生扁平足等。因此，劳动时的工作体位和工具等，都应当根据这些生理特点合理地选择和设置。

儿童青少年肌肉是随着年龄增长而增长的，韧带结构也比较弱，他们的体力及耐受力均不及成年人，肌肉在静力作业时特别容易疲劳，因此劳动时应尽量避免不良的体位、单调的动作和支撑过重物体。

血液循环系统的发育往往较骨骼、肌肉等迟缓，儿童青少年血管较成人狭小，同时心脏的成长较慢，因此在体力劳动情况下，心脏负担就更大。而且，青少年可能出现青年性心脏肥大和青年性高血压。随着身体的成长这一现象可逐渐消失，但在过重的体力劳动、过度紧张或高温等因素影响下，这种可逆性会受到一定的限制。在安排青少年参加劳动时应当加以考虑。

根据上述青少年的生理特点，工种应多样化，逐渐完成由轻到重，由简到繁，由手工到机械的过渡，并结合文化课的内容，合理安排劳动。

小学 1～3 年级学生除清扫教室的劳动外，可以进行一些手工劳动，如糊纸盒、玩具加工、简单的植物栽培、动物饲养等；小学 4～5 年级的学生除参加上述劳动外，可以逐步参加一些轻微的农业或工业劳动，如修理课桌椅，钉木箱等。中学学生应结合文化课的内容，制作一些直观教具，可参加电工、机工、金工、木工和无毒害化工的劳动。

（二）工种应结合性别

性成熟期开始后，一般女生的体力发育比男生差些，女生的握力、背肌力和肺活量较男生小，在性成熟期以后相差更为明显。有人观察了初三男女学生在参加机械装配车间劳动时的生理反应，发现 18 名男生中的生理指标（高级神经活动情况、血液循环、肺活量等）有 13 人有所提高，只有 3 人下降，而 19 名女生中有 12 人下降。

女生除了体力较差外，在性成熟期还有月经问题，月经期大脑皮层兴奋性降低，全身和局部抵抗力降低，如不注意劳动中的卫生问题，往往容易形成急性或慢性疾病，尤其对生殖器官可产生特殊影响。由于这时期骨骼发育尚未完成，笨重的体力劳动、不良的体位或剧烈的震动，可影响骨盆正常发育而引起骨盆狭窄或扁平骨盆。此时期对有毒害的生产环境比较敏感，可引起月经紊乱；如接触到铅可引起月经不调；接触苯可引起痛经，月经过多；接触汞可发生月经过少症，并能逐渐发展成为闭经。国外有人调查 15 名学习安装无线电的女生（15～16 岁），她们一周劳动两次，每次上午劳动 3 h，下午学习生产知识 2 h。由于在生产过程中常使用含 40%～60%铅的合金焊接零件，生产环境中铅浓度达到 0.000 013 mg/L，一年后，成年工人无铅中毒，而女生中有 4 名发生轻度中毒。因此，应选择与她们的生理状况相适应的生产劳动，例如轻工业、农业劳动。女生不要从事笨重体力劳动的工作，在月经期间，不要参加夜班，不要从事冷水作业。

（三）工种应适合青少年的健康状况

青少年参加生产劳动前，应进行健康检查，根据校医的意见分配适当的工种。

凡患有各种慢性疾病的学生，如肺结核、风湿性心脏病、阵发性心动过速、慢性肝炎、肾炎等，应根据当时疾病及全身健康情况分配较轻的劳动或暂时免除劳动。

对患有青春期高血压的，应区别血压的高低以及顽固性还是非顽固性而予以区别对待，有人对患高血压的少年和对照组进行了观察，发现非顽固性高血压的少年对做短时间的静态或动态工作的反应与血压正常的少年相同，而顽固性高血压的少年则反应不良。在生产条件下的进一步观察证明，中等强度的体力劳动对非顽固性高血压少年的心血管系统不仅无害，而且能促进血压下降。

病后学生回校上课，能否立即参加劳动，以及参加劳动的工种和劳动的时间等，均应根据当时的健康状况决定。据研究，患上呼吸道感染和流行感冒的学生，在病愈后参加劳动课的时间不应早于复课后的第 7 天，患咽炎者不应早于第 10 天。

对慢性病和急性病恢复后的青少年参加劳动时，校医、班主任必须经常观察他们劳动后的反应。

二、工业劳动卫生

(一)工种选择

儿童青少年机体尚未发育成熟,对各种有害因素包括化学和物理的因素抵抗力差,反应特别敏感,容易中毒或受害。

根据青少年生理特点及已有的调查资料,下列工种应完全禁止18岁以下青少年参加:危险性大的工种(易燃、化学性烧伤、热烧伤);含有石英及引起矽肺或尘肺的粉尘作业;有物理因素危害的工作,如高温、噪声、振动和高频电磁场和放射性物质等;繁重的劳动,强迫体位及高速度的工作;接触有毒物质的工种,特别是作用于中枢神经系统、血液和造血系统的毒物,如苯及苯的氨基、硝基衍生物,铅、汞、锂等作用于内分泌系统的毒物,致癌物质,破坏无机盐和蛋白质代谢及抑制生长发育的毒物,如氟及其化合物,硒、碲、磷、砷等以及毒性不明的物质。

有些危险性较小的劳动可以有条件参加,如限制接触量和时间,加强防护及安全教育或只允许较大的学生参加。由于儿童青少年的机体与成年人有所不同,现行的有毒物质最高容许浓度不一定适用,可通过大量的调查和科学试验,制订出既不会造成儿童青少年急性中毒也不会引起慢性中毒的合理容许浓度。

(二)劳动负荷量

青少年体力的发育因年龄、性别而异,他们身体各个器官、系统尚未发育成熟,因此应根据年龄、性别特点,安排劳动负荷量。

在制订学生的劳动负荷量时,必须考虑每天劳动总时数。学生每小时劳动定额按年龄与成人有所区别,每小时的定额较成人低,高中低20%～25%,初中低40%～50%,小学5～6年级低60%。我国各地对学生劳动时间的安排,大体上有集中劳动和分散劳动两种。前者是集中在一段时间内,每天劳动6～8 h,后者每周有半天或一天劳动时间。

(三)劳动与休息制度的安排

为了使体力劳动成为促进青少年身体发育和提高健康水平的手段,必须根据儿童青少年不同年龄的生理解剖特点以及个体的体格、健康状况,正确地组织劳动和休息制度,才能预防过度疲劳的发生,提高劳动生产率和学习效果。

由于年龄不同,劳动密度也不同。有人观察儿童青少年在车间劳动时的工作密度发现:5年级劳动密度为64.6%,6年级为69.6%,初中为73%。

在劳动中,应合理安排工间休息。当少年连续劳动4～5 h不休息时,劳动密度逐步下降,学生自动休息时间加长;若在劳动中插入10～20 min的休息,然后再劳动,对于学生的工作能力和生理机能有良好的影响,且自动休息时间大大减少,一天的劳动密度更均匀。

劳动和休息的安排,应根据学生的年龄,并结合生产过程的特点、劳动强度及进行工作的条件和对工种熟练程度等来决定。小学一般劳动 45～50 min,应休息 10～15 min,中学生一天劳动 6 h,则应在上午和下午各休息一次,每次 10～15 min,一般下午休息应安排长一些。在工作休息时,应注意休息的方式。按照大脑皮层镶嵌式活动的特性,坐着安静的工作者应进行活动性休息,较重的体力劳动之后应安静地休息。总之,要针对劳动的性质适当解决动与静、坐立与行动的轮换,更好地达到休息的目的。休息环境的空气要新鲜,最好到户外安静的地方休息。

职业技术学校的学生劳动和学习的安排,有的上午上课下午参加车间生产劳动,有的是一周劳动另一周学习。后一种安排应在劳动日中适当安排一些复习时间,同时,一日的劳动时间应比成人少些。一般认为 14～16 岁少年以一天 6 h 为宜,16 岁以上可逐步过渡到成人时间,职业技术学校(工、农专业)劳动时间较多,更应注意安排休息。研究证明学生每劳动 50～60 min 后,应当休息 10 min,这样比午餐时才休息的制度优越,前者学生在工作日的一般劳动密度要高些,工作能力的降低较慢。有人根据用气体代谢、条件反射等方法研究,建议技工学校的 14～16 岁的少年的休息时间应占总劳动时间的 10%～15%,16～18 岁占 8%～10%。

(四)劳动姿势和劳动设备

为了减少疲劳,保护青少年身体正常发育和健康,在劳动时,必须注意劳动姿势。正确的劳动姿势,能够减少肌肉疲劳,不妨碍血液循环,防止畸形和近视眼的发生。

坐着工作时头部前倾不应大于 15°～20°,眼物距离不小于 30～35cm ,双足应平放在地板上,前胸不要压在工作台或其他物件上。

站着劳动时要求体姿对称,如在锯木或用锉刀时,应站在工作台的一端,两脚左右分开在一直线上,身体取对称姿势,尽量使身体重心落在支点上,如在需要整个身体向前方动作的工作中,两脚应前后分开,两脚前后距离为足掌长的一倍半,横距离为足掌宽的两倍,后脚向前倾斜 15°,而前脚的小腿则完全垂直。若刨削很大的物体,应站在工作台侧时则须:脊柱保持正直,身体前倾,髋关节弯曲 60°,膝关节不弯或成钝角,踝关节应放松,工作台应不压迫胸部和腹部。

在生产劳动中所使用的工作台和劳动工具,必须适合学生的身体、体力及生产过程的要求。正确地选择工作台和机床,不仅能防止疲劳的发生,而且能保护视力和防止畸形的发生。工作台和机床过低时,躯干必须前弯,消耗更多的能量以支持躯干的重量。工作台和机床过高时,则上肢需向上抬举,由于长时间支撑上肢的重量,形成极易疲劳的静力学负担。并由于体位不正,引起身体形态及全身姿势的异常改变,如异常的脊柱弯曲、扁平足等。

(五)劳动场所和安全保护

车间应选择在干燥,有阳光且宽敞的地方,并远离存有易燃易爆物品的地方。车间应有良好的通风设备、取暖降温设备、充足的采光照明,并应有冲洗设备。校办工厂的位置应远离教学楼和办公楼并在其下风侧。

各种机器车床的齿轮、轮带都应当有防护设备，散热器应有隔热设备，凡有重物、粉尘产生的车间应有密闭装置，设置电动排风设备。总之应针对各车间、各工序的不同特点及具体情况，采取必要的卫生措施使之符合卫生标准。

凡有下列情况之一者，应根据工种性质供给学生工作服、围裙、工作帽、口罩、手套、护腿、鞋罩、防护眼镜、帽盔等。(1)有灼伤、烫伤、机械外伤等危险的操作；(2)辐射热或低温条件下的操作；(3)散发刺激性物质或大量粉尘的操作；(4)经常腐蚀衣服或潮湿的操作；(5)飞溅的火花、碎片、刨屑的操作。

为了降低及逐步消灭工伤事故，在各种车间，应根据不同工种不同劳动的条件制订出安全操作规程及卫生保护制度，并经常教育学生遵守，检查督促执行。

三、农业劳动

农业劳动一般是在开放的大气条件下进行，从卫生学角度来说是比较合适的，但在学生参加农业劳动时也有一些必须注意的特殊卫生问题。现城市中小学开展农业劳动的不多，职业教育学校的园林绿化和农技专业，广大农村学校实施绿色证书教育，农业劳动必不可少。

(一)学农地点的选择

学校应根据当地条件，采取建立校办农场(农业实验园地)或回农村劳动等方式组织学生的学农劳动。当建立农场或到农村时，必须先对当地进行卫生流行病学调查，凡属流行病或地方疾病的疫区，尤其是血吸虫病、钩端螺旋体病、流行性出血热流行区，或近期正流行各种急性传染病的地区，均应慎重考虑取舍。劳动地点应具备师生饮食和住宿能妥善安排的条件，特别要做好饮水消毒和住地灭虱、蚤等工作。

校办农场在卫生方面有较大的优越性，因可根据青少年年龄特点安排劳动和设备、劳动工具，食堂和宿舍的建筑、设备也可按照卫生要求设计，而且可避免出工和收工时途中往返所费的时间和精力。若必须到农村劳动，也最好固定村社，以便逐步使劳动安排和劳动工具适合儿童青少年的年龄特点，师生的住宿和饮食条件符合卫生要求。

(二)劳动负荷量

学生在农业劳动中，体力负荷较重的作业是挖土、肩挑或其他方式的搬运重物。小学生和年龄较小的初中学生一般最好不分配这类工作。青春发育期的少年虽然肌肉量和肌力显著增加，但骨骼的骨化过程尚未完成，脊柱、骨盆和足弓等还未定形，肺活量只达成人水平的 2/3 左右，特别是由于性腺和甲状腺的激烈活动，显著地提高了大脑皮层的兴奋性，自主神经系统以交感神经占优势，而在心血管系统方面则心脏的增长超越动脉的增长，造成动脉管腔相对窄，因此出现脉搏加快，心脏节律紊乱和青年期高血压等现象。经常过重的体力负荷可能引起高血压、脊柱变形、扁平足、女子骨盆变窄。根据青少年的这些特点，劳动时的体力负荷应有一定的限制，不应与成人同样要求。

制定学生劳动负荷量的卫生标准，是中小学生劳动教育卫生的一个重要方面。中山医学院卫生学教研组根据劳动前后脉搏、呼吸、血压、视觉——运动反应时和剂量作业试验等指标的变化，认为 13～14 岁的城市女学生最大负重量最好不超过本人体重的 35%～40%，即一般以 12.5～16 kg 为限。

搬运重物时的负荷量除决定于物体质量外，还与搬运的路程长短和是否上台阶等因素有关，也与劳动的总时数有关，而且儿童青少年的负重能力经过一段时间的劳动锻炼后可能有一定提高，因此具体情况应具体分析，主要根据生理反应评定负荷是否合理。一般认为，脉搏频率作为体力劳动的生理反应指标是比较敏感的。

应该注意的是，对缺乏劳动习惯、体力较差的学生，须予以照顾。

(三)劳动制度

学农期间的劳动制度，初中二年级以下的学生每天劳动 3～4 h，初中三年级以上可以每天劳动 6 h。在劳动中，年龄较小的学生每 30 min 后间休一次，年龄大的可以延长到 40 min 或 45 min 后间休一次，间休时间 10～15 min。夏季组织学农劳动时，为了避免强烈的太阳辐射，最好上午提早出工，劳动 4 h；下午晚些出工，劳动 2 h。劳动期间，应保证合理的作息制度，增加午睡，营养也要得到保障。劳动地点与住处应距离较近，来回路途所花时间应计算在劳动时间内。

研究劳动制度对学生生理机能和工作能力的影响，一般可采用肺活量或呼吸差、握力、肌肉耐力(即维持量 2/3 或 1/2 最大肌力的时间)、触觉敏感性、血压、脉搏、视觉——运动反应时和劳动密度(即实际工作时间占劳动总时间的百分比)等指标。当劳动制度不合理时，到工作日末可见到这些指标恶化，表现为呼吸差，肺活量、握力和肌肉耐力减少，触感敏感性降低，脉搏增加，收缩压和舒张压升高，劳动密度降低。

单一的劳动较易引起疲劳，长时间的肌肉偏侧紧张还可以促使骨骼变形，长期站立或搬运重物易使儿童青少年形成扁平足，因此劳动时应注意组织各种劳动姿势的轮换。

(四)劳动保护与安全卫生

为了做好学农期间的劳动保护和安全卫生，校医必须根据学生的年龄和健康状况，对工种选择和劳动与休息制度提出意见，特别要避免让儿童青少年参加接触剧毒农药的工作。在劳动前要对劳动地点进行卫生流行病学的调查，保证学生的住宿、饮食和劳动条件符合卫生要求。有计划地完成钩端螺旋体病和破伤风的预防注射。对学生进行卫生和防病知识的教育，使他们对农药中毒、中暑、稻田皮炎、蛇咬伤、钩虫和蛔虫感染、肠胃道和呼吸道传染病以及当地可能有的疾病等，知道如何预防和如何紧急处理。应携带常用药品和急救箱到劳动现场，及时做好外伤处理和登记。

教师应提醒学生戴草帽以防烈日辐射中暑，穿胶鞋以防钩虫感染，并预防脚受刺伤或被蛇咬伤，带蚊帐以防蚊虫传播疾病，自带水杯和餐具以免疾病互相传染。结合当地可能的劳动工种进行安全卫生教育。规定学生不得随意下水游泳、爬树、划船和骑牛,不要独自一人下塘取水等,以免发生意外事故。对学生游泳应有组织,并注意安全要求。

四、服务业相关劳动卫生

随着现代化进程的推进,服务行业快速发展。学校劳动选择服务业的机会很多,目前供学校选择的服务业相关劳动含:保洁、餐饮、旅游、印务、护理、维修、营销、电商、家政,社会公益等具体有:街道清扫,公共场所卫生维护,交通管理的协助,福利机构的清洁、照顾工作,超市运送、整理,售卖报纸小商品,参与汽车、电器维修等等。

(一)工种选择

服务业相关劳动的工种选择依各学校的具体条件和情况,按该工种的教育性及该工种在具体运作中的安全、卫生指标而定。

(二)劳动负荷量与劳动制度

服务业相关劳动的负荷量可参考工农业劳动的负荷量,劳动制度也可参照工农业劳动制度,同时结合服务职种的相关安全卫生标准执行。

(三)劳动保护与安全卫生

学校在做服务业劳动选择时着重选择几个项目,不宜过多。主要有工作环境选择,要判定和评价工作环境和工作过程影响工作者的危害因素的存在、种类、性质和强度。

了解该环境有无安全、卫生管理的人员、措施以及安全、卫生工作执行情况,学校教师应带领学生进入相关工作环境,与该环境人员一起工作,加强安全卫生的教育。

第三节 综合实践活动卫生

一、综合实践活动

在国家基础教育课程改革,又称新课程中增设综合实践活动。这是高度综合的课程。该课程起点是学生而不是教师。其主要内容含信息技术教育、研究性学习、社区服务、社会实践以及劳动与技术教育。意在引导学生学会学习、学会合作、学会做人。关注学生“全人”发展。全面实施素质教育。培养学生具有社会责任感、健全人格、创新精神和实践能力,培养学生的终身学习愿望和能力、良好素养和环境意识等。

学校增设综合实践活动,带来学校课程功能和课程结构的改变。改善学生学习方式,倡导学生主动参与、乐于探索、勤于动手,培养学生收集处理信息能力,获取新知能力、分析解决问题能力、交流合作能力。关注学生学习过程和方法。关注学生用什么样的手段和方法,通过什么样的途径获得知识。

二、综合实践活动的特点

（一）综合实践活动的内容丰富

综合实践活动的内容丰富，是高度的综合。含信息技术、研究性学习、社区服务、社会实践、劳动与技术教育。涉及生活、学习、劳动、工作的方方面面。

（二）生活实践活动课程实施环境复杂

生活实践活动课程实施依仗各种各类环境。有学校课堂，更有生活的自然、社会、家庭、学习、劳动、休闲等环境，因而生活实践活动会涉及教师、学生以及更多的人参与，经历更多的事物。

（三）实践性强

生活实践活动重在实践，要动手、动脑，要手脑并用。要有实际效果的产生，促进学生能力的形成、全人的成长。

三、综合实践活动分类

综合实践活动可从多角度分出许多类别，这里为沟通的方便将其分为：

（一）校内综合实践活动和校外实践活动

从该实践活动在校内进行和校外进行。

（二）大型综合实践活动、日常综合实践活动

从参与该实践的人数和涉及范围来区分。大型综合实践活动如：全校性的植树活动等。日常综合实践活动有班级、小组为单位组织或个人参加的调查、访问、服务等。如到洗车场劳动、车站义工服务小组、野外生存训练等。

四、综合实践活动卫生

由于综合实践活动的内容丰富，实施环境广阔而复杂，参与人员众多。实践活动有参观、调访、旅游、见习、实习，社会服务如义工、社工，社会活动如比赛、宣传、会议、交流等等。经历事务层出不穷，不可坐而论道，均需动手操作，其中的安全、卫生工作显得突出而重要。

（一）综合实践活动选择原则

1. 先校内再校外

综合实践活动可先在校内进行。在校内开展一些信息技术课程及活动，或做校园内的环境建设如美化清洁校园、盆栽花草、垃圾分类，为社区的树木挂牌、打扫社区的小路。给社区老人讲故事等等。逐渐外化的综合实践活动能让学生了解和适应社会，有一渐进过程。避免突然进入社会的压力与焦虑恐惧，有利身心健康和适应力形成。

2. 活动适合学生的年龄特征和性别特征

实践活动的选择要适合学生的年龄、性别特征，这与劳动的工种选择有相同的理由。遵循学生生理特征和心理特征的实践活动才能促进学生健康成长。

3. 综合实践活动环境安全、卫生

综合实践活动地点、活动内容、活动的安排和设计要符合安全、卫生要求。学生健康的身体是实践活动开展、进行的保障。

4. 活动具一定的挑战性

综合实践活动的设计与实施在安全、卫生、适合学生身心特点的前提下，应该有一定的难度和高度，让学生能够思考面对的问题，能够有行动实践的空间。从而收获行动能力，增进解决问题的能力，享受喜悦及健康成长。

5. 大型活动、日常活动与个人的实践活动结合

综合实践大型活动具有群体影响力和宣导性。持续时间不长，深入度不够。日常进行的实践活动规模适宜，组织进行上比较灵活丰富，可持续开展，又有集体的凝聚力。个人实践活动更切合个体实际，能满足个体需求，有较深入的参与，这几类实践活动可以联合开展。学校班级以日常活动的开展为主。

五、实践活动对学生安全卫生的要求及教育

(一)培养学生实践活动中的安全、卫生、健康意识

在任何情况下，“安全第一”是每个人应该具备的生活、生存、生命意识。在实践活动当中培养学生从所处环境入手，对环境首先有安全、卫生角度的感知。比如：在河边、在高处、在陌生的环境里，只身一人在交通混乱的街上、在大型的商场。过于狭小密闭的空间里，要有对可能情况的预估及判断，且有一定的警醒性。高处防摔跌，河边防失足，防被人欺骗，注意交通安全，记住商场出口和消防设施位置等，建立安全、卫生意识并成为生活习惯。

(二)增加安全、卫生常识

学生的安全、卫生常识要通过日常活动和专门的课程设置，由教师、家长、各类人员予以传授。相关知识要全面，同时教给处理的方法和措施。比如：交通安全教育、消防安全教育、食品安全教育、水电安全教育、休闲及玩教具安全教育、有毒物品安全教育、药物安全教育、外出活动安全教育、防盗安全教育、陌生人安全教育、其他安全教育。如：火灾、旱灾、水灾、地震、泥石流、雷电、风灾的预防应对、对车祸交通事故的应对、对突发疾病的应对、迷路问询、求助、助人、自救等等。

(三)安全、卫生常识在实践活动中的运用

实践活动开展首先应有安全、卫生相关规定的拟定，师生共同讨论、共同执行。其次，实践活动的开展应有充分的准备。例如外出的实践活动，要做好准备。帽子、水杯、雨具、

常用药物、手机、电池、衣物、小食品、卫生用品、地图等等。

了解实践活动地的基本情况，其中包括安全、卫生状况，并有对可能出现安全、卫生状况的预估。牢记报警电话：火警 119、匪警 110、交通事故 112、急救 120，熟记交通、危险等各种通用标记，牢记家人、老师和几位朋友的居住地点及电话、手机号码和实践活动所在地地址、联系人的电话。记住所乘交通工具的站点名、位置或车牌号。遵守本次实践活动的规定和规则，不做违规的事情。服从老师和负责人的领导。遇到问题与同学和老师商量，可以通过电话手机商量。自己能做安全第一的判断，能运用安全卫生常识和办法解决当前问题。

(四)安全卫生教育方法

安全卫生教育在专门的课程和课堂上教授。国家已有相关课程设置。在日常生活中介绍安全卫生常识并有操作、演练，还可通过榜样学习的方法教导学生安全卫生教育从小事做起，以预防为主。安全卫生教育人人有责，长期坚持才能形成良好的风气和习惯。

六、实践活动中教师及相关人员如何进行卫生安全管理

教师及相关人员(如：校医、教辅人员)作为施教方在实践活动教学时，需开展哪些工作呢？

(一)安全卫生进入实践活动教学计划

在做综合实践教学活动的教学总计划、分计划时，安全卫生目标作为重要内容纳入。从宏观、中观建立安全卫生管理目标指引，进而与实际教学中具体的实践活动产生的安全、卫生动态目标相配合，使安全卫生对实践活动既有大方向、大目标导向，又能有适用性的具体落实。

(二)安全卫生是生活每天的课程

安全卫生是学校、班级生活每天的课程，教师及学校相关人员必须树立安全卫生意识和责任，要树立安全第一、预防为主的观念。安全卫生从我做起。安全卫生工作人人有责。安全卫生贯穿于每一天的生活当中。做到人人讲安全卫生、事事讲安全卫生、时时讲安全卫生。建设安全卫生学校及班级环境。培养安全卫生习惯。

(三)开展家校联合安全卫生的实践活动

综合实践活动开展要与家长、学生共同讨论决定。让家长、学生知晓、理解、同意了解活动的主题、目的、内容、活动的地点、环境、活动的过程，有对安全卫生的专门讨论。学校、家长可共同签订安全协议书，并履行相关责任。一部分综合实践活动家长参与其中协调、督促活动的开展，增加维护安全卫生的力量。

(四)活动前对活动地有实地考察

从安全卫生因素分析，做好路线和交通工具选择并落实当地联系人。

(五)处理实践活动问题时首先处理安全卫生问题

在面对和处理实践活动的诸多问题时，安全卫生问题的处置放在首位。不拖延，不推诿，即事即办，发现安全卫生隐患立刻消除。安全卫生问题的处理和解决重过程、重结果。不可不了了之，治标不治本。

(六)对实践活动的偶发突发事件正确应对

学校班级的实践活动遇到偶发突发事件时。作为教师和相关人员应该沉着冷静，从保护学生安全出发，争取在第一时间处理问题，做到判断准确，解决方案准确，行动准确。

对于在学校发生的突发事件，当事教师和校医及相关人员能解决的即刻处理，对于学校无法解决的问题要有对现场的临时处理且立即求助。若遭遇公共卫生突发事件或重大公共事件须启动紧急报告和急救措施，并与有关部门和救援队伍配合。若在校外活动中发生意外，教师则为处理问题的灵魂人物，全部责任一肩承担，与同行的学生和同行人员商量，与当地相关部门和自己学校联系，最好在专业人员指导下行事。紧急情况教师需带领学生自救，并做好现场组织指挥工作。

□ 复习提纲

1. 作为一名教师，应如何指导学生进行体育锻炼？
2. 简述学校体育锻炼的卫生要求有哪几个方面。
3. 简述生产劳动的教育意义。
4. 谈谈你对劳动保护和安全、卫生的理解。
5. 当你要带领一班学生外出参观两天，请拟定安全、卫生为主的计划。

□ 参考文献

1. 姚鸿恩. 体育保健学(第 4 版)[M]. 北京：高等教育出版社，2006.
2. 李林静. 学校卫生学(第 5 版)[M]. 重庆：西南师范大学出版社，2009.
3. 张钧，张蕴琨. 运动营养学[M]. 北京：高等教育出版社，2010.
4. 邓树勋，王健，乔德才. 运动生理学[M]. 北京：高等教育出版社，2009.
5. 徐兴明. 学校保健工作手册[M]. 北京：人民卫生出版社，1983.
6. 季成叶. 儿童青少年卫生学(第 7 版)[M]. 北京：人民卫生出版社，2012.

第六章 营养卫生

【学习提要】

1. 掌握各营养素的生理功能，推荐摄入量及缺乏的症状。
2. 了解营养相关的概念以及对青少年生长发育和健康的影响。
3. 了解合理膳食的卫生要求，学校膳食管理的原则。
4. 熟悉营养配餐的原则及基本方法。
5. 了解营养教育的内容及方法，能制定合理的营养教育策略。

第一节　营养对青少年发育和健康的影响

食物是人体与外界环境的联系之一。儿童青少年正处于生长发育的旺盛阶段，需要从外界食物中吸取营养素，作为生长发育和维持生理活动的物质基础。学生在学校受教育的过程中，合理的膳食供给是促进他们健康成长的重要因素，因此，学校必须重视膳食的卫生和管理，为学生的发育和健康创造条件。

根据大量实验证明：膳食营养对儿童青少年的生长发育，如在形态、机能和智力的发展等各方面都会产生暂时或永久性的影响。

一、营养对青少年生长发育和健康的影响

（一）热量不足对生长发育的影响

长期热量不足及蛋白质缺乏，可患营养不良症。开始表现为易倦怠，精神差，注意力不集中，性格改变，食欲减退，体重不增或下降。如继续加重，则皮下脂肪变薄，肌力差，抵抗力减退，易患呼吸道或消化道疾病，严重者可出现恶性营养不良综合征（夸希奥克，Kwashiorkor），体重可减轻至原有的40%以上，呈老人外貌，表皮脱屑，弹性差，肌肉萎缩，形成皮包骨。神经呈抑制或兴奋状态，并可出现多种功能障碍，这种情况多见于幼儿，严重影响幼儿的发育和健康。

(二)长期营养不良影响骨骼和全身发育

长期营养不良使骨生长和骨的愈合受影响。人到18岁时骨骼不再长，约在25岁骨的密度才达到最大值。在骨骼发育过程中，如缺钙、磷、锌、蛋白质等营养素则可影响骨的生长，身材矮小，全身发育受阻。我国贾颢等于1978年观察两名8岁儿童，一名正常发育，营养充足，另一名为长期营养不良，前者骨骼发育和智力相当于9岁儿童，后者骨骼发育和智力相当于4岁的儿童。

(三)营养不良影响免疫机能

长期营养不良可使胸腺、淋巴器官发生萎缩现象，淋巴细胞减少，或免疫系统受损会使身体抵抗力降低，容易感染疾病。

二、营养对智力发育和学习能力的影响

影响脑组织和功能发育的因素，包括遗传、环境等条件，但是，起决定作用的是营养。脑组织中含有蛋白质、脂类、碳水化合物、钙、维生素和水，蛋白质和脂蛋白占脑总干重的90％，而脂类最重要。脑除水分以外，50％～60％为脂类，有人将脂类称为“人脑的粮食”，特别是儿童，如果长期低脂膳食会影响生长发育。学习－记忆是大脑的重要功能之一。影响脑发育和功能的营养素必然影响学习－记忆功能。伴随脑科学研究的深入发展，许多营养素(蛋白质、磷脂、葡萄糖、维生素A、C、B族及微量元素锌、铁、碘等)在脑功能和心理－行为方面的重要作用正逐步被揭示。脑细胞的数量、质量和智力水平密切相关，早期营养对智力水平有决定性影响。

蛋白质是构成脑的重要营养素，脑中蛋白约占一半，是维护脑的各种活动，促进细胞代谢和神经传导的主要物质。脑神经元和胶质细胞的成熟、代谢有赖于多种必需氨基酸。如酪氨酸－多巴胺、色氨酸－5－羟色氨酸、谷氨酸等，这些氨基酸均是蛋白质的衍生物，因此蛋白质被称为“智慧药”。

碳水化合物供给能源，由于脑的新陈代谢快，脑消耗葡萄糖量高达全身总热量的20％～30％。碳水化合物分解产生的葡萄糖，是脑细胞生理活动的唯一能源，一日三餐有适量的碳水化合物，可为智力活动、提高学习效率提供保障。

脂类是脑细胞神经髓鞘的重要成分，脂类在脑中40％～50％为不饱和脂肪酸，如亚油酸、亚麻酸、花生烯酸、鱼脂(N－3、N－6)、植物油等。不饱和脂肪酸能维持神经膜的柔韧性，能有效地感觉和传递神经信号。脑中最多的脂类是卵磷脂，为三磷酸腺苷的原料，能促进代谢和神经活动。脑中大量的乙酰胆碱能改善脑的记忆功能。长链多不饱和脂肪酸，如花生四烯酸(AA)、二十碳五烯酸(EPA)和二十二碳六烯酸(DHA)都是脑发育和学习－记忆功能所必需的。

维生素A体内代谢的活性产物为视黄酸，对脑发育、学习－记忆功能有重要影响。B族维生素也是神经递质合成所必需的。维生素C影响儿种与神经递质代谢有关的羟化酶的活性，与儿茶酚、5－羟色胺的生成有关。矿物质方面，钙可以抑制神经异常兴奋。如

果儿童缺铁，即使轻度也会引起脑损伤。缺碘可引起甲状腺激素合成不足，对脑发育产生广泛性损害。缺铜可引起多巴胺β羟化酶受到抑制，导致去甲肾上腺素水平下降，引发多动症等行为异常。正因为各种矿物质、维生素都参与神经系统的生物氧化和功能维持，故保障充足的维生素、矿物质摄入对促进智力发育、改善学习一记忆能力有重要意义。

各种营养素构成脑的基质，因此，人脑的发育与营养密切相关。一般在妊娠18周左右，胎儿脑细胞出现第一次增长高峰，婴儿出生后3个月至半岁是脑细胞增长的第二个高峰，以后脑细胞缓慢增长，到3岁大脑发育缓慢成熟。因此，0～3岁以前的营养水平就成为构成一个完好脑的关键因素。如果孕妇营养不良，婴儿出生时脑神经细胞数可较正常儿童少20%，如婴儿出生后最初6个月严重营养不良，大脑神经突触数目将减少30%～40%，显然，脑结构的这种缺陷会造成大脑发育不良，使脑细胞数减少，脑质量低于正常值，影响其功能，造成智力障碍。实验证明，在脑组织发育时期患营养不良的婴幼儿，其语言、动作能力、观察力、记忆力测查均低于正常儿童；如果在2岁以前给予合理营养补充后，可以缩小或消除差别。如果3岁后补充营养，到8～16岁再测定其体重、智力及学习成绩等，仍显著低于2岁前营养好的儿童。因此，婴儿出生后前两年给予合理的营养对脑的发育至关重要。

三、某些食物过量对健康的影响

合理营养能促进儿童正常发育和健康。相反，如果大量食用动物性蛋白和脂肪，长期超热量的饮食，可将大量脂肪在皮下堆积，发生肥胖病。据西方一些国家调查，如德国肥胖男孩占1/3，女孩占1/5，这些顽固的肥胖可持续到成年，是导致成年时冠心病、高血压、糖尿病的原因。由于经济发展，生活的改善，我国的肥胖儿也在逐渐增加，要通过合理的营养防止大量肥胖儿的产生。同样，成年人的肥胖也是不健康的。

又如各种维生素都对调节人体的生理活动，促进生长发育，保护健康有重要作用，如果食量过大也会损害健康。如维生素A服用过多可脱发、掉皮屑、夜间盗汗，出现黄疸、呕吐等；维生素B_1服用过量也会引起盗汗、瘙痒或哮喘；维生素C如每日用量高达2 g，可出现头痛、疲倦或失眠。

第二节　人体需要的营养素和能量

营养素是食物中的有机和无机化合物的总称，即蛋白质、脂类、碳水化合物、维生素、矿物质和水。营养素能提供人体从事劳动和维持生命所需要的热量，提供组织细胞生长发育与修复的材料，维持机体的正常生理活动。

一、蛋白质

蛋白质是一切生命的物质基础，而一切生命的表现形式本质上都是蛋白质功能的体现。蛋白质是生物大分子，它主要由碳、氢、氧、氮组成，还含有少量的硫、磷等，是人体内氮的唯一来源。蛋白质的基本构成单位是氨基酸。构成人体蛋白质的氨基酸约有20多种，其中一部分氨基酸可在人体内合成，或由其他氨基酸转化，但有8种氨基酸不能在体内合成或合成速度不能满足需要，必须每天从膳食中供给一定的数量，否则不能维持身体的氮平衡，这8种氨基酸称为必需氨基酸，它们是异亮氨酸、亮氨酸、赖氨酸、苯丙氨酸、苏氨酸、色氨酸等。

人体蛋白质以及各种食物蛋白质在必需氨基酸的种类和数量上存在差异，通常用氨基酸模式来反映这种差异。氨基酸模式就是蛋白质中各种必需氨基酸的构成比例。含氨基酸种类齐全，氨基酸模式与人体蛋白质氨基酸模式接近，营养价值较高，不仅可以维持成人的健康，也可促进儿童生长发育的蛋白质称为优质蛋白质。有些食物蛋白质中虽然含有种类齐全的必需氨基酸，但氨基酸模式与人体蛋白质氨基酸模式差异较大，其中一种或几种必需氨基酸相对含量较低，从而导致其他的必需氨基酸在体内不能被充分利用而浪费，造成其蛋白质营养价值降低。这些含量相对较低的必需氨基酸称为限制氨基酸(limiting amino acid)。为了提高植物性食物蛋白质的营养价值，往往将两种或两种以上的食物混合食用，从而达到以多补少，提高食物蛋白质的营养价值，这种不同食物之间相互补充其必需氨基酸不足的作用叫蛋白质互补作用(complementary action)。

(一)蛋白质的生物(生理)价

食物中蛋白质的氨基酸组成越接近人体蛋白质，则人体对它的利用率越大。这种利用率在营养学上称为蛋白质的生物价。

蛋白质生物价＝氮在体内的潴留量/氮在体内的吸收量×100%

蛋白质的生物价是表示其营养价值最常用的方法。我国常见食物蛋白质生物价见表6-1。

一般动物性食品中蛋白质的生物价较高，身体可以吸收70%～90%，大部分植物性蛋白质生物价较低，可被吸收60%～65%。

在混合膳食中，由于各种蛋白质中氨基酸的多少和种类不同，有取长补短的作用，可以提高生物价(见表6-2)。

表6-1　几种常见食物蛋白质的生物价(%)

大米	77	马铃薯	67	白菜	76
小麦	67	玉米	60	鱼	76
大麦	64	大豆	64	虾	77
高粱	56	蚕豆	58	牛肉	76
小米	57	绿豆	58	鸡蛋	94
甘薯	72	花生	59	牛奶	85

表 6-2　蛋白质的互补作用

食　　品	生物价(%)
小　米	57
小麦(整)	67
黄　豆	64
玉米(整)	60
玉米＋小麦＋黄豆	74
小麦 4 份＋小米 6 份＋黄豆 1 份＋牛 2 份	89

(二)氮平衡

蛋白质是含氮的营养素，人体食入蛋白质氮的含量与排出氮量的比称为氮平衡。氮平衡有正平衡、总平衡和负平衡三种。食入的氮多于排出的氮为正平衡，多见于出生的儿童和孕妇，需要蛋白质较一般人多。食入和排出相等为总平衡。食入氮量少于排出氮量为负平衡，这种现象是由于消耗身体细胞组织内蛋白质的原因，如长期为负平衡，人体会消瘦，出现营养性水肿。

(三)蛋白质的生理功能

(1)人体组织的构成成分。蛋白质是构成细胞组织的材料，维持生长，对脑和胸腺发育有促进作用。

(2)构成体内各种重要的生理活性物质。参与消化液、血液、内分泌、酶和抗体的形成，调节生理机能。

(3)供给能量。1 g 食物蛋白质在体内可产生 16.7 kJ 的热量。

食物蛋白质的主要功能就是供给机体蛋白质的合成原料，尤其是提高机体自身不能合成的氨基酸。

(四)蛋白质的需要量与供给量标准

需要量是指维持身体正常生理功能所需要的量，供给量是在满足身体正常生理需要的基础上，按主副食生产情况和膳食习惯制订的数量，一般比需要量高。有人认为以维持氮平衡的蛋白质需要量为依据，提出成年人每日有 40～60 g 蛋白质即可。儿童、孕妇、乳母、恢复期病人及从事重体力劳动者，均应适当增加蛋白质的供应。一般以每千克体重 1 g 蛋白质或以占总能量的 10%为标准。鉴于我国膳食以谷类为主要蛋白质来源，中国医学科学院卫生研究所提出蛋白质供给量应占总热量的 10%～14%，儿童为 12%～14%，成年为 10%～12%，才可以维持正常生理机能。

二、脂类

营养学上的脂类主要有甘油三酯、磷脂和固醇类。食物中的脂类 95%是甘油三酯，5%是其他脂类。甘油三酯由 1 个分子甘油与 3 个分子脂肪酸化合而成，也称为脂肪或中性脂肪，通常把来自动物性食物的甘油三酯称脂，来自植物性食物的甘油三酯称油。类脂包括磷脂及固醇类。

脂类的生理功用是：(1)脂肪是人体的重要组成部分，是神经细胞、脑、心、肝、肾组织的组成材料。其中磷脂能促进体内胆固醇运转，对降低血内胆固醇有良好的作用。(2)脂肪是储存能量、供给能量的重要物质，又可增进食物的感官性状，引起食欲，产生饱腹感。(3)提供脂溶性维生素(A、D、E、K)，食物中同时含有各类脂溶性维生素，脂肪不仅是这类脂溶性维生素的食物来源，同时可以促进这些维生素在肠道中吸收。(4)供给不饱和脂肪酸如亚油酸、花生四烯酸等不能在人体内合成，必须从食物中取得，又称"必需脂肪酸"。食物中的胆固醇经吸收后与必需脂肪酸结合才能在体内进行正常代谢。必需脂肪酸能促进发育，保持皮肤微血管壁的完整，防止其脆性增加，有保护皮肤的作用。植物油中所含的不饱和脂肪酸较动物脂肪多，因此，植物油的营养价值较高。脂肪的需要量以每千克体重 1～2 g 为宜，约占总热量的 16%～20%。如多吃脂肪会引起消化不良，抑制胃液的分泌。长期过量，可引起肥胖、动脉硬化、高血压、糖尿病、胆石症等。

三、碳水化合物

碳水化合物也称为糖类，是由碳、氢、氧组成的一大类化合物。根据其分子结构可分成单糖(葡萄糖和果糖)、双糖(如蔗糖、麦芽糖和乳糖)和多糖(如淀粉、纤维和果胶等)。糖类是重要的营养素之一，每天膳食中的糖类主要是淀粉。糖类在吸收前必须先转为单糖(主要是葡萄糖)才能被吸收。

食物中碳水化合物的功能如下：

1. 主要的能量营养素

膳食中的碳水化合物是世界上来源最广、使用最多、价格最便宜的能量营养素。1 g 碳水化合物可提供约 17.6 kJ 的能量。我国以米面为主食，60%以上的能量来源于碳水化合物。

2. 改变食物的色、香、味、型

利用碳水化合物的各种性质可加工出色、香、味、型各异的多种食物。如利用直链淀粉的特点可生产各种粉条。

3. 提供膳食纤维

膳食纤维的最好来源是天然的植物性食物，如豆类、谷类、新鲜的水果和蔬菜等。因其具有以下生理功能而日渐受到人们的重视：增强肠道功能、有利于粪便排出、控制体重和减肥、降低血糖和血胆固醇，有研究还表明膳食纤维有预防结肠癌的作用。

膳食中碳水化合物的主要来源是含有大量淀粉和少量单糖或双糖的谷类和根茎类食品，例如各种粮食和薯类。其次来自各种糖，如蔗糖和麦芽糖等。蔬菜水果除含少量单糖外，是纤维素和果胶的主要来源。纤维素又称第七营养素，其生理作用是可延长胃排空时间，调节胃肠激素、胰岛素的分泌，产生满腹感，避免热量摄入过多，能调节脂代谢，降低血清胆固醇，供血糖下降，减少脂肪吸收，促肠蠕动，有利于有害物质的排除。每日应从食物中摄取 15～20 g 纤维素。就糖的营养价值而言，以谷类和薯类为佳，蔬菜水果可提供纤维素和其他营养素。蔗糖和麦芽糖等除供给热量外，基本不含其他成分。近年来有学者认为多吃蔗糖可使某些人血脂增高，引起高血脂病。其实，任何高热量的食物，都可引起体重过重，出现高血脂病、冠心病。

四、能量

人类为了维持生命，从事劳动，必须从食物中获取能量，以满足身体的需要。食物中的蛋白质、碳水化合物和脂肪在体内氧化可以释放能量，为“产能营养素”。

目前，国际上通用的能量单位是焦耳、千焦耳和兆焦耳。营养学上使用最多的是卡、千卡。采用体外燃烧试验推算体内氧化产生的能量值，1 g 碳水化合物、脂肪和蛋白质在体内燃烧时平均产生能量分别为 17.15 kJ、39.5 kJ 和 18.2 kJ。食物中营养素不能全部被消化吸收，且消化率各不相同。一般膳食营养素的吸收率分别为：碳水化合物吸收率为 98%，脂肪为 95%，蛋白质为 92%。营养学上将每克产能营养素在体内氧化产生的能量值称为生热系数，每克蛋白质和碳水化合物均按 4 cal，每克脂肪为 9 cal。

我国膳食中的总热量约有 55%～65%来自碳水化合物，10%～15%来自蛋白质，20%～30%来自脂肪。蛋白质虽然也供一部分热，但它对人体的主要功能并非供给热量。

人体每日消耗的能量主要由基础代谢、体力活动食物热效应以及婴幼儿、青少年生长发育的能量消耗构成。

(一)基础代谢

是指维持生命的最低能量消耗，即人体在安静和恒温条件下，禁食 12 h 后，静卧、放松而又清醒时的能量消耗。

(二)体力活动

影响体力活动所消耗能量的因素包括：1. 肌肉越发达者，消耗能量越多；2. 体重越重者，消耗能量越多；3. 劳动强度越大、持续时间越长、工作越不熟练，消耗的能量越多。劳动强度分级及能量消耗，见表 6-3。

表 6-3　劳动强度分级及其能量消耗

劳动强度分级	工种及活动情况	平均每小时能量消耗(kcal)
极轻体力劳动	办公室工作、组装和修理收音机与钟表等工作	95
轻体力劳动	店员、化验室工作、教师讲课	120
中等体力劳动	学生日常活动、驾驶车辆、电工安装、金工切削	170
重体力劳动	非机械化电业劳动、炼钢、舞蹈、体育运动、执勤士兵	270
极重体力劳动	非机械化装卸、搬运、采矿	370

注：1 kcal≈4.2 kJ

(三)食物热效应

人体摄食过程中所引起的额外能量消耗。其中以蛋白质的特殊动力作用最大，可消耗其本身所供能量的 30%，脂肪约为 4%～5%，糖类为 5%～6%。摄入混合食物时，特殊动力所消耗的热能约为基础代谢的 10%。

(四)生长发育

婴幼儿和儿童阶段生长发育需要的能量应该包括机体生长发育中形成新的组织所需的能量以及进行新陈代谢所需的能量。

能量供给:中国营养学会建议居民膳食碳水化合物提供的能量占总能量的55%~65%,脂肪占20%~30%,蛋白质占10%~15%。年龄越小蛋白质供能占总能量的比重应该适当增加,但成年人脂肪摄入量不宜超过总能量的30%。不同生理状态、不同劳动强度人群膳食能量推荐摄入量见附表《中国居民膳食能量推荐摄入量表》。

五、矿物质

人体组织中含有自然界各种元素,在这些元素中,除了碳、氢、氧和氮组成碳水化合物、脂肪、蛋白质、维生素等有机化合物外,其余的元素称为矿物质,也称为无机盐或灰分。按照化学元素在体内的含量多少,又将矿物质分为常量元素和微量元素两类。体内含量大于体重0.01%的矿物质称为常量元素或宏量元素,如钙、磷、钠、钾、氯、镁和硫等;体内含量小于体重0.01%的矿物质称为微量元素,如铁、铜、锌、硒、碘等。

(一)钙

钙的生理功用是:1. 为构成骨骼牙齿的主要成分,成人体内含钙总量约为1200 g,其中99%集中于骨骼牙齿中,其余约1%在各软组织、体液、血液中;2. 参与血液凝固过程,并对多种酶有激活作用。如三磷酸腺苷酶等,需钙来激活;3. 维持神经的传导性能;4. 维持肌肉的伸缩性和心脏的正常搏动;5. 维持毛细血管的正常渗透压;6. 维持体内酸碱平衡和铁的代谢。

钙是身体最易缺乏的无机盐。我国膳食以粮食、蔬菜为主,容易缺钙。因此必须注意钙的供给量和吸收率。我国一般成人每日供给量为800mg,儿童青少年为1000mg,孕妇为800~1200mg,乳母为1200mg。

钙在肠中吸收很不完全,70%~80%存留在粪便中。钙主要在小肠被吸收,影响吸收的因素如下:1. 小肠内的酸性和维生素D代谢物能促进小肠吸收钙。因此小肠吸收功能障碍和缺乏维生素D,影响钙的吸收;2. 食物中的磷酸盐含量过多时,能在肠道与钙结合成不溶性磷酸钙,影响钙的吸收;3. 食物中的植酸、草酸含量过高,可与钙形成不溶性的植酸钙、草酸钙,使钙的吸收率降低。

膳食中的钙因受上述因素的影响,一般约有40%~50%被吸收。因此在选配食物时,宜选用含钙较丰富的食物。如乳类及其制品、虾皮、虾米等含钙量较高。同时在选择食物时要注意吸收情况,应少用含草酸多的蔬菜,如菠菜、芹菜、茭白等。

(二)磷

磷的生理功用是:1. 构成骨骼牙齿的重要材料;正常人骨骼中含磷总量为600~900 g,约占体内含磷总量的80%。2. 构成细胞组织的重要材料。如核酸、磷脂和某些辅酶等。

3. 参与多种生理活动。如碳水化合物、脂肪的吸收和中间代谢均需有磷化合物的存在。

磷的吸收也需要维生素 D。如维生素 D 缺乏,常使血清中无机磷酸盐下降,所以佝偻病患者,血清中无机磷酸盐含量较低。

如果膳食中钙和蛋白质含量充足,则磷也可以满足需要,因此一般无规定磷供给量的必要。

(三)铁

1. 铁的生理功用

(1)构成血红蛋白、肌红蛋白、细胞色素和其他酶的主要成分。成人体内含铁约 4～5 g,其中 72%以血红蛋白、3%以肌红蛋白、0.2%以其他化合物形式存在(包括细胞色素酶),其余则为储备铁。储备铁主要以铁蛋白(ferritin)形式储存于肝脏、脾脏和骨骼网状内皮系统中,与正常的免疫能力有关。(2)铁在身体中参与氧的运输、交换和组织呼吸过程。如果铁的携氧能力受阻,或铁的数量不足,可使血红蛋白减少,表现为缺铁性或营养性贫血。儿童缺铁性贫血是世界医学上的大问题,我国儿童发病率在 70%左右。上海已研制成铁剂(食物)饮料和糖果,糖果每粒含铁 3～4 mg。

2. 铁的吸收和供给

铁广泛存在于动、植物食品中,膳食中的动物肝脏、肾、蛋黄以及豆类和蔬菜等含铁比较丰富,各种食物中的铁在个体内吸收率不同,其差别可有 1%～30%不等。铁的吸收率受多种因素的影响,如无机铁比有机铁化合物中的铁易于吸收,二价铁比三价铁容易吸收。食物中植酸盐或磷酸盐可与铁结合,形成不溶性植酸铁或磷酸铁,影响铁的吸收。一般动物性食物的铁吸收率较高,如鱼类为 11%,肉、肝脏可达 22%。植物性食物铁的吸收率在 10%以下,如大米为 1%,菠菜和大豆为 7%,玉米和黄豆为 3%,小麦为 5%,莴苣为 4%。

由于动物性食品中铁的吸收率较高,所以世界卫生组织建议铁的供给量有高限和低限。如果膳食中热量在 25%以上来自动物性食品时,可采用低限;若低于 10%时,可采用高限。规定成年男子每日需 5～9 mg,女子 14～28 mg。我国供给量成年男、女均为 12 mg,女子孕期和哺乳期为 15 mg。

(四)碘

碘为人体必需的微量元素,是合成甲状腺素的重要成分,其主要生理功能是调节新陈代谢,影响生长发育。缺碘可导致智力低下,痴呆,婴幼儿患克汀病(呆傻、矮小、听障、瘫痪、面容丑陋、智力残疾)。成人缺碘可患甲状腺肿,孕妇缺碘可早产、流产、死胎,生先天畸形、先天听障儿。

(五)钾

钾的主要生理功能是:(1)为细胞内液中主要阳离子;(2)维持体内的水平衡、酸碱平衡以及细胞的渗透压；(3)加强肌肉的兴奋性，维持心跳规律；(4)参与蛋白质、碳水化合物和能量的代谢。

如身体缺少钾，可出现倦怠、嗜睡、肌肉无力。严重时发生心律失常、麻痹或代谢性碱中毒。

(六)钠

钠的主要生理功能：(1)为细胞外液中主要的阳离子；(2)维持体内水的平衡渗透压及酸碱平衡；(3)加强肌肉的兴奋性。

如缺乏则出现倦怠、晕眩、恶心、食欲不振、心跳加快、脉搏细微、血压下降、肌肉痉挛等症状。严重缺乏，可昏迷虚脱。

(七)氯

氯的主要生理功用有：(1)是细胞外液中的主要阴离子；(2)为胃酸的主要成分；(3)维持体内水和酸碱平衡及渗透压；(4)可以激活唾液中的淀粉酶。

缺乏可出现食欲不振。

(八)铜

铜的主要生理功用有：(1)为各种含铜金属酶的成分；(2)为含铜蛋白的成分(血铜、肝铜、脑铜蛋白)；(3)能催化血红蛋白的合成。

缺少可出现贫血，中性白细胞减少，生长迟缓，情绪易激动等。

(九)锰

锰的主要生理功用有：(1)激活硫酸软骨素合成酶素，是丙酮酸脱羧酶的组成部分；(2)促进正常成骨作用；(3)促进生长，增强人体内许多重要代谢反应。

锰对蛋白质的生物合成较为重要。动物实验表明，锰缺乏会引起动物生长停滞、骨骼畸形、生殖机能紊乱、抽搐和运动失调等。茶叶、干果、豆、蔬菜、水产、肝等含锰较多，每人日需锰 5 mg。

(十)锌

锌的生理功用有：(1)是多种金属酶的组成成分，是酶的激活剂(已知有 20 多种)，如谷氨酸脱氢酶、乳酸脱氢酶等均与锌有关；(2)参与核酶和蛋白质代谢作用；(3)锌主要存在于肌肉骨骼、皮肤(包括头发)和血中，头发中含锌量一般认为可以反映膳食中锌的长期供给量；(4)锌能协调葡萄糖在细胞膜上运转。锌与胰岛素活性有关。

如缺锌，表现为生长停滞，性发育不良，自发性味觉和食欲减退和创伤愈合不良等。

动物性食品是锌的可靠来源，如牛肉、猪肉、羊肉每千克含锌 20～60 mg，鱼类及海产品每千克含锌 15 mg 以上，豆类和小麦每千克含锌 15～20 mg，谷类经碾磨后，其可食部分含锌量明显下降，蔬菜、水果中一般含锌很少。

成人每日锌的供给量为 11 mg。美国规定为 15 mg，我国规定 1～10 岁儿童每日 10 mg，成人每日为 15 mg。

(十一)硒

硒是非金属半导体物质，曾认为是有毒物质。近年发现硒能提高视力，防衰老，缺少易患克山病、肿瘤，摄入过多可发生慢性硒中毒，出现脱发、掉指甲、牙齿腐蚀脱落、麻痹等症状。

硒每日需要量为 40 μg，供给量 50 μg。高山区最大安全摄入量为 500 μg。

在蘑菇、大蒜、洋葱、芝麻、麦麸、动物内脏、海鱼中含硒较多。

六、维生素

维生素是维持人体正常生理必需的一类化合物，这些化合物存在于天然食物中，大多数可以人工合成。但在人体内一般不能合成或合成较少，难以满足身体需要，所以必须经常从食物中获得。维生素的种类很多，根据其溶解性质，可分为脂溶性和水溶性两大类：

第一类：脂溶性维生素，溶于脂肪及脂溶剂，不溶于水。如维生素 A、D、K、E 等。

第二类：水溶性维生素，溶于水。如维生素 B 族的 B_1、B_2、B_{12}，叶酸和维生素 C 等，人体内水溶性维生素贮存量不大，大部分由尿排出。

当身体长期缺乏某种维生素时，可以引起代谢紊乱或出现不同疾病，称为“维生素缺乏症”。

维生素缺乏的原因，除食物中含量不足以外，还可由于身体吸收发生障碍、破坏分解增强和生理需要量增加等引起。

(一)维生素 A

维生素 A 又名视黄醇，是脂溶性维生素，能耐热、耐酸碱，但在空气中易被氧化。紫外线也能破坏维生素 A。维生素 A 只存在于动物性食品中，如肝脏、蛋黄、乳类等。一些有色蔬菜水果，如菠菜、苜蓿、豌豆苗、胡萝卜、红心甜薯、辣椒等均含有胡萝卜素，它们被吸收后可在小肠黏膜和肝脏内转变为维生素 A。这种本来不具有维生素活性，在体内转变成维生素的物质称为维生素 A 元。胡萝卜素就是一种维生素 A 原。

维生素 A 采用国际单位(IU)，也可用质量表示，1 国际单位＝0.3 μg 维生素 A。

胡萝卜素以 β 型的效能最高，但其利用率受多种因素的影响。在人体内的吸收率为 1/3，而吸收后在人体内转变为维生素 A 的转换率约为吸收量的 1/2。因此 1 μg β-胡萝卜素大约在人体内转变为 0.167 μg 维生素 A。

维生素 A 和胡萝卜素都在肠内与脂肪一起被吸收，如果脂肪吸收障碍(胆汁缺乏，或长期腹泻)，则它的吸收就会大为减少。

维生素 A 的生理功用如下:(1)参与眼球内视紫质的合成或再生,维持正常的视觉,增强视网膜的感光性,防治夜盲症。缺乏时黑暗适应能力降低,发生夜盲症。(2)维持上皮细胞的正常结构。缺乏时上皮组织萎缩,进而角化,皮肤干燥、脱屑,发生干眼病。角膜干燥、溃疡,甚至穿孔失明。(3)促进生长发育(对胎儿、幼儿更为重要)。(4)增加对传染病的抵抗能力。(5)有防止多种类型上皮肿瘤的发生和发展的作用。缺乏时可以增加对化学致癌物质的易感性。

如连续 3～6 月每天摄入维生素 A 75000 国际单位,由于纯维生素 A 制剂引起的毒性作用,可出现厌食、过度兴奋、肢端动作受障碍、头发稀疏、肝肿大、肌肉僵直、皮肤瘙痒等症状。

根据我国膳食营养,建议成年男女和 5 岁以上儿童的供给量为每日维生素 A 2200 国际单位,相当于 660 μg,或胡萝卜素 4 mg。供给量中至少 1/3 来自维生素 A,2/3 可为胡萝卜素。

(二)维生素 D

维生素 D 是脂溶性维生素,包括 D_2 和 D_3。D_2 是由植物油和酵母中的麦角固醇转变而来。维生素 D_3(胆钙化醇)除一小部分来自食物以外,主要由皮肤内 7－脱氢胆固醇经日光紫外线照射后形成,然后在肝脏内经 25－羟化酶作用形成 25－$(OH)D_3$,这是一种中间产物,有促进肠钙吸收和骨钙动员的作用,但活力不强,它必须在肾内经 1－羟化酶作用形成 1,25－$(OH)_2D_3$,它有钙动员作用使破骨细胞的钙的溶解度增加。肠钙吸收和骨钙溶解增强均可使血浆内的钙、磷浓度升高,促进骨盐生成和骨骼钙化。目前认为,它是促进肠钙吸收和骨钙动员最强的物质,是血钙相对恒定和骨钙钙化的必要因素。

维生素 D 缺乏时,肠道吸收钙磷的能力降低,使血清中的碱性磷酸酶活性增高,钙、磷下降,阻碍骨质生成,使儿童发生佝偻病、成人患骨软化病。

膳食中维生素 D 的来源主要是动物肝脏、鱼肝油和蛋类。也可由日光照射皮下脂肪转化而成。因此,多在户外阳光下活动就不会缺乏维生素 D。两岁以下婴幼儿每日摄入 300～400 国际单位维生素 D 即可满足生长发育的需要,孕妇、乳母可适当补充。如果维生素 D 摄入量过多,也会引起中毒,出现厌食、恶心、呕吐、腹泻、多尿及烦渴等症状,并能引起血清钙、磷含量增高,肾功能减退。所以在补充维生素 D 制剂时应遵医嘱,不能滥用。

(三)维生素 E(生育酚)

维生素 E 为脂溶性维生素。历来用于治疗妇女不育症、习惯性流产、先兆流产、月经不调、阴道炎和绝经期综合征等疾病。

近年来研究,知道维生素 E 的用途非常广泛,被誉为人体内不可多得的营养要素,也是营养疗法的生力军。

维生素 E 的生理功用有:(1)能抗衰老。能影响人的性腺,加强组织对氧的吸收能力,促进血液循环,使精神振作,睡眠良好,增强记忆力,延缓衰老。(2)能预防动脉粥样硬化。能降低血中胆固醇、降低血脂、降低血压。长期服用能预防全身动脉硬化,减少冠心病的发病率。(3)增强免疫力。能保持血细胞旺盛的吞噬功能,加强其杀菌力。国外报道先天性免疫功能缺陷的小儿,屡次发生细菌感染,应用维生素 E 以后,观察 18 个月安然无恙。(4)保护肺部。维生素 E 有抗污染的作用。它能保护肺部不受化学烟雾毒害,降低空气中污染物对肺泡的破坏性。《美国科学摘要》最近报道,维生素 E 能保护血中红细胞膜免受烟雾、太阳、X 线、香烟及其他作用而引起的损伤。(5)治疗皮肤病。维生素 E 能促进毛细血管血流增加,改善神经末梢的传导功能,缓解血管痉挛,对烧伤有较好的治疗作用。其他如对冻疮、脓疮病、牛皮癣、荨麻疹、湿疹、硬皮病均有良效。(6)治疗儿科疾病。维生素 E 能治疗新生儿溶血性贫血、小儿营养不良、儿童大骨节病、小儿呼吸窘迫症等。(7)能防癌治癌。科学家发现癌症患者的体内维生素 E 和硒的含量降低,癌症低发地区的人,体内维生素 E 和硒含量比较高。据实验证明,患癌症的动物在喂药的同时喂给维生素 E,结果使癌消失。癌症手术后给予维生素 E,可以延长患者的生命。同时证实,维生素 E 能减轻抗癌药的毒性,可使抗癌药物更好地发挥治疗的作用。(8)维持生殖器官的正常机能。

维生素 E 在自然界中分布极为广泛,最丰富的来源是植物油类,以豆油、玉米油、麦胚油含量最多,各类种子的胚芽、菜油、水果、粮食和蔬菜中的含量也较多。人们在食用上述食物后,维生素 E 由肠道吸收进入血液中,健康的人每 100 mL 血中含 1 mg 维生素 E。由于维生素 E 不能吸收或吸收减少时,可以造成体内缺乏维生素 E。

一般服用量为每日 100～300 mg,有为抗衰老连服 5 年的报道。其他治疗用可遵医嘱服用。但维生素 E 不是万能,无限制服用,亦有副作用。

(四)维生素 B_1(硫胺素)

维生素 B_1 为水溶性维生素,在酸性溶液中较稳定。在碱性溶液中不稳定,加温后大部分或全部被破坏,在烹调食物中应尽量少放或不放碱。维生素 B_1 易溶于水,在淘米蒸煮时,米中的硫胺素常溶于水中流失。

食物中维生素 B_1 的来源较丰富。谷类、豆类、酵母、瘦肉、动物内脏中含量较多。谷类的维生素 B_1 绝大部分在表皮和胚芽中,因此,粮食加工越细,维生素 B_1 的损失就越多。

维生素 B_1 的生理功用有:(1)参与酶的组成,为脱羧辅酶的重要成分。(2)调节身体代谢作用,参与糖的代谢,作为丙酮酸氧化脱羧的一个辅酶的组成成分,是身体充分利用糖类所必需的维生素。缺乏时,丙酮酸不能进入三羧酸循环氧化,使组织中集聚丙酮酸和乳酸而中毒,影响身体的代谢过程。(3)调节神经组织和心肌的功能。身体如缺乏 B_1,可影响神经组织和心肌的能量供给,引起代谢和功能的紊乱,出现脚气病。患者先感觉缺乏,下肢无力、肌肉酸痛、头痛、失眠、烦躁、食欲减退,逐渐出现周围神经炎。严重者,尤其是儿童青少年可出现“脚气病性心脏病”,有心悸、气急、胸闷、心动过速和水肿等症状。如不及时治疗，短时内可使水肿加重，心脏扩大，引起急性心力衰竭甚至死亡。脚气病是缺乏维生素 B_1 的典型病例。应该及早发现，注意防治。

维生素 B_1 的供给量一般按每 1000 kcal 能量需 0.5 mg 计算供给标准。

(五)维生素 B_2(核黄素)

维生素 B_2 在酸性和中性溶液中较稳定，能耐热，但易被碱和日光照射破坏，维生素 B_2 以动物性食品含量较高，如肝、肾、乳类、蛋类以及酵母类等。植物性食品中豆类含量较多，谷类和蔬菜含量较少。我国膳食核黄素摄入量较低。

维生素 B_2 的主要生理功能是构成黄酶的辅助成分。参与细胞的氧化还原反应，参与蛋白质、脂肪、糖的代谢，维持正常视觉功能，促进生长发育。缺乏维生素 B_2，就会引起物质代谢的紊乱，出现口角湿裂、溃疡、唇炎、舌炎、角膜炎、视觉不清、白内障、脂溢性皮炎、阴囊炎等症状。

维生素 B_2 是很多氧化还原酶的组成成分，与能力代谢有关。需要量可按每 1000 kcal 能量 0.5 mg 维生素 B_2 计算，成年男女每日应供给 1.2 mg。

(六)维生素 PP(尼克酸或烟酸)

维生素 PP 是由尼克酸和烟酰胺两种物质组成，是一种中性、最稳定的维生素，溶于水和酒精，能耐热和酸、碱，不易氧化。

维生素 PP 广泛存在于谷类、花生、酵母、肉类和动物内脏中，蛋白质中的色胺酸能在体内合成尼克酸，尼克酸可在体内转化为尼克酰胺。

维生素 PP 的生理功用是构成体内脱氢酶和辅酶的成分，参与身体的氧化还原过程，能促进消化功能，维持皮肤和神经的健康，大剂量可扩张小血管并降低血中胆固醇，用于动脉粥样硬化的治疗。

维生素 PP 因为在自然界分布较广，一般不易缺乏，但在以玉米为主食的地区和某些地区，由于玉米中色氨酸含量低，又缺乏维生素 PP 的其他来源，可发生糙皮病。此病早期表现为食欲不振，消化不良，记忆力减退，以后两颊、两手及裸露部位出现对称性皮炎，有色素沉着，呈蝴蝶样分布，使肠胃功能和神经系统进一步紊乱。

预防糙皮病的措施主要是采用多种粮食合理搭配使用，以补充玉米中色氨酸的不足。此外我国有些单位采用在玉米面中加入 0.6%的小苏打(碳酸氢钠)，使玉米中所含的结合型尼克酸转变为可被人体利用的游离型尼克酸。

维生素 PP 的供给量成人以每日 1000 kcal 能量 5 mg，儿童青少年每日 6 mg 计算，成人每日约 13 mg，儿童约 15 mg。

(七)维生素 C(抗坏血酸)

维生素 C 是一种酸性水溶性维生素，易受碱和热破坏，与某些金属，特别是与铜接触，破坏更快。这种维生素在烹调过程中容易受损失。

维生素 C 广泛存在于蔬菜和水果中，尤其是绿色蔬菜、番茄和酸味水果，如桔、酸枣、山楂等含量较丰富。发芽的豆类(豆芽)也有维生素 C。有些蔬菜如黄瓜、白菜中含有很多抗坏血酸氧化酶，能加速维生素 C 的氧化和破坏。所以蔬菜在贮存过程中，维生素 C 要损失一部分。因此，学校食堂应采用新鲜蔬菜，以防维生素 C 的损失。

维生素 C 的生理功能有：(1)是新陈代谢不可缺少的物质。维生素 C 是一种活性很强的还原性物质，参与人体的生理氧化和还原过程。(2)参与细胞间质的生成，维持骨骼、牙齿、肌肉、血管的正常功能，促进伤口愈合。(3)促进抗体的形成，提高白细胞的吞噬作用，增加身体的抵抗能力。(4)有解毒的作用。大量的维生素 C 能缓解重金属毒物，如砷化物、苯及细菌毒素的毒性，并能阻断致癌的亚硝酸胺的形成，有防癌作用。(5)能促进肠道中铁的吸收，为治疗贫血病的辅助药物。(6)促进核酸的合成。如果缺乏维生素 C，易患典型症状是出血和骨骼变化的坏血病。初期食欲差、全身无力、容易出血、儿童生长迟缓、烦躁、消化不良，以后逐渐出现齿龈萎缩、水肿、出血、全身可见出血点。特别是骨膜和皮下出血为坏血病的重要特征，并可引起骨骼脆弱、坏死，容易发生骨折。

维生素 C 由于在烹调加工过程中容易被破坏，因此，要供应多些才有利于促进身体的抵抗力和健康，一般成年人每日 70～75 mg。儿童青少年、孕妇、乳母均应以体重计算，高于成人(见表 6-4)。

表 6-4 含主要营养素较丰富的食品

主要营养素		食品名称
蛋白质	动物性	蛋类、瘦肉、鱼、贝类、乳类
	植物性	大豆及制品、谷类(米、麦、玉米、高粱、小麦)
		芝麻、甘薯、马铃薯、木薯、叶菜类
脂肪	动物性	动物油脂、肥肉、蛋、乳及乳酪
	植物性	植物油(菜油、花生、芝麻、玉米、葵花籽等)
无机盐	钙	乳类、虾皮、虾米、海带、发菜、豆制品、白菜、青菜、马铃薯、肉骨头
	铁	动物内脏(肝、肾)、蛋类、豆类、水芹菜、荠菜、荸荠
	碘	海带、紫菜、发菜、海鱼、贝类
维生素	维生素 A	肝、蛋、乳类、黄鳝、鳗鱼、螺蛳、牡蛎
	胡萝卜素	胡萝卜、红心甜薯、菠菜、苜蓿、荠菜、豌豆苗
	维生素 B_1	谷类(米、面)、大豆、花生、瘦肉、肝、酵母
	维生素 B_2	动物内脏(肝、心、肾)、蛋类、乳类、豆类、绿色蔬菜
	维生素 PP	谷类、花生、酵母、肉类、动物内脏(肝、肾)
	维生素 C	新鲜绿色蔬菜、辣椒、豆芽、酸性水果(桔、橙、酸枣、山楂)

第三节 营养改善

一、营养改善计划概述

农村义务教育学生营养改善计划是我国自从2011年秋季学期起实施的一项健康计划,这项营养干预措施旨在提高农村学生尤其是贫困地区和家庭经济困难学生健康水平。

计划内容:

(一)在集中连片特殊困难地区开展试点,中央财政按照每生每天3元的标准为试点地区农村义务教育阶段学生提供营养膳食补助。2014年11月起,中央财政将营养改善计划国家试点地区补助标准从每日补贴3元提高到4元。

(二)鼓励各地以贫困地区、民族和边疆地区、革命老区等为重点,因地制宜开展营养改善试点。中央财政给予奖补。

(三)统筹农村中小学校舍改造,将学生食堂列为重点建设内容,切实改善学生就餐条件。

(四)将家庭经济困难的寄宿学生生活费补助标准每生每天提高1元,达到小学生每天4元、初中生每天5元。中央财政按一定比例奖补。

二、学校的膳食管理及配餐

营养是保证学生身体正常发育,促进健康的重要因素,并为各项活动提供有效的物质基础,使身体能进行正常的生理活动。因此,学校膳食管理的首要问题是为学生提供合理的营养。

(一)合理膳食的要求

《中国居民膳食指南》(2016年版)由一般人群膳食指南,特定人群膳食指南和中国居民平衡膳食实践等组成,一般人群膳食指南适用于2岁以上健康人群。内容包括:

(1)食物多样,谷类为主;

(2)吃动平衡,健康体重;

(3)多吃蔬果、奶类、大豆;

(4)适量吃鱼、禽、蛋、瘦肉;

(5)少盐少油,控制糖限酒;

(6)杜绝浪费,兴新食尚。

(二)中国居民膳食平衡宝塔

为了帮助广大居民在日常生活中实践《中国居民膳食指南》(2016年版),专家委员会结合中国居民的膳食特点，将平衡膳食细化成各类食物的质量，并以直观的宝塔形式表现出来，便于理解和实施。

《中国居民平衡膳食宝塔》共分五层，包含我们每天吃的主要食物种类。宝塔各层位置和面积不同，反映出各类食物在膳食中的地位和应占的比重。谷类食物居底层，每人每天应摄入 250～400g；蔬菜和水果占据第二层，蔬菜每人每天应摄入 300～500g 和水果 200～350g；禽畜肉、水产品和蛋类等动物性食物位于第三层，每人每天应摄入水产品 40～75g，禽畜肉 40～75g，蛋类 40～50g；奶及奶制品、豆类及豆制品和坚果类食物占第四层，每人每天应摄入奶及奶制品 300g 和豆类及豆制品 25～35g。第五层塔尖是油、盐，每人每天油不超过 25～30g，盐小于 6g。成人每天喝 7～8 杯(1500～1700mL)白开水。儿童、少年、孕妇乳母不饮酒。

合理膳食，就是全面提供符合卫生要求的平衡膳食。膳食的质和量都能适合人的生理、生活和劳动对营养的需要，即为平衡膳食。

合理膳食的基本卫生要求是：1. 膳食的营养成分能够充分满足学生身体生长发育、调节各种生理活动、促进健康的需要；2. 食物必须新鲜，对人体无毒害；3. 食物的运输、储存、选配、加工符合卫生要求，运用适宜的烹调方式，食物制备生熟分开，熟食二次加热要热透，食物易于消化吸收，营养素损失少；4. 膳食多样化，具有良好的感官性状和一定的饱腹感；5. 有合理的膳食制度和进餐环境；6. 有良好的饮食卫生习惯。按需备餐，提供分餐不浪费，学会阅读食品标签，合理选择食物。

为了保证学生的合理营养，学校医生和总务人员必须了解各类食品的营养特点，以便指导食堂炊事人员对食品进行选择和搭配，指导合理的烹调加工方法，使膳食的质和量都能符合合理营养的要求。

三、食品的卫生管理

食品的卫生管理，首先是根据各种食品的营养特点进行合理选择、科学搭配与烹调加工，从而提高其营养价值，使一定量的食物在人体内发挥更大的营养效能。其次，还要预防食品污染。

(一)食品的选择

食品的合理选择是组成合理膳食，使身体得到合理营养的重要环节。人类食物来源分为动物性和植物性两大类。以其功能分为供热食品(即主食，如谷类、油、糖)和保护性食品(即副食，如鱼、肉、蛋、乳类、蔬菜、水果和豆类)。

(1)主食：粮食是我国的主食。南方以稻米为主，北方以小麦、玉米和杂粮为主。粮食类食品含有大量糖类，是人体能量的主要来源，一般约占膳食总热量的 80%。粮食所含蛋白质的质和量虽然不及动物性食物高，但是由于粮食在膳食中所占比例较大，所以也是人们蛋白质的主要来源，约占 50%～60%。各种粮食所含的蛋白质因品种而异，如稻米为 7%～8%，玉米为 8.5%，小麦为 10%左右，燕麦、莜麦面达 15%左右。大米的蛋白质含量虽较低，但其生物价值和吸收率均较其他粮食为高。全谷制成的食品是 B 族维生素的主要来源。

(2)副食：以谷类为主的膳食体积较大，蛋白质的质量较差，脂肪含量也低，无机盐和维生素不能满足人体的生理需要，因此要用副食用来弥补主食的缺陷，为组成合理的膳食提供重要的营养素。

①蛋白质：蛋白质广泛存在于动植物性食物中。动物性食品，包括各种肉类、鱼类、禽类、蛋类和乳类都含有较丰富的蛋白质，其中以鸡蛋所含的氨基酸最适合人体需要，其生物价值达 99.6%。植物性食品中，以豆类及其制品含蛋白质较高，其营养价值可与动物性蛋白质媲美。豆制品如豆腐蛋白质含量高，而且容易消化吸收。豆类经过发酵可游离出谷氨酸，如腐乳、豆豉等蛋白质含量高，且鲜美可口，是很好的蛋白质补充品。我国提倡大豆行动，即根据我国情况，从大豆中摄取优质蛋白质。

②脂肪：人类膳食脂肪主要来源于动物的脂肪组织和肉类以及植物的种子。动物性脂肪相对含饱和脂肪酸和单不饱和脂肪酸多，而不饱和脂肪酸含量较少。植物油主要含不饱和脂肪酸。脂肪摄入过多，可导致肥胖、心血管疾病、高血压和某些癌症的发病率升高。中国营养学会推荐，成人脂肪摄入量应控制在总能量的 20%～30%之间，必需脂肪酸的摄入量，一般认为不少于总能量的 3%。

③无机盐：钙和铁是膳食中容易缺乏的无机盐，尤其是钙，粮食中含量低，而且由于粮食含磷高，钙磷的比例不当，影响钙的吸收。因此，在选择食品时，要注意选用含钙丰富的食品，如虾皮、虾米、豆制品、马铃薯、白菜、青菜等。要尽量少选含草酸高的菠菜、茭白、笋、苋菜。如经济充裕，应考虑增补乳类及乳制品、肝、蛋类，以增加钙和铁摄入量。缺碘地区，要经常选择含碘丰富的食品如海带、紫菜等。

④维生素：蔬菜是维生素 C、胡萝卜素、维生素 B_2 的主要来源。我国是蔬菜产量最高的国家，占世界首位，应该广为选用。但是，各种蔬菜在不同地区不同季节，其维生素的含量差异较大，并且由于烹调、加工、储存时的损失，往往影响食品中维生素的含量。在学校膳食中应注意食品的选择，我国膳食中维生素 A 和维生素 B_2 易缺乏，要注意选择和补充。

各种食品都有一定的营养意义，但没有一样食品可以全面满足人体营养需要，因此，必须适当搭配，组成平衡膳食，才能满足身体所需要的营养。

(二)合理的膳食设计

学校膳食的调配是实现合理营养的重要保证，除了保证供给足够的营养以外，还应该有计划地为用餐者调配膳食，编制食谱，这是使膳食多样化、合理化的必要措施。通过对各类食品的选择和搭配，将这些食品根据每天人们对营养素的需要和大多数人的饮食习惯，配成饭菜，按时供给。

根据学生学习、生活和消化的生理特点，我国学校膳食制度大多为一日三餐制，有条件的学校在餐间增加一次点心也是可以的，一般安排在早、午餐之间，上午课间休息时间。大量实践证明，为学生增加间食，对他们的学习和健康大有好处。在符合学生需要的膳食中，食物从胃内排空需 4～5 h，如进食时间相距太长或过短，不利于肠胃的消化和吸收，同时，大脑皮层动力定型不能建立，使消化功能紊乱。因此，学校必须建立合理的膳食制度，使学生定时定量进餐，不吃零食，养成饮食卫生的良好习惯。特别要注意午餐的营养。

表 6-5　含主要营养素较丰富的食品

主要营养素		食品名称
蛋白质	动物性	蛋类、瘦肉、鱼、贝类、乳类
	植物性	豆类及制品、谷类（米、麦、玉米、高粱、小麦） 芝麻、甘薯、马铃薯、木薯、叶菜类
脂肪	动物性	动物油脂、肥肉、蛋、乳及乳酪
	植物性	植物油（菜油、花生油、芝麻油、玉米油、葵花籽油等）
无机盐	钙	乳类、虾皮、虾米、海带、发菜、豆制品、白菜、青菜、马铃薯、肉骨头
	铁	动物内脏（肝、肾）、蛋类、豆类、水芹菜、荠菜、荸荠
	碘	海带、紫菜、发菜、海鱼、贝类
维生素	维生素 A	肝、蛋、乳类、黄鳝、鳗鱼、螺蛳、牡蛎
	胡萝卜素	胡萝卜、红心甜薯、菠菜、苜蓿、荠菜、豌豆苗
	维生素 B_1	谷类（米、面）、大豆、花生、瘦肉、肝、酵母
	维生素 B_2	动物内脏（肝、心、肾）、蛋类、乳类、豆类、绿色蔬菜
	维生素 PP	谷类、花生、酵母、肉类、动物内脏（肝、肾）
	维生素 C	新鲜绿色蔬菜、辣椒、豆芽、酸性水果（桔、橙、酸枣、山楂）

根据我国的一般情况，学校实行三餐制是合理的，建议早餐在上午 7 点左右，热量占 30％～35％，午餐在 12 点左右，热量占 35％～40％，晚餐在下午 5 点～6 点，热量占 30％。早餐的问题应该引起重视。因为学生上午一般要连续学习 4 节课，能量消耗多达 600 kcal 左右。走读生更常常是早晨急促就餐或不吃早餐到校，经常如此会影响发育和健康。因此，学校要设法为走读生准备早餐或供间食。我国民间流传的“早餐要吃饱，中餐吃得好，晚餐吃得少”的说法是有一定道理的。为了保证消化器官的有效活动，学校必须给学生安排从容就餐的时间，一般不少于 30 min。饭后有 30 min 到 1 h 的休息时间，以保证血液能

更多地流向胃肠道，利于食物的消化和吸收。晚餐必须至少在就寝前 1～1.5 h，以免影响睡眠。

为了有计划地调配食品，保证饭菜多样化和合理的膳食制度，学校医生或专职膳食管理人员应该掌握食谱编制的原理和方法。食谱包括每天食物的种类、数量和饭菜的名称。在编制食谱时首先根据学生的年龄、劳动强度、生理状况，以营养素供给标准为基础，结合当时食品供应情况和经济条件，选择食品的种类和数量进行调配，编制一周的食谱。

1. 营养配餐

营养配餐，是按人体的需求，根据食物中各种营养物质的含量，设计一天、一周或一段时间的食谱，使人们摄入的蛋白质、脂肪、碳水化合物、维生素和矿物质等营养素比例合理，以达到平衡膳食的要求。

营养配餐需要以营养科学知识为指导。首先，根据中国营养学会制定的《中国居民膳食营养素参考摄入量(DRIs)》，编制食谱时，以营养素的推荐摄入量(RNI)为依据确定需要量，一般以能量需要量为基础，再以各营养素的 RNI 为参考评价食谱的合理性。其次，以《中国居民膳食指南》(2016)和《中国居民平衡膳食宝塔》为指导。“膳食指南”的原则是食谱设计的原则，营养食谱的制定需要根据“膳食指南”考虑食物种类、数量的合理搭配。“平衡膳食宝塔”还提出了实际应用时的具体建议，对食谱制定具有实际的指导作用。再次，根据营养平衡理论，膳食中蛋白质、脂肪和碳水化合物必须保持一定的平衡比例；优质蛋白质与一般蛋白质保持一定的平衡比例。在膳食中要将动物性蛋白质、一般植物性蛋白质和大豆蛋白质进行恰当的搭配，并保证优质蛋白质达到总供给量的 1/3。

2. 食谱制订

(1)营养食谱的制订原则：

①平衡膳食合理营养。食谱要满足人体需要的能量、蛋白质、脂肪以及各种矿物质和维生素，食物品种要多样，而且数量要充足，但也要防止过量；各营养素之间的比例要适宜；食物的搭配要合理，注意主食与副食、杂粮与精粮、荤与素等食物的平衡搭配；三餐要合理，膳食来源的能量在各餐中分配比例要合理。

②注意饮食习惯和饭菜口味。

③考虑季节和市场供应情况。主要是熟悉市场可供选择的原料，并了解其营养特点。

④兼顾经济条件。

(2)食谱制订方法：

①计算法。1)根据用餐对象的劳动强度、年龄、性别确定其平均每日能量供给量。2)确定宏量营养素每日应提供的能量。3)确定三种能量营养素每日的需要量。4)确定三种能量营养素每餐的需要量。5)主副食品种和数量的确定，根据三种产能营养素的需要

量，首先确定了主食的品种和数量，再通过鱼、禽、肉、蛋、豆、奶、油脂考虑蛋白质和脂肪的食物来源。最后还要考虑蔬菜和水果的品种、数量，以保证维生素、矿物质和膳食纤维的需要。6)食谱的评价与调整。根据以上步骤设计出营养食谱后，还应该对食谱进行评价，确定编制的食谱是否科学合理。

②食物交换份法。将常用食物按其所含营养素量的近似值归类，计算出每类食物所含的营养素值和食物质量，然后将每类食物的内容列出表格供交换使用，并计算出各类食物的交换份数和实际数量，按每份食物等值交换表选择食物。

③食谱的编制及膳食计算分析。

制订食谱：以一日三餐为单位，根据就餐者的情况，订出一周每餐的饭菜。

膳食计算、分析和评价：以表 6-6，开购买单，计算各食物成分。先计算一天每人各种食物的数量。

表 6-6 (1)学生营养餐营养素摄入(每人每餐)

营养素	中小学生		
	6～8 岁	9～11 岁	12 岁
	平均体重 21.9kg	平均体重 29.1kg	平均体重 40.6kg
热量(kcal/MJ)	700(2.92)	820(3.34)	930(3.89)
蛋白质(g)	24	28	32
来自动物及大豆的蛋白质	8～12	10～14	11～16
脂肪(g)	≤总热量 30%	≤总热量 30%	≤总热量 25%
钙(mg)	320	400	480
铁(mg)	4	4.8	7.2
锌(mg)	4	6	6
维生素 A(RE)	300	300	320
维生素 B_1(mg)	0.5	0.6	0.7
维生素 B_2(mg)	0.5	0.6	0.7
维生素 C(mg)	18	20	24

表 6-6(2) 学生营养餐各类食物的供给量(模式一)

单位:g/每人每餐

食物分类	中小学生		
	6～8岁 平均体重21.9kg	9～11岁 平均体重29.1kg	12岁 平均体重40.6kg
粮食类(包括谷类、除大豆以外的干豆类、薯类)	100	150	200
动物性食品(包括畜肉、禽、鱼、虾、蛋、动物内脏)	50	65	75
牛奶	100	125	125
大豆及其制品	20	25	30
蔬菜	120	150	200
植物油	5	6	7

表 6-6(3) 学生营养餐各类食物的供给量(模式二)

单位:g/每人每餐

食物分类	中小学生		
	6～8岁 平均体重21.9 kg	9～11岁 平均体重29.1 kg	12岁 平均体重40.6 kg
粮食类(包括谷类、除大豆以外的干豆类、薯类)	120	170	220
动物性食品(包括畜肉、禽、鱼、虾、蛋、动物内脏)	25	30	35
牛奶	40	50	50
大豆及其制品	40	50	50
蔬菜	120	170	220
植物油	6	7	8

表 6-7 每人每日各种营养素摄取量计算表

食堂名称：重庆市南开中学二食堂　用餐人数：564 人　日期：1992.4.15

餐别	蛋白质/g	脂肪/g	糖/g	热量/MJ	钙/mg	磷/mg	铁/mg	维生素 A/IU	硫胺素/mg	核黄素/mg	尼克酸/mg	抗坏血酸/mg
早餐	29.5	14.4	117.4	3.0	123	611	9.2	1440	0.73	0.42	3.6	
中餐	43.2	38.5	170.6	5.0	305.8	754	13.4	240	1.08	2.01	8.7	7.85
晚餐	39.6	28.3	180.2	4.7	155	693	11.0		0.92	0.32	6.9	20.0
三餐合计	112.3	81.2	468.2	12.8	583.8	2058	33.6	1680	2.73	2.75	19.2	98.5
供给量标准	80～90	70～80	420	11.7	1000		15～20	3000	1.5～1.8	1.5～1.8	1.5～1.8	60
达到供给量标准%	124.8 +	104.1 +	111.5 +	109.4 +	58.4 —		186.7 +	56.0 —	170.6 +	171.9 +	120.0 +	164.2 +

3. 食谱的编制及膳食计算分析

(1)制订食谱：以一日三餐为单位，根据就餐者的情况，订出一周每餐的饭菜。

(2)膳食计算、分析和评价：以表 6-6 星期三食谱为例，开购买单，计算各食物成分。先计算一天每人各种食物的数量。

将各种食物所含热量及其营养素都计算出来，其总和即为全天供给的热量和营养素。将其与进食对象需要量相比，决定盈亏，再予改进(表 6-8、6-9)。

从表 6-7 计算结果可以看出，该天供给的膳食，除钙和维生素 A 不足以外，其他如热量和各种营养素均能满足需要，如能在烧豆腐中加点含钙丰富的虾皮，将蒜薹肉丝改为炒猪肝，钙和维生素 A 就可以得到补充。

学校膳食管理中的重要问题，就是要科学地计划、编制合理的食谱，计算分析其营养供给是否能达到平衡。如有问题，应不断改进，使学校的师生员工能够得到合理的营养。

学校医生、保健教师以及专职食堂管理人员，应该掌握食物营养的知识，能够编制食谱。这是为保证学生健康成长在膳食管理中的基本功。

4. 食品的烹调加工

(1)食品烹调加工的意义：烹调加工是合理利用食品的重要环节，通过对食品的整理、洗涤和加热烹调，可以去除食物中的有害物质，如病菌、寄生虫卵等；食品经过烹调，可使各种营养素发生理化变化，增加食品的色、香、味，改善感官性状，刺激食欲，使之更适于人的饮食习惯，易于消化吸收。

(2)烹调加工对营养素的影响：在食品烹调加工时，由于切洗和加热，可使一部分维生素及无机盐受损失。

主食：米的烹调方法一般是以蒸为主。烹调前淘洗，可除去砂石、滑石粉、谷稗、霉菌等杂质，也会使水溶性维生素受损失。如淘米时用力搓洗，维生素 B_1 可损失 29%～60%，维生素 B_2 和维生素 PP 可以损失 23%～25%，无机盐和蛋白质等营养素也会受到一定损失。米愈精白、淘米时搓洗愈重、淘洗次数愈多，浸泡时间愈长，各种营养素的损失就愈多。煮饭时，由于加热，还会损失一些维生素，如维生素 B_1 可以损失 17.2%，维生素 PP 再损失 21%，如去掉米汤或在米中加碱，则维生素 B 族的损失更多。

表 6-8　我国各年龄段学生每天食物建议量　　单位(人/d)

	小学生		初中生
	1～3 年级	4～6 年级	
谷类及薯类	300～400g	350～400g	400～500g
蔬菜	300～350g	350～400g	400～500g
其中深色蔬菜	150～200g	150～200g	150～250g
水果	150～250g	200～300g	400～2150g
水产、禽畜肉类	100～150g	100～150g	125～175g
鸡蛋	50g(约 1 个)	50g(约 1 个)	50g(约 1 个)
奶及奶制品	250g(1 袋)	250g(1 袋)	250g(1 袋)
大豆及制品	30～50g	30～50g	30～50g
坚果	50g/周	50g/周	50g/周
植物油	25g	25g	25g
盐	6g	6g	6g

表 6-9　重庆市学校营养餐推荐食谱(小学)

	星期一		星期二		星期三		星期四		星期五	
	菜名	食　材	菜名	食　材	菜名	食　材	菜名	食　材	菜名	食　材
荤菜	宫保鸡丁	鸡胸脯肉 70g、熟花生米 20g	黄豆炖排骨	猪排骨 80g、黄豆 50g	黄豆烧肉	猪前腿肉 80g、黄豆 40g	鱼香肉丝	猪瘦肉 50g、干木耳 5g、胡萝卜 20g	豆干胡萝卜炒肉丝	猪瘦肉 60g、豆干 60g、胡萝卜 30g
素菜	红烧豆腐	豆腐 120g 虾仁 5g	炝炒凤尾	莴笋叶 100g	青椒土豆丝	土豆 80g 青椒 30g	番茄炒鸡蛋	鸡蛋 60g 番茄 50g	炝炒莲白	卷心菜 100g
每餐主食：米饭(大米 100g)；每餐烹调油：色拉油 10g										

面的烹调方法有蒸、炸、煮、烙等。一般蒸、烙维生素的损失较少，例如蒸馒头、烙大饼，维生素 B_1、B_2、PP 等仅损失 10%～20%。蒸玉米面(白玉米 75%加黄豆粉 25%)窝头时，水溶性维生素可完全保存。但是油炸或水煮面食时，维生素损失较大，如水煮面条时，维生素 B_1、B_2 损失约 35%，炸油条可使维生素 B_1 全部破坏。

副食：动物性食品中，肉和蛋类在烹调后，除水溶性维生素外，其他营养素损失不大。维生素的损失与烹调方法有关。例如猪肉丝用急火快炒，其维生素 B_1 可保存 87%，B_2 保存 79%，PP 保存 55%。如切成块状用文火炖，则维生素 B_1 可保存 35%，B_2 保存 59%，PP 保存 25%。一般炒蛋、荷包蛋、煮蛋等维生素损失约 10%以内。

蔬菜在烹调过程中，维生素 C 最易损失，但若用急火快炒的方法，则维生素 C 的损失可以减少。例如，番茄去皮切块，经油炒 3～4 min，维生素 C 可以保留 60%～70%，而胡萝卜素的损失较小，其保存率为 76%～94%。煮菜时将菜放入热水中煮熟，则可损失 40%。如果炒菜前将菜挤汁或煮过再炒，则大部分维生素和无机盐将受损失。

(3)合理的烹调方法：学校食堂要减少维生素的损失，改进不合理的烹调加工方法。推行合理的烹调方法。

煮饭应该尽量减少淘米次数，不要用热水搓洗和冷水冲洗。采用生米煮饭或焖饭，不用捞蒸丢弃米汤的蒸饭方法。

烹调各种面食时，应尽量不放碱，面食发酵产酸过多时，加碱中和不宜过量。煮粥、豆、牛肉等不能加碱，以减少营养素的损失。要少供应炸油条等食物。

烹调各种食品，尤其是蔬菜，不要用铜锅，尽量采用急火快炒的方法，动物性食品和蔬菜可稍加豆粉之类的淀粉，淀粉中含有谷胱甘肽，对维生素 C 和动物食品有保护作用。同时可使食品滑嫩可口，汁汤浓稠味美。煮肉骨头时，最好先敲碎并加醋少许，有利于钙的溶解。

蔬菜要尽可能做到现炒现吃，避免用水浸泡，并要先洗后切，不放置过久，避免多次加热，以防维生素和无机盐的损失，以及致癌物质亚硝胺的产生。

四、科学早餐

(一)早餐的重要性和不吃早餐的危害

经过一夜的睡眠，前一天的食物已经消化、吸收和排空，身体急需补充热能及各种营养素。因此，早餐显得格外重要。我国小学生学习负担重，上午一般有四五节课，多为主课，需要高强度地用脑。不吃早餐或早餐马虎，等不到午餐时间就会饥肠辘辘，大脑兴奋性降低，反应迟钝，注意力不集中，学习效果下降。不吃早餐者第一二节课就会有饥饿感和疲劳感，精力无法集中；早餐凑合者到第三四节课时也会产生这些感觉，并将越来越强烈。

不吃早餐会对学习和健康造成以下危害：

(1)影响学习成绩。不吃早餐或早餐质量低会使血糖浓度下降，脑细胞得不到充足能量，学习效率低，理解能力差，学习成绩下降。

(2)营养摄入不足，严重者导致营养不良。早餐提供的能量、营养素在全天能量和营养素摄入中占重要地位。不吃早餐或早餐差是引发营养不良的重要原因。经常不吃早餐还会导致钙、铁、锌等营养素摄入不足，引发贫血和其他营养缺乏症。

(3)导致肥胖。有些青少年指望不吃早餐来减肥。实际则是因为没吃早餐，午餐前出现强烈的饥饿感，导致吃饭狼吞虎咽，在不知不觉中吃过量，引起肥胖。

(4)经常不吃早餐影响消化功能，容易诱发胃炎、胆石症等消化系统疾病。

(二)重视质量、合理安排

合理的早餐食物应多种多样，摄取能量应达到全天总能量的25%～30%；食物量应相当于日总量的1/4～1/3。早餐食物的种类是评价早餐质量的核心指标。谷类食物在体内能很快转化为葡萄糖，有利于维持血糖稳定，保证大脑活动能量，为早餐所必不可少。合理早餐还应包括牛奶或豆浆，外加其他豆制品、瘦肉等富含蛋白质的食物，使食物在胃里停留较久，整个上午精力充沛。水果、蔬菜摄入也很必要。因此，准备早餐要遵循平衡膳食的原则，做到谷类，动物性食物，奶类或奶制品，蔬菜、水果等四类兼顾；仅选其中一两类的话，通常营养质量会较差。应向家长提供营养知识宣传教育，购买食物、准备早餐时注意合理搭配；安排早餐应注意质量好，味道可口，数量、体积适中，荤素搭配，粗细搭配，干稀适度。

五、国家大豆计划

国家大豆行动计划是一项以供应豆奶为主的学生营养改善专项计划，由农业部、卫生部、教育部等联合组织实施，1996年8月正式启动。该计划的主要目的是：(1)以占我国学生70%以上的乡村群体为目标，利用传统加工技术，将含大量蛋白质的大豆制作成豆奶等豆制品并廉价供应；(2)与乡村产业结构调整、解决“三农”问题、国家扶贫攻坚计划等结合，提升产业模式，转移农村劳动力，振兴农村经济；(3)避免西方国家在改善公众营养方面走过的弯路——单纯增加动物性食物摄入，导致肥胖、心血管疾病大量增加。

六、学校营养午餐

学校营养午餐，国外通称“学校午餐”，指根据不同年龄营养素需要量，通过营养师指导，由学校组织、提供全面、均衡的午餐。学校营养午餐的积极作用表现在以下方面：

(1)为上、下午学习提供能量来源和营养发挥独特的承上启下的作用。

(2)提供的热量、蛋白质应占全天需求量的40%左右;无机盐、微量元素等应占全天需要量的50%左右。因此,学校一顿营养午餐可保证学生一天40%的营养需求。

(3)通过合理配餐,使营养合理、均衡,有助于促进中小学生体质改善,显著减少各种营养失衡疾病和问题的发生。

(4)通过在学校用餐,切实解决学生中常见的、因各种生活环境和家庭原因导致的午餐营养素摄入不足和能量分配不合理等实际问题。

(5)培养学生对饮食的正确态度,纠正挑食、偏食等不良习惯,并把这一习惯带入家庭,使全民饮食更趋科学、合理。良好的饮食和生活习惯在学生今后的社会生活中将发挥重要的作用。

(6)师生一起准备和收拾午餐用具,可以培养学生的劳动服务精神,增进师生、同学友谊,锻炼学生生活自理能力,丰富学校生活,提高学生社交能力,加强其集体主义观念。

(7)午餐是营养教育的天然课堂,餐食本身就是活的教材,一边就餐,一边学习营养知识,所学习的知识更容易巩固。

七、学校营养教育

(一)学校营养教育的定义和目标

营养教育是一种改善人群营养状况的有效方法。WHO(世界卫生组织)给营养教育的定义是:营养教育是通过改变人们的饮食行为而达到改善营养状况目的的一种有计划的活动。学校营养教育是通过向儿童青少年传授营养知识和技能,提高其营养素养,帮助他们建立健康饮食行为,为终身健康奠定基础。《中共中央、国务院关于加强青少年体育增强青少年体质的意见》(中发〔2007〕7号文件)一再强调:要加强对学生的营养指导,建立和完善青少年营养干预机制。

(二)学校营养教育的目标

(1)为儿童青少年提供适合本国文化和年龄特点的有效教育,帮助他们成长为"懂营养"的消费者和社会人,并做到①应用基本的营养学原理,自己能对健康食物和饮食行为做出判定;②以身作则,影响同伴、家人和其他人;③能够看到自己的食物选择和饮食习惯如何影响环境,学会主动保护和改变环境。

(2)学校营养教育重视向儿童、青少年传授营养知识,但更重视通过让他们掌握这些知识,建立和巩固健康的饮食行为。

(3)帮助学生们感性认识一些普遍存在的营养问题,如营养不良、贫血、营养素缺乏、超重和肥胖等,通过教学引导他们去了解这些营养问题的危害性。

(4)通过案例分析,让学生了解如何预防肠道传染病和集体性食物中毒事件等。

知识拓展

学校营养教育内容

一、营养知识教育

1. 营养知识教育内容

以增加“营养知识水平”为目的的课程主要包括以下六个方面的内容，这些内容应覆盖整个课程的50%以上，其中第3、5项为重点，各学段平均每周课时1～2 h。

(1)“食物的性质”包括：

①食物是什么？明白并非所有能吃的东西都是“食物”。

②食物的分类及其营养价值。

③食物的来源；食谱加工方法和过程对营养质量的影响；加工食谱的成分和食物组成。

④食物的社会文化价值；认知这些价值便于做出正确选择。

(2)“食物获得和消费”包括：

①食品产地，食品贸易和营销如何进行。

②如何获取食物、以什么价钱获得；什么是“家庭食品保障”；哪些人缺乏食品保障，为什么；本地可通过什么方式自产食品(如家庭种植)。

③本地有哪些饮食习惯，为此应采取哪些食品加工和制作过程。

④哪些因素影响人们的食物选择、饮食习惯；人的生理、经济、社会、文化、情绪和食物的可得性(价格、购买力、个人爱好、广告营销)对食物选择有哪些影响。

(3)“食品、营养和健康的关系”包括：

①健康的概念，营养与体力活动的关系。

②食物有哪些主要功能，对健康有哪些影响。

③营养不良的成因、不良影响及其与饮食行为的联系；怎样预防营养不良及相关疾病的健康危害。

④针对儿童、青少年自身的生长发育需求的营养知识是学习重点。

(4)“健康膳食的组成和制作”包括：

①健康饮食的基本原则，从文化适宜性、营养充足、安全平衡、品种多样等角度考虑。

②处于生命不同阶段人群的膳食需求。

③健康膳食制作方法。

④学习膳食指南及其食物标签。

(5)“预防食源性疾病”包括：

①如何安全获得食物，从购买食物、食物品质和选择包装等角度考虑。

②食物的安全储存和制作，特别要注意食品保质期、食物的腐败变质、污染环节。

③如何安全利用食物（包括饮水），主要从厨房（食堂）清洁、个人卫生（尤其手）和预防腹泻等角度考虑。

(6)“营养和环节的联系”包括：

①食品生产、销售、消费的生理、经济、文化和社会意义。

②在发展中国家，废弃物处理缺乏对人的安全的保护；怎样减少食品制造方法（如炸鱼）产生的危险；怎样降低使用旧式、燃烧率低的炉子和包装对环境的污染等。

③在发达国家，怎样消除单纯商业考虑和牟取巨大经济利益而导致的能源浪费、环境污染、跨区域性疾病和健康威胁。

2. 分年龄段行为指南

可根据学生认知特点，将儿童、青少年分四个年龄段（小学低年级、小学中高年级、初中、高中），针对4～5个方面，提供行为培养目标和指南。

A. 6～7岁

(1)食物分类

①面对自己的膳食，说出食物、饮料的名称、颜色、质地和形状。

②挑选并叫出那些黄、橙、深绿色水果、蔬菜的名字。

③面对自己的膳食，逐一辨认它们是生还是熟的，来自哪些动物和植物。

(2)食品健康功能

①结合自己的生长状况，说说这些食物对生长有哪些作用。

②列举自己认为“对生长发育特别有好处”的食物；向父母提出购买要求。

③描述“累了”和“有劲”（玩耍、干活）的概念。

④建立主食（常见谷类）、零食和“有劲”的关系。

⑤描述“生病”和“健壮”（强壮、高兴、能干事）的概念。

⑥建立一些水果、蔬菜（尤其橙色、深绿色的）和“健壮”的联系。

⑦提出喝清洁饮用水的要求。

⑧吃东西时告诉家人“这种食物能帮助我生长，变得健壮，能好好玩，能干活”。

(3)健康饮食原则

①计数一日吃进去的食物；知道的种类越多越好，要求家里多买几种。

②要求在家吃早饭，并要求带一种健康零食到学校去。

(4)膳食相关疾病预防

①使用正确的方法有效地清洁牙齿。

②饭前洗手。

B. 8～10岁

(1)食物分类

对老师展示的本地食物、饮料（包括加工过的食品）进行分类。先区分植（动）物来源，再详述来自植(动)物哪个部分,或来自什么植(动)物。

(2)食品健康功能

①描述"健康人"、生长发育、精力、抗病能力方面的表现。

②认识到每种食物对健康都有多方面的贡献。

③描述本地主要食品的作用,试用定性词汇(如"补血")来描述其营养价值。

④描述用这种食物做成的饭菜;设想一些新做法并推荐给同学。

⑤告诉家人这顿饭里好的营养成分。

⑥养成每天多喝清洁水的习惯。

(3)健康饮食原则

①知道每天的能量怎样摄入,在家人、老师和同学帮助下调整行为模式,包括早餐、零食和锻炼。

②评价自己的膳食和兴趣爱好。在老师和同学帮助下,试验一下自己生活的方法,如增加品种、包括早餐和零食,参加更多锻炼,吃更多水果、蔬菜。

③用日记形式监督自己的行为改变的进展。

(4)特殊膳食需求

懂得有特殊食物需求的人群。

(5)膳食相关疾病预防

认识和解释以下现象:"进食过多""进食过少"和"因为食物品种不丰富,所以出现不适或长期的危险"等。

C. 11～13 岁

(1)食物分类

①按照来源,将食品分类:粮谷类、根茎类、水果和豆类等。

②按照上述分组结果,描述、评价饭菜的组成(从分类开始)。

(2)食品健康功能

①说明各种营养素、水和膳食纤维的健康作用。

②知道在哪里可以找到本地食品的信息。

③指出哪类本地食物有营养却被低估,帮助其推广。

④说明食物的营养价值怎样受到烹调方式和保存过程的影响。

⑤做一做,试验一下那些被推荐为"有益于健康"的烹调方式或保存方式。

(3)健康饮食原则

①描述健康生活方式的各方面,评价自己的生活方式,在成年人、同学帮助下决定改善策略。

②描述一种或一类健康的饮食,如粮谷类、根茎类、豆类和蔬菜等。

③描述一种建议饮食(如蛋白质很多)。

④描述食物的多样性及其意义。

⑤制作平衡膳食，描述并说明。

⑥评价某些膳食，根据自己的不足，开始改进膳食。

(4)特殊膳食需要

①选择自己生活中密切接触的一类人(婴儿、儿童、体力劳动者、孕妇、哺乳期妇女、老人机慢性病患者)，描述其特殊膳食需求。

②以真实或假想的场景为据，做案例分析。根据发现的问题，推荐膳食改进方法。

(5)膳食相关疾病

①指出自己的生活环境中存在哪些威胁(如父亲吸烟)。

②描述对自己的健康可能有威胁的饮食现象(如全家大多时间吃快餐)。

③描述对自己的饮食健康可能产生不良作用的外来压力(同伴、广告)和自身的习惯(方便食品)、嗜好(甜食)。

④针对自己家庭中膳食不足的原因(如不买高蛋白食品、父母亲不喜欢有益健康的食品)，向父母提出改善建议。

⑤知道一旦出现腹泻怎么办。

D. 14～16 岁

(1)食物分类

描述昨天家里购买或加工的米饭(面包或蛋糕)的营养成分。

(2)食品健康功能

①说明消化系统的主要组成部分，懂得身体处理和利用食物的原理。

②比较购买到的各种食品和家庭自产食品的“营养价值”和“价格”上的差异。

(3)健康饮食原则

①从食物种类角度描述一种健康食品。

②从营养种类角度，描述一种健康食品。

③从多样性角度，描述一种健康食品。

④描述某种食品在一日内的使用频率。

⑤从一年中的可获得性角度，描述一种健康食品。

⑥描述膳食对成长、能量和某些健康效应(如良好的视力、健康的心脏和良好的消化功能)的影响。

⑦为某一真实或假想的家庭制订一周膳食计划(预算)，解释其原则。

(4)特殊膳食需要

①列举日常生活中那些富含蛋白质、能量、铁和其他微量营养素的饭菜。

②懂得对季节性缺乏、价格昂贵等导致供应困难的问题，寻求帮助和解决的办法。

(5)膳食相关疾病

①认识膳食与疾病的相互联系,将其应用于实际生活。

②掌握对生长发育进行自我监测和评价的基本方法。

③认识常见的膳食缺乏体征,如视力不良、甲状腺肿大、疲倦乏力、面色苍白和精力不集中等。

3. WHO食品安全五大关键措施

(1)保持清洁

①接触食物前洗手,制作食物过程中要勤洗手。

②大小便后要洗手。

③对用于制作食物的器皿、器具进行清洗和消毒。

④防止食堂(厨房)的食物受到苍蝇、蟑螂等的污染。

(2)加热彻底

①食物彻底加热后再食用,尤其禽畜肉类、蛋类和海产品。

②使汤和炖的食物加热至沸腾(可用温度计),并维持足够长的时间。

③使畜肉、禽类食物保证汤汁清亮,不呈现粉色。

(3)使食物保持在安全温度下

①熟食在室温下放置不超过2 h。

②食用后立即将熟食和易腐败食物冷藏(5摄氏度以下)。

③汤类和炖类食物在吃以前保持滚烫。

④即使冰箱贮存,也不能过久。

⑤不将冷冻食物放置在室温环境中。

(4)使用安全饮用水和生鲜材料

①使用安全饮用水或将水处理至安全。

②选择新鲜和完整的食物。

③使用安全加工过的食物,如巴氏消毒奶。

④清洗水果和蔬菜,尤其生食时。

⑤吃新鲜食品,不吃过期食品。

二、怎样开展学校营养教育

1. 制定有效的教育策略

(1)在掌握儿童、青少年认知和心理发育特点的基础上,采取分年龄段教学的方式,充分利用其好奇心和探究心理,引发其自觉学习的兴趣。提供教材时需要充分利用实物和实际情景进行讲解。

(2)青少年努力寻求个性独立,其信念和行为极易受环境和同伴的影响。因此,要力争使青少年将健康行为建立在自觉、自愿的基础上,充分发挥同伴影响的作用并尽量排除不良环境的干扰。

(3)教育初期可先进行知一信一行(KABP)问卷调查,了解目标人群对相关知识的知晓程度、行为改变的意愿和可能影响教育进程的因素(如语言障碍),启发他们去发现自己存在的具体的行为问题,充分考虑妨碍成功的因素,设定阶段性目标和终期目标。

(4)学校营养教育的成功与否取决于学生能否积极参与、勇于实践和善于发现问题。全参与式的教育方式教学效果远优于课堂教学。需要针对不同专题和不同教育对象,区别对待,分类进行。

2. 为学校制定营养教育课程

一个有效的营养教育课程必须同时兼顾三个各自相对独立又相辅相成的要素,即:课堂教学、课外活动、学校环境保障,又称"三重奏"营养课程。

(1)课堂教学

课堂教学无论在学习营养知识还是培养健康饮食行为方面,都发挥着极其关键的作用。它分为两部分:①核心课程,由教育者通过对儿童、青少年需求性的直观的、逻辑的观察以及 KABP 问卷调查、预实验等过程来制定;②地方课程,结合当地面临的一些重大的、迫切需要解决的营养问题和人群行为表现,将这些地方性特殊问题纳入课程中。

(2)课外活动

学校营养教育不一定要占用其他课程的时间,可以在课外活动中安排,形式可多种多样,如参观农场、食品厂、超市,举办"学校营养日"活动,参观食堂、学校种植活动等。

(3)以与家庭、社区合作的形式开展的"学校环境保障"活动

有家庭和社区的参与,不影响学校正规课程的安排和节奏,能够显著扩大营养教育的影响。

开展学校营养教育,单凭几个营养师和几堂课是完全不够的,整个学校都应行动起来,营造良好的支持性环境,鼓励学生积极、主动参与到学校营养教育工作中来,只有儿童、青少年亲身参与,才能让他们在课堂教育、课外活动中学到的知识和才能在实践中得到检验,学以致用。

□ 复习提纲

1. 营养对儿童青少年的生长发育和健康有什么影响?

2. 营养素有哪几种?各种营养素的生理功能是什么?每种营养素的推荐摄入量是多少?营养素缺乏会出现哪些症状?

3. 什么叫热量?哪些营养素供给热量?不同年龄、性别和不同营养状况的人所需热能是多少?中小学生每日平均需要多少热量?

4. 什么叫平衡膳食?一般小学生、中学生每日平衡膳食需要哪些食物?各种食物需要多少数量才能满足营养的需要?

5. 当前学校中膳食普遍存在什么问题?如何改进?

6. 通过对一所学校膳食质量的评定,为其提供一份合理的膳食管理的建议。

7. 为学校设计一份一周食谱。

□ 参考文献

1. 季成叶. 现代儿童青少年卫生学[M]. 北京:人民卫生出版社,2010.

2. 吴坤. 营养与食品卫生学[M]. 北京:人民卫生出版社,2006.

3. 李林静. 学校卫生学[M]. 重庆:西南师范大学出版社,2012.

4. 杨月欣等. 中国食物成分表 2004[M]. 北京:北京大学医学出版社,2005.

5. 中国疾病预防控制中心营养与食品安全所,全国农村义务教育学生营养改善计划领导小组. 农村学生膳食营养指导手册[M]. 北京:中国人口出版社,2012.

第七章

学校食堂卫生与食品安全

【学习提要】

1. 了解食堂功能间(区)的作用、应配备的设施设备、日常管理措施、食源性疾病的范畴。

2. 掌握学校食品加工操作的关键控制点、食品采购中禁止采购的食材、学校常见食物中毒的种类。

3. 熟悉食堂食品加工的操作流程、食品安全应急处置、常见食物中毒的预防措施。

4. 采用与案例、视频、体会相结合的方法进行有效学习。

新修订的《中华人民共和国食品安全法》于 2015 年 10 月 1 日起实施,突出了"风险治理、全程治理、社会治理、责任治理"的理念。《中华人民共和国食品安全法》明确规定,食品安全,是指食品无毒、无害,符合应有的营养要求,对人体健康不造成任何急性、亚急性或者慢性危害。从食品安全的概念来看,食品安全问题主要由食源性疾病引起,而不仅仅局限于食物中毒这一个内容。

学校食堂由于学生就餐人数众多、自我防护意识较差、缺乏鉴别食品安全的经验,加之学校就餐时间集中、食堂食材使用量大、菜品相对单一等因素,一旦出现食品安全问题,在短时间内可出现大量学生集中中毒,群体效应很大。因此学校食品安全也被纳入了"突发公共卫生事件"进行管理。

第一节　食堂的布局及设施安全

食堂的合理布局和规范化操作流程,可以避免食品的交叉污染,特别是避免熟食品受到污染。交叉污染是指食品、食品加工者和食品加工环境、工具、容器、设备、设施之间生物性或化学性的污染物相互转移的过程。

一、正确选址

学校食堂的选址和布局要与学校的整体布局协调、配套。食堂的选址要安全、可靠，要远离污染源，与室外公厕、垃圾场（站）等污染源间的距离应大于 25m；要远离化学实验室、物理实验室。食堂与教学区、运动区、生活区严格分开单建，且处于校园的下风向，以避免其噪声及排放的油烟、气味影响教学环境。

二、食堂功能间（区）的设置

（一）基本的功能区间（区）设置

食堂最基本的功能间（区）包括：独立的食品原料存放间（区）、食品加工操作间（区）、食品出售场所及用餐场所，以及餐具清洗消毒间（区）、保洁间（区）。

（1）食品原料存放间（区）：有主食间（区）、副食间（区）、生菜存放间（区）、冷冻间（区）等，主食间（区）用于存放米、面等主食，副食间（区）用于存放油、盐、调料和其他副食品，生菜存放间（区）用于存放新鲜的蔬菜，冷藏、冷冻间（区）用于存放肉类、熟食品等。

（2）食品加工操作间（区）：包括粗加工间（区）、切配间（区）、烹饪间（区）。粗加工间（区），用于对食品原料进行挑拣、整理、解冻、清洗、剔除不可食用部分等的加工处理。切配间（区）用于把经过粗加工的食品进行清洗、切割、称量、拼配等加工处理成为半成品。烹饪间（区）用于对经过粗加工、切配的原料或半成品进行煎、炒、炸、焖、煮、烤、烘、蒸及其他热加工处理，将生食品烧熟煮透，变成可以直接食用的熟食品。

食品加工操作间（区）的设置要把握几个原则：

①布局流程：按照原料进入→原料加工→半成品加工→成品供应的流程合理布局，防止食品在存放、操作中产生交叉污染。

②食品加工处理流程：为生进熟出的单一流向，不走回头路。

③食品出入口的设置：为避免交叉污染、生熟污染，保证熟食品的卫生、安全，科学设置食堂出入口非常重要，原则上原料通道及入口、熟食品通道及出口、使用后的餐具回收通道及入口，宜分开设置；无法分开设置时，可以采取分时间段分别运送的办法，即运送原材料时不运送熟食品和使用后的餐具、运送熟食品时不运原材料和使用后的餐具，在运送熟食品时加以无污染物覆盖以免受到污染。

④食堂人员进出食堂的出入口设置：原则上单设，进入食堂经过洗手、换衣后才能进行食品操作。

（3）食品出售场所：包括备餐间（区）、分餐间（区）和售卖间（区），这个区域用于将熟食品送达学生手上。学校食堂的食品出售场所为专间（区）设置，不能作为其他用处。

食品出售场所专间设置要求：独立隔间，内设有空气消毒设施，入口处设置有洗手、消毒、更衣设施的通过式预进间。不具备设置预进间条件的可在专间入口处设置洗手、消毒、更衣设施。专间设一个门，如有窗户为可封闭式，用以传递食品。

(4)用餐场所主要是学生餐厅。

(5)餐用具清洗消毒、保洁间(区)：餐具清洗消毒间(区)，用于餐具和接触直接入口食品的工具、盛装容器进行清洗、消毒。保洁间(区)，用于保存已经清洗、消毒好的餐饮用具和熟食品盛装容器，这些保洁好的容、器具，可以直接使用，不再进行其他的处理。清洗、消毒、保洁间(区)的出入口和通道，原则上单设，以保证消毒、保洁的物品不再受到污染。

(二)功能间(区)的基本要求

(1)食品操作的基本面积。厨房面积需要能够容纳食堂操作所需要的设施设备，能满足食堂的功能区间的划分，食堂的切配、烹饪间(区)最小使用面积不得小于 $8m^2$。

(2)墙面及门窗要求。操作间(区)的墙壁采用白色瓷砖或其他防水防潮可清洗的材料制成墙裙。加工、消毒、烹饪等间(区)墙裙到 1.5m 以上；配餐间、分餐间、售卖间墙裙铺设到顶。阴角处应设置为圆弧形。所开设的门、窗装配严密，具有防鼠、防蚊、防蝇功能；如果为非独立房间，门窗要采用防火材料。

(3)操作间的地面要求。采用防水、防滑、无毒易清洗的材料建造。地面设置地沟用于排水，地面具有向地沟方向倾斜的坡度。地沟顶部加盖可拆卸的隔栅盖板或带小圆孔的盖板，地沟出口安装有网眼孔径小于 6mm 的金属隔栅或网罩。

(4)天花板要求。天花板宜采用无毒、无异味、不吸水、表面光洁、耐腐蚀、耐温、浅色材料涂覆或装修。天花板距离地面净高不低于 2.5m，阴角处应设置为圆弧形。

(三)功能间(区)的基本设施配备

食堂设施以满足功能间(区)的功能操作要求进行配备。

(1)防尘、防鼠、防虫害设施。厨房门窗等与外界连通部分须加装铁皮、不锈钢纱网、门帘、灭蝇灯等防鼠、防蝇、防尘设施。

(2)冷藏设施。设置冰箱和冰柜，冰箱用作留样及临时保存部分食品。

(3)消毒设施。设置洗涤池、消毒池、消毒柜等消毒设施，分餐专间内以紫外线灯作为空气消毒的设施，紫外线灯的数量按不小于 $1.5W/m^3$ 设置，且分布均匀，悬挂高度距离地面 2m 以内。也可配备蒸汽消毒、煮沸消毒等设施。

(4)洗手设施。食品处理区内设置足够数量的水龙头、洗手池，放置清洗、消毒用品和干手用品，方便员工洗手。学生餐厅设供用餐者洗手、清洗餐具的自来水装置。

(5)存放设施。主(副)食品库房内设置足够数量的存放货架，货架结构及位置能使贮存的食品和物品距离墙壁、地面均在 10cm 以上，以利空气流通及物品搬运。蔬菜存放间(区)设置足够数量的生菜架，货架结构及位置能使贮存的食品和物品距离墙壁、地面均在 10cm 以上，以利空气流通及物品搬运。冷藏设施包括放置肉类食品的冰箱、冰柜等。

(6)通风排烟设施。烹饪场所采用机械强力排风,产生油烟的设备上方加设附有机械排风及油烟过滤的排气装置,产生大量蒸汽的设备上方加设机械排风排气装置。排气口须装有易清洗、耐腐蚀、可防止有害动物侵入的网罩。

(7)其他设施设备:设置灶台、蒸饭车、洗菜(肉)池、切配案板、调料台、分餐台、照明灯、保洁柜等设施设备。使用煤等固体燃料的学校食堂设置外扒灰式隔墙灶。无自来水供应的学校食堂设置水缸,使用清洁安全的水源。

第二节 学校食品加工操作的关键控制点

危害分析关键控制点(HACCP),是一个评估危害并建立控制系统的科学有效的管理模式,它的本质是着眼于预防、控制和消除食品生产经营当中的不安全因素,而不是依靠最终产品的检验来保证食品的安全。目前世界各国普遍采用了这套管理体系。

HACCP 包括有 7 个原理:①进行危害分析;②确定关键控制点;③确定各关键控制点关键限值;④建立各关键控制点的监控程序;⑤建立当监控表明某个关键控制点失控时应采取的纠偏行动;⑥建立证明 HACCP 系统有效运行的验证程序;⑦建立关于所有适用程序和这些原理及其应用的记录系统。

根据学校食堂食品加工操作的流程,要控制好采购与运输、入库与存储、加工与保鲜、烹饪、分餐、洗刷与消毒共六个主要的关键控制点。

一、采购与运输环节

(一)风险分析

这个环节最容易出现的问题主要有三个。一是食品原料不符合安全标准,如农药残留、兽药残留、生物毒素、重金属、寄生虫、有机磷农药等污染物质以及其他危害人体健康的有害物质残留量超标,食品原料腐败变质等。二是违规采购食品添加剂。三是采购车辆及人员不符合卫生安全要求,造成食品原料被污染。

(二)风险控制

(1)不能采购以下食品:①用非食品原料生产的食品或者添加食品添加剂以外的化学物质和其他可能危害人体健康物质的食品,或者用回收食品作为原料生产的食品;②致病性微生物、农药残留、兽药残留、生物毒素、重金属等污染物质以及其他危害人体健康的物质含量超过食品安全标准限量的食品、食品添加剂、食品相关产品;③用超过保质期的食品原料、食品添加剂生产的食品;④超范围、超限量使用食品添加剂的食品;⑤腐败变质、油脂酸败、霉变生虫、污秽不洁、混有异物、掺假或者掺杂感官性状异常的食品、食品添加剂；⑥病死、毒死或者死因不明的禽、畜、兽、水产动物肉类及其制品；⑦未按规定进行检疫或者检疫不合格的肉类，或者未经检验或者检验不合格的肉类制品；⑧被包装材料、容器、运输工具等污染的食品、食品添加剂；⑨标注虚假生产日期、保质期或者超过保质期的食品、食品添加剂；⑩无标签的预包装食品、食品添加剂。

(2)必须到证照齐全的食品生产经营单位或批发市场采购。采购时，索取留存有供货单位盖章或签字的购物凭证以利溯源，长期定点采购的应与供应商签订包括保证食品安全内容的采购供应合同，不得采购没有相关许可证、营业执照、产品合格证明文件、动物产品检疫合格证明等证明材料的食品、食品添加剂及食品相关产品，对一些大的食品原料供应基地，还应实地考察供货商，了解他们生产食品的质量控制措施是否完善。对于米、面、油、肉、蔬菜、主要调味品等大宗食品实行统一招标、定点采购。

(3)依法索证索票，进货查验并进行记录。采购食品时，应当查验供货商的许可证和食品合格等证明文件，学校食堂应当建立食品进货查验、记录制度，如实记录食品的名称、规格、数量、生产批号、保质期、供货者名称、联系方式、进货日期等内容，食品进货查验记录应当真实，保存期不得少于两年。特别注意，所有证明文件要货、证相符，不能一证多用。所有索取的证、照要存入档案，以备查验。

(4)学校不能违规采购亚硝酸盐等食品添加剂。

(5)进行感官检查。保证采购的食品原料新鲜，无腐败变质、油脂酸败、霉变、生虫、污秽不洁、混有异物或者其他异常。除此之外，对食品的包装也要仔细察看，包装如有破损、漏气，食品就极有可能被污染。另外，察看预包装食品时，还要特别注意标识是否完整，是否有名称、规格、净含量、生产日期、成分或者配料表、保质期、产品标准代号、贮存条件、所使用的食品添加剂在国家标准中的通用名称、生产许可证编号和生产者的名称、地址、联系方式等，防止购进到期、过期和标识不全的货物。购买散装食品，还要查看散装食品的容器、外包装上是否标明食品的名称、生产日期或者生产批号、保质期以及生产经营者名称、地址、联系方式等内容。转基因食品还应查看是否有显著标识。

(6)要做好采购记录。采购员每天采购食品后应及时填写采购记录并存档备查，采购记录的内容包括：食品的名称、规格、数量、生产批号、保质期、供货者名称及联系方式，进货日期等内容。

(7)运输食品的车辆、容器一定要专用。绝不能使用曾运过有毒、有害物品的车辆、容器来运送食品。如果一车多用，使用前一定要清洗、消毒，并注意不要将食品和其他有毒有害物品混装，运输过程中还应做到防尘、防淋、防晒，长时间运输鱼、肉、豆制品等易腐败的食物，要冷藏运输。

二、入库与储存环节

(一)风险分析

在这个环节最容易出现的问题主要有两个。一是原材料被污染或混入杂物。二是原材料储存不当或过期变质。

(二)风险控制

验收合格的主、副食品及生、熟食品要分库储存,以防交叉污染。熟食品及肉类等易腐败食品还必须冷藏保存。所有的货物都要填写货架标签,分类分架、离地隔墙 10cm 存放。食品储存场所绝不允许存放有毒有害物品及个人物品。不储存亚硝酸盐等明令禁止学校使用的食品添加剂。食品原料出库遵循先进先出的原则,腐败、变质、超过保质期的食品原料要进行销毁,不能进入加工操作环节。

三、食品的粗加工环节

(一)风险分析

在这个环节上最容易出现问题有两个:一是加工时动植物的非可食部分、有毒部分未去除或去除不净;二是食品加工用具如墩、刀、筐、案、泡洗池等不符合食品安全要求,使食品受到致病菌等污染。

(二)风险控制

加工时,动物性与植物性食品所使用的水池、工具、容器必须分开使用、标记明显。放置原料、半成品、成品的容器及加工工具必须做到分开使用、标记明显。所有的容器在使用过程中都不能直接放在地上,用后都要认真清洗消毒,做到刀不生锈、物见本色、定位存放。动物性食品解冻时,应注意解冻的时间和温度,在室温下自然解冻建议不超过 4 h。蔬菜要仔细择洗,做到无泥沙、无烂叶、无虫害及异物;所有的蔬菜都要先洗后切,以免蔬菜当中含有的维生素丢失;洗净的蔬菜要在浸泡池中浸泡 10～30 min,至少不低于 5 min,并注意水、菜比例适当,确保蔬菜完全浸泡在水中,这样可以最大程度地减少残留农药对食用者的危害。加工土豆时,如遇发芽土豆应去除土豆芽、芽眼及青皮。所有加工好的食品在烹饪前必须注意保鲜,用于保存食品的冷藏设备必须贴有标志并有专人管理,保鲜库温度控制在 0～10℃,冷冻库控制在－20～－1℃。

四、烹饪环节

(一)风险分析

在这个环节最容易出现的问题主要有三个。一是盛装食物的容器生熟不分造成二次污染。二是加热不彻底、受热不均导致食品中的有害微生物不能被杀灭。三是食品添加剂等化学物品使用不当。

(二)风险控制

严禁使用腐败变质或者其他感官性状异常的食品及食品原料。不能超范围、超限量使用食品添加剂,不能使用亚硝酸盐。使用专用的熟食品盛装容器,盛装容器无毒、清洁,进行了消毒处理,熟食品盛装容器不能直接放置于地面。定期清洁烹饪用调味料盛放器皿。烹饪食品应烧熟煮透,加热时食品中心温度≥70℃。不加工隔夜剩菜、剩饭。加工土豆可适当加一点醋,加工豆浆必须经过二次沸腾、烧热煮透。

五、分餐环节

(一)风险分析

在这个环节最容易出现的问题主要有两个。一是分餐室的空气致病菌超标。二是所用的工具、容器和分餐人员带有致病微生物。

(二)风险控制

食堂售饭间、分餐间实行专间(区)管理,分餐人员各负其责,无关人员不能进入。分餐开始前1 h消毒分餐室。通常消毒的方法是用紫外线灯照射不少于30 min或用臭氧发生器消毒1 h即可。分餐开始前,分餐人员要二次更衣,戴上口罩,分餐用的手套应为一次性用品。分餐用的工具应由保洁柜取出后直接送入分餐间。分餐开始前先由食品安全管理员取饭菜留样,每种饭菜留样不得少于100 g,并做到每饭、菜、汤各一盒,标明留样日期和时间,留样的饭、菜、汤降到常温后放入专用冰箱存放,保留时间48 h以上。分餐过程中,如果成品不小心掉在操作台上或地上,直接分餐人员不能自己清理,以免污染双手,要由其他人及时清理。分餐时还要注意检查饭盒是否干净,不符合卫生要求的绝不允许装入食品。分餐期间,工作人员不得离开工作岗位;分餐完毕后,首先要关上窗口,然后将工具、容器码放归位。最后彻底打扫卫生,打扫卫生的工具必须专用。二次分餐到班级的所有送餐容器必须加盖,转运工具卫生、安全、专用,参与人员职责落实;参与二次分餐服务的学生,有相应的教师等人员进行指导、管理,确保学生安全。食品保存温度<60℃或>10℃,存放时间>2 h的熟食,再次利用需充分加热。

六、洗刷和消毒、保洁环节

(一)风险分析

在这个环节最容易出现的问题主要有两个。一是洗刷、消毒不彻底,致使病菌残留。

二是消毒后，运输、保洁、存放不符合卫生条件，造成二次污染。

(二)风险控制

彻底清除掉工具、容器、餐具上的食物残渣。用碱水或加入洗涤剂的水仔细刷洗，清除油污。用流动的清水反复冲洗，防止洗涤剂中的化学品残留。煮沸、蒸汽消毒保持100℃，10 min 以上。红外线消毒温度一般控制在 120℃以上，保持 10 min 以上。洗碗机消毒时，水温要达到 85℃以上，传递时间大于 40 s，注意喷水口是否堵塞。浸泡消毒时，浸泡时间 5 min 以上，有效氯浓度 250～300mg/L，水温应低于 20℃，否则有效氯将会挥发；浸泡消毒后的物品要用流水彻底冲洗干净。擦拭消毒时可用 75％的酒精，擦拭手和物体表面。消毒后的餐具应及时放入密闭的餐用具保洁设施内，要自然滤干或烘干。

第三节　学校食堂食品安全的日常管理

一、设立日常管理机构

设立包括法定代表人或者负责人、后勤管理人员、食堂从业人员和食品安全监管人员在内的食品安全管理机构，负责学校的日常食品安全管理。校长是学校食品安全管理的第一责任人。设立专(兼)职食品安全监管人员，食品安全监管人员是学校食堂和托幼机构食品安全的主要管理人员，应持有有效健康证明、有效培训合格证明，并具备 2 年以上餐饮服务食品安全工作经历，可对学生进行营养、食品安全、健康教育，提倡校长、教师和学生一起就餐。

二、日常管理制度

建立健全食堂从业人员健康管理和培训、食堂设施设备清洁消毒和维修保养、食品采购索证索票、进货查验和台账记录、库存定期清理、餐厨垃圾处置、食品添加剂管理、食品留样、食谱公示、食品安全日常检查奖惩等制度，建立食品安全责任制和责任追究制、食品安全突发事件应急处置机制和可追溯的食品安全管理体系及信息系统。

三、从业人员的日常卫生管理

食堂从业人员和饮用水管理人员应取得健康合格证明，在岗工作人员每年进行 1 次健康检查并取得健康合格证。开展食堂从业人员和饮用水管理人员的晨(午)检工作，当出现发热、咳嗽、腹泻、呕吐症状的时候，一定要立即撤离工作岗位，等治愈后才能重新上岗。保持服饰整洁，进入操作间以前，换戴整洁的食堂工作服、工作帽，工作服以浅颜色为宜；戴帽时应将全部头发都罩在帽中；接触熟食品的人员应戴好口罩；专间操作人员进入专间时，应更换专用工作衣帽并佩戴口罩，操作前应严格进行双手清洗消毒，操作中应适时消毒。保持手部的卫生，不留长指甲、不涂指甲油、手指和手腕不佩戴饰物；食品操作前洗净手部，操作过程中如果手部受到污染应及时洗手；售卖间、分餐间、备餐间等专间工作人员在处理食物前、使用卫生间后、接触生食物后、打喷嚏或擤鼻涕后、处理动物或废弃物后等任何可能会污染双手的活动后要立即洗手消毒。食堂从业人员和饮用水管理人员应接受相关机构的培训，掌握有关食品安全、食品营养和食品烹饪的基本要求。

四、食品贮存管理

学校食堂里食品要新鲜，严格做到腐败食物不采购、不验收、不烧煮、不供应。鸡、鸭、鱼、肉等容易变质的食品要有计划购买，妥善保存。食物要煮熟、煮透，有计划地做菜煮饭。夏秋季，食物容易变质，要现烧现供应，隔顿和隔夜饭菜，在不变质的情况下，要回锅炒透后再供应，外购的卤味熟食，也要回锅炒后再供应。吃凉拌菜要特别注意操作卫生，以防肠道传染病传播和寄生虫感染。学校食堂在冬季要保证供应热饭热菜，夏季饭菜要清爽可口。

食具要严格消毒。公用食具要做到一洗、二过（清水过）、三消毒、四密封保存。一般可用煮沸、蒸汽或药物消毒。对肺结核或病毒性肝炎患者用过的食具，应煮沸消毒 30min，或进行消毒柜消毒。

确立专人负责食品采购、运输的卫生安全，物品入库、出库查验并签字确认。库房管理人员要时常保持食品贮存场所通风干燥，防鼠、防虫等设施随时保持完好。食品存放分间（区）、分类、分架，离地离墙、建标立卡，库房内不能存放非食品和有害物品（如杀虫剂、灭鼠药、消毒剂）。散装食品盛装容器及包装材料符合卫生标准，不能使用非食品级包装材料或盛装容器。食品的使用遵循先进先出原则，定期检查、清理、销毁变质、过期、感官异常的库存食品及原料。

五、食堂内环境及设施设备管理

及时清理、清洗加工场所和就餐场所，保持食堂内环境的整洁卫生，做到不拥挤、光线充足、美观、无积水。及时清洗餐厨容器和设备，及时清洗、消毒餐饮用具。定期检查通风、排烟和防尘、防鼠、防虫害设施。定期清洗、校验保温设施及冷藏、冷冻设施，确保运转正常。

六、食品添加剂和食品留样及餐厨垃圾专项管理

食品添加剂使用应符合国家标准，并报当地食品药品监督管理部门备案。严禁使用

有毒物质作食品添加剂，严禁超范围、超剂量使用食品添加剂。食品添加剂的管理，采用专人采购、专人保管、专人领用、专人登记、专柜上锁保存（标示“食品添加剂”字样）、专秤称量、专账记录，添加剂的使用情况应进行公示。食品留样由专人负责、专人管理，无关人员不得接触。留样冰箱专用，放置安全、可控。餐厨垃圾处置日产日清，与有资质的垃圾处置单位签订合同，建立处置台账。

七、食堂档案管理

分类建立健全食堂档案，包括从业人员健康证明和培训记录，食品及食品添加剂供应商资质（许可证、检验合格证明）和食品采购索证索票及进出记录、公用器具消毒记录、食品留样记录、食品添加剂使用记录、餐厨垃圾处置记录、食堂日常检查记录以及一周食谱等资料，原则上保存 2 年。

八、食品安全应急处置

学校应制订食品安全事故应急处置方案，主要内容包括：立即停止供餐，学生立即停止用餐；组织患者或疑似患者立即到医院诊治；立即封存可疑食品或物品，派出人员保护现场；如果怀疑水源的问题，应停止水源的使用；立即上报当地教育主管部门、食品药品监督管理部门和卫生部门，配合卫生、食品药品监督管理等部门调查取证与处理，认真执行监管部门提出的处置措施；及时与学生家长取得联系，做好稳定及善后等工作；组织人员对共同进餐的学生进行排查；在学校适当的范围通报突发公共卫生事件的基本情况以及采取的措施，稳定师生员工情绪，并开展相应的卫生宣传教育，提高师生员工的预防与自我保护意识；如果出现人员死亡，应做好死亡人员家属的接待与安抚工作，同时还应在卫生部门及教育行政部门的指导下，及时介入心理危机干预工作，对相关人群进行心理干预。

九、日常安全保卫

食品安全是学校的头等大事，学校食堂自然就是学校的安全重地，要防止投毒事件的发生。招聘从业人员时，要了解其品行及心理状况，招录品行良好、心理健康、身体健康的人员。非食堂工作人员绝对不允许进入食品加工操作区域、售卖区域和食品原料存放区域，更不能借道穿行。食堂从业人员下班后，一定要认真检查门窗是否锁好，以避免因为安全保卫措施不到位，而被犯罪分子钻空子投毒，导致食物中毒事故的发生。消毒剂、洗涤剂、杀虫剂及灭鼠药等有毒有害物品一定要单独存放，专人保管，并有领取使用记录，以防污染食品或错拿误用。

十、日常监督检查

从业人员每天按照岗位职责和卫生要求进行自查，管理人员每日应检查从业人员是否落实了岗位职责和卫生要求，学校的领导应定期对食堂食品安全状况进行抽查。相关的食品安全管理内容应在餐厅等用餐场所进行公示。学校校医、保健教师对食堂职工和管理人员进行饮食卫生知识宣传、教育。组织炊事人员业务学习，加强饮食卫生和营养指导与监督工作。

第四节 食源性疾病和学校常见食物中毒

食源性疾病是当今世界上分布较广泛、较常见的疾病，是一项重要的公共卫生问题。“食源性疾病”一词是由传统的“食物中毒”逐渐发展而来的，这一发展表明了人们对“由食物摄入引起的疾病”认识上的发展。

一、食源性疾病

（一）食源性疾病的概念

WHO对食源性疾病的定义为由摄入食物后进入人体的各种致病因子引起的、通常具有感染或中毒性质的一类疾病，即指通过食物摄入的方式和途径致使病原物质进入人体并引起的中毒性或感染性疾病。食源性疾病包括三个基本要素：①传播疾病的媒介——食物；②食物中存在致病因子，导致人体患病；③临床特征为急性中毒或急性感染。

（二）引起食源性疾病的致病因子

能引起人类腹泻或其他食源性疾病的致病因子是多种多样的，主要包括生物性、化学性和物理性三大因素。

1. 生物性因素

(1)细菌及其毒素：细菌及其毒素是食源性疾病最重要的病原物。包括：① 引起细菌性食物中毒的病原菌，如沙门氏菌、大肠杆菌等。② 引起人类肠道传染病的病原菌，如导致痢疾的志贺氏菌、导致霍乱的霍乱弧菌等。③引起人畜共患病的病原菌，如炭疽杆菌、鼻疽杆菌、结核杆菌、布鲁氏杆菌等。

(2)寄生虫和原虫：如绦虫、旋毛虫、弓形虫以及其他寄生虫。

(3)病毒和立克次氏体：是导致婴儿秋季腹泻的常见病毒，如轮状病毒、柯萨奇病毒、埃可病毒、腺病毒、冠状病毒、诺如病毒、甲型肝炎病毒、朊病毒等。

(4)有毒动物及其毒素：如河豚体内的河豚毒素等，除此之外，还包括动物性食物贮存时产生的毒性物质，如鱼不新鲜或腐败时所形成的组胺。

(5)有毒植物及其毒素:如果仁中的有毒物质,苦杏仁及木薯中的氰苷类,粗制棉籽油中的毒棉酚,四季豆中的皂素,新鲜黄花中的类秋水仙碱,马铃薯在存放时其芽眼处产生的龙葵碱,蔬菜不新鲜或低盐腌渍过程中产生的亚硝酸盐等。

(6)真菌毒素:包括黄曲霉毒素、伏马毒素及展青霉素等。

2. 化学性因素

化学性因素主要包括农药残留;兽药(抗生素)残留;不符合要求的食品生产工具、容器、包装材料以及非法添加剂;有毒有害化学物质,如镉、铅、砷、汞、铬、偶氮化合物等;食品加工中可能产生的有毒化合物,如反复高温加热油脂产生的油脂聚合物;烘烤或烟熏动物性食物产生的多环芳烃类;食品腌渍过程中产生的亚硝酸盐等。

3. 物理性因素

物理性因素主要包括掺假和放射性元素的污染。

(三)食源性疾病的范畴

随着人们对疾病认识的不断深入,食源性疾病的范畴也在不断扩大。既包括了传统的食物中毒,也包括经食物而感染的肠道传染病、食源性寄生虫病、人畜共患传染病、食物过敏,以及由食物中有毒、有害污染物所引起的慢性中毒性疾病等。

(四)人畜共患传染病

人兽共患传染病是指“人和脊椎动物之间自然感染与传播的疾病”。该类疾病的病原体既可存在于动物体内,也可存在于人体内,既可由动物感染给人,也可由人传染给动物,大多数人畜共患疾病通常由动物传染给人,由人传染给动物的比较少见。

1. 炭疽:烈性传染病。通常本病主要发生在畜间,以牛、羊、马等草食动物最为多见。炭疽杆菌的传染途径主要经过皮肤接触或由空气吸入,因食物引起的胃肠型炭疽较少见。

2. 鼻疽:由鼻疽假单孢菌引起的烈性传染病。自然感染主要通过与病畜接触,经消化道、损伤的皮肤、黏膜以及呼吸道传染。

3. 口蹄疫:猪、牛、羊等动物的急性传染病,也是接触性人畜共患传染病。口蹄疫的主要传播途径是消化道、呼吸道、损伤的或完整的皮肤、黏膜。

4. 结核病:是由结核杆菌引起的慢性传染病,牛、羊、猪和家禽均可感染。牛型和禽型结核可传染给人。结核病主要通过咳嗽的飞沫及痰干后形成的灰尘而传播,人还会通过喝含菌牛乳而被感染。

5. 布鲁氏杆菌病:是由布鲁氏杆菌引起的慢性接触性传染病,绵羊、山羊、牛及猪易感。本病主要通过消化道感染,也可以经皮肤、黏膜和呼吸道感染。

6. 疯牛病:疯牛病是牛海绵状脑病的俗称。其病理改变是脑海绵状变性,并伴有严重的神经系统症状和体征。疯牛病是由一种非常规的病毒——朊病毒(prion)引起的。食用被疯牛病病毒污染了的牛肉、牛脑髓的人,有可能染CJD(Creutzfeldt-Jakob disease,克雅氏病,是一种早老性痴呆病),CJD是疯牛病在人类身上的表现形式。

7. 禽流感：禽流感是由 A 型流感病毒引起的。甲型流感病毒除感染人外，还可感染猪、马、海洋哺乳动物和禽类。感染人的禽流感病毒亚型主要为 H5N1、H9N2、H7N7，其中感染 H5N1 的患者病情重，病亡率高。

8. 猪水疱病：其是猪的一种烈性传染病，病原体为猪水疱病毒。家畜中仅猪感染发病，人的感染途径以接触感染为主。猪瘟、猪丹毒、猪出血性败血症是猪的三大传染病，分别由猪瘟病毒、猪丹毒杆菌、猪出血性败血症杆菌所致。

(五)食物过敏

1. 概念

食物过敏(food allergy)，也称食物的超敏反应，是指所摄入体内的食物中的某组成成分，作为抗原诱导机体产生免疫应答而发生的一种变态反应性疾病。

2. 引起过敏食品的种类

引起过敏的食物有 160 多种，但常见的致敏食品主要有 8 类：①牛乳及乳制品(干酪、酪蛋白、乳糖等)；②蛋及蛋制品；③花生及其制品；④大豆和其他豆类以及各种豆制品；⑤小麦、大麦、燕麦等谷物及其制品；⑥鱼类及其制品；⑦甲壳类及其制品；⑧坚果类(核桃、芝麻等)及其制品。

3. 食物过敏的症状

一般在食用引起过敏食物后几分钟至一小时内出现，可持续数天甚至数周。过敏反应的特定症状和严重程度受摄入的过敏原量以及过敏者敏感性的影响。食物过敏者可出现皮肤症状，如发痒、发红、肿胀等；胃肠道症状，如腹痛、恶心、呕吐、腹泻、口腔发痒和肿胀等；呼吸道症状，如鼻和喉发痒和肿胀、哮喘等；眼睛发痒和肿胀；以及心血管系统症状，如胸部疼痛、心律不齐、血压降低、昏厥、丧失知觉甚至死亡。

4. 预防措施

预防食物过敏者发生食物过敏的唯一办法是避免食用含有过敏原的食物，一旦确定了致敏原，应严格避免再进食，从食物中排除该食物致敏原，即不会发生过敏反应。对含有麸质蛋白的谷物过敏的患者，要终身禁食全谷类食物，应食用去除谷类蛋白的谷类。烹调或加热可使大多数食物抗原失去致敏性，如鸡蛋、牛奶、香蕉。

(六)食物中毒

1. 食物中毒的概念

食物中毒(food poisoning)系指摄入含有生物性、化学性有毒有害物质的食品或把有毒有害物质当作食品摄入后所出现的非传染性的急性、亚急性疾病。

食物中毒属于食源性疾病，既不包括因暴饮暴食而引起的急性胃肠炎、食源性肠道传染病(如伤寒)和寄生虫病(如旋毛虫)，也不包括因一次大量或长期少量多次摄入某些有毒、有害物质而引起的以慢性毒性为主要特征(如致癌、致畸、致突变)的疾病。

2. 食物中毒的发病特点

食物中毒的发病具有如下共同特点：

(1)发病潜伏期短，来势急剧，呈爆发性，短时间内可能有多数人发病。

(2)发病与食物有关，病人有食用同一有毒食物史，流行波及范围与有毒食物供应范围相一致，停止该食物供应后，流行即告终止。

(3)中毒病人临床表现基本相似，以恶心、呕吐、腹痛、腹泻等胃肠道症状为主。

(4)一般情况下，人与人之间无直接传染。发病曲线呈突然上升之后又迅速下降的趋势，无传染病流行时的余波。

3. 食物中毒的流行病学特点

(1)发病的季节性特点：细菌性食物中毒主要发生在 6～10 月份，化学性食物中毒全年均可发生。

(2)发病的地区性特点：绝大多数食物中毒的发生有明显的地区性，如我国沿海省区多发生副溶血性弧菌食物中毒，肉毒中毒主要发生在新疆等地区，农药污染引起的中毒多发生在农村地区等。但由于近年来食品的快速配送，食物中毒发病的地区性特点越来越不明显。

(3)导致食物中毒的原因：在我国引起食物中毒的原因，不同年份均略有不同。2008～2010 年，微生物引起的食物中毒事件报告次数和中毒人数最多，其次为有毒动植物引起的食物中毒，再次为化学性食物中毒。微生物导致的食物中毒事件中，主要是由沙门氏菌、副溶血性弧菌、蜡样芽孢杆菌引起；植物导致的中毒事件主要为毒蘑菇、菜豆和桐油引起；化学性食物中毒主要为污染了亚硝酸盐、农药、鼠药的食品引起；动物性中毒主要为河豚鱼的毒素引起。

(4)食物中毒发生场所分布特点：食物中毒发生的场所多见于集体食堂、饮食服务单位和家庭。

4. 食物中毒的分类

一般按病原物分类，可将食物中毒分为细菌性食物中毒、真菌及其毒素食物中毒、动物性食物中毒、植物性食物中毒、化学性食物中毒 5 类。

二、学校常见的食物中毒及其预防措施

(一)沙门氏菌食物中毒

1. 病原特点

自然界分布广泛，品种繁多，既可感染动物，也可感染人类，极易引起人类的食物中毒。致病性最强的是猪霍乱沙门氏菌。绝大部分沙门氏菌具有周身鞭毛，能运动。沙门氏菌不耐高温，100℃数分钟即被杀死。食品被污染后无感官性状变化，故对贮存较久的肉类，即使没有腐败变质，也应彻底加热灭菌，以防引起食物中毒。

2. 流行病学特点

发病率较高，一般为 40%～60%。引起中毒的食品主要是动物性食品，特别是畜肉类及其制品，其次为禽肉、蛋类、奶类及其制品；由植物性食品引起的很少。全年皆可发病，但季节性较强，夏秋季多见。发病点多面广，爆发与散发并存。青壮年多发。

3. 食品中沙门氏菌的来源

家畜、家禽中沙门氏菌的来源主要是生前感染和宰后污染，牛奶中沙门氏菌的来源主要是患病奶牛牛奶和挤出后受到污染。蛋类及其制品感染和污染沙门菌的机会较多，尤其是鸭、鹅等水禽类，其带菌率一般在 30%～40%；除感染家禽的卵巢及卵黄外，禽蛋经泄殖腔排出时，蛋壳的表面在肛门腔里被粪便中的沙门氏菌污染，沙门氏菌可通过蛋壳的气孔侵入蛋内。

4. 中毒表现

潜伏期短，一般为 4～48 h，长者可达 72 h。潜伏期越短，病情越重。其临床表现有多种，可分为胃肠炎型、类霍乱型、类伤寒型、类感冒型等，主要为胃肠炎症状，腹泻一日可达数次至数十次，主要为水样便，少数带有黏液或血。其常有类感冒前驱(早期)症状，病程 3～5 d；愈后较好。

5. 预防措施

防止沙门氏菌污染食品，加强检疫，加强卫生管理，特别要防止肉类熟食品被带菌者、带菌容器及生食物污染。控制食品中沙门氏菌的繁殖，影响沙门氏菌繁殖的主要因素是储存温度和时间，低温储存是控制沙门菌繁殖的重要措施，食堂应配置冷藏设备；生熟食品分开保存，防止交叉污染；此外，加工好的熟肉制品应尽快食用，或低温保存，并尽可能缩短储存时间。彻底加热以杀灭沙门氏菌，加热杀灭病原菌是防止食物中毒的关键措施，但必须达到有效的温度；经高温处理后即刻食用的肉块，质量不应超过 1 kg，并持续煮沸 2.5～3.0 h，或使肉块的深部温度至少达到 80℃，并持续 12 min，使肉中心部位变为灰色而无血水，以便彻底杀灭肉类中可能存在的沙门氏菌并灭活毒素；加工后的熟肉制品长时间放置后应再次加热后才能食用。禽蛋类需要将整个蛋洗净后，带壳煮或蒸，沸水蒸煮 8～10 min。

(二)金黄色葡萄球菌食物中毒

1. 病原特点

金黄色葡萄球菌是引起食物中毒的常见菌种，其中 A 型引起的食物中毒最常见，毒力最强。50%以上的菌株可产生肠毒素，肠毒素为一种蛋白质类毒素，在 100℃下可耐受 30 分钟，并能抵抗胃肠道中蛋白酶水解，因此要完全破坏食物中的肠毒素需要在 100 ℃加热 2 h。肠毒素毒性强，1 μg/kg 含量即可引起食物中毒。自然界分布广，健康人咽部带菌率可在 40%～70%，适宜温度为 30～37℃，较耐热，兼性厌氧，耐盐，对营养条件要求不高，为最常见的化脓性球菌之一。

2. 流行病学特点

全年均可发病，夏秋季多见。引起中毒的食物很多，主要是营养丰富且含水分较多的食品，如乳类及乳制品、肉类、剩饭等，其次为熟肉类，鱼、蛋较少。近年来，有熟鸡、鸭制品引起的食物中毒事件的报道。

3. 食品被污染的原因

一是食物被金黄色葡萄球菌污染。金黄色葡萄球菌广泛分布于自然界中，人和动物的鼻腔、咽、消化道的带菌率均较高。上呼吸道被金黄色葡萄球菌感染者，鼻腔的带菌率为 83.3%，健康人带菌率也达 20%～30%。人和动物的化脓性感染部位常成为污染源，如奶牛患化脓性乳腺炎时，乳汁中就可能带有金黄色葡萄球菌；畜、禽有局部化脓性感染时，感染部位可对其他部位造成污染；带菌从业人员常对各种食物造成污染。二是肠毒素的污染。肠毒素的产生与温度、食品受到污染的程度、食品的种类及性状有密切的关系。食品被葡萄球菌污染后，如果没有形成肠毒素的合适条件，如在较高的温度下保存较长时间，就不会引起中毒。一般来说，在 37℃以下，温度越高，产生肠毒素需要的时间越短，在 20～37℃时，经 4～8 h 即可产生毒素，而在 5～6℃，需经 18 d 方可产生毒素。食物受污染的程度越严重，葡萄球菌的繁殖越快，越容易形成毒素。此外，含蛋白质丰富，含水分较多又含有一定量淀粉的食物，如奶油糕点、冰激凌、冰棒等及含油脂较多的食物，如油煎荷包蛋，受金黄色葡萄球菌污染后更易产生毒素。

4. 临床表现

发病急骤，潜伏期短，一般为 2～5 h，极少超过 6 h。主要表现为明显的胃肠道症状，如恶心、呕吐、中上腹部疼痛、腹泻等，以呕吐最为显著。呕吐物常含胆汁，或含血及黏液，剧烈吐泻可导致虚脱、肌痉挛及严重失水。体温大多正常或略高。病程较短，一般在数小时至 1～2 d 内迅速恢复，很少死亡。发病率为 30%左右。儿童对肠毒素比成人更为敏感，故其发病率较成人高，病情也比成人重。

5. 预防措施

一是防止金黄色葡萄球菌污染食物。①避免带菌人群对各种食物的污染：要定期对食品加工人员、饮食从业人员、保育员进行健康检查，有手指化脓、化脓性咽炎、口腔疾病应暂时调换工作。②避免葡萄球菌对畜产品的污染：应经常对奶牛进行兽医卫生检查，对患有乳腺炎、皮肤化脓性感染的奶牛应及时治疗。奶牛患化脓性乳腺炎时，其乳不能食用。在挤乳过程中要严格按照卫生要求操作，避免污染。健康奶牛的乳在挤出后，除应防止金黄色葡萄球菌污染外，还应该迅速冷却至 10℃以下，防止该菌在较高的温度下繁殖和产生毒素。此外，乳制品应该以消毒乳为原料。二是防止肠毒素的形成。食物应冷藏，或置阴凉通风的地方，放置的时间不应超过 6 h，尤其在气温较高的夏、秋季节，食用前还应彻底加热。

(三)副溶血性弧菌食物中毒

1. 病原特点

嗜盐,在无盐的条件下不能生长。碱性厌氧,有鞭毛。不耐热和酸,90℃加热 1 min 或用含 1%醋酸的食醋处理 5 min,均可将其杀灭。可产生肠毒素和溶血毒素,产生的溶血毒素耐热。

2. 流行病学特点

沿海地区为副溶血性弧菌食物中毒的高发区。近年来,随着海产品大量流向内地,内地也时有此类食物中毒事件的发生。此病高发季节为 7～9 月,发病率为 10%～30%。中毒食品主要为海产品,其中以墨鱼、带鱼、黄花鱼、虾、蟹、贝、海蜇最为多见,如墨鱼的带菌率达 93%;其次为盐渍食品,如咸菜、腌渍的肉禽类食品。

3. 食品中副溶血性弧菌的来源

一是直接污染。海水及沉淀物中含有副溶血性弧菌,沿海地区的饮食从业人员、健康人员及渔民副溶血性弧菌的带菌率为 11.7%左右,有肠道病史者带菌率可达 31.6%～88.8%。二是间接污染。沿海地区炊具副溶血性弧菌的带菌率为 61.0%。被副溶血性弧菌污染的食物在较高温度下存放,食用前加热不彻底或生吃可感染此菌;热制品受到带菌者、带菌的生食品、容器及工具等污染,也可导致感染。

4. 中毒症状

潜伏期为 2～40 h,多为 14～20 h。发病初期主要表现为腹部不适,尤其是上腹部疼痛或胃痉挛。继之恶心、呕吐、腹泻,体温一般为 37.7～39.6℃。发病 5～6 h 后腹痛加剧,以脐部阵发性绞痛为特点。粪便多为水样、黏液或脓血便,里急后重不明显。重症病人可出现脱水、意识障碍、血压下降等,病程 3～4 d,预后良好。近年来国内报道的副溶血性弧菌食物中毒,临床表现不一,可呈胃肠炎型、菌痢型、中毒性休克型或少见的慢性肠炎型。

5. 预防措施

与沙门氏菌食物中毒的预防措施基本相同,也要抓住防止污染、控制繁殖和杀灭病原菌三个主要环节,其中控制繁殖和杀灭病原菌尤为重要。各种食品,尤其是海产食品及各种熟食品应低温贮藏。鱼、虾、蟹、贝类等海产品应煮透。凉拌食物清洗干净后在食醋中浸泡 10 min 或在 100℃沸水中漂烫数分钟即可杀灭副溶血性弧菌。此外,盛装生、熟食品的器具要分开并注意消毒,以防止交叉污染。

(四)含氰苷类食物中毒

含氰苷类食物中毒是指因使用苦杏仁、桃仁、李子仁、枇杷仁、木薯等含氰苷类食物引起的食物中毒。

1. 有毒成分的来源

含氰苷类食物的有毒成分为氰苷,其中苦杏仁含量最高,平均为 3%,而甜杏仁则平均为 0.1%,其他果仁平均为 0.4%～0.9%,木薯中亦含有氰苷。当果仁在口腔中咀嚼和在胃肠内进行消化时,氰苷被果仁所含水解酶水解释放出氰酸,并迅速被黏膜吸收入血引起中毒。

2. 中毒机制及中毒症状

氢氰酸中的氰离子可与细胞氧化酶中的铁离子结合，使呼吸酶失去活性，氧不能被组织细胞利用，导致组织缺氧陷于窒息状态。另外氢氰酸可直接损害延髓的呼吸中枢和血管运动中枢。苦杏仁氰苷为剧毒物，对人的最小致死量为 0.4～1.0mg/kg 体重，相当于 1～3 粒苦杏仁中的含量。苦杏仁中毒的潜伏期短者 0.5 h，长者 12 h，一般 1.0～2.0 h。木薯中毒的潜伏期短者 2.0 h，长者 12 h，一般为 6.0～9.0 h。苦杏仁中毒时，出现口中苦涩、流涎、头晕、头痛、恶心、呕吐、心悸、四肢无力等；此外，还可以引起多发性神经炎。木薯中毒的临床表现与苦杏仁相似。

3. 流行病学特点

苦杏仁中毒多发生在杏子成熟的初夏季节，儿童中毒多见，常因儿童不知道苦杏仁的毒性误食后引起；还有因为吃了加工不彻底未完全消除毒素的凉拌杏仁引起的中毒。

4. 预防措施

加强宣传教育，向广大居民，尤其是儿童、学生进行宣传教育，勿食苦杏仁等果仁，包括干炒果仁。采取去毒措施，加水煮沸可使氢氰酸挥发，可将苦杏仁制作成杏仁茶、杏仁豆腐等。木薯所含氰苷 90%存在于皮内，因此食用时通过去皮、蒸熟等方法可使氢氰酸挥发掉。

(五)毒蕈中毒

蕈类通常称为蘑菇，属于真菌植物。我国有 300 多种可食用蕈，毒蕈 80 多种，其中含剧毒能致人死亡的有 10 多种。毒蕈与可食用蕈不易区别，常因误食而中毒。

1. 有毒成分的来源

不同毒蕈含不同毒素，有些毒蕈同时含多种毒素。一是胃肠毒素，含有这种毒素的毒蕈很多，毒性成分可能为类树脂物质、苯酚、类甲酚、胍啶或蘑菇酸等。二是神经毒素、精神毒素，存在于毒蝇伞、豹斑毒伞、角鳞灰伞、臭黄菇及某些牛肝菌等毒蘑菇中。三是溶血毒素，鹿花蕈含有马鞍蕈酸，属甲基联胺化合物，有强烈的溶血作用。四是肝肾毒素，引起此型中毒的毒素有毒肽类、毒伞肽类、鳞柄白毒肽类、非环状肽等。此类毒素为剧毒，危险性大，死亡率高。五是类光过敏毒素，在胶陀螺(又称猪嘴蘑)中含有光过敏毒素。

2. 流行病学特点

毒蕈中毒在云南、广西、四川三省区发生的起数较多，毒蕈中毒多发生于春季和夏季，在雨后，气温开始上升，毒蕈迅速生长，有些人常由于不认识毒蕈而采摘食用，引起中毒。

3. 中毒症状

一般分为五类。一是胃肠型，主要刺激胃肠道，引起胃肠道炎症反应。一般潜伏期较短，多为 0.5 ～ 6 h，病人有剧烈恶心、呕吐、阵发性腹痛等症状，以上腹部疼痛为主，体温不高。经过适当处理可迅速恢复，一般病程 2～3 d，很少死亡。二是神经精神型，潜伏期为 1～6 h，临床症状除有轻度的胃肠反应外，主要有明显的副交感神经兴奋症状，如流涎、流泪、大量出汗、瞳孔缩小、脉缓等。少数病情严重者可有精神兴奋或抑制、精神错乱、谵妄、幻觉、呼吸抑制等表现。误食有毒的牛肝菌者，除胃肠炎症状外，多有幻觉（小人国幻视症）、谵妄等，部分病例有迫害妄想症，类似精神分裂症。三是溶血型，中毒潜伏期多为 6～12 h，红细胞大量被破坏，引起急性溶血。主要表现为恶心、呕吐、腹泻、腹痛。发病 3～4 d 后出现溶血性黄疸、肝脾肿大，少数病人出现血红蛋白尿。病程一般 2～6 d，病亡率低。四是肝肾损害型，此型中毒最严重，可损害人体的肝、肾、心脏和神经系统，其中对肝脏损害最大，可导致中毒性肝炎。病情凶险而复杂，病亡率非常高。五是类光过敏型，误食后可出现类似日光性皮炎的症状。在身体暴露部位出现明显的肿胀、疼痛，特别是嘴唇肿胀外翻。另外还有指尖疼痛，指甲根部出血等。

4. 预防措施

预防毒蕈中毒最根本的方法是不要采摘自己不认识的蘑菇食用；毫无识别毒蕈经验者千万不要自采蘑菇食用。毒蕈与可食用蕈很难鉴别，民间百姓有一定的实际经验，如在阴暗肮脏处生长的、颜色鲜艳的、形状怪异的、分泌物浓稠易变色的、有辛辣酸涩等怪异气味的蕈类一般为毒蕈，但以上经验不够完善，往往不可靠。

（六）鱼类引起的组胺中毒

鱼类引起的组胺中毒的主要原因是食用了某些不新鲜的鱼类（含有较多的组胺），同时也与个人过敏性体质有关，组胺中毒属于一种过敏性食物中毒。

1. 有毒成分的来源

海产鱼类中的青皮红肉鱼，如鲣鱼、鲹鱼、鲐鲅鱼、竹夹鱼、金枪鱼等鱼体中含有较多的组氨酸。生活于鱼体的细菌，如组胺无色杆菌或摩氏摩根菌产生脱羧酶，使组氨酸脱羧基形成大量的组胺。一般认为当鱼体中组胺含量超过 200mg/100g 时即可引起中毒。

2. 中毒机制

组胺可导致支气管平滑肌强烈收缩，引起支气管痉挛；循环系统表现为局部或全身的毛细血管扩张，病人血压降低。

3. 中毒表现

发病快、症状轻、恢复迅速，预后一般较好。潜伏期一般为 30 min～1 h，最短可为 5 min，最长可达 4 h。病人在食鱼后 10 min 至 2 h 内，出现面部、胸部及全身皮肤潮红和热感，全身不适，眼结膜充血并伴有头痛、头晕、恶心、腹痛、腹泻、心跳过快、胸闷、血压下降、心律失常，甚至心脏骤停。有时出现荨麻疹，咽喉有烧灼感，个别可出现哮喘，一般体温正常，大多 1～2 d 内可恢复健康。

4. 流行病学特点

组胺中毒在国内外均有报道。多发生在夏秋季，在温度 15～37℃、有氧、弱酸性（pH6.0～6.2）和渗透压不高（盐分含量 3%～5%）的条件下，组氨酸易于分解形成组胺进而引起中毒。

5. 预防措施

防止鱼类腐败变质，禁止出售腐败变质的鱼类。鱼类须在冷冻条件下贮藏和运输，防止组胺产生。避免食用不新鲜或腐败变质的鱼类食品。对于易产生组胺的青皮红肉鱼类,家庭在烹调前应采取去毒措施。首先彻底刷洗鱼体,去除鱼头、内脏和血块,然后将鱼体切成两半后以冷水浸泡;在烹调时加入少许醋或雪里蕻或红果等,可使鱼中组胺下降65%以上。制定鱼类食品中组胺最大允许含量标准,我国标准中规定鲐鱼低于100mg/100g,其他含组胺的鱼类低于30mg/100g。

(七)亚硝酸盐中毒

1. 理化特性

常见的亚硝酸盐有亚硝酸钠和亚硝酸钾,分别为白色和淡黄色结晶,呈颗粒状粉末,无臭,味咸涩,易潮解,易溶于水。

2. 毒性

亚硝酸盐具有很强的毒性,其生物半衰期为24 h,摄入0.3～0.5g就可以中毒,1～3g可致人死亡。亚硝酸盐摄入过量会使血红蛋白中的Fe^{2+}氧化为Fe^{3+},使正常血红蛋白转化为高铁血红蛋白,失去携氧能力导致组织缺氧。另外亚硝酸盐对周围血管有麻痹作用。

3. 引起中毒的原因

一是意外事故中毒。亚硝酸盐外观上与食盐相似,容易误将亚硝酸盐当作食盐食用而引起中毒。二是食品添加剂滥用中毒。亚硝酸盐是一种食品添加剂,不但使肉类具有鲜艳的色泽和独特风味,而且有较强的抑菌效果,所以在肉食品加工中被广泛应用,食用含亚硝酸盐过量的食品可引起食物中毒。三是食用含有大量硝酸盐、亚硝酸盐的蔬菜而引起中毒。例如蔬菜贮存过久、腐烂、煮熟后放置过久及刚腌制不久的蔬菜可能含有大量硝酸盐、亚硝酸盐(一般腌后20 d亚硝酸盐含量降低),食用后可引起中毒。四是饮用含硝酸盐较多的井水中毒。个别地区的井水含硝酸盐较多(一般为苦井水),用这种水煮饭,如存放过久,硝酸盐在细菌的作用下可被还原成亚硝酸盐。

4. 流行病学特点

亚硝酸盐食物中毒全年均有发生。多数由于误将亚硝酸盐当作食盐食用引起食物中毒,也有食用含有大量硝酸盐、亚硝酸盐的蔬菜而引起的食物中毒。多发生在农村或集体食堂。

5. 中毒症状

亚硝酸盐中毒发病急速,潜伏期一般为1～3 h,短者10 min,食用含有大量硝酸盐、亚硝酸盐的蔬菜引起的中毒潜伏期可长达20 h。中毒的主要症状为口唇、指甲以及全身皮肤出现青紫等组织缺氧表现,也称为"肠源性青紫症"。病人自觉症状有头晕、头痛、无力、胸闷、心率快、嗜睡或烦躁不安、呼吸急促,并有恶心、呕吐、腹痛、腹泻,严重者会出现昏迷、惊厥、大小便失禁,可因呼吸衰竭导致死亡。

6. 预防措施

加强对集体食堂的管理,将亚硝酸盐和食盐分开贮存,避免误食。学校食堂禁止采购、储存、使用亚硝酸盐。肉类食品企业要严格按国家标准规定添加硝酸盐和亚硝酸盐,肉制品中硝酸盐不得超过0.15g/kg,最终残留量不得超过20mg/kg。保持蔬菜的新鲜,勿食存放过久或变质的蔬菜;剩余的熟蔬菜不可在高温下存放过久;腌菜时所加盐的含量应达到12%以上,需要腌制15 d以上再食用。尽量不用苦井水煮饭,不得不用时,应避免用长时间保温后的水来煮饭菜。

(八)有机磷农药中毒

1. 理化特性

有机磷农药在酸性溶液中较稳定,在碱性溶液中易分解失去毒性,故绝大多数有机磷农药与碱性物质,如肥皂、碱水、苏打水接触时可被分解破坏,但敌百虫例外,其遇碱可生成毒性更大的敌敌畏。

2. 毒性及中毒机制

有机磷农药有100多种,根据目前农业生产上常用农药(原药)的毒性综合评价(急性口服、经皮毒性、慢性毒性等)可分三类:①高毒类,如甲拌磷(3911)、对硫磷(1605)、内吸磷(1059);②中等毒类,如敌敌畏、甲基1059、异丙磷;③低毒类,如敌百虫、乐果、杀螟松、马拉硫磷等。有机磷农药进入人体后与体内胆碱酯酶迅速结合,形成磷酰化胆碱酯酶,使胆碱酯酶活性受到抑制,失去催化水解乙酰胆碱的能力,结果使大量乙酰胆碱在体内蓄积,导致以乙酰胆碱为传导介质的胆碱能神经处于过度兴奋状态,从而出现中毒症状。

3. 引起中毒的原因

误食农药拌过的种子或误把有机磷农药当作酱油或食用油而食用,或把盛装过农药的容器再盛装油、酒以及其他食物引起中毒。喷洒农药不久的瓜果、蔬菜,未经安全间隔期即采摘食用,可造成中毒。误食被农药毒杀的家禽家畜也可造成中毒。

4. 流行病学特点

有机磷农药是我国生产使用最多的一类农药。目前我国食物中有机磷农药残留情况相当普遍和严重。南方比北方严重,污染的食物以水果和蔬菜为主,尤其是叶菜类。夏秋季高于冬春季,夏秋季节害虫繁殖快,农药使用量大,污染严重。

5. 中毒症状

中毒的潜伏期一般在2 h以内,误服农药纯品者可立即发病。根据中毒症状的轻重可将急性中毒分为三度。轻度中毒表现为头疼、头晕、恶心、呕吐、多汗、流涎、胸闷无力、视力模糊等,瞳孔可能缩小;全血中胆碱酯酶活力在50%～70%。中度中毒除上述症状外,出现肌束震颤、轻度呼吸困难、瞳孔明显缩小、血压升高、意识轻度障碍,全血中胆碱酯酶活力在30%～50%。重度中毒表现为瞳孔缩小如针尖大,呼吸极度困难,出现青紫、肺水肿、抽搐、昏迷、呼吸衰竭、大小便失禁等,少数病人出现脑水肿。全血中胆碱酯酶活力一般在30%以下。上述症状中以瞳孔缩小、肌束震颤、血压升高、肺水肿、多汗为主要特点。需要特别注意的是,某些有机磷农药,如马拉硫磷、敌百虫、对硫磷等有迟发性神经毒性,即在急性中毒后的第2～3周产生神经症状,主要表现为下肢软弱无力、运动失调及神经麻痹等。

6. 预防措施

①有机磷农药必须由专人保管，必须有固定的专用贮存场所，其周围不得存放食品。②喷药及拌种用的容器应专用，配药及拌种的操作地点应远离畜圈、饮水源和瓜菜地，以防污染。③喷洒农药必须穿工作服，戴手套、口罩，并在上风向喷洒，喷药后须用肥皂洗净手、脸，方可吸烟、饮水和进食。④喷洒农药及收获瓜、果、蔬菜时，必须遵守安全间隔期。⑤禁止食用因有机磷农药致死的各种畜禽。⑥蔬菜水果烹饪食用前应进行清洗、浸泡。

(九)其他

1. 四季豆中毒

中毒物质为皂素、植物血凝素。中毒表现为刺激肠道引起恶心、呕吐等胃肠道症状，四肢麻木，潜伏期 2～4 h。预防措施主要是将四季豆烧熟煮透；加工量较大时，先煮熟，再烹炒。

2. 发芽土豆中毒

中毒物质为龙葵素。中毒表现为咽喉瘙痒、有烧灼感，出现胃肠炎，重者有溶血性黄疸；潜伏期数十分钟至数小时。预防措施为削皮去芽及彻底挖去芽眼，烹炒时可加适量的食醋。

3. 生豆浆中毒

中毒物质为胰蛋白酶抑制物、皂素。中毒表现为恶心、呕吐、腹胀、腹泻；重症可脱水；潜伏期 30 min 至 1 h。预防措施为煮沸后，去泡沫，再以文火维持煮沸 5 min 左右。

□ 复习与提纲

1. 食品安全措施为什么要全社会来共同实施？
2. 谈谈食品安全与人体健康的关系。
3. 为什么学校的食品安全问题往往集中在食物中毒这一个方面？
4. 学校食堂防投毒，应采取哪些措施？
5. 某校五年级学生午餐后约 3 h 陆续有 35 人报告出现腹泻、呕吐、腹部不适、低热等症状，学校应采取怎样的处置措施？
6. 学校食堂预防食品的化学性污染，哪些环节最为重要？

□ 参考文献

1. 孙长颢. 营养与食品卫生学(第 7 版)[M]. 北京：人民卫生出版社，2012.
2. 李林静. 学校卫生学[M]. 重庆：西南师范大学出版社，2012.
3. 中华人民共和国食品安全法(2015).
4. 餐饮服务食品安全操作规范(国食药监食〔2011〕395 号).

第八章

学校常见传染病的防控

【学习提要】

1. 了解学校传染病的应急管理措施、传染病防控面临的挑战、影响传染病流行的因素及其对学校防控的要求、近些年新出现的传染病。

2. 掌握学校常见传染病导致的突发公共卫生事件分类和分级标准、学校传染病防控的关键环节、学校传染病的日常管理、学校常见传染病的特点及防控要点。

3. 熟悉学校的晨(午)检内容、学校传染病的风险评估、传染病的报告原则、学校发生一般性传染病突发公共卫生事件的应急处置、传染病发生与流行的基本条件。

4. 采用与实际案例、视频等相结合的方法学习。

近些年来,随着全球气候不断变暖、人类生活空间的不断扩展、抗生素滥用,以及SARS、甲型H1N1流感、高致病性禽流感、埃博拉病毒病、中东呼吸综合征等新型传染病的出现,传染病的防控不断面临新的课题。传染病不但会造成小范围的流行、死亡,甚至可形成世界范围的大流行、大死亡事件,特别是在当今交通极为便利、人口大规模流动、人员工作和居住日益密集拥挤的情况下,传染病造成大流行的可能性大大增加。因此我国将传染病的防控纳入了国家行为,列入突发公共卫生事件的范畴,由国务院和各级地方人民政府按照突发公共卫生事件分级别进行统一的管控处置。

第一节　学校传染病概述

传染病是由病原微生物和寄生虫感染而产生的有传染性、在一定条件下可造成流行的疾病。病原微生物主要包括病毒、细菌、真菌等,能够引起人类疾病的寄生虫主要包括原虫、蠕虫、医学昆虫等。传染病的特点是可在人与人之间、人与动物之间或动物之间传染,甚至爆发流行形成突发公共卫生事件。学校和托幼机构是传染病高发的重点场所,学生是传染病高发的重点人群。

一、传染病的发生和流行

传染病的发生和流行，必须有四个基本环节，即病原体、传染源、传播途径和易感者的存在。如果在短时间内同时出现了很多病例，甚至远远高于平时的发病率，则已经形成了传染病的暴发流行。因此传染病的控制，要力求控制在第一代传染病人中，首发病例的发现和有效控制在学校传染病的防控中至关重要。

二、传染病流行的必备条件与学校传染病高发的原因

传染病流行的过程就是传染病在人群中发生、发展和转归的过程，或者说是病原体的产生、传播和转归的过程。流行过程的发生需要三个基本条件，即存在传染源、传播途径和易感人群。

(一)传染源

传染源是指病原体在体内生长、繁殖并能将病原体排出体外的人和动物。概括起来包括有 5 个方面的人和动物。

(1)传染病患者：有明显临床症状的传染病患者，一般来说是最主要的传染源。患者可以通过咳嗽、打喷嚏、呕吐、腹泻等向外界播散病原体，将病原体传播给其他人。这是最容易发现的一类传染源，是人们普遍关注的重点人群。一些慢性传染病的患者可长期排出病原体，感染他人，成为重要的传染源。

(2)隐性感染者：隐性感染者因其无临床症状或者临床症状轻微而不易被发现，也不容易被筛查出来，往往被忽略掉了。然而隐性感染者往往比有临床症状的患者数量多，因而其作为传染源有着重要的意义，在传染病的预防中要重视隐性感染者，如流行性脑脊髓膜炎(简称“流脑”)、脊髓灰质炎、肺结核等隐性感染者的传播作用。

(3)病原携带者：患者在潜伏期、恢复期或者转为慢性传染病时，虽然没有临床症状或者临床症状轻微，但仍然可以向体外排出病原体，感染他人。特别是慢性传染病原的携带者因无明显的临床症状而长期排出病原体。

(4)潜伏性感染者：部分病原体感染人体后，可长期潜伏于人体，而不引起人体发病，待机体免疫功能下降时，则可引起发病，如单纯疱疹病毒、水痘病毒、结核杆菌等。这种潜伏性感染者，在没有发病时，一般不向体外排出病原体，不具有传染性；而一旦体质变差发病时，则可向体外排出病原体，具有传染性。

(5)受感染的动物：某些在动物间传播的传染病，也可以传染给人类，如狂犬病、鼠疫、禽流感等；还有一些传染病，如钩端螺旋体病、肝血吸虫病等，受感染的动物是重要的传染源。

(二)传播途径

病原体离开传染源到达另一个被感染者的过程称为传播途径。传染病的传播途径，

实质是病原体的传播途径。传播一种传染病的途径可以只有一个，也可以有几个，各种传染病有其各自的传播途径。主要传播途径有 5 种。

(1)呼吸道传播：病原体存在于空气中的飞沫或气溶胶中，人群通过呼吸道吸入时而受到感染。如麻疹、白喉、流行性感冒、流行性腮腺炎、水痘、猩红热等。在学校常见传染病中，通过呼吸道传播的疾病所占的比例最多，呼吸道传染病是学校传染病防控的重点和难点。

(2)消化道传播：病原体污染食物、水源、餐用具等，人群在进食、饮水时遭到传染。如伤寒、细菌性痢疾、霍乱等。在传染病中，通过消化道传播的疾病所占的比例也较多，也是学校传染病防控的重点。

(3)接触传播：人体手、皮肤、黏膜等接触被病原体污染的水、土壤、用具、衣物等而遭受感染，如钩端螺旋体病、血吸虫病、钩虫病、急性出血性结膜炎、手足口病等；或者人体伤口被污染而遭受感染，如破伤风；或者因日常生活中的密切接触而遭受传染，如麻疹、白喉、流感等。

(4)虫媒传播：被病原体感染的吸血昆虫，在叮咬人体时使人遭受感染，如蚊虫叮咬引起疟疾和登革热、人虱叮咬引起流行性斑疹伤寒、跳蚤叮咬引起地方性斑疹伤寒、恙螨虫叮咬引起恙虫病等。

(5)血液、体液传播：病原体存在于携带者或患者的血液或体液中，通过血液、分娩或性交等传播，如疟疾、乙型病毒性肝炎、丙型病毒性肝炎和艾滋病等。

(三)易感人群

人体患某种传染病后，往往可形成对该种传染病的特异性免疫力，可避免或减轻再次遭受传染，可称其为免疫者；而没有形成特异性免疫力的人，则容易受到该种传染病的传染而发病，称其为易感者。易感者达到较高的比例形成易感人群时，则容易造成该种传染病的流行。

(四)学校容易成为传染病流行高发场所的原因

据卫生部 2007 年统计，上半年我国公共卫生突发事件起数的 80.9%发生在学校(69.4%发生在乡村学校)，其中传染病一直高居榜首。学校之所以成为传染病流行的高发场所，有其一定的必然性。

(1)从传染源来看，传染源复杂。学校的传染源从年龄上、地缘上、来源上构成了多渠道交汇的感染源。学校人群包括儿童、青少年、成人(教职员工)，年龄跨度大。在地缘上，学生从四面八方、各家各户汇聚到学校来，又从学校回到千家万户去，由此，传染病可以从社会各个角落被带入到学校中，又可以从学校回传到这些角落和每个家庭。从传染性看，不仅发病的患者具有传染性，爆发数倍甚至数十倍的健康携带者，也具有传染性，这些健康携带者使学校传染源的数量显著增加，比如流行性腮腺炎就有此流行特点。因此，一旦社会上发生传染病流行，学校往往成为其重要的爆发地。

(2)从传播途径看,学校有几个与其他社会群体不同的特征。一是学生每天作息时间高度一致,导致易感者密度陡增。二是学生每天大部分时间集中在课堂和其他教学场所学习,这些场所容易出现空气污浊不流通、微生物聚集等现象,使病原微生物浓度增加。三是学校各种生活设施、设备,无论是宿舍、食堂、洗浴间还是厕所、扶梯等,短时间使用的频度极高,使病原微生物传播的速度显著加快。四是多数传染病流行的季节特征(冬春季呼吸道传染病多发,夏秋季肠道传染病多发),与学校寒暑假、开学、复习考试等时间高度重叠。因此,尽管学校通常不是传染病起源地,却可以为各种传染病的传播、流行甚至爆发创造条件。

(3)从易感人群的角度来看,学生具有一些传染病易感的特质。一是年龄越小抵抗力越低。许多低年龄小学生也会感染一些主要在学龄前发生的呼吸道、消化道传染病,如麻疹、水痘、流行性腮腺炎、手足口病等。二是中学生正处于生长发育的青春期,虽然身材高大、貌似成熟,但实际上机体的特异性免疫力还不够强。三是不讲卫生的行为习惯多见。四是中学生还因青春期好奇、独立意识增强,往往不听成人劝阻,做出一些冒险行为(如因去野外水塘游泳而感染钩虫)。五是群体内基础免疫水平不一,特别是城市学校随着农村人口的迁入而导致基础免疫水平降低,学生人群易感性上升。

三、影响传染病流行的因素及其对学校防控的要求

(一)自然因素

自然环境中的各种因素,包括地理、气象和生态等对传染病的流行过程和发展都有重要影响。寄生虫病和虫媒传播的传染病对自然条件的依赖性尤为明显。传染病的地区性和季节性与自然因素有密切关系,如血吸虫病在南方存在流行区,疟疾、消化道传染病在夏秋季发病率高。

不同的季节,人体的抵抗力也不相同,从而形成传染病流行的季节性特征。如寒冷的冬季可减弱呼吸道的抵抗力,因此冬春季节呼吸道传染病发病率较高;而炎热季节不仅促使病原体增殖,还可减少胃酸的分泌,因此夏秋季节消化道传染病发病率较高。

当前,伴随全球气候变暖,一些热带疾病呈现区域扩大的趋势。随着气温的升高,许多河塘、湖泊干涸,湿地消失;新的降雨格局打破了旧有的生态平衡,形成许多新的水洼,为蚊蝇滋生提供环境;气温的升高,促进了媒介昆虫的繁殖生长。例如,那些原来只能生存于低海拔地区的伊蚊,现在在 1300 m 以上海拔的山岭也能繁殖;原来的温带地区变成了亚热带,亚热带则变成了热带,导致原来主要存在于亚热带和热带的疟疾、登革热、乙型脑炎等开始在温带地区流行。

(二)社会因素

社会制度、宗教信仰、经济状况、生活条件和文化水平等,对传染病流行过程有决定性的影响。如实行计划免疫,已经使许多传染病的发病率明显下降。

(三)人类活动对传染病的影响越来越深远

这种影响主要体现在5个方面。一是全球商贸、物流、旅游、航运业的发展,有利于传染病的全球蔓延。二是城市化进程导致人口密集,垃圾围城、污水乱排、蚊蝇滋生,成为传染病流行的温床。三是环境的变化,如森林被大量砍伐、大量使用和滥用化学品,都显著加速了环境的恶化,使许多宿主动物、媒介昆虫的栖息习性发生了变化;而人类对这些变异物种易感性增大。四是抗生素的滥用,使病原体和传播媒介的耐药性日益增强。如美国的耐药结核分枝杆菌感染者人数30年来增加了10倍以上;南美洲的蚊虫媒介对杀虫剂普遍耐药,使疟疾、黄热病、登革热病原体肆虐。五是战争、动乱、饥荒、难民潮加速传染病蔓延。例如,多年来战争、部族纷争不断的非洲南撒哈拉地区的艾滋病病毒感染者和患者超过2470万,占全球患者的63%。

(四)自然因素及社会因素对学校传染病防控的要求

由于受到自然因素的影响,学校传染病的防控要注重当地的实际情况,在不同的地域、不同的季节确定不同的防控重点。搞好学校环境卫生,处理好学校的垃圾和粪便,控制病原体的滋生,是学校防控传染病的重要手段。温带区域学校要警惕疟疾、登革热、乙型脑炎等传染病的流行,配备纱门、纱窗、蚊帐等防蚊设备。

随着国家综合实力的增强,学校传染病防控越来越受到重视,经费的投入也越来越大。从防控的效果来看,配备有足额校医的学校传染病防控的力度和效果较好,而没有配备校医的学校传染病防控的力度和效果较差。

四、病原体的致病力

病原体引起疾病的能力,取决于其侵袭机体的能力、毒力、数量、变异能力四个方面。如钩虫的丝状蚴和血吸虫尾蚴可经过皮肤直接侵入人体,破伤风杆菌、狂犬病毒则需经过人体伤口才能侵入人体;如伤寒杆菌需要10万个菌体才能致病,而痢疾杆菌仅需10个菌体即可致病;如流行性感冒病毒、丙型肝炎病毒和人体免疫缺陷病毒变异能力强,可逃逸机体的特异性免疫作用而继续引起疾病或使疾病慢性化。

五、传染病防控面临的挑战

一是一些新传染病不断出现,如HIV/AIDS在全球猖狂蔓延。据联合国艾滋病联合规划署统计,仅2006年一年死于艾滋病者就超过290万,包括儿童38万人。

二是多数传染病已非主要死亡原因,但诸如病毒性肝炎、流行性出血热、感染性腹泻等仍然广泛存在,对人类健康危害很大。

三是一些传染病仅暂时被控制,其病原体并没有被消灭,在一些相对闭塞的经济落后地区仍然存在,如果自然、社会条件(如人口大规模迁徙)成熟,极可能死灰复燃。20世纪90年代初期的白喉于2010年又在东欧地区流行等即为其典型。

四是近年来陆续出现的高致病性禽流感、非典型性肺炎(SARS)、甲型 H1N1 流感、埃博拉病毒、中东呼吸综合征等都预示着，伴随病毒的不断变异，耐药菌株的出现，今后各种新的传染病还将不断出现。

六、传染病的临床表现与学校晨(午)检及日常监管

(一)传染病的临床表现

传染病是一种感染性疾病，主要有发热、皮疹、食欲不振、疲乏、消瘦和肝脾淋巴结肿大等。呼吸道传染病有咳嗽、喷嚏、咽痛等呼吸道症状，消化道传染病有恶心、呕吐、腹泻、腹痛等消化道症状，患皮疹性传染病会在皮肤、黏膜等处出现皮疹，患病毒性肝炎会出现皮肤、巩膜的黄染等。

(二)学校晨(午)检及日常的监管

晨(午)检：晨(午)检的目的是对传染病早发现、早报告、早预防、早隔离、早诊断、早治疗。学校晨(午)检的内容主要是对传染病的临床症状、体征进行筛查，筛查发热、皮疹、精神状况、食欲状况、呼吸道症状和消化道症状等。晨(午)检由教师和校医合作进行，通常由教师发现情况后报校医诊断处置。

发热是学校传染病筛查的首要临床表现，是学校晨(午)检的首要内容。发热常见于传染病，但并非传染病的特异性指征。

皮疹是学校传染病筛查的重要临床表现，是学校晨(午)检的重要内容。许多传染病在发热的同时伴有发疹，称为发疹性传染病。皮疹分为外疹和内疹(黏膜疹)，主要有 4 个大类。第一类是斑丘疹，斑疹呈红色，不突出于皮肤，可见于斑疹伤寒、猩红热等；丘疹呈红色，突出于皮肤，可见于麻疹、恙虫病和传染性单核细胞增多症等。斑丘疹是斑疹和丘疹同时存在，可见于麻疹、登革热、风疹、伤寒、猩红热及柯萨奇病毒感染等传染病。第二类是出血疹，也称为瘀点，多见于肾综合征出血热、登革热和流行性脑脊髓膜炎等传染病，出血多时可相互融合形成瘀斑。第三类是疱疹，多见于水痘、单纯性疱疹和带状疱疹等病毒性传染病。如果疱疹液呈脓性时则成为脓疱疹。第四类是荨麻疹，可见于病毒性肝炎、蠕虫蚴移行症和丝虫病等。

精神、食欲状况主要用于评估学生的中毒状况。病原体的有毒有害物质会使人体生理代谢改变、处于一种中毒的状态，造成精神不振、食欲不良。

呼吸道症状主要有咳嗽、咳痰、咳血、胸痛等，用于对呼吸道传染病的筛查。

消化道症状主要有恶心、呕吐、腹痛、腹泻、便血等，用于对消化道传染病的筛查。

日常监管：学校班主任、校医或保健教师对缺课学生要进行缺课原因调查和访视，并作记录。同时科任教师和班级同学在发现同学身体异常时应向班主任和校医报告。

七、学校传染病防控的关键环节

(一)病原体的控制

主要措施是搞好学校环境卫生和预防性消毒。学校以下几个重点场所是病原体容易滋生的地方,要进行重点控制。

(1)食堂、餐厅。要合理布局,完善排烟、排水、三防、餐厨垃圾处置、洗手等设施与设备;应及时清理积水和餐厨垃圾,保持环境清洁、卫生,清扫时采用湿式作业;从业人员健康,不能带病工作。

(2)自备水源。主要是防止动物粪便、废水的污染。要建立保护设施,定期清理水源的周围环境,保持周边环境的整洁,特别是暴雨、洪水以后要对水质进行感官、性状、微生物等方面的检测。采取水塔、蓄水池进行二次供水的,要定期清洗。

(3)教室。主要是加强采光和通风,自然通风不足的要加装排气扇。必要时可加装紫外线灯进行消毒。

(4)学生宿舍。要加强采光、通风,盥洗间和厕所保持无积水、无积粪、无蚊蝇、无异味。宿舍应有防蚊、蝇、蟑螂和防鼠害的设施;学生被褥经常日晒,勤洗鞋袜、内衣内裤。

(5)厕所。保持厕所地面、蹲位(厕坑)及小便池内清洁,厕所内或前室设置洗手设施,旱厕应远离水源和食堂 25 m 以上,粪便进行无害化处理(高温堆肥、密闭缺氧发酵、脱水干燥、化学消毒、沼气池、三格化粪池等)。

(6)排水。校园要保证排水顺畅,不积水,平时要注意疏通排水沟,以减少蚊蝇、致病菌等的滋生。

(7)垃圾处置。垃圾场是病原微生物和虫媒滋生的重要场所,垃圾场的设立应远离教室、宿舍等学生主要活动场所,垃圾应及时清除,减少堆积。

(二)传染源的管理

学校传染源的管理,必须符合《中华人民共和国传染病防治法》的要求,采取传染病隔离、验证复课等管理措施。

《中华人民共和国传染病防治法》将法定传染病分为甲类、乙类和丙类,进行分类管理。

甲类包括鼠疫、霍乱。该类为强制管理的传染病,城镇地区要求发现后 2 h 内通过传染病疫情监测信息系统上报,农村地区不超过 6 h。其传染源必须强制隔离、治疗。

乙类传染病包括:传染性非典型肺炎、艾滋病、病毒性肝炎、脊髓灰质炎、人感染高致病性禽流感、麻疹、流行性出血热、狂犬病、流行性乙型脑炎、登革热、炭疽、细菌性和阿米巴性痢疾、肺结核、伤寒和副伤寒、流行性脑脊髓膜炎、百日咳、白喉、新生儿破伤风、猩红热、布鲁氏菌病、淋病、梅毒、钩端螺旋体病、血吸虫病、疟疾。该类为严格管理的传染病,城镇地区要求发现后 6 h 内上报,农村地区不超过 12 h。

丙类传染病包括:流行性感冒、流行性腮腺炎、风疹、急性出血性结膜炎、麻风病、流行性和地方性斑疹伤寒、黑热病、包虫病、丝虫病，除霍乱、细菌性和阿米巴性痢疾、伤寒和副伤寒以外的感染性腹泻病。该类为监测管理的传染病，要求发现后 24 h 内上报。

同时该法规定，在乙类传染病中，传染性非典型肺炎、炭疽中的肺炭疽、人感染高致病性禽流感和脊髓灰质炎，必须采取甲类传染病的报告、控制措施。

对传染病的接触者，应分别按具体情况采取检疫措施，密切观察，并适当作药物预防或预防接种。

对病原携带者，应尽可能在人群中检出，并对其进行治疗、教育、调整工作岗位和随访观察。

对动物传染源，如果是家禽、家畜，应尽可能加以治疗，必要时宰杀后加以消毒处理，如果没有经济价值则设法杀灭。

（三）切断传播途径

对于各种传染病，尤其是呼吸道传染病、消化道传染病、虫媒传染病和寄生虫病，切断传播途径通常是起主导作用的预防措施。其主要措施包括隔离和消毒。

1. 隔离

隔离是指将病人或病原携带者，暂时与其他人群隔离开来，进行治疗护理，并对具有传染性的分泌物、排泄物、用具等进行必要的消毒处理，防止病原体向外扩散所采取的医疗措施。根据传染病的严重程度、波及范围等情况，可设立隔离房间、隔离带、隔离区，严重传染病可由政府划设疫区。发生在学校的传染病多为乙类和丙类传染病，采取何种隔离措施，原则上由疾控部门决定；而在多数的情况下，是进行居家隔离，学校校医应按不同传染病的隔离要求对进行居家隔离治疗的学生进行监督、指导。

根据传染病的严重程度和传播途径，隔离主要有 7 种类型。

（1）严格隔离：传染性强、病亡率高的甲类和部分乙类传染病要进行严格隔离，如霍乱、鼠疫、狂犬病等。采取的措施是单人单间病房，关闭门窗，单向正压通气，分泌物、排泄物、污染物、敷料进行严格消毒，空气、地面定期喷洒消毒液或紫外线消毒，进入病房的医务人员戴口罩、帽子，穿隔离衣、换鞋，禁止陪伴和探视。

（2）呼吸道隔离：同类疾病的病人可同住一室，关闭门窗；病人口鼻、呼吸道分泌物应消毒。空气、地面定期喷洒消毒液或利用紫外线消毒，进入室内的人员戴口罩、帽子，穿隔离衣、换鞋。该种隔离措施适用于肺结核、流脑、流感、麻疹、白喉、水痘等呼吸道传染病。

（3）消化道隔离：同类疾病的病人可同住一室，患者粪便严格消毒，患者便器、用具、餐具单独使用并定期消毒，地面喷洒消毒液消毒，接触病人时穿隔离衣、换鞋，手要进行清洗和消毒，室内防杀苍蝇、蟑螂。该种隔离措施适用于甲肝、戊肝、伤寒、菌痢等消化道传染病。还应特别加强床边隔离。

（4）接触隔离：病原体经体表或感染部位排出，他人直接或间接与病人破损的皮肤或黏膜接触而引起传染。同类疾病的病人可同居一室，接触病人时穿隔离衣、戴口罩；病人使用过的物品和敷料等严格消毒。该种隔离措施适用于狂犬病、破伤风、梅毒、淋病和皮肤的真菌感染等接触性传染病。

(5)昆虫隔离:此乃针对以昆虫作为中间媒介传播的传染病所采取的隔离方式。要求防蚊、虱、跳蚤、蜱虫、恙螨等的叮咬,适用于疟疾、乙脑、斑疹伤寒、回归热、登革热、丝虫病等。隔离的方法主要是病室内有完善的纱窗、纱门等防蚊设施,以预防叮咬及杀灭这些昆虫。

(6)血液一体液隔离:此主要针对直接或间接接触已受到感染的血及体液而发生的传染病,如乙肝、丙肝、钩虫病,在同一个病房中只住同种病原体感染的病人。

(7)保护性隔离:对抵抗力特别低下的易感者,如长期大量使用免疫抑制剂、器官移植、严重烧伤的患者和早产婴儿等,在诊断、治疗和护理工作中,尤其应注意避免医源性感染。

2. 消毒

消毒是指通过物理、化学或生物学方法,消除或杀灭外环境中病原微生物的一系列方法。其目的是通过清除外环境中的病原体,来阻止其向外界传播。发生传染病时,为杀灭传染源排到外界环境中的病原体,对患者的排泄物、分泌物、污染物应进行随时消毒;如果患者病愈、死亡或者离开,要对受污染的环境进行最后一次的彻底消毒。

消毒方法主要包括物理消毒和化学消毒。

(1)物理消毒。

物理消毒主要是热力消毒和辐射消毒。

热力消毒法:通过高温使微生物的蛋白质及酶发生变性或凝固,使其新陈代谢发生障碍而死亡。具体方法包括以下几种。

①煮沸消毒:在水中煮沸 100℃,10 min 左右即可杀死细菌繁殖体,但不能杀灭芽孢。对乙肝病毒污染的物品消毒,煮沸时间应该延长至 15～20 min。

②高压蒸汽灭菌:效果可靠,既可杀灭细菌,又可杀灭芽孢,时间 15～20 min。

③预真空型压力蒸汽灭菌:即先抽真空,再注入高压蒸汽灭菌。

④火烧消毒:可用 95%的乙醇火烧灭菌。

⑤巴氏消毒法:即利用热力灭菌与蒸汽消毒,温度 65～75℃,时间 10～15 min,能杀灭细菌。

⑥辐射消毒法:主要有紫外线、红外线、微波、γ 射线和 β 射线。

(2)化学消毒。

使用化学消毒药物,使病原体蛋白质变性而致其死亡。常用的化学消毒剂有以下几类:

①含氯制剂:常用的有含氯石灰(漂白粉)、次氯酸钠等。含氯制剂的优点:产生的次氯酸杀菌作用强、杀菌谱广、作用快、余氯毒性低且价廉。适用于餐具、水等的消毒。

②氧化剂:如过氧乙酸、过氧化氢、臭氧、高锰酸钾等,主要靠其强大的氧化能力灭菌。杀菌谱广、速效,但腐蚀性强且有刺激性。

③醛类:主要有甲醛和戊二醛等,医院使用较多。

④碘类：常用的有2%的碘酊和0.5%的碘伏，广谱、快速杀菌。碘伏是碘与表面活性剂、灭菌增效剂经独特工艺络合而成的一种高效、广谱、无毒、稳定性好的新型消毒剂。该产品除有杀菌作用外，还对伤口有消炎、止血、加快黏膜再生的功能，对皮肤、黏膜无刺激性、易脱碘。碘伏适用于注射部位的清洗，皮肤烧伤、烫伤、划伤等伤口的清洗消毒。

⑤醇类：75%的乙醇。

⑥其他：如苯酚、氯己定等。

(四)保护易感人群

保护易感人群的措施包括特异性保护和非特异性保护两个方面。非特异性保护包括改善营养、锻炼身体、提高生活水平、制订合理科学的作息时间等，可提高机体的非特异性免疫力。

学校可加强营养配餐、增加室外活动时间、减少课业负担、保证充足的睡眠，以达到提高学生非特异性保护能力的目的。

在传染病的防控中，常起关键作用的，是通过预防接种提高人群的主动或被动特异性免疫力。接种疫苗之后，可使机体对相应的病毒、衣原体、细菌和螺旋体等感染具有特异性主动免疫能力；注射特异性免疫球蛋白后，可使机体具有特异性被动免疫能力。人类由于普遍接种牛痘疫苗，现已经在全球范围内消灭了曾对人类危害很大的天花。由于我国在儿童中坚持实行计划免疫，全国推广服食脊髓灰质炎疫苗，目前我国已基本消灭脊髓灰质炎。免疫预防接种对传染病的控制和消灭起着关键性作用。

幼儿园的幼儿和小学学生，其免疫系统发育还不完善，对许多传染病还没有产生免疫力，而且生性好动、好奇心强、喜欢群聚，因此，学生群体对传染病的易感性较高，为重点保护人群。

第二节　学校传染病的应急管理

学校发生传染病疫情时，须按照突发公共卫生事件进行应急管理。

一、突发公共卫生事件定义

国家《突发公共卫生事件应急条例》规定：突发公共卫生事件是指突然发生，造成或可能造成社会公众健康严重损害的重大传染病疫情、群体性不明原因疾病、重大食物和职业中毒以及其他严重影响公众健康的事件。传染病疫情是学校突发公共卫生事件的重要组成部分。

二、突发公共卫生事件的类型

在我国，突发公共卫生事件主要包括以下几种类型：

(1)重大传染病疫情:是指某种传染病在短时间内发生、波及范围广泛,出现大量病人或者死亡病例,其发病率远远超过常年的发病率水平。

(2)群体性不明原因疾病:是指在短时间内,在某个相对集中的区域内,同时或相继出现具有共同临床表现的病人,且病例不断增加,范围不断扩大,暂时又不能明确诊断的疾病。

(3)重大食物中毒和职业中毒:是指由于食品污染和职业危害的原因,而造成的人数众多或伤亡较重的中毒事件。

(4)新传染病:是指在全球范围内首次发现的传染病。

(5)我国尚未发现的传染病:在其他国家或地区已经发现,但在我国尚未发现过的传染病。如埃博拉病毒感染、猴痘、黄热病、人变异性克雅病等。

(6)我国已消灭或基本消灭的传染病又死灰复燃:比如天花、脊髓灰质炎、新生儿破伤风等已经基本消灭了的传染病又死灰复燃。

三、突发公共卫生事件的特征

(1)突发性:事件突然发生,不可预测,甚至是首次被认识和遭遇到,人们对其病因、病原体、传播途径、防治方案等一系列问题都还没有形成深刻的认识。

(2)对社会公众健康造成严重的损害:由事件造成的健康问题,波及人群大、损害程度大,有时甚至事件已造成了较大的伤亡,但还不能找到有效的控制手段。

(3)需要政府主导、多学科参与:预防医学专家和疾病预防控制部门的工作人员在突发公共卫生事件的预防控制中发挥着重要的不可取代的作用。但是,要取得控制突发公共卫生事件的决定性胜利,必须依靠政府主导,动员社会广泛参与,协调全社会力量,多部门配合,多学科专家共同工作,才能保障对其原因的分析和制定的控制措施更为科学、有效。

四、突发公共卫生事件的分级

根据突发公共卫生事件的性质、危害程度和波及范围,国家将突发公共卫生事件分为特别重大(Ⅰ级)、重大(Ⅱ级)、较大(Ⅲ级)和一般(Ⅳ级)四个等级。

(一)特别重大突发公共卫生事件

在《国家突发公共卫生事件应急预案》中明确了七种突发公共卫生事件为特大突发公共卫生事件。

(1)肺鼠疫、肺炭疽在大、中城市发生并有扩散趋势,或肺鼠疫、肺炭疽疫情波及 2 个以上的省份,并有进一步扩散趋势。

(2)发生传染性非典型肺炎、人感染高致病性禽流感病例,并有扩散趋势。

(3)涉及多个省份的群体性不明原因疾病,并有扩散趋势。

(4)发生新传染病或我国尚未发现的传染病发生或传入,并有扩散趋势,或发现我国已消灭的传染病重新流行。

(5)发生烈性病菌株、毒株、致病因子等丢失事件。

(6)周边以及与我国通航的国家和地区发生特大传染病疫情，并出现输入性病例，严重危及我国公共卫生安全的事件。

(7)国务院卫生行政部门认定的其他特别重大突发公共卫生事件。

(二)其他突发公共卫生事件的分级标准

《国家突发公共卫生事件应急预案》没有对Ⅱ级、Ⅲ级、Ⅳ级突发公共卫生事件作出明确的界定，Ⅱ级、Ⅲ级、Ⅳ级突发公共卫生事件具体分级标准和报告的标准，由国务院卫生行政部门和各级地方卫生行政部门按照国家《突发公共卫生事件分级内涵的释义（试行）》制定确认，教育部在《教育系统公共卫生类突发事件应急预案》中要求教育系统参照执行。

(三)《××省突发公共卫生事件分类、分级标准(试行)》(学校常见传染病部分)

1. 甲肝/戊肝

(1)报告标准：1 周内，同一学校、幼儿园、自然村寨、社区、建筑工地等集体单位发病 5 例及以上。

(2)分级标准：

一般突发传染病疫情事件(Ⅳ级)：同一起事件中，发病 10～49 例。

较大突发传染病疫情事件(Ⅲ级)：同一起事件中，发病 50～99 例。

重大突发传染病疫情事件(Ⅱ级)：同一起事件中，发病 100 例及以上。

2. 细菌性和阿米巴性痢疾

(1)报告标准：3 d 内，同一学校、幼儿园、自然村寨、社区、建筑工地等集体单位发生 10 例及以上病例，或出现 2 例及以上死亡。

(2)分级标准 ：

一般突发传染病疫情事件(Ⅳ级)：同一起事件中，发病 20～99 例。

较大突发传染病疫情事件(Ⅲ级)：同一起事件中，发病 100～199 例。

重大突发传染病疫情事件(Ⅱ级)：同一起事件中，发病 200 例及以上。

3. 流行性脑脊髓膜炎

(1)报告标准：1 周内，同一学校、幼儿园、自然村寨、社区、建筑工地等集体单位发生 2 例及以上病例，或出现 1 例及以上死亡病例，或以区县(自治县)为单位，2 周内发病 5 例及以上。

(2)分级标准：

一般突发传染病疫情事件(Ⅳ级)：以区县(自治县)为单位，2 周内发病 5～9 例。

较大突发传染病疫情事件(Ⅲ级)：以区县(自治县)为单位，2 周内发病 10 例及以上。

4. 流行性乙型脑炎

(1)报告标准：1 周内，同一乡镇、街道等发生 2 例及以上病例，或以区县(自治县)为单位，1 周内发病 10 例及以上。

(2)分级标准：

一般突发传染病疫情事件(Ⅳ级)：以区县(自治县)为单位，1周内发病10～19例。

较大突发传染病疫情事件(Ⅲ级)：以区县(自治县)为单位，1周内发病20例及以上。

5. 肺结核

(1)报告标准：同一学校、监狱、建筑工地或其他集体单位1个月内发现5例及以上病例。

(2)分级标准：

一般突发传染病疫情事件(Ⅳ级)：同一学校、监狱、建筑工地或其他集体单位1个月内发现10例及以上病例。

6. 猩红热

(1)报告标准：1周内，发生10例及以上病例。

(2)分级标准：

一般突发传染病疫情事件(Ⅳ级)：同一起事件，发病20～49例。

较大突发传染病疫情事件(Ⅲ级)：同一起事件，发病50例及以上。

7. 流行性腮腺炎

(1)报告标准：1周内，同一学校、幼儿园等集体单位中发生10例及以上病例。

(2)分级标准：

一般突发传染病疫情事件(Ⅳ级)：同一起事件，发病20～99例。

较大突发传染病疫情事件(Ⅲ级)：同一起事件，发病100例及以上。

8. 流感或流感样病例

(1)报告标准：1周内，在同一学校、幼儿园或其他集体单位发生10例及以上流感或流感样病例。

(2)分级标准：

一般突发传染病疫情事件(Ⅳ级)：1周内，在同一学校、幼儿园或其他集体单位发生20～99例流感或流感样病例。

较大突发传染病疫情事件(Ⅲ级)：1周内，在同一学校、幼儿园或其他集体单位发生100例及以上流感或流感样病例。或同一起事件中，发病100例及以上。

9. 风疹

(1)报告标准：1周内，同一学校、幼儿园、自然村寨、社区等集体单位发生10例及以上病例。

(2)分级标准：

一般突发传染病疫情事件(Ⅳ级)：同一起事件，发病20～99例。

较大突发传染病疫情事件(Ⅲ级)：同一起事件，发病100例及以上。

10. 其他感染性腹泻病(除霍乱、痢疾、伤寒和副伤寒以外)

(1)报告标准：1周内，同一学校、幼儿园、自然村寨、社区、建筑工地等集体单位中发生10例及以上感染性腹泻病例。

(2)分级标准:

一般突发传染病疫情事件(Ⅳ级):同一起事件,发病20～49例。

较大突发传染病疫情事件(Ⅲ级):同一起事件,发病50例及以上。

11. 急性出血性结膜炎

(1)报告标准:1周内,同一学校、幼儿园、自然村寨、社区等集体单位发生10例及以上病例。

(2)分级标准:

一般突发传染病疫情事件(Ⅳ级):同一起事件,发病20～99例。

较大突发传染病疫情事件(Ⅲ级):同一起事件,发病100例及以上。

12. 手足口病

(1)报告标准:1周内,同一学校、幼儿园等集体单位中,发生10例及以上病例。

(2)分级标准:

一般突发传染病疫情事件(Ⅳ级):同一起事件,发病20～99例。

较大突发传染病疫情事件(Ⅲ级):同一起事件,发病100例及以上。

13. 水痘

(1)报告标准:1周内,同一学校、幼儿园等集体单位中,发生10例及以上病例。

(2)分级标准:

一般突发传染病疫情事件(Ⅳ级):1周内,同一学校、幼儿园等集体单位中,发病20～99例。

较大突发传染病疫情事件(Ⅲ级):1周内,同一学校、幼儿园等集体单位中,发病100例及以上。

五、学校突发公共卫生事件的信息报送

突发公共卫生事件的处置需要政府主导,需要多学科、多部门的参与。教育系统本身对传染病等突发公共卫生事件的处置能力有限,因此一旦发生,必须及早报告,让上级主管部门和卫生专业部门尽早介入。

(一)报送原则

(1)迅速:学校应在第一时间(2 h内)向当地教育行政部门和卫生计生部门报告,不得延报。

(2)准确:信息内容要客观详实,不能主观臆断,不能漏报、瞒报、谎报。

(3)直报:发生Ⅰ级(特大)事件,可直接报教育部。

(4)续报:事件情况发生变化后,应及时续报。

(二)信息报告

1. 突发公共卫生事件的责任报告单位

各级各类学校(幼儿园)一旦发生突发公共卫生事件需要及时报告。

2. 突发公共卫生事件报告时限及程序

突发公共卫生事件的报告是一个完整的过程，初次报告、进程报告和结案报告都很重要。在实际工作中，要避免初次报告不及时，结案报告被忽略的情况发生。

(1)初次报告

各级各类学校(幼儿园)发生突发公共卫生事件后，应在第一时间(事件发生后 2 h 内)，向主管教育行政部门、当地(县)卫生部门进行初次报告。设立有学校卫生保健机构的区县，还应向学校卫生保健机构报告。

特别重大(Ⅰ级)突发公共卫生事件，学校或基层教育行政部门可以直接报告教育部突发公共卫生事件应急处置工作组办公室。

(2)进程报告

Ⅰ级和Ⅱ级突发公共卫生事件处置过程中，学校每天应将事件发展变化情况报告上级教育行政部门，地方教育行政部门要逐级每日报告上级教育行政部门直至教育部突发公共卫生事件应急处置工作组办公室。

Ⅲ级和Ⅳ级突发公共卫生事件处置过程中，学校应及时将事件发展变化情况报告上级教育行政部门，地方教育行政部门要逐级报告上级教育行政部门和当地政府。

(3)结案报告

事件结束后，应将事件处理结果逐级报告上级教育行政部门，直至教育部突发公共卫生事件应急处置工作组办公室。

3. 报告内容

(1)初次报告内容：事件发生时间、发生地点、患病(中毒)人员症状、患病(中毒)人数、事件经过、可能的原因等。

(2)进程报告内容：患病(中毒)人员治疗与病情变化情况、事件控制情况、造成事件的原因、已经或准备采取的整改措施。

(3)结案报告内容：事件处理结果(包括事件性质与发生原因)、整改情况、责任追究情况等。

六、学校一般性传染病突发公共卫生事件的应急预案

学校的突发公共卫生事件应急预案，应简洁、明了。校长负总责，具体责任落实到医务室、班主任、后勤、安保、教研室等责任部门和责任人；责任部门和责任人要留下联系电话、联系地址。应急预案应在显眼位置公示，并组织学生进行应急演练。

(一)一般突发公共卫生事件(Ⅳ级)的应急处置措施

在学校发生的突发公共卫生事件中，一般突发公共卫生事件(Ⅳ级)最多。学校一般突发公共卫生事件发生后，现场的教职员工应立即将相关情况通知学校突发公共卫生事件责任报告人及学校领导。学校领导接到报告后，应立即赶赴现场组织实施以下应急措施：

(1)及时隔离患病的学生,并送至医院进行治疗;

(2)发生呼吸道传染病时,教室、宿舍等人员集中的室内场所应经常开窗,做到有效通风、透气,确保室内的空气流通;

(3)发生呼吸道传染病时,暂停组织大型室内场所的集体活动;

(4)发生肠道传染病时,控制或切断可疑水源;

(5)协助卫生部门对患病人群所在场所进行彻底消毒,对病人接触过的人员,包括同学、老师进行随访,并配合当地政府或卫生行政部门采取必要的隔离观察措施;

(6)加强每日晨(午)检工作,对缺勤的师生员工逐一进行登记,并查明缺勤的原因,对患有传染病的师生劝其及时就医或在家进行医学观察,暂停上学或上班;

(7)每日对患病师生进行追踪和记录,了解疾病转归情况;

(8)密切关注传染病流行情况,必要时经当地卫生行政部门组织专家进行疫情风险评估后,可报请所在地教育行政部门并经当地(县级以上)人民政府批准,采取临时停课等特殊措施;

(9)与患病学生(特别是中小学生或病情严重者)家长、家属进行联系,通报情况,做好思想工作,稳定其情绪;

(10)按照当地政府和卫生行政部门要求,认真落实其他紧急应对措施;

(11)对学校不能解决的问题及时报告主管教育行政部门和当地政府以及卫生行政部门,并请求支持和帮助;

(12)在学校适当的范围通报突发公共卫生事件的基本情况以及采取的措施,稳定师生员工情绪,并开展相应的卫生宣传教育,提高师生员工的预防与自我保护意识;

(13)学校在采取上述应急措施的同时,向当地卫生部门和教育主管部门报告。

(二)案例——某农村中心小学校对流行性腮腺炎疫情的处置情况

2014年5月7日,某市某县东溪镇天桥小学(学生257人),从4月30日至5月7日,陆续有26名学生出现腮腺肿大、低热、头痛、厌食等症状和体征。经县疾控中心认定,确定发生了流行性腮腺炎疫情,为一般突发公共卫生事件(Ⅳ级)。疫情发生后,学校立即启动应急预案,校长、班主任马上通过电话与家长取得联系,要求家长到校接走孩子到医院就诊,同时由学校后勤主任(疫情报告人)收集疫情情况,并将疫情情况报告县疾控中心和县教委,请求镇卫生院、县教委给予疫情防控指导。

自流行性腮腺炎疫情暴发以来,学校召开了行政会、班子成员扩大会、班主任工作会、全学区教工大会、疫情防控现场会等会议汇总情况、研究对策、布置工作。利用学生午睡时间熏蒸教室,利用上课时间熏蒸寝室;保持教室与寝室的通风良好;派出专人清理校园卫生死角,定期做好消杀灭工作;进一步加大晨(午)检工作力度,班主任利用朝会课和午睡前的时间对本班学生通过询问和观察学生症状体征的方式进行筛查,对所有学生进行体温测量,同时作好记录,一旦发现学生身体异样便立即与家长取得联系,并立即送往医疗机构就诊;学校领导每天按时巡查,确保各项工作落到实处;班主任还对因病缺勤的学生进行病因追查与治疗追踪，对追踪情况逐一进行登记；利用班会、朝会、少年先锋队活动课、健康教育课、国旗下讲话和红领巾广播、黑板报等渠道对全校师生进行传染病防治知识讲解，不断丰富全校师生相关知识，增强其疫情防控意识，提高防控的自觉性；严格核实治愈返校学生的诊断证明，只有出示由县疾控中心指定的镇卫生院及其以上的医疗机构开具的治愈诊断证明，学校才同意返校上课；严格落实传染病疫情报告制度，保证在每天下午四点前向县疾控中心、县教委、镇政府、镇卫生院及时报告学校疫情防控的最新信息。

七、学校发生传染病疫情等突发公共卫生事件的善后与恢复工作

突发公共卫生事件应急处置完成后，工作重点应马上转向善后与恢复行动，争取在最短时间内恢复学校正常秩序。

(1)尽快恢复学校正常教学秩序。对因传染病流行而致暂时集体停课的，必须对教室、阅览室、食堂、厕所等场所进行彻底清扫消毒后，方能复课；因传染病暂时停学的学生，必须在恢复健康、经有关卫生部门确定没有传染性并出具有效的病愈证明后方可复学；因水源污染造成传染病流行的学校，其水源必须经卫生部门检测合格后，方可重新启用。

(2)根据调查结果，对导致事件发生的有关责任人或责任单位，依法追究责任。

(3)学校和当地教育行政部门应积极协调有关部门做好受到突发公共卫生事件损害的相关人员的善后工作。

(4)对突发公共卫生事件反映出的相关问题、存在的卫生隐患问题进行整改，同时按照有关部门提出的整改意见进行整改。

第三节　学校传染病防控的日常管理

作为学校卫生工作的一部分，学校传染病的防控以搞好平时的预防和保护学生健康为主要任务。日常管理主要是落实传染病的防控制度、部门和人员责任，搞好传染病的筛查、风险评估、报告、预防性消毒、重点场所管理，搞好传染病散发时对健康学生的隔离保护、与疾控部门的配合和日常健康教育等方面的日常管理工作。

一、落实学校传染病防控日常管理制度，明确教职员工的工作职责

学校应建立并完善传染病日常管理制度。具体包括：传染病疫情报告制度、学生晨(午)检制度、因病缺课(缺勤)登记追踪制度、复课证明查验制度、学生健康管理制度、入园入校新生计划免疫接种证查验制度、突发公共卫生事件应急预案、传染病防控健康教育制度、通风换气制度、传染病消毒隔离制度等。

成立由校长作为第一责任人的传染病防控工作小组，全面负责学校的各项传染病防控管理工作。

1. 校长职责

(1)指定一名校级领导主管学生传染病防控工作,明确校内相关部门的工作职责和相关人员的岗位,必须明确校医或保健教师的工作职责、权利和义务。

(2)将学生传染病防控工作纳入学校年度工作计划,形成有序的校内自查、监督检查和整改联动工作机制,并在年终对各项传染病防控措施的落实情况进行全面总结。

(3)组织全校教职工学习《中华人民共和国传染病防治法》的相关内容,明确传染病防控的强制属性,增强教职工的自觉性,减少教职工的抵触情绪。

(4)督促学校有关部门和人员履行学生传染病防控的工作职责,落实具体的防控措施。

(5)定期检查传染病防控工作情况,及时整改存在的隐患,协调解决重点问题和难点问题,总结、交流和推广先进班级的防控经验。

(6)对学校传染病等突发公共卫生事件,及时按照有关规定审核并上报相关情况。

(7)组织学生进行应急演练。

2. 学校疫情报告人职责

学校明确一名由专(兼)职卫生保健人员担任的学校疫情报告人。一般为学校校医,负责全校传染病疫情和疑似传染病疫情及突发公共卫生事件的上报工作;协助建立、健全传染病疫情等突发公共卫生事件监测、发现、报告相关工作制度及工作流程;负责指导晨(午)检、因病缺课(缺勤)监测、发生传染病班级的消毒处理等工作。

班级疫情报告人为班主任,负责收集本班学生健康状况、传染病发病情况,并向学校疫情报告人报告;协助学校疫情报告人进行病因排查和病情跟踪;发生疫情时负责督促本班课间通风,协助学校做好消毒、隔离等工作。

3. 德育、体卫艺等学生管理部门职责

负责制订学校传染病防控的宣传教育计划,组织和督导班级开展形式多样的宣传和评比活动;将学生传染病的发病率纳入学生管理和班级评比内容;负责年级或校级规模的学生免疫预防接种工作的宣传、动员和组织。

4. 教学管理部门职责

按照规定的课程计划,合理安排每周课程和作息时间;对体育课和每天一个小时体育锻炼时间的落实情况进行有效监督、检查和指导;严格课程管理,做到不拖堂,保证开窗通风的时间。

5. 总务或后勤部门职责

(1)根据相关要求和学校的需要,配齐必备的温度计、消毒剂、杀虫剂、紫外线灯、喷雾器等防控设备与物资,确保科学使用,及时做好检修和增补。

(2)定期检修和维护校内门窗,抽查班级开窗通风情况。在校医或保健老师的指导下做好校内消毒工作。

(3)按照有关规定配备完好的洗手设施与洗手物资(如洗手液、肥皂等),方便学生洗手,防止病从口入。

(4)提供安全的饮用水和膳食。

6. 班主任职责

(1)每日实施晨(午)检,做好患病学生的病因排查、登记、上报,协助校医落实处理和追访等相关工作,并按要求留存记录。

(2)负责监督、检查本班的各项传染病防控措施落实到位情况。

(3)及时提醒和纠正学生不良的卫生行为习惯,鼓励学生积极参加体育锻炼,增强机体抗病能力。

(4)定期与家长联系,传达学校最新的传染病防控要求,争取家长的支持和配合。

(5)对学生和家长开展传染病防控的宣传教育,明确传染病防控的强制性,取得学生和家长的配合。

7. 任课教师职责

任课期间发现学生缺课(缺勤)或出现传染病早期症状(如发热、咳嗽、皮疹、黄疸、腹泻、精神不振等)要及时报告班主任和校医。按时上下课,不拖堂,提醒学生课间开窗通风和适当活动。

8. 校医(保健教师)职责

(1)按照国家有关法律法规和文件要求,结合学校实际,制订本校学生传染病防控工作计划、措施和监督检查的标准。

(2)负责对全校各班级学生的晨(午)检筛查情况进行汇总,及时掌握当日全校学生的健康状况。如果当日出现可疑病例异常增多,要以书面的形式及时报告分管领导,并做出风险评估和风险分析,及时采取风险控制措施。

(3)负责对班主任筛查的可疑病例进行再次筛查,按规定对可疑患病学生是否离校就医做出决定。

(4)根据医疗卫生部门开具的疾病诊断证明,再次查验,按规定对患病学生或可疑患病学生是否回校复课做出决定。

(5)负责学校传染病应急预案的编写、演练。

(6)监督、检查、指导学校各项防控措施落实情况,做好全校传染病症状监测、上报和预警,发现疑似传染病患病或确诊病例应立即采取消毒、隔离等有效防控措施,协助卫生部门进行现场流调处理。

(7)充分利用广播、班校会、黑板报、墙报等多种形式,加强传染病防控的宣传教育。

(8)全面掌握每个学生预防接种情况,负责组织实施学生的免疫预防接种工作。发生传染病疫情时,按上级主管部门和卫生部门的要求做好应急处置。

二、落实传染病的筛查、风险评估、报告工作

(一)筛查

这是学校传染病防控的基础性工作。一是晨(午)检,主要是对到校学生的临床症状、

体征进行监测，监测的对象包括全校学生和教师，由班主任或班主任指定学生完成。二是因病缺课（缺勤）登记追踪记录，主要是对未到校学生进行临床症状、体征的监测，由班主任或班主任指定学生完成。三是全校的汇总，对全校师生的晨（午）检和因病缺课（缺勤）情况进行当日汇总、分析，由校医或疫情报告员完成。

（二）风险评估

根据全校的汇总情况，对全校学生当日健康状况或传染病疫情情况做出风险评估，由校医或疫情报告员完成。疫情风险评估是学校传染病防控工作不可缺少的重要环节。

（三）报告

根据疫情风险评估情况，采取相应的应对措施。没有疫情风险时向学校领导或疫情报告人报告；有疫情风险时要立即向校领导或疫情报告人、上级主管部门和疾控部门报告，同时做好学生就医、隔离、消毒、复课等应急准备工作。

三、预防性消毒

（一）消毒对象

预防性消毒对象广泛，包括教室、办公室、实验室、图书室、食堂、学生寝室、公共浴室、卫生间等环境和环境中的用品。

一般来说，当有肠道传染病如霍乱、手足口病、细菌性痢疾等流行时，应重点对可能污染的饮水和食物以及可能污染饮食的物品进行消毒，同时开展对可能受到污染的环境、物品、用品、衣物和手进行消毒；当有呼吸道传染病如流行性感冒、麻疹、风疹、非典型性肺炎、人禽流感、结核病等流行时，不仅要对空气和飞沫采取消毒措施，对环境和物品表面也应消毒；当有急性出血性结膜炎等通过接触传播的传染病发生或流行时，应重点消毒手、生活用品、办公用品、玩具、衣物等。

（二）消毒频度

预防性消毒是一项经常性的工作，一般情况下对环境和物品表面每天 1～2 次清洁，每周用消毒剂擦拭消毒 1～2 次即可。当社会上有传染病流行时，应适当增加清洁和消毒次数。

（三）消毒剂选择

一般情况下使用中效和低效消毒剂，常用含氯制剂；只有当怀疑有特殊微生物污染时，在疾控部门的指导下，有针对性地采用相应消毒剂，例如对可能有细菌芽孢污染对象进行消毒时，用高效消毒剂；针对疑有结核杆菌或亲水病毒污染的对象时，采用高效或中效消毒剂。

四、重点场所管理

(一)食堂、餐厅

(1)食堂必须持有有效的餐饮服务许可证,从业人员必须经过体检、培训,取得健康证和卫生知识培训合格证后方可上岗。从业人员如患痢疾、伤寒、活动性肺结核、病毒性肝炎、化脓性皮肤病,应立即停止工作并及时调离。

(2)食堂应建立健全卫生管理制度,应设有专(兼)职食品卫生管理人员。

(3)食堂布局、设施与设备等应符合《学校食堂与学生集体用餐卫生管理规定》的要求。

(4)食堂采购、加工、储存等各个环节应符合《学校食堂与学生集体用餐卫生管理规定》的要求。

(5)餐厅内外应保持清洁、卫生,清扫时应采用湿式作业。

(6)食堂饮用水应符合国家生活饮用水卫生标准,二次供水设施,如蓄水池等,应有卫生防护措施,做到定期清洗消毒。

(7)食堂和餐厅加强通风换气,通风换气每天不少于 4 次,每次至少 1 h。

(8)供学生使用的菜碟、碗筷、饭勺等公用餐饮具必须一人一消毒(消毒方法:餐、饮具采用蒸汽、煮沸 20 min 或采用 250～500mg/L 的含氯消毒剂或 0.2%过氧乙酸溶液浸泡 30 min),禁止多人次使用。

(9)食品售卖人员在工作期间,必须严格遵守个人卫生制度,穿戴整洁,衣帽齐全,佩戴口罩;对学校餐厅的桌椅、地面应湿式清洁。

(二)自备水源

(1)建立相应的自备水源卫生管理规章制度,并安排专职(或兼职)人员负责其管理,水源管理人员每年必须进行体检,体检合格者方能上岗。

(2)水源管理人员须定期清理水源的周围环境,保持清洁卫生。

(3)为学生提供充足的符合卫生标准的饮用水。

(4)若使用自备水井,应定期(每季度)进行水质检测,防止水污染事件的发生。

(5)采取水塔、蓄水池进行二次供水的,必须按照《二次供水设施卫生规范》的要求,加强卫生管理,并建立定期清洗制度,确保供水符合卫生标准。

(三)教室

(1)桌椅、地面等表面采用湿式清洁,用清水或清洁剂拖地每日 1～2 次,对走廊、楼梯、扶手等学生经常接触的地方进行重点清洁。

(2)保持良好的通风和空气新鲜。按照有关规定,每小时置换空气。学校应根据季节和天气的不同,确定换气方式与次数,如温暖天气(或季节)宜采取全日开窗的方式换气,寒冷天气(或季节)在课前和课间休息期间利用教室和走廊的窗户开窗换气。

(四)学生宿舍

每天至少 2 次开窗通风换气,每次至少 1 h;被褥经常日晒,不共用餐饮具和毛巾;每日清洁盥洗间和厕所,做到并保持无积水、无积粪、无蚊蝇、无异味;宿舍设置防蚊、蝇、蟑螂和防鼠害的设施并经常检查设施使用情况,发现问题及时改进,做到室内外无蚊蝇滋生场所。

(五)厕所

建立保洁和清扫制度,落实负责厕所保洁的人员;保持厕所地面、蹲位(厕坑)及小便池内清洁;厕所内或前室应设置洗手设施。厕所应按有关规定远离水源和食堂;粪便应进行无害化处理(高温堆肥、密闭缺氧发酵、脱水干燥、化学消毒等)。

(六)卫生室(保健室)

(1)空气消毒。卫生室(保健室)应坚持通风换气或紫外线空气消毒,采用紫外线进行物体表面消毒时可将紫外线灯安装在离消毒物体表面上方 1m 处,不考虑表面消毒的房间可吸顶安装;也可采用活动式紫外线灯照射,按每立方米空间装紫外线灯功率≥1.5W 计算装灯数。照射时间一般为 30～60 min。

(2)环境及物体表面消毒。地面采用湿式清扫,用清水或清洁剂拖地,每日 1～2 次,每周进行 1 次消毒;桌椅凳、床头柜等室内用品用清洁的湿抹布每日 2 次擦拭表面,每周采用 500 mg/L 有效氯的含氯消毒剂或 0.1%过氧乙酸溶液进行喷洒或擦拭消毒,保持 10～30 min;工作台面每次进行医疗活动前后都要进行消毒,采用 500 mg/L 有效氯含氯消毒剂溶液擦拭处理。

五、搞好传染病散发时的隔离、复课管理

发现学生出现传染病相关症状后,按有关规定通知学生离校就医,一旦确诊为传染病,应在医院隔离治疗或居家治疗,隔离期满或经医院诊断排除传染性后由医院开具诊断证明和复课证明,校医对诊断证明或复课证明进行复核后开具回班复课证明,学生方可回班级上课。

六、配合

一是预防接种。学校要配合疾控部门,宣传动员学生按照计划免疫程序接种疫苗。依据《疫苗流通和预防接种管理条例》,对入学新生、新转入学生进行预防接种证的查验,并督促没有完成计划内免疫接种的学生进行补种。二是控制疫情,在有传染病疫情发生时,配合疾控部门搞好疫点消毒、应急接种或预防性服药等疫情控制工作。

七、日常健康教育

一是法治教育,主要是对学生进行《中华人民共和国传染病防治法》的教育,让学生明白

传染病的危害性，传染病的防控是国家意志、政府行为，传染病防控目标是保障全体公民的总体健康和生命安全，在政府和法律层面具有强制性，而作为公民个体则负有自觉遵守的责任和义务。如果学生患了传染病，特别是严重传染病时，要及时就医、及时报告，采取自我约束、自我防护的措施，不能故意瞒报或者危害他人。二是上好健康教育课，按照教育部《中小学健康教育指导纲要》的要求，配备健康教育教师，配足课时，保质保量完成有关传染病方面的教学任务，使学生学到传染病防控的相关知识，增强传染病防控的自觉性。

第四节　学校常见传染病的特点及防控要点

学校传染病以乙类和丙类传染病多发。乙类传染病主要有甲型病毒性肝炎、麻疹、狂犬病、细菌性痢疾、肺结核、猩红热等，丙类传染病主要有流行性感冒、流行性腮腺炎、急性出血性结膜炎、风疹、手足口病等。其他传染病如水痘在学校也非常常见。

一、常见传染病

（一）甲型病毒性肝炎

1. 甲型病毒性肝炎的特点

甲型病毒性肝炎是由甲型肝炎病毒引起的，其临床表现主要为急性感染，以疲乏、食欲减退、厌油、肝功能异常为主，部分病例出现黄疸，秋冬季节多发。传染源是甲型病毒性肝炎患者和甲型病毒性肝炎病毒携带者，传播途径以"粪—口"途径为主，由被粪便污染的食物、水和手引起。年龄越小，发病率越高，幼儿园多于小学生，小学生多于初中、高中生。可接种甲肝疫苗进行主动预防。学校甲型病毒性肝炎的暴发流行与水源被粪便污染密切相关。

2. 学校甲型病毒性肝炎的防控要点

(1)在晨(午)检中重点筛查发热、食欲不振、恶心、呕吐、腹胀、黄疸等可疑症状。询问是否有传染病接触史和不洁饮食史。

(2)加强洗手教育(尤其是饭前便后)，预防病从口入。

(3)学校应查验新入学、新转学学生预防接种证，督促没有进行甲型病毒性肝炎疫苗接种的学生及时补种甲型病毒性肝炎疫苗。

(4)采用井水、溪水、山泉水等自备水源的学校应加强对水源的管理。

(5)隔离期限为发病日起 20 d，接触者医学观察 40 d。

（二）麻疹

1. 麻疹的特点

麻疹是由麻疹病毒引起的，临床表现主要为急性感染，以发热、咳嗽、流涕、眼结膜发炎、口腔麻疹黏膜斑及皮肤斑丘疹。皮疹特点为皮疹退后出现糠麸样脱屑，有棕色的色素沉着。冬春季节多发，自从普遍接种麻疹疫苗以来，学校麻疹的流行已经得到了有效的控制。病人是唯一传染源，经呼吸道飞沫传播，病毒随患者排出的飞沫经口、咽、鼻部或眼结膜侵入，密切接触者也可经过污染病毒的手传播。人群普遍易感，流行期间易感者接触患者后 90%以上会发病，托幼机构的儿童几乎 100%发病。病后可产生持久免疫力，主要在 6 个月至 5 岁的小儿间流行。由于抗体水平的降低，目前成人麻疹的病例在局部地区有小的流行。

2. 学校麻疹的防控要点

(1)在晨(午)检中重点筛查发热、口腔黏膜疹、皮疹等可疑症状。

(2)预防接种，接种麻疹疫苗。

(3)学校应查验新入学、新转学学生预防接种证，督促没有进行麻疹疫苗接种的学生进行疫苗补种。

(4)坚持每天有连续 1 h 以上的室外活动时间。在冬春季节提倡多晒太阳，勤晒衣被。

(5)教室、宿舍经常性地开窗通风。

(6)养成良好的卫生习惯，不随地吐痰，咳嗽、喷嚏均须掩口鼻。患病期间的学生或怀疑患病期间的学生提倡佩戴口罩。

(7)患者隔离期限为出疹后 5 d，密切接触者医学观察 21 d。

(三)狂犬病

1. 狂犬病的特点

狂犬病是由狂犬病毒引起的，是一种以侵犯中枢神经系统为主的急性人畜共患传染病，无明显的季节特征。主要表现为恐水、怕风、恐惧不安、咽肌痉挛、进行性瘫痪等，迄今为止，病亡率达 100%。传染源主要是病犬，其次为猫、猪、牛、马等家畜。一般来说，病人不是传染源，不形成人与人之间的传染。一些貌似健康的犬或其他动物的唾液中也可带病毒，也能传播狂犬病。传播途径主要经咬伤传播，也可由带病毒犬的唾液，经各种伤口以及被抓伤、舔伤的黏膜和皮肤入侵。人群普遍易感，兽医和动物饲养员尤其易感。人被犬咬伤后的发病率为 15%～20%。

被病犬咬伤后是否发病与多种因素相关：①与咬伤部位有关，头、颈、面、手指被咬伤后发病率高；②与咬伤的程度相关，伤口深而大者发病率高；③与局部处理情况相关，迅速清洗者发病率较低；④与疫苗注射相关，及时、全程注射疫苗和免疫球蛋白者发病率低；⑤与人体免疫功能相关，免疫低下和缺陷者发病率高。

2. 学校狂犬病的防控要点

(1)校内不得大量饲养宠物。

(2)应对饲养的犬、猫等宠物注射狂犬疫苗。

(3)校内加强管理，不得将校外的犬、猫等放入校内。

(4)如有被宠物咬伤、抓伤、舔伤等情况时，应及时处理，清洗伤口、注射疫苗等。

(四)细菌性痢疾

1. 细菌性痢疾的特点

细菌性痢疾是由志贺氏菌引起的肠道传染病，以发热、腹痛、腹泻、里急后重(坠胀感)、黏液脓血便为主要症状，严重者可出现感染性休克和(或)中毒性脑病。发病高峰在夏秋季节，与苍蝇滋生、生冷瓜果上市、暴雨洪水后水源污染等因素密切相关，水源污染是造成学校细菌性痢疾爆发流行的最主要原因。传染源包括病人和带菌者，非典型病人、慢性病人、无症状的带菌者都是传染源。传播途径主要是“粪—口”途径，被污染的手、带菌率极高的苍蝇都是重要的传播媒介。人群普遍易感，在志贺氏菌感染中，70%的患者和60%的死亡者均为5岁以下的儿童。细菌性痢疾患病后或免疫接种后免疫力不稳定，免疫力维持时间短，故而可以多次重复感染。

2. 学校细菌性痢疾的防控要点

(1)晨(午)检中，学校要加强对腹泻、脓血便或黏液便等症状的筛查，出现可疑患者应立即报告学校、就医、隔离。使用自备水源的学校在暴雨或洪水后，水源可能受到污染时，要对该传染病进行重点筛查。

(2)学校一旦出现确诊病例，必须及时到医院隔离治疗至症状消失且粪便培养连续3次阴性。对与患病学生同宿舍、同班级的接触者要进行排查和检疫，医学观察7 d，必要时协助疾控部门对相关学生进行采集粪便培养检测。

(3)学校应加强粪便、污水、垃圾的管理，粪便、污水要进行无害化处理，不能裸露，垃圾要及时清运；同时要做好防蝇、防虫、灭蝇工作。

(4)加强洗手教育(尤其是饭前便后)，预防病从口入。

(5)采用井水、溪水、山泉水等自备水源的学校应加强对水源的管理。

(6)可以口服活菌苗进行预防。

(五)肺结核

1. 肺结核的特点

肺结核是由结核分枝杆菌引(俗称结核菌)起的，以长期低热、咳痰、咯血等症状体征为主要临床表现。

主要传染源是开放性肺结核的病人(排菌者)，学校教师、托幼机构保育员、炊事员以及家中患开放性结核病的人都是结核病的传染源。结核菌主要是通过呼吸道侵入身体，其次是消化道。患有开放性结核病的人，在咳嗽、喷嚏及大声谈笑时，从口中喷出的飞沫会污染空气、尘埃、食物、用具等。人体通过吸入含结核菌的空气、飞沫或尘埃，吃了被结核菌污染的食物，或用被污染的食具等而受感染。学校中患结核病的教师，可以传播结核病。学生也可以由于与结核病患者共餐而受传染。人群普遍易感，婴幼儿、青春后期及老年人发病率较高。学校肺结核高发年龄为16岁以上的高中学生，高三学生较多。

全国流行现状：全国来看，疫情十分严重，我国在全球处于高发的第二位，在我国法定传染病报告中的死亡人数居于首位；同时，我国结核病原发耐药率高达18.6%，是全球的高发区。

2. 学校肺结核的防控要点

(1)在晨(午)检筛查中，发现有咳嗽、咳痰≥2 周、咯血或痰中带血的病例应立即嘱其到结核病防治机构做进一步检查、诊断、治疗。为不影响高三学生的学习，可在高二年级或高三年级开学前进行肺结核的专项筛查。

(2)患病学生应接受严格、正规治疗；对肺结核患者同班级、同宿舍的同学要进行筛查。

(3)青春后期，特别是高三年级学生应有合理的作息时间，保证足够的休息、睡眠和户外活动时间。

(4)患者隔离期为完成疗程后，痰菌检查连续 2 次阴性。

(5)复种卡介苗预防意义不大。

(6)学校应查验新入学、新转学学生预防接种证，督促没有进行疫苗接种的学生进行疫苗补种。

(7)坚持每天有连续 1 h 以上的室外活动时间。在冬春季节提倡多晒太阳，勤晒衣被。

(8)教室、宿舍经常性地开窗通风。

(9)养成良好的卫生习惯，不随地吐痰，咳嗽、喷嚏均须掩口鼻。

(六)猩红热

1. 猩红热的特点

猩红热是由 A 组 β 型溶血性链球菌引起的，以发热、咽峡炎、全身弥漫性鲜红色皮疹和皮疹消退后脱屑为主要临床表现，少数患者可出现心、肾、关节的损害。其皮疹较为有特点，皮肤上的皮疹按压褪色，伴有痒感；颜面部皮疹出现“口周苍白圈”；舌面出现“草莓舌”“杨梅舌”。脱皮时，手掌指部、臀部大片脱皮。该病可发生于任何年龄，但 10 岁以下儿童多见，成人患猩红热亦非少数。冬春季多发，夏秋季节较少。患者和带菌者是主要传染源，A 组 β 型溶血性链球菌引起的咽峡炎患者排菌量大且不易受到重视，是重要的传染源。传播途径主要经空气飞沫传播，也可经皮肤伤口感染。人群普遍易感，感染后可产生抗菌免疫和抗毒素免疫力。治疗上已经出现了耐药及变异菌株。

2. 学校猩红热的防控要点

(1)加强晨(午)检，在晨(午)检筛查中发现有发热、咳嗽及全身弥漫性鲜红色皮疹、“口周苍白圈”等情况时应嘱孩子到医院就诊。

(2)患病学生应严格隔离，隔离期限为咽拭子培养连续 3 次阴性(或自治疗之日起不少于 7 d)；接触者(包括学生和工作人员)应严密观察 7 d，每日量体温，检查咽峡部是否红肿。

(3)流行期间进行消毒，病人移走后要用 2%漂白粉溶液进行终末消毒，对周围环境则随时消毒。

(4)加强室内通风和采光。

(5)养成良好的卫生习惯,不随地吐痰,咳嗽、喷嚏均须掩口鼻。

(七)流行性感冒

1. 流行性感冒的特点

流行性感冒(简称流感)是由流行性感冒病毒引起的,流感病毒分为甲、乙、丙三型,甲型极易变异,可引起反复流行和大流行,而丙型流感病毒则非常稳定。临床表现主要为突起高热、明显的头痛、乏力、全身肌肉酸痛等中毒症状,而咳嗽、咳痰等呼吸道症状轻微。在老人和慢性病患者中可引起严重的并发症。病人和隐性感染者是主要传染源,潜伏期即有传染性;轻型患者和隐性感染者其传染性不可忽视,而健康的带病毒者排毒量少且时间短,传播性较弱。传播途径主要经空气飞沫传播,也可经过污染的手、日常用具等间接传播。人群普遍易感,感染后可获得免疫力,但维持时间短;由于流感病毒变异性极强,对变异后的病毒,人群无免疫力,很容易引起流行。

流行特征:突然发生,迅速传播,好发于冬春季节。甲型流感一般10～15年产生一种新的流感病毒亚型,由于人群还没有产生免疫力,可引发世界性的大流行;每2～3年可引起地方性或季节性流行。乙型流感以局部流行为主,5～6年发生一次。丙型流感则为散发。

2. 学校流行性感冒的防控要点

(1)学生晨(午)检时发现有突发高热,畏寒、头痛、乏力、全身肌肉酸痛等症状明显而咳嗽、咳痰轻微的学生时要警惕流感的发生。

(2)流行期间,隔离患者至症状消失后2 d,一般为1周,接触者医学观察3 d;同时,避免集会等集体活动,对公共场所进行消毒,对患者的用具及分泌物进行消毒。

(3)每年在9～10月份学校可动员组织所有学生注射流感疫苗。

(4)室内经常开窗通风。

(4)坚持每天有连续1 h以上的室外活动时间。在冬春季节提倡多晒太阳,勤晒衣被。

(5)不论是健康者或是非健康者都不随地吐痰,咳嗽、喷嚏均须掩口鼻。

(八)流行性腮腺炎

1. 流行性腮腺炎的特点

流行性腮腺炎由流行性腮腺炎病毒引起。流行性腮腺炎实际上是一种全身性的感染,以腮腺非化脓性炎症和腮腺区肿痛为特征,还可引起脑膜炎、脑膜脑炎、睾丸炎、卵巢炎和胰腺炎。患者和隐性感染者均为传染源,患者在腮腺肿大前7天至肿大后9天约2周的时间内,均可从唾液中分离出病毒,这期间具有高度的传染性。传播途径是通过飞沫传染,人群普遍易感,1～15岁的少年儿童发病率高,近年来成人发病有增多的趋势。感染后可获得较为持久的免疫力。

流行情况:冬春季节为发病高峰期。流行性腮腺炎在学校呼吸道传染病中几乎占到了50%的比例,防控任务重。其潜伏期长(平均潜伏期18 d)、传染期长(发病前7天至发病后9天均有传染性)、症状不典型和隐性感染者较多、成人也多具有传染性等因素增加了防控的难度。

2. 学校流行性腮腺炎的防控要点

(1)在晨(午)检中,发现发热伴耳垂周围腮腺肿大或伴有腮腺部位不适的学生,应劝其就医并居家休息。在冬春季节应将其作为重点传染病进行筛查。

(2)加强免疫接种是防控学校流行性腮腺炎流行的有效措施。小学要严格查验新入学、新转学学生预防接种证,督促漏种者及时补种(麻风腮疫苗);在同班、同宿舍密切接触的学生中未患过流行性腮腺炎者或近 5 年未接种过疫苗者可应急接种。

(3)严格执行隔离期限。患者隔离至腮腺肿大消失,接触者医学观察 18 d。

(3)学校应查验新入学、新转学学生预防接种证,督促没有进行疫苗接种的学生进行疫苗补种。

(4)教室、宿舍经常性地开窗通风。

(5)教育学生养成良好的卫生习惯,不随地吐痰,咳嗽、喷嚏均须掩口鼻。

(九)急性出血性结膜炎(红眼病)

1. 急性出血性结膜炎的特点

急性出血性结膜炎是由新型肠道病毒 70 型(EV70)和柯萨奇病毒 A 组 24 型变种两种病毒引起,表现为起病急,自觉症状很快加重,以眼结膜的高度充血、结膜下出血(眼红)和刺痛、异物感、畏光、流泪等较重眼刺激症状以及水样分泌物或血性分泌物为特征,俗称"红眼病"。患者是传染源,通过接触传染,患者眼部分泌物、泪液以及污染的毛巾、洗脸用具、水龙头、门把、水、公用的玩具、手等均具有很强的传染性,发病后 2 周内传染性最强。人群普遍易感,治愈后免疫力低,免疫力维持时间短,可维持 7～8 年,因此可重复感染,儿童高发。

流行特征:传染性很强,传播速度很快,发病集中。学校常在夏秋季节爆发流行。

2. 学校急性出血性眼结膜炎的防控要点

(1)晨(午)检中发现眼部发红、刺痛、异物感、畏光、流泪等可疑症状时应立即报告。

(2)隔离期限为从发病至症状消失为止,一般为 7～10 d。

(3)"红眼病"没有疫苗预防,以加强眼部的防护为重点。应勤洗手,保持手部卫生,少揉眼,不共用毛巾、脸盆等。

(4)学校对病人眼部分泌物可能污染的门把手、桌面等外环境要采用消毒剂擦拭,病人的生活用品,如毛巾、脸盆等应每日煮沸消毒。

(5)教室、宿舍经常性地开窗通风。

(6)养成良好的卫生习惯,不随地吐痰,咳嗽、喷嚏均须掩口鼻。

(十)风疹

1. 风疹的特点

风疹是由风疹病毒引起,主要表现为发热、全身皮疹、淋巴结肿大,皮肤发疹很快,在

1 d 内即遍及全身，但手掌、足趾大多无疹。皮疹在 1～4 d 内消退，无色素沉着，无脱屑。如果孕妇在妊娠早期感染，可引起胎儿发育迟缓甚至发育畸形。全年均可发病，冬春季是发病高峰期。传染源是风疹患者，主要通过空气飞沫传播；孕妇如果感染，可通过胎盘传播给胎儿。患者出现皮疹时传染性最强，发疹前 7 天至发疹后 5 天均有传染性。人群普遍易感，感染后可获得持久免疫力，免疫力低下者可能再次感染。

2. 学校风疹的防控要点

(1)在晨(午)检中发现发热伴皮疹者，应劝其就医并居家休息。

(2)患者隔离期限为一周。

(3)学校应查验新入学、新转学学生预防接种证，督促没有进行风疹疫苗接种的学生进行疫苗补种(麻风腮疫苗)。

(4)教室、宿舍经常性地开窗通风。

(5)教育学生养成良好的卫生习惯，不随地吐痰，咳嗽、喷嚏均须掩口鼻。

(十一)手足口病

1. 手足口病的特征

手足口病是由肠道病毒引起的，其中柯萨奇病毒 A 组和肠道病毒 71 型感染最常见。10 岁以下的婴幼儿多见，以手、足、口腔等部位皮肤黏膜的皮疹、疱疹、溃疡为典型表现，少数患儿可引起心肌炎、肺水肿、无菌性脑脊髓膜炎、脑炎等并发症，个别重症患儿病情发展快，可能导致死亡。传染源是患者和隐性感染者，流行期间患者为主要传染源，发病后 1 周内传染性最强；散发期间隐性感染者为主要传染源。主要经消化道传播，其次为呼吸道飞沫传播。患者和病毒携带者的粪便、呼吸道分泌物及黏膜疱疹液中含有大量病毒，接触由其污染的手、日常用具、衣物、玩具等均可感染。污染的手是传播的关键媒介。流行期间，苍蝇、蟑螂可机械性携带病毒，在传播中起一定作用。人群普遍易感。隐性感染比显性感染多很多，隐性感染与显性感染之比约为 100∶1；青少年和成人多数已经通过隐性感染获得了免疫力。

流行特征：夏秋季节高发。引起本病的肠道病毒众多，传染性强，排毒期长，传播途径复杂，传播速度快，控制难度大，幼儿园和托儿所在短时间内即可造成较大范围的流行。

2. 学校手足口病的防控要点

(1)搞好儿童个人、家庭和托幼机构的卫生是预防本病的关键。流行期间，尽量不带婴幼儿和儿童到人群聚集、空气流通差的公共场所去。

(2)晨(午)检中发现有发热伴手、足、口皮疹等可疑症状的学生时应立即报告。

(3)隔离期限为所有皮疹干涸结痂。密切接触者医学观察 5 d。

(4)手足口病没有疫苗预防。应勤洗手，保持手部卫生，不共用毛巾、脸盆等。

(5)托幼机构对病人可能污染的门把手、桌面等外环境要用消毒剂擦拭，病人的生活用品，如毛巾、脸盆等应每日煮沸消毒。

(6)教室、宿舍经常性地开窗通风。

(7)教育学生养成良好的卫生习惯,不随地吐痰,咳嗽、喷嚏均须掩口鼻。

(8)搞好环境卫生,消灭苍蝇、蟑螂。

(十二)水痘

1. 水痘的特点

水痘是由水痘-带状疱疹病毒引起的,多见于儿童,以全身同时出现丘疹、水疱及结痂为主要临床特征。患者是唯一传染源,病毒存在于患者上呼吸道和疱疹液中,发病前1～2 d至完全结痂均有传染性;易感儿童接触带状疱疹患者后,也可发生水痘。传播途径主要通过空气飞沫和直接接触传播,也可通过接触被污染的用具传播。人群普遍易感,孕妇患水痘,可传染给胎儿。病后获得的免疫力持久。

流行特征:水痘传染性极强,易感儿童接触后90%会发病。冬春季高发,在托幼机构和小学生中可引起爆发流行。

2. 学校水痘的防控要点

(1)水痘多见于2～6岁儿童,小学生也较为常见,因此幼儿园和小学是水痘防控的重点。

(2)在晨(午)检中发现发热伴皮疹者应劝其就医并居家休息。

(3)水痘真正的危险性不是疱疹发痒,而是可能引发心肌炎、脑炎等严重并发症。因此,水痘虽然不属于法定传染病的范畴,但仍然被纳入突发公共卫生事件进行管理,学校和托幼机构不能掉以轻心。

(4)接种疫苗是幼儿园和小学校防控水痘的有效措施。学校应加强宣传,建议未患过水痘且无接种史的幼儿和学生接种水痘疫苗。水痘爆发时同班、同宿舍密切接触的学生可进行应急接种。

(5)患者隔离期限至全部皮疹干痂甚至脱痂,其污染物、用具可用煮沸或者日晒等方法进行消毒。

二、近些年新出现的传染病介绍

(一)传染性非典型性肺炎

传染性非典型性肺炎又称为严重急性呼吸综合征,简称SARS。

1. SARS的特点

SARS是由SARS冠状病毒引起,以发热、头痛、肌肉酸痛、乏力、干咳少痰、腹泻等为主要临床表现,严重者出现气促或呼吸窘迫。本病是一种新的呼吸道传染病,2002年11月首先在我国广东省发现,其临床表现与其他非典型性肺炎相似,但传染性强,故而命名为传染性非典型性肺炎。患者是主要传染源,患者经过呼吸道分泌物排出病毒,少数患者腹泻的排泄物含有病毒。重症患者传染性极强，患者潜伏期传染性低或没有传染性；已经康复的患者无传染性；隐性感染者是否存在，至今不清楚。未发现有慢性患者。有研究表明，果子狸、狸猫等动物体内存在 SARS 病毒，但是否是传染源有待证实。近距离的飞沫传播是本病的主要传播途径；另外还存在气溶胶传播，消化道传播，接触传播（接触患者分泌物、排泄物、其他体液、污染物可传播，实验室可传播）；血液传播存在争议。人群普遍易感，发病者以青壮年居多，儿童和老人少见；患者家庭成员和医务人员属于高危人群。患病后可有一定免疫力，尚无再次发病的报告。

流行特征：该病于 2002 年 11 月首先在我国广东省佛山市被发现，2003 年 1 月底在广州流行，2～3 月达高峰，随后蔓延至山西、北京、内蒙古、天津及河北等地。2003 年 2 月下旬开始在香港流行，并迅速波及越南、加拿大、新加坡、中国台湾等地。至 2003 年 8 月流行终止，我国波及 24 个省，全国有 5327 个病例，死亡 349 人。全球约 32 个国家出现疫情，累计发病 8422 人，死亡 916 人。2004 年，广东省有 4 例散发。2003 年流行发生于冬末春初，有明显的家庭和医院聚集现象。主要流行于大城市，农村很少发病。我国患者的病亡率约为 6.55%，全球平均病亡率约为 10.88%。

2. 控制要点

我国于 2004 年 12 月将 SARS 列为乙类传染病、甲类管理。因此，要加强晨（午）检，做到早发现、早报告、早隔离、早治疗。患者应隔离治疗，密切接触者隔离期限为 14 d；在家隔离观察者应注意通风，避免与家人密切接触。流行期间，学校减少大型集会或活动，学校室内保持通风换气、空气流通；注意空气、水源、下水道的消毒处理。保持良好的个人卫生习惯，不随地吐痰。流行季节避免去人群聚集或空气不流通的地方，有上呼吸道感染症状时及时就诊，戴上口罩，避免近距离与人接触。增强体质，多进行室外锻炼，注意营养，劳逸结合。目前，尚无疗效确切的药物和疫苗。

（二）人感染高致病性禽流感

1. 人感染高致病性禽流感的特点

人感染高致病性禽流感是由甲型流感病毒中的某些亚型引起，以 H5N1 和 H7N7 为代表，其中 H5N1 亚型的患者病情重，死亡率高。其临床表现多为流行性感冒的症状，重症患者多为 H5N1 亚型禽流感，常在发病 1～5 d 后出现呼吸急促及明显的肺炎表现，病情进展快速，发病 1 周内即出现呼吸窘迫、呼吸衰竭死亡。传染源主要为患禽流感或携带禽流感病毒的鸡、鸭、鹅等家禽，其他家禽、野禽或猪也有可能成为传染源。患者是否为传染源尚待确定。

传播途径主要通过呼吸道传播，也可通过密切接触感染的禽类及其分泌物、排泄物、病毒污染的水等而感染。目前尚缺乏人与人之间传播的确切证据。人群普遍易感。12 岁以下儿童发病率较高，病情较重。与不明原因病死的家禽或与感染禽流感病毒家禽的密切接触者为高危人群。

2. 控制要点

加强晨(午)检,做到早发现、早报告、早隔离、早治疗。学校内禁止饲养鸡、鸭、鹅等家禽。12 岁以下儿童少到家禽养殖场、集贸市场等地方去。增强体质,多进行室外锻炼,注意营养,劳逸结合。目前尚无疗效确切的药物和疫苗。

(三)登革热与登革出血热

1. 登革热的特点

登革热是由登革病毒引起,登革病毒有 4 个血清型,第 2 型常引起登革出血热。临床表现为突起发热,伴头痛,眼球后痛,全身肌肉、骨、关节疼痛,极度疲乏,皮疹,淋巴结肿大,白细胞减少,出血;严重的可引起登革出血热。登革出血热除上述表现外,还可出现脑膜脑炎、多器官较大量的出血,甚至休克死亡。登革出血热,儿童较为多见。患者和隐性感染者是主要传染源,隐性感染者显著多于发病的患者,本病尚未发现慢性患者和病毒携带者,猴子和蝙蝠作为传染源的作用还未肯定。本病为虫媒传播,埃及伊蚊和白纹伊蚊是本病的主要传播媒介,伊蚊吸病人血后 10 d 即有传播能力,传染期可达 174 d;库蚊可能不是登革热的重要传播媒介。在新流行区,人群普遍易感,但发病以成人为主。在地方性流行区,发病以儿童为主。感染后对同型病毒有巩固的免疫力,并可维持多年,对异型病毒也有一年以上的免疫力。

流行特征:登革热主要在北纬 25 度到南纬 25 度的热带和亚热带地区流行,近年来随着气候变暖,发病区有向北扩展的趋势;由于交通的便利和人员的频繁流动,登革热的远距离(如城市间、国家间)传播已逐渐引起重视。流行季节与伊蚊滋生有关,主要发生在夏、秋的雨季。我国主要发生在海南、台湾、香港、广东和广西。

2. 防控要点

(1)教育学生在流行季节到广东、香港、澳门、台湾等登革热流行区出游时,要做好防蚊工作。学校要搞好环境卫生,消除湿地,消灭伊蚊滋生地;喷洒杀蚊剂杀灭成蚊;学生宿舍安装纱窗、纱门、蚊帐等防蚊设备。学校做好晨(午)检,做到早发现、早报告。疫苗预防接种处于试验阶段,尚未能推广应用。

(四)中东呼吸综合征

中东呼吸综合征(MERS),是由一种新型冠状病毒(MERS－CoV)引起的病毒性呼吸道疾病。至 2015 年 6 月止,超过 97%的病例发生在中东地区,20 多个国家有病例报告,均和中东有流行病学关联,或曾去过中东,或曾与中东地区感染病例接触,中东以外地区尚未发现原发感染病例。因此称为中东呼吸综合征。

1. 中东呼吸综合征的特点

这种新型的冠状病毒(MERS－CoV),类似于非典(SARS)病毒,但其受体与 SARS

不同，主要分布于人体的深部呼吸道。其临床表现类似非典（SARS），但症状较重；潜伏期为 2～14 d，以类似感冒、急性呼吸道感染为主要表现，起病急，体温高达 39～40℃，可伴有畏寒、寒战、咳嗽、咳痰、胸痛、头痛、全身肌肉关节酸痛、乏力、食欲减退等症状。常有肺炎表现，临床中有腹泻等胃肠道症状的报道。重症的病例可导致呼吸衰竭，部分可出现器官衰竭和感染性休克等危重病例。病亡率大约为 27%。该病毒会导致免疫力低下的人群，老年人和伴有慢性病（如糖尿病、癌症和慢性肺部疾病）的人群发生更严重的疾病。传染源主要是患者，部分人感染病毒后并不会出现症状；全部的感染来源尚不完全清楚，但在埃及、卡塔尔和沙特阿拉伯的骆驼中分离到和人类病毒株相匹配的病毒株；很多研究已经在非洲和中东的骆驼中发现病毒抗体。人和骆驼的病毒基因序列数据表明两者之间存在密切联系。对传播途径而言，还未确切了解人类是如何感染该病毒的，在某些情况下，病毒通过密切接触传播。这常出现在家庭成员、病人和医护工作者之间。最近，医护工作者感染报告增加。在一些社区病例中未找到可能的感染源。他们有可能是因为暴露于动物、人或者其他感染源而感染。在新流行区，人群普遍易感。

流行特征：该病毒于 2012 年在沙特阿拉伯首次被发现。以下国家已经报告了中东呼吸综合征病例：中东地区的沙特阿拉伯、阿联酋、约旦、科威特、阿曼、卡塔尔、也门、埃及和黎巴嫩；其他地区如非洲的突尼斯，欧洲的法国、德国、荷兰、希腊、意大利和英国，亚洲的菲律宾、马来西亚以及北美的美国。病毒似乎在整个阿拉伯半岛广泛传播。近期中东以外地区报告的所有病例最初均在中东感染，然后传播到中东以外地区。这些旅行相关病例在本国内似乎没有感染其他人。2013 年，法国和英国的输入性病例导致了有限的人传人传播。

2. 防控要点

个人要保持良好卫生习惯，包括在接触畜类前后常洗手，避免接触病畜。应避免摄取未经加工的或不熟的畜类食品。糖尿病、肾病、慢性肺病、有免疫系统缺陷的人是易感 MERS 的高危人群，更要加强预防。预赴中东地区的民众，应注意个人卫生，勤洗手，尽量避免密切接触有呼吸道感染症状的人员，避免接触动物及其排泄物，减少与当地人接触，讲究礼节，咳嗽和打喷嚏时，捂鼻捂口。自中东地区入境的民众，如出现发热或流涕、咳嗽、咽痛等呼吸道症状，应主动通报边检防疫人员，配合接受检疫，及时就诊。返国 14 d 内，如出现发热或呼吸道症状，应佩戴口罩并尽快就医，避免乘坐公共交通工具前往医院，应主动向医护人员告知近期旅游史及在当地暴露史，以便得到及时的诊断和治疗。与确诊患者曾有过近距离接触的人，如在大致 2 m 范围内、在一个房间、在看护区停留较长时间、与感染者分泌物有直接接触，而未穿戴所要求的防护装备，应该医学观察 14 d，时间从与患者最近一次接触开始，一旦出现症状立即就医。

□ 复习与提纲

1. 为什么国家要将学校和托幼机构作为传染病防控的重点场所？学校常见的传染病有哪些？

2. 某小学(全校 650 名学生)在 3 d 内陆续发生了 79 例流行性腮腺炎，按照突发公共卫生事件的分级标准，这属于哪一级事件？请拟出处置方案。

3. 为什么说人类对传染病的影响越来越深远？

4. 中小学校和托幼机构怎样做到对传染病的早发现、早报告、早处置？

5. 在晨(午)检中，对全校师生的晨(午)检情况进行当日汇总、分析的目的是什么？

6. 什么叫消毒？学校可采用哪些消毒方法？

□ 参考文献

1. 李兰娟，任红. 传染病学(第 8 版)[M]. 北京：人民卫生出版社，2013.

2. 季成叶. 现代儿童少年卫生学(第 2 版)[M]. 北京：人民卫生出版社，2010.

3. 李林静. 学校卫生学(第 5 版)[M]. 重庆：西南师范大学出版社，2012.

4. 中华人民共和国卫生部. 风疹诊断标准：WS297－2008[S]. 北京：人民卫生出版社，2009.

5. 中华人民共和国卫生部. 急性出血性结膜炎诊断标准：WS217－2008[S]. 北京：中国标准出版社，2008.

6. 中华人民共和国卫生部. 人感染高致病性禽流感诊断标准：WS284－2008[S]. 北京：人民卫生出版社，2008.

第九章

学校常见疾病的综合防治及急救

【学习提要】

1. 了解学生常见病基本知识。
2. 掌握学生常见病现状和防控方法。
3. 了解学生常见慢性病的种类及其防治。
4. 了解学生常见的意外伤害种类及急救措施。
5. 掌握心肺复苏的技术要领。

第一节　学校常见病的预防

儿童青少年在健康检查时,常发现有视力不良、营养不良、沙眼、龋齿、蛔虫病、贫血等疾病。其中很多病的发生与学习负担过重和学习生活环境不良有密切关系,因此又有人将这些病称为“学校常见疾病”。教育工作者当前的重要任务之一,就是要了解这些常见疾病的发生规律,研究早期发现和防治的方法,采取积极的措施控制和消灭这些疾病。

一、视力不良与近视

儿童青少年在学习过程中经常进行阅读、书写活动工作,为了使他们具有较高的学习和工作能力,学校必须注意保护学生的视力和预防近视,使他们身体和视觉器官得到正常发育,为以后的工作、生活打下坚实的基础。

保护学生视力、预防近视是关系儿童青少年健康成长的一项重要工作,所以对学生视力的保护工作绝不只是学校的事情,学生家长和全社会都要重视,共同配合,采取有效措施,认真做好。

2005 年全国学生体质健康调研结果显示,7～18 岁城市男生、城市女生、乡村男生、乡村女生四个中小学生群体的视力不良检出率分别为 50.7%、59.4%、34.7%、43.7%。其中,16～18 岁高中生检出率分别高达 75.5%、84.4%、63.7%、75.5%。近视在视力不良中所占比重，小学生为50%～60%(其余多为生理性远视)，中学生为70%～80%，大学生达94%以上。预防近视是保护学生视力的核心。WHO(2008)颁布的《视觉2020行动》，明确将屈光不正性视力不良列为2020年全球应基本消除的几类可避免的致盲性眼病的行动目标之一。视力不良位居我国政府确定的六大学生常见病之首。做好学生视力保护，减少近视的发生和加重，是学校卫生的重要任务之一。

(一)视力不良和近视的概念

视力不良又称为视力低下或视力低常，是使用简便的、适合大规模现场流行病学方法的筛查结果，即在5m远处使用“对数视力表”检查(单侧)裸眼远视力，凡低于正常标准的眼，统称为视力低下眼。凡低于5.0者为视力低下，视力低下者中，4.8～4.9为轻度视力低下，4.6～4.7为中度视力低下，4.5及以下为重度视力低下。视力低下者进一步用串镜检查有无屈光不正：正片视力下降、负片视力进步的为近视，否则为远视；正负片均无进步的为其他眼病。因此，近视、远视、散光等屈光不正，弱视和其他眼病均被涵盖在视力低下的范畴内，大量的统计表明，中小学生视力低下者大多数属近视。

近视是指眼睛辨认远方(5m以上)目标的能力低于正常。眼睛在不使用调节的前提下，远处的物体不能在视网膜聚焦成像，而在视网膜之前形成焦点，导致远方的物体模糊不清，近视眼能看清近处物体。学生的近视一般分为屈光性和轴性两类，前者眼轴长度正常，主要是由于晶状体屈折力过强；后者是晶状体屈折力正常，但眼轴前后轴过长。

(二)儿童青少年近视的性质

儿童青少年近视是由于眼对光的屈折力同眼轴长度不相适应造成的，近视有两种：

1. 屈光性近视(假性近视)：眼轴长度正常、晶状体屈折力过强，由于睫状体调节过度紧张，产生痉挛，使晶体变厚，增强了屈光度，所以物体的影像集合在视网膜前，这种近视是假性近视。儿童青少年多数是后天形成的假性近视，重要原因是平时不注意用眼卫生而逐渐形成。患假性近视的人，只要认真注意用眼卫生，并进行适当的治疗是可以矫治的。但是如果长期不注意用眼卫生，使睫状体经常处于紧张状态，久而久之，也可使眼球前后轴拉长，而成为真性近视。

2. 轴性近视(真性近视)：患轴性近视的人眼轴比一般人长，晶体的屈折力正常。远处物体的景象集合在视网膜前，必须近视物象才清楚。

儿童青少年患近视的人中，往往是两种情况均存在。儿童青少年患真性近视的较少。

(三)儿童青少年患近视的原因

儿童青少年患近视眼有三种原因。

1. 先天遗传因素

单纯性近视(中度、低度近视)属多基因遗传。双生子研究显示，近视的遗传度达65%～70%；高度近视(6.0D)与遗传的关联更直接，多呈单基因遗传，有家族聚集性。高度近视占近视患者的比重正在增加，那些戴600度以上眼镜的近视患者的比例，已经从25年前的1%～2%，上升到目前的4%～8%。

2. 后天环境影响

(1)近视工作的年限及时间:学生视力减退率和近视率一般是随学习时间长而上升,在城市学校这一情况更突出。据调查,同年龄学生,由于学习阶段不同,近视率也有所不同,说明学生近视眼的发生并不是单纯由于年龄增长,而是与近视工作及某些不良原因有关。在同一地区环境条件大致相同,但是由于学习负担不同,视力不良率也有所不同,学生近视的发生发展与近视工作持续的时间和视力的紧张程度有关。

(2)学习的环境条件:学生的学习环境不良,如采光照明不良、课桌椅不适合学生身材等都可以使眼物距离过近,造成眼调节过度紧张。其他如书本、纸张的颜色,字体的大小,印刷质量等,也会造成眼的调节紧张,影响视力的正常发育。

(3)用眼习惯:儿童读写时不注意用眼的卫生,如读书、写字姿势不端正,连续长时间看书、写字或做精细的工作,看电视过久,在车上、走路时看书,躺在床上看书,在强光或过弱的光线下看书等都会使眼调节紧张、疲劳,长期便形成近视。因此,学校在积极改善学习环境的同时,对儿童青少年加强用眼卫生的教育,培养学生用眼的卫生习惯,提高他们保护视力、预防近视的自觉性是十分必要的。

此外,学生近视的发生还受多种后天因素的影响,大量材料证明,农村学校学生的视力比城市学校学生的视力好,农村学校学生的近视率比城市的低得多。从郊区教室采光照明和课桌椅条件来看,有些不如城市,但郊区学生户外活动和田间劳动时间比城市多,郊区地域开阔,可以使眼远望休息,这些都是郊区农村儿童青少年视觉器官得到正常发育的良好条件。

3. 体质与健康

体质弱者、健康状况差者、早产儿、低出生体重儿等,这些个体眼球壁发育不良,韧性不足,易致眼轴变长。青春期突增阶段是近视程度加重的关键期;性发育越早的青少年,近视发展越快。食物过度精细,喜吃甜食,缺乏钙,维生素 A,维生素 D 以及锌、铁、硒等微量元素等,眼睛也更易近视。

(四)近视的预防

学生近视的防治工作是学校卫生的重点课题,防治近视眼要强调“预防为主”,坚持预防就可以取得成效,具体措施如下:

1. 注意用眼卫生(见第四章第三节“教学卫生”)

2. 认真坚持做眼保健操等

(1)眼保健操的作用是通过自我按摩眼部周围的穴位,疏通经络,使眼内气血畅通,以达到活血、解痉和避免睫状肌紧张痉挛的目的。这是运用我国医学推拿、经络的理论,保护学生视力,预防近视的有效方法。眼保健操必须要做到经常锻炼,每天上午、下午各一次,要求穴位、动作准确,并要持之以恒。但必须与用眼卫生结合才能取得良好的效果。眼保健操的具体做法可参考有关资料。

(2)晶体操:晶体操的方法有两种。一种是用手指放在眼前,看近 2 min,然后向 3~

5 m 处看 2 min，连续做 3 次；另外一种方法是两眼由近及远逐渐前移，如从 0.5m，1m，2m，3m……直到凝视 5m 远的地方。

晶体操可以随时进行，也可以由教师在上课时根据教学需要，使学生看远看近交替进行，如近距离的读写与看黑板字或看其他教具等交叉进行，避免近视时间太长，起到晶体操的作用。

(3)远望：向 5m 以外眺望，每日 3～4 次，每次数分钟到 10 min。望远时要有目标，朝向光线柔和处，如远处绿色树木、远山等，学生可在锻炼、休息、课外活动时进行，养成习惯。

3. 学校要重视学生视力保护工作

(1)学校要把保护学生视力工作列入议事日程，切实加强领导，定期研究检查。加强宣传教育，培养学生用眼卫生习惯，建立合理的视力保护制度。

(2)建立和坚决执行合理的生活制度。合理安排学生的作息时间，保证学生学习、休息、睡眠、进餐和课外活动的时间能专时专用。大力开展体育活动，要结合课程改革，减轻学生的课业负担，防止眼睛过度疲劳。合理的生活制度对增强学生的体质、保护学生视力和预防近视都有非常良好的作用。

(3)改善环境条件。为了保护学生视力，预防学生近视，学校在开学前，要检查教室的采光照明情况，教室墙壁要定期粉刷，根据经济条件改善教室的采光、照明，黑板要定期刷黑，平整无反光。课桌面的照度不低于 300lx。教室的课桌椅的高度要按学生身材适当调配，使之尽可能适合学生的身材。

(4)定期检查视力，建立视力检查卡片。定期检查学生视力，是保护学生视力、预防近视的重要措施。通过检查，登记了解学生视力变化情况，及时采取防治措施。

(5)学校与学生家长密切配合。学校要与家长密切配合，共同做好保护学生视力的工作，如教育学生养成用眼卫生的习惯，纠正不正确的读写姿势，关心子女的校外活动，家庭与学校共同执行合理作息制度，等等。

经常关心子女的视力，如发现有视力减退情况，及时查明原因，如为假性近视，应认真矫治；如果为真性近视，应及时佩戴眼镜，防止近视发展。

家长要为子女安排比较好的学习环境，晚自习最好用局部照明(台灯)，电灯不要挂得太高，最好加白色灯罩，光线从左前方来。晚上自习时间不宜安排过长，提醒子女不要看字体太小的书。

随着电视、手机、电脑的广泛运用，家长要教导孩子使用电子产品的用眼卫生，比如看电视、使用电脑每 0.5～1 h 后至少休息 5～10 min，眼与电视机的距离应为电视屏幕对角线的 5 倍以上。电视屏面的位置要比眼稍低，看完电视或上网后可做些全身的轻微活动或做眼保健操，以解除身体和眼的紧张。

(6)学校要与社会各方面配合。保护学生视力的工作要全社会支持，学校除了争取学生家长支持外，还有责任向社会进行宣传教育，争取社会各方面如报刊、电台、电影院等的配合与支持。宣传保护学生视力的重要意义，介绍保护视力的科学知识，为保护儿童青少年的视力大造舆论。学校在这方面可做些宣传、组织工作。

印刷出版部门,要重视教科书和儿童青少年读物、教具、挂图等的印刷出版工作。注意出版物的纸张、色彩、图形、字体和印刷质量,特别是小人书的字体要大,图面可稍小,以利保护学生的视力。

疾病控制中心、医院、眼病防治所等应积极配合学校,改善学校环境,帮助学校保护学生视力,做好视力的矫正工作。

(五)近视的矫治

保护学生视力要贯彻预防为主的方针,注意用眼卫生,同时要及时进行矫治。二者结合进行,才能收到效果。

1. 针灸和推拿

推拿:主穴为天应穴,用大拇指推 5 min(共 300 下),攒竹穴、鱼腰穴、丝竹穴三穴,用食指作小圆圈按摩,三穴共 1 min,每穴推 20 下,瞳子髎穴 1 min 推 60 下。推拿手法由轻慢开始,逐渐加快加重,再转轻慢,使局部有酸胀感觉,每天 1～2 次,可自我或相互推拿(必须注意手指清洁)。

针灸:针刺以上穴位,留针 20 min,每 15 次为一疗程,进行 2～3 个疗程。推拿和针灸治疗过程中,不看电视、电影,注意用眼卫生。

2. 云雾法

给近视的学生戴 200°～300°凸透镜,使眼睫状肌的紧张度得到缓解,此时看物体模糊如在云雾中,从模糊看到第一个视标为度,然后看距 5m 的视力表或远望。经半小时或 1 h 后,取下凸透镜,每天进行 1 次,6 d 为一疗程,连续 2～3 个疗程。学校可以组织近视学生在户外活动时进行矫治,并且定期检查视力,观察效果。

3. 配镜

假性近视者可以不配镜,真性近视者可以验光佩戴适当眼镜,否则对学习、工作和生活会有影响。配镜后仍应注意用眼卫生,否则近视仍会发展。

4. 角膜塑形镜

角膜塑形镜为透水透气性好的硬性角膜接触镜,通过镜片本身和眼睑张力的压迫,使角膜中央区变扁平,增大曲折力,使近视程度降低。

5. 手术治疗

近年来发展很快,手术效果较好,但是也有一定风险,远期健康效应还需要进一步研究,而且费用较高,不适合儿童青少年。

二、营养不良

营养不良是指蛋白质一热能营养不良。迄今为止仍是对全球儿童健康和生存的主要威胁,贫困国家尤其多见。

2010 年全国学生体质与健康调研结果显示:中小学生的营养状况继续得到改善,营养不良检出率进一步下降，且基本没有重度、中度营养不良。城市男生、城市女生、乡村男生、乡村女生 7～22 岁年龄组轻度营养不良检出率分别为 2.87％、5.81％、2.69％、5.45％，比 2005 年分别降低 0.02、0.21、0.27、0.27 个百分点。

（一）营养不良原因

(1)膳食摄入不足：儿童生长发育迅速，对热能与营养素需求量大，如进食过少，热能与蛋白质供给长期不足，同时维生素或铁、锌等微量元素摄入过少，可发生营养不良。

(2)不良饮食习惯：挑食、偏食、吃零食过多，或以大量饮料代替食物等，都是导致营养素摄入不足或不平衡的重要原因。有些青少年追求“体型美”，不恰当地节食减肥，也可导致蛋白质一热能不足，造成营养不良和低体重。

(3)疾病：儿童青少年患某些疾病，如胃病、慢性肠炎等，影响食物的消化吸收；龋齿影响咀嚼功能；肠道蠕虫感染，如蛔虫、钩虫、鞭虫等大量消耗营养素，直接导致营养素吸收不足；慢性消耗性疾病如结核、肝炎等营养素消耗量大，恢复期对营养素需求迫切，若供给不足或不及时，都可导致营养不良发生。

（二）实验室检查

(1)血清总蛋白及白蛋白：对诊断营养不良有重要意义。蛋白质营养缺乏患儿的血清总蛋白及白蛋白降低，当血清白蛋白降至 28g/dl 时，可出现水肿。

(2)血红蛋白：可参照世界卫生组织贫血诊断标准，确定有无贫血。血红蛋白由珠蛋白和血红素组成，可间接反映机体的营养状况。

（三）营养不良预防

(1)保证合理营养：学龄期儿童和青春期少年处在旺盛的生长发育阶段，必须供给营养丰富的食物，如牛奶、豆浆、豆腐、鱼、肉类、蔬果等。

(2)培养良好饮食习惯：应从小培养良好饮食习惯，纠正挑食、偏食、吃零食过多等不良习惯，定时、定量进餐。

(3)以学校为单位，通过常规学生体检及早筛查营养不良，积极治疗肠道蠕虫感染和消化道疾病等。

三、肥胖

肥胖(obesity)是指人体脂肪的过量贮存，表现为脂肪细胞增多和(或)细胞体积增大，即全身脂肪组织块增大，与其他组织失去正常比例的一种状态。

根据 2010 年全国学生体质与健康调研数据显示：我国学龄期儿童青少年肥胖和超重检出率继续增加。7～22 岁城市男生、城市女生、乡村男生、乡村女生肥胖检出率分别为 13.33％、5.64％、7.83％、3.78％，比 2005 年分别增加 1.94、0.63、2.76、1.15 个百分点。

目前，采用的肥胖判断方法是体质指数法(BMI)，BMI＝体重(kg)/[身高(m)^2]，单位为 kg/m^2。

(一)肥胖的分类

肥胖按发生原因可分为以下三类：

(1)遗传性肥胖：主要指遗传物质(染色体、DNA)发生改变而导致的肥胖，这种肥胖具有家族性倾向。

(2)继发性肥胖：主要指由于脑垂体—肾上腺轴发生病变、内分泌紊乱或其他疾病、外伤引起的内分泌障碍导致的肥胖。

(3)单纯性肥胖：主要是指排除遗传性疾病、代谢性疾病、外伤或其他疾病引起的继发性、病理性肥胖，而单纯由于营养过剩所造成的全身性脂肪过量积累。

(二)肥胖对儿童健康的危害

(1)对心血管系统的影响：肥胖可导致儿童全血黏度增高；血清总胆固醇、低密度脂蛋白胆固醇和载脂蛋白显著增加，血压增高等。

(2)对呼吸系统的影响：肥胖儿童肺活量和每分钟通气量明显低于正常儿童。运动时肥胖儿童的最大耐受时间、最大摄氧量及代谢当量明显低于正常儿童。

(3)对内分泌系统与免疫系统的影响：肥胖与人体内分泌改变有关。肥胖儿童的生长激素和泌乳素大都处于正常的低值；肥胖儿童往往有糖代谢障碍，超重率越高，越容易发生糖尿病。

(4)肥胖对体力、智力、生长发育的影响：人群流行病学调查结果显示，肥胖男女生骨龄均值均大于对照组；第二性征发育均显著早于对照组；肥胖对儿童智力、心理行为也有不良影响，肥胖男生倾向于抑郁和情绪不稳，肥胖女生倾向于自卑和不协调。

(三)肥胖发生的原因

肥胖发生是遗传生物学的内因和外部因素的共同作用，但根本原因是机体的能量摄入大于机体的能量消耗，从而使多余的能量以脂肪形式贮存，并最终导致肥胖。

肥胖发生的外因主要有：

(1)社会因素：随着经济的快速发展，人民的生活水平普遍得到提高，表现在动物性食物等高能量食品摄入明显增加，能量摄入增加从而引起肥胖。

(2)饮食因素：进食速度快、食量大、偏食、喜食油腻和甜食、吃零食等都可以造成肥胖。

(3)行为心理因素：部分肥胖患者由于受到排斥和嘲笑，因而自卑感强，从而不愿意参加集体活动，又常常以进食得到安慰，形成恶性循环。

(四)肥胖的预防和治疗

(1)加强卫生宣传，取得儿童及其家长合作，从小开始预防为主。

(2)控制能量摄入总量。限制每天的食物摄入量和摄入食物的种类，以便减少摄入的能量。减少能量必须以保证人体能从事正常的活动为原则。减少食物摄入总量的同时，应注意保证蛋白质、维生素、无机盐和微量元素的摄入量达到推荐供给量标准，以便满足机体正常生理需要。定时、定量进餐，避免零食过量和贪食习惯，学龄儿童每日供给热量为1400～1600卡。

(3)长期坚持运动。长期低强度体力活动与高强度体育活动一样有效。低强度运动容易坚持，是肥胖儿童首选的运动疗法。运动训练与减食治疗配合是针对肥胖儿获得较好疗效的途径。

四、龋齿

龋齿是常见的口腔疾病，俗称"虫牙"，它的特点是牙齿的硬组织有色、形、质的变化，牙色呈黄褐色或棕褐色，牙质变软变脆，形成龋洞，最后成为残根，尤其在婴幼儿阶段病变发展较快。龋齿对儿童青少年造成严重的牙患，如牙肿痛，牙龈、齿槽脓肿，并可导致牙髓病、颌骨炎，严重的引起菌血症。龋齿影响儿童的食欲、咀嚼、消化，进而影响其身体发育及健康。幼儿乳龋还影响恒齿的生长。龋齿、牙周病、错颌畸形被WHO列为世界范围内重点防治的三大口腔疾病。龋齿也是我国爱卫会、教育部、卫健委提出的需重点防治的六大学校常见病之一。以龋齿防治为核心的口腔保健工作，是衡量一个国家社会进步的重要标志之一。

欧美国家龋齿的患病率很高，德国报道中欧国家小学生龋患率高达98%。美国报道12岁儿童龋患率达90%。日本小学生为80%，中学生为66%。英国儿童则高达95%。

全国口腔健康流行病学调查报告显示，我国5岁儿童乳牙龋患率1995年为76.6%，2005年为64.0%。据1991—2005年全国学生体质健康调研结果显示，城市7～12岁男女学生乳牙龋患率呈下降趋势，下降幅度比乡村更明显，原因主要与生长发育水平提高（换牙期提前）有关；2005年时，7～9岁小学生的乳牙龋失补率大多高于50%，说明乳牙龋患现象依然很普遍；恒牙龋失补率随年龄增长而上升，中学生群体大多超过20%；龋失补构成比中，龋补率很低，特别是西部地区、农村地区，提示学校防龋的重点应该向这些地区转移。

（一）龋齿的致病原因

龋齿是多因素作用下的慢性感染性疾病。"四联因素"致病学说得到广泛认可。这些因素环环相扣，而人的生活行为方式在其中发挥核心作用。

"四联因素"包括（见图9-1）：细菌和菌斑、宿主、食物因素、时间因素。

(1)细菌和菌斑。细菌的存在是龋病发生的主要条件，正常口腔中细菌和宿主间保持平衡。当某些因素使致病菌发生异常的生态变化，导致平衡失调时，则失控的细菌及其毒素会使牙齿出现慢性病理性损害。口腔卫生好坏也会影响龋病发生的概率，良好的口腔卫生使牙菌斑形成受到控制，从而控制龋病的发生。因此，控制菌斑是防龋的重要环节。

(2)宿主。宿主对龋病的敏感性涉及多方面的因素，如唾液的流速、流量、成分，牙齿的形态与结构，机体的全身状况。牙齿排列不整齐、拥挤、重叠处易患龋病。唾液有清洁牙齿的作用，唾液的某些成分对龋齿和牙周病能起到抑制作用。其他如遗传、营养水平、矿物质、内分泌程度对宿主的抗龋力有一定的影响。

(3)食物因素。食物既与菌斑基质的形成有关，也是菌斑中细菌的主要能源，细菌能利用碳水化合物(尤其是蔗糖)代谢产生酸并合成细胞外多糖和细胞内多糖，所产的有机酸有利于产酸和耐酸菌的生长，也有利于牙体硬组织的脱矿，多糖促进细菌在牙面的黏附和积聚，并在外源性糖缺乏时，提供能量来源。因此，碳水化合物是龋病发生的物质基础。合理的膳食结构，增加蛋白质、钙、磷和氟摄入，可显著减少细菌的致龋作用，增强牙的抗龋力。

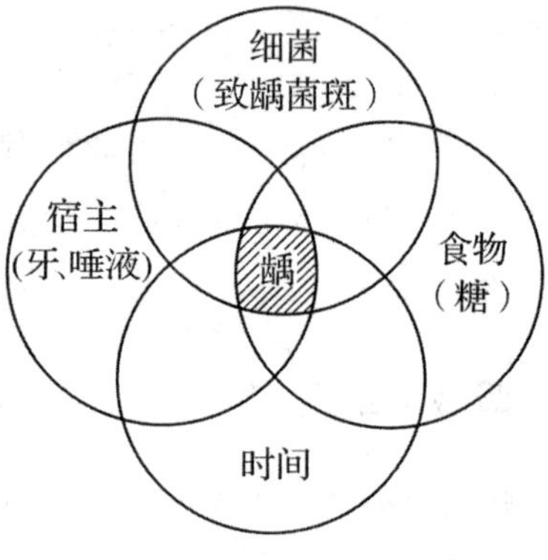

图 9-1 龋病病因四联因素

(4)时间因素。龋病的发生有一个较长的过程，从初期龋到临床形成龋洞一般需1.5～2年，因此即使致龋细菌、适宜的环境和易感宿主同时存在，龋病也不会立即发生，只有上述三个因素同时存在相当长的时间，才可能产生龋坏。所以，时间因素在龋病发生中具有重要意义。

(二)龋齿的预防

(1)保持口腔清洁。从小培养儿童漱口刷牙的习惯，教给其正确的刷牙方法。漱口刷牙的目的是消除牙面和牙缝的食物渣，减少口腔中的细菌(刷一次牙可减少口腔中70%的细菌)。通过刷牙，可以按摩牙龈组织，加快血液循环，增强牙龈的抵抗力，早晚刷牙特别是晚上睡前刷牙非常重要，以免食物残渣和细菌夜间留在牙齿上，腐蚀牙齿。刷牙的方法是顺着牙缝上下直刷，然后左右、内外均刷，使食物残渣彻底清除干净。饭后和吃糖果点心后应漱口，以保持口腔的清洁。

(2)注意营养，培养良好的饮食习惯。从胎儿时期起，孕妇就应注意钙、磷、氟的摄入量，因为乳牙的钙化开始于胎儿的第五个月，而恒牙的钙化开始于出生时。第三恒磨牙的钙化要在17～20岁才能完成。所以从婴幼儿时期一直到中小学都要注意供给牙齿生长的营养素，同时要供给含纤维素丰富的蔬菜和水果，因为纤维素和水果能帮助咀嚼，清洁口腔，有利抗龋。

学校和家庭不宜给儿童吃过多的甜食和糖果，以防糖类为牙齿的菌斑形成创造条件。还要纠正儿童的偏食习惯。

(3)注意身体健康。多组织户外活动，以便儿童皮肤多吸收阳光中的紫外线，促使皮肤中的7-脱氢胆固醇转化为维生素 D_3，使牙骨正常生长，增强抗龋的能力。

(4)定期检查口腔，早期治疗。每半年检查一次口腔，发现龋齿，及早治疗，要做到早发现、早治疗。

(5)药物防龋。内服和外用氟化物是防龋的有效方法之一。有的国家采取了幼儿园、小学、中学，每天给学生服用一定量的氟药片预防龋病，效果显著。外用的方法是用不同浓度的氟化水(0.1%～2%)给学生漱口刷牙，每天一次，每次漱口约1 min，或使用氟化牙膏。氟化物防龋的机理是：氟化物进入牙组织中，使牙釉质抗酸能力增强，可抑制酶的作用和口腔中的细菌繁殖，减弱产酸脱钙作用。

根据我国古代记载和近年来日本等国研究，以茶水漱口有防龋作用，因为茶水中含有氟和鞣酸。

(6)要慎用抗生素药物。孕妇和儿童要慎用四环素类药物，因为四环素类抗生素被吸收到血液后，可与血钙结合成不能离解的络合物，使牙齿变黄、脱钙，妨碍骨骼的生长发育。孕妇(怀孕 1～3 月)服用四环素，除妨碍胎儿牙骨生长外，常有致畸作用，如使胚胎出现短肢或缺肢等。

五、贫血

以缺铁性贫血最常见，是指周围血液中的血红蛋白浓度、红细胞数和红细胞比容低于正常值。世界各国儿童的缺铁性贫血患病率均较高，是一种全球性营养缺乏病。

缺铁性贫血可发生在任何年龄，但以 6 个月～2 岁患病率最高。我国儿童青少年近年来贫血状况有显著改善，但群体患病率仍较高。全国学生体质与健康调研结果显示，学龄期患病率的变化呈以下规律：低年龄小学生出现高峰，其后逐步下降；伴随青春期发育，14 岁左右出现第二个高峰；整体来看，患病率乡村学生高于城市学生，女生高于男生。

(一)贫血的危害

(1)贫血会影响体内几十种含铁细胞酶的活性，导致细胞呼吸障碍，阻碍生长发育进程，使儿童青少年的体力(尤其是肌力和耐力)明显下降；

(2)贫血会使血红蛋白质合成减少，红细胞携氧及输送氧气的功能减弱，导致大脑及身体组织慢性缺氧，使儿童学习能力下降，甚至出现行为异常；

(3)贫血会降低免疫系统防护能力，容易患呼吸道、消化道疾病。

(二)贫血发生的原因和影响因素

(1)机体需铁量增加：青春期生长发育迅速，需铁量增加；儿童患病初愈后需铁量也会增加；女孩月经来潮后若不及时补充因经血丢失的铁，容易发生贫血。

(2)铁摄入量不足：摄入的食物中含铁量不足，是导致贫血发生的主要原因。

(3)长期慢性失血：体内存在慢性反复出血的原因，如钩虫病、胃溃疡、肠息肉、月经不调等，可因铁丢失过多，影响血红蛋白和红细胞生成，发生贫血。

(三)贫血的预防

(1)营养健康教育：以铁营养为重点，进行科学营养知识宣教；自幼培养良好的饮食习惯，不挑食，不偏食。定时定量进餐，不以糕点等零食代替正餐。

(2)合理膳食：选用补铁食物时，不仅要选择含铁量和吸收率较高的食物，而且应考虑食物的综合营养效益。

(3)合理食入含铁食品：强化奶粉、强化铁饼干、猪血和含铁饮料等，多含易被吸收的二价无机铁，是快速纠正缺铁性贫血的重要手段，但不要过量摄入，否则会引起铁中毒。

六、沙眼

沙眼是由沙眼衣原体引起的慢性传染性眼病。主要是接触传染，通过公用物品、玩具、手帕、面巾、脸盆等，或由门轴、握手、水等传染。此病在我国传播很广，任何年龄都可以感染沙眼，在婴幼儿时期及小学阶段得病者较多，约占1/3，个别学校沙眼患者达90%左右。沙眼晚期常因并发症使视力受障碍，严重者会出现失明。随着社会的进步，全球沙眼患病率在大幅度降低，WHO曾提出到2020年在全球消灭沙眼。

(一)沙眼的症状

眼结膜上有滤泡或乳头状大颗粒，灰色如沙皮，有时眼内干痒，或结膜充血，重者结膜边缘血管可伸入角膜，角膜发生小星浸润，生血管翳，最后失明。沙眼后期由于结膜溃疡结瘢，引起眼皮内翻，使睫毛倒入，影响视力，沙眼一般经治疗半年或一年可结瘢，如果不经过治疗或重复感染，使瘢疮增多，经数十年后可致失明。沙眼患者常因球菌感染易发生急性结膜炎，因分泌物增多，使沙眼更易传播，更易恶化。

(二)沙眼的预防

(1)及早发现病人，进行治疗，控制传染源，集体定期进行沙眼检查，与防疫机构配合，防治学校工作人员和学生沙眼。

(2)进行卫生宣教，培养卫生习惯。进行卫生宣传教育是扑灭沙眼的关键。学校要向学生及其家长和学校工作人员等进行宣传，使他们了解沙眼的病因及其防治方法。充分利用广播、幻灯、电影、电视、图片等多种形式，强化宣传效果。

督促学生养成个人卫生和公共卫生习惯，如不随便使用别人的面巾、面盆，不用手揉眼等习惯。

(3)根据各地条件，改善环境卫生。学校应采取一些必要的卫生措施，如设流水洗手脸的设备，保证足够的生活用水，浴室、食堂、理发室公用毛巾的消毒等设备，要尽可能满足需要。

(4)要让卫生员、教师、学生掌握防治沙眼的技术。有很多学校由卫生员担负沙眼防治工作，对预防沙眼的传播有良好的作用。

(三)沙眼的治疗

治疗沙眼至今尚无特效药物，一般以磺胺和抗生素(氯霉素、红霉素、利福平、金霉素)等药物滴眼，实行抗生素间歇疗法，即每月点药六天，每天点四次，半年后复查。

也可用中药10%黄连或黄柏水溶液滴眼或用干棉签摩擦。对重沙眼同时配合用海螵蛸棒等摩擦睑结膜上的滤泡、乳头，可以缩短疗程，提高疗效。

采用利福平溶液连续治疗三个月，治愈率可达80%以上，是一种治疗沙眼的有效药物。在学校易于推广使用。

七、肠道蠕虫感染

我国地处温、亚热带，其地理、气候及土壤条件均适合肠道寄生虫的生长繁殖，故蠕虫病是我国的常见病、多发病，特别是农村地区及儿童，发病率高。常见蠕虫有40余种，从对人体的寄生关系看，以线虫、吸虫、绦虫为主，其次是棘头虫。学龄儿童中，以蛔虫和蛲虫感染最为常见。

肠道寄生虫病是儿童的慢性传染病，寄生虫由蔬菜、鱼肉、手指、尘埃、饮水等经口到肠道寄生而感染，因为症状有时不明显，常被学校卫生工作者、教师和家长忽略。有些人甚至认为这种病没有什么影响，这是非常错误的看法。儿童有了肠寄生虫后，体内的血液、组织液、营养可被寄生虫吸收，使儿童贫血。虫体同时分泌毒素，使儿童食欲不振、呕吐等。寄生虫多了还能阻塞肠道或钻入阑尾、胆管内，引起感染腹痛，甚至诊断不明而致死。由此可见，对肠道寄生虫病要给予足够的重视，教师和家长可以从以下三方面去发现寄生虫感染线索。

(1)注意观察儿童日常的表现(症状)。患者晨间有恶心呕吐，经常腹痛，心窝隐痛、胃痛及胃口不正常，食欲不振或有奇癖，如喜香脆食物，吃石灰、泥土或炭块等。

(2)定期检查粪便中虫卵。儿童因不注意清洁，常可能重复感染，应及时发现，及早治疗。

(3)注意观察儿童排出的粪便中是否有成虫，有时成虫可由口腔、肛门、鼻孔钻出。若发现学生患肠道寄生虫病，应及早治疗。

(一)蛔虫感染

蛔虫病是儿童时期最常见的一种肠道寄生虫病。多见于5～10岁儿童，感染率曾一度达到50%～90%，发病率农村高于城市，成人亦可感染。1991～2005年我国乡村7岁男女学生蛔虫感染率分别由21.6%和24.6%下降至8.1%和8.4%；9岁男女学生感染率分别由26.0%和24.9%下降至6.6%和7.3%。蛔虫病在人群中广泛流行与蛔虫的繁殖力强和虫卵的抵抗力强有关。蛔虫雌虫每天可以产卵20多万枚。虫卵在湿润的松土中可以活4～5年，在粪坑中可活12年以上，对化学试剂也有较强的抵抗力。虫卵由于环境卫生不佳和个人卫生习惯不良经口传入人体。进入胃后经胃液消化卵壳后，幼虫破壳钻入肠黏膜，经胃静脉和淋巴入肝到右心室转入肺动脉，进入肺泡内，经二次蜕皮，再由气管咽喉，又吞入胃到小肠，再蜕皮一次成为成虫。一般经过2～12月，雌虫又可排卵，随粪便排出。成虫为黄白色或微带粉红色。雄虫小于雌虫，雄虫尾端弯曲向腹面，雌虫尾端较直。

1. 症状

患蛔虫病者，虫小时，一般无明显症状，有时脐部周围出现腹痛，胃口不佳，消瘦，或出现神经症状，如鼻孔发痒、失眠、磨牙，蛔虫分泌的蛔虫素可以使瞳孔放大，面部有白斑，蛔虫过多者会出现高烧昏迷。

蛔虫病可引起肠梗阻、肠穿孔、肝病、阑尾炎、腹膜炎等。

2. 蛔虫病的预防

(1)定期普查大便,集体治疗患者。蛔虫的繁殖力强,传播方式很多,容易重复感染,每年或间年应检查一次,每年应至少集体驱蛔 1～2 次。

(2)培养个人卫生习惯。如饭前、便后洗手,劳动、运动后洗手,常剪指甲,不吃落地的食物,不喝生水,不吃生菜和未消毒的水果,不随地大便等。蛔虫的寿命约为一年多,如果不重复感染,不经治疗也可痊愈。因此,个人卫生习惯的培养具有重要意义。

(3)加强饮食和粪便管理,注意环境卫生。蛔虫卵可以通过苍蝇携带、灰尘飞扬或受污染食物而经口侵入人体。加强饮食卫生管理对预防蛔虫病是十分重要的。同时要做好粪便的管理,特别是厕所的卫生,使学校环境不受粪便的污染。做好地段内的土壤保洁工作,保持教室宿舍、活动场所的清洁卫生,合理进行污物的处理,确保环境卫生。

3. 蛔虫病的治疗

驱蛔虫的药物较多,应该选择排虫率高、毒性低、副作用少的药物。一般认为甲苯咪唑和左旋咪唑效果较好,驱虫清现为首选药物,中药苦楝根皮等亦可选用。凡群体感染率高于 40%的地区,应每年 2 次(间隔至少 3 个月)在中小学校中进行集体服药驱蛔。

(二)蛲虫感染

蛲虫,外形恰似一条白线,雄虫体长 2～5mm,雌虫体长 8～13mm,俗称"线头虫",在体内引起蛲虫病。蛲虫寄居在儿童的大肠内,有时随儿童的粪便排出,在粪便中可见无数白色小虫蠕动,这便是蛲虫。蛲虫成虫寄生于人体的盲肠、阑尾、结肠、直肠及回肠下段。当人睡眠后,肛门括约肌松弛时,部分雌虫爬出肛门,在附近皮肤产卵。产卵后,雌虫多因干枯死亡,少数雌虫可由肛门蠕动移行返回肠腔。肛周温度、湿度适宜,氧气充足,虫卵只要 5～6 h 即可发育成感染性虫卵。

1. 传播途径

蛲虫感染的主要传播途径有三条:(1)经口吸入。患儿因痒而搔抓肛门,或手接触污染了虫卵的裤子、被褥等,将虫卵通过食物带入口中。蛲虫虽然寿命很短,只有 2～4 周,但通过各种途径可实现长年累月的重复感染。(2)虫卵随空气尘埃飞扬,被吸入鼻咽部而感染。(3)幼虫在肛门口发育成熟后,逆行爬回肠内感染。

2. 症状与危害

症状一般轻微,主要表现是夜间肛门及阴部奇痒,因而失眠、烦躁不安、夜惊等。蛲虫可钻入黏膜深层引起出血、溃疡,甚至小脓肿,导致不同程度的炎症。患者亦可出现消化不良、恶心、呕吐、腹痛、食欲减退等症状。蛲虫还可引起蛲虫性腹膜炎和肉芽肿、蛲虫性阑尾炎等。偶有蛲虫侵入泌尿系统或女性生殖系统,引起尿频、阴道炎、输卵管炎或腹膜炎。

3. 预防与治疗

(1)消除传染源:口服抗寄生虫药,常用药物有甲苯达唑、噻嘧啶、复方甲苯达唑、恩波吡维铵(扑蛲灵)等。治疗对象除患儿外,还应包括患儿父母及其他密切接触者。蛲虫易自身重复感染,服药后应每隔2～3周重复用药以根治。外用蛲虫软膏,在睡前涂于肛门部,杀虫止痒。在高感染地区,以幼儿园为主,可进行全体驱蛲治疗。

(2)培养良好卫生习惯:蛲虫不易根治的关键原因是交叉感染率、重复感染率都很高,故家长、保育员、儿童和青少年都应养成良好个人卫生习惯;内衣、内裤应天天更换,被褥应经常放置太阳下暴晒。

(3)清洁肛门:每天晨起(尤其是便后)淋浴,冲洗肛门,可将大量幼虫冲走。

(三)钩虫感染

钩虫是钩口科线虫的统称,虫体前端较细,顶端有一发达的口囊,由坚韧的角质构成,发达的口囊是其形态学的特征。在寄生人体消化道的线虫中,钩虫的危害性最严重,由于钩虫的寄生,可使人体长期慢性失血,从而导致患者出现贫血及与贫血相关的症状。钩虫呈世界性分布,尤其在热带及亚热带地区,人群感染较为普遍。据估计,全世界钩虫感染人数达9亿左右。在我国,钩虫病仍是严重危害人民健康的寄生虫病之一。

1. 导致钩虫感染的流行因素

(1)气候环境条件。钩虫卵和幼虫发育均需适宜的温度、湿度和土壤条件。我国温暖潮湿的南方非常适宜钩虫卵和幼虫的生长发育。

(2)环境卫生差。粪便管理不善,使用未无害化处理的粪肥,随地大小便等习惯,都可造成钩虫卵的环境性污染。

(3)赤脚入水。赤脚走路、下水田、下湿地,坐在泥地玩耍等,均可使钩蚴通过接触钻入人体皮肤,造成感染,是儿童感染钩虫的主要方式。食用被虫卵污染的蔬菜等,婴儿尿布被钩蚴污染,也是重要的感染途径。

(4)幼虫侵入母体,通过胎盘使胎儿感染,或通过哺乳使婴儿感染。

2. 症状与危害

(1)幼虫危害。

①钩蚴皮炎。钩蚴侵入皮肤后,局部迅速出现痒疹,继发为疱疹或脓疱。不过,婴幼儿皮肤细嫩,钩蚴易穿过,故不一定出现钩蚴性皮炎。

②呼吸道症状。当幼虫沿血液循环进入肺部时,常穿破微血管,引起出血,继发炎症,出现咳嗽、痰带血、发热、哮喘等症状,数日或数周内消失。

(2)成虫危害。

①消化道症状。受成虫吸附肠壁的机械刺激和虫体分泌的毒素影响,患儿常感上腹部不适或隐痛,并伴有消化功能紊乱,如恶心、呕吐、腹泻、食欲减退等。部分患者会有"异食癖",导致营养不良,生长发育迟缓。

②缺铁性贫血。成虫吸附在肠黏膜上,造成许多出血点;钩虫吸血时分泌抗凝素,使局部血液不凝固,患者长期慢性失血,面色苍白、水肿、皮肤粗糙、毛发枯黄、头晕乏力、精神萎靡;严重者可发生贫血性心脏病。

③婴儿钩虫病。婴儿肠黏膜柔嫩,易出血,故贫血症状迅速加重,引发心力衰竭。若

不及时诊治，可导致死亡。慢性感染则是导致婴儿期生长迟缓的重要原因之一。

3. 预防与治疗

(1)加强粪便管理，改善卫生设施。钩虫感染与环境卫生、个人卫生习惯密切相关。搞好环境卫生，加强粪便管理，杜绝虫卵污染环境，是预防的关键。乡村应大力推广卫生厕所，利用粪尿混合贮存、沼气化粪池、高温堆肥法等方式对粪便进行无害化处理，杀灭其中的寄生虫卵。

(2)加强健康宣教与个人防护。在钩虫流行区重点开展防钩虫知识宣教，提高学生和家长自我防治意识和日常生活中的基本防护技能。钩虫病流行区儿童尽量不要赤脚。要注意食物、餐具、尿布不被钩虫污染。晨露未干、雨后初晴时，尽量不要进入菜园坐地嬉戏，不穿开裆裤。下水劳动应着胶鞋、橡胶手套。

(3)治疗应在普查、普治，消除、控制传染源基础上展开，措施包括：确诊后早治疗；根据当地流行的特征，因地制宜选择集体驱虫、选择性人群驱虫、目标人群驱虫等不同的治疗方案(方式)；口服兼具杀成虫和虫卵的苯咪唑类驱虫药。

八、脊柱变形

正常人的脊柱从侧面看有四个生理弯曲：颈曲(向前)、胸曲(向后)、腰曲(向前)和骶曲(向后)。脊柱一般要在18～20岁时才最后定型，如果脊柱前后方向弯曲超过正常范围或有侧弯，则为脊柱弯曲异常，或称脊柱变形。

(一)脊柱弯曲异常可分为四类

(1)少年性脊柱弯曲：初期一般仅表现为习惯性姿势不正，只有功能改变。但如不及时矫正治疗，则脊柱周围的肌肉韧带的紧张力发生变化，椎间软骨一方变薄，另一方增厚，脊柱呈定型弯曲。最后部分椎体也发生左右厚薄不一的变化，并有胸部变形。据调查，中小学生中患病率为10％～20％。

(2)先天性、病理性、外伤脊柱弯曲，如结核、脊柱空洞症、外伤引起的脊柱弯曲异常，患病率约占4.4％。

脊柱弯曲异常有侧弯(左弯、右弯)，S形弯(正形、反形)。脊柱弯曲异常可有背部变曲，如驼背、圆背、鞍背等(见图9-1)。

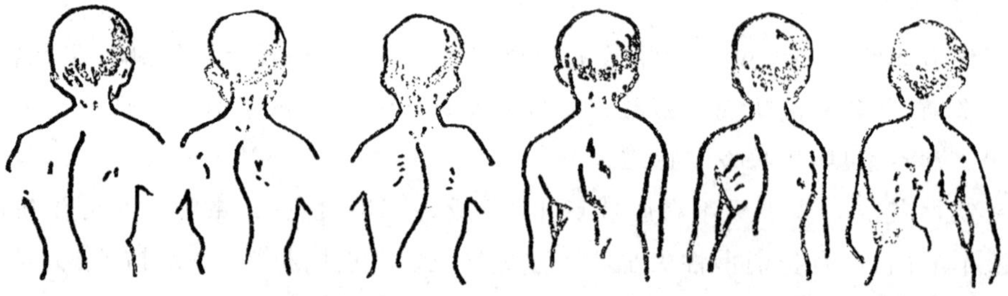

全脊柱左凸　S形两侧弯曲　腰椎侧凸　胸椎右凸　胸腰联合侧凸

图9-1　脊柱弯曲异常

脊柱弯曲会影响儿童青少年的姿势和体态，妨碍内脏器官的功能和正常发育，同时，由于脊柱的弹力减退，力的作用点失去平衡，所以工作和劳动容易疲劳，影响体力，严重者可能丧失劳动力。

(二)脊柱弯曲异常的原因

(1)由于脊柱周围肌肉和韧带柔弱，若缺乏全面的身体锻炼，或者由于不遵守全面锻炼的原则，都会使脊柱变形。据调查，体育活动开展不好的小学，学生脊柱弯曲患病率为10%，而普遍开展活动的小学学生脊柱弯曲患病率仅为6.1%。

(2)课桌椅不适合学生的身材，致使学生坐姿不正，或因读书、写字姿势长期不良，引起脊柱变形。

(3)由于经常性单侧肌肉紧张，使脊柱侧弯。除坐姿偏斜一侧以外，习惯用一只手提物，或一侧背书包，或一侧卧睡均是引起脊柱变形的原因，一般左凸较多。

(4)营养不良和佝偻病、结核病等一些疾病除可以影响儿童、青少年发育以外，也可以促使其脊柱弯曲。外伤或脊柱结核等则可直接损伤脊柱使其变形。

(三)脊柱弯曲异常的预防和矫治

(1)积极开展多种体育活动，是预防脊柱弯曲异常的主要方法。遵循全面锻炼和一定运动量的原则，如单双杠练习、徒手操、垫上运动、游泳及多样的体力游戏等对防治脊柱弯曲都有好处，学校每天要保证学生至少有一小时参与有组织的体育活动。

(2)注意姿势教育，培养学生良好的读写习惯，学校各班的课桌椅要适合学生的身材。

(3)在日常生活和劳动中，如背书包上学、睡眠、带物等应注意双侧交换，避免长时间的单侧肌肉紧张。小学生、中学生提倡用双肩背书包。

(4)注意营养，多在户外活动，增强体质，预防可以引起脊柱变形的疾病，如佝偻病、结核病等。

(5)积极组织姿势性脊柱弯曲的学生做矫正操。

学校要由校医、保健教师、体育教师来组织矫正操，组织矫正操的目的是：

①全面加强肌肉紧张力，改善全身状况。②消除或减轻一侧肌肉的挛缩，增强另侧肌肉的紧张力。③改正习惯姿势(病态的)，体会肌肉平衡的感觉。④活动脊柱的一定部位使脊柱得到某种伸展，并尽可能消除扭转。

矫正操花样繁多，有各种形式的徒手操，也有利用各种体育器械的矫正操，还有利用椅子、桌子等做矫正动作，或武术形式的脊柱操，一般包括伸展、挺胸、脊柱扭转(转体)、侧体、屈体等动作及全身运动、整体运动。

矫正操可分为左凸、右凸、驼背(及其直背)、脊柱前凸四组，按各种弯曲的方向分别进行矫治。一般是朝变形的相反方向运动。如驼背组多做伸直脊柱运动，注意不要使腰部前凸。脊柱左凸组多做上身的左弯运动。要循序渐进，长期坚持，每天做操时间，低年级30 min左右，高年级40 min左右。中学可做一节课，一般坚持两至三个月可以矫正。矫正操要与其他防治措施结合才能收到较好的效果。

九、扁平足

扁平足为足弓塌陷，使足部弹性减小或消失，不能长时间走路或站立。由于足底变平，下肢支撑机能降低，身体和脊柱的姿势发生改变，而使整个运动装置的支撑功能下降，对整个身体的机能有影响。扁平足患者，不能参军或从事野外工作。据统计：我国小学生中扁平足有10%，中学生扁平足达19%左右。

(一)足弓的构成和生理作用

人的足弓由纵弓和横弓组成。内侧纵弓由根骨、距骨、舟骨、3块楔骨及第1～3块跖骨构成。外侧纵弓由跟骨、骰骨以及第四、第五跖骨构成。内侧纵弓较外侧纵弓高。横弓在楔骨、骰骨、跖骨的底部较深，在跖骨的小头处较浅。维持足弓的因素有韧带的强度、足底肌肉、肌腱和筋膜的拉力等。

(1)足弓在生理上可起缓冲震荡的作用，因足部的韧带肌腱富有弹性，使人站立行走时保持平衡，减少震动，保护足以上的关节和内脏。

(2)足弓能支持人体的负重量。足弓为拱形结构，它比直线形更能负重。足骨同其他支撑骨有区别，它主要由较轻的骨松质构成。足内有大量的关节能借此分散支持体重，并保证有良好的弹性，所以足弓的正常发育能保证人体顺利从事各种体力劳动和活动。

据日本研究，10～11岁男女学生的体重由足跟部承担1/2，前掌承担1/2，而前掌的拇指侧和小趾侧各分担1/4。

(二)扁平足发生的原因

(1)先天原因。由于先天性骨发育不全，如第一跖骨过短，第二跖骨过长或舟骨发育不良；肌肉韧带发育异常，如跟腱过短等都可以形成扁平足。

(2)生长发育过程中出现异常，如足负重超过负担能力，使足纵弓消失；长期从事立位静力性劳动；婴儿时较长时间站立或过早行走；女孩穿高跟鞋，使跟骨下倾，足纵弓遭到破坏等，这些都可以引起扁平足的发生。

(3)体质和健康状况不良也可以引起扁平足发生。如全身性的疾病引起肌肉萎缩、韧带松弛。

(三)扁平足的防治

(1)穿合适的鞋。鞋的作用是保护足部，使之正常发育，不易扭伤。因此鞋的要求是大小合适，鞋头大，使足前部能充分活动；鞋腰(近踝部)要硬、稍高，以保护内弓，支持足跟不致外翻，鞋跟有一定高度，减少足跟负重，使体重稍向前，鞋跟高度宜为1.5～2 cm。从8岁起可以逐渐增高些，一般不超过3 cm。

(2)积极参加体育锻炼。特别是弹跳运动，如跳绳(足尖跳)、跳远、跳橡皮筋、踮足尖的舞蹈动作等，或赤足在草地和沙滩上走路来锻炼足部。

(3)避免负荷过重。长期站立劳动或行走时要注意间断休息。

(4)轻度无痛觉的扁平足，可以进行矫正，如用足尖、足外缘走路，或做矫正体操。

(5)有扁平足的症状，每天可以按摩、热水洗脚、垫适当的鞋垫或穿特制的保健鞋进行矫治。

(6)对重症骨强直的病人，可以手术治疗。

(7)学校应禁止女学生穿高跟鞋，讲明穿高跟鞋的危害，注意穿鞋的卫生要求。

十 、青少年健康危险行为

学生的心理健康问题是学校卫生工作关注的重点之一，其中包括对健康促进行为(又称积极行为)的支持和对危险行为(又称负向行为、不良行为)的矫治，相关内容详见第三章“儿童青少年心理卫生”。

第二节　慢性病及代谢综合征

高血压、冠心病、肥胖病、动脉粥样硬化和风湿性心脏病等是严重危害成年人和老年人健康和生命的常见疾病。这些疾病的发病年龄愈趋早化，已引起世界医学界的重视，大量研究证明这些疾病应该在儿童青少年时期预防。

一、小儿肥胖症

肥胖是指身体内储存的脂肪量超过同龄人的正常量，男性超过体重量25%，女性超过30%为肥胖。肥胖症分为三度：体重超过正常标准的20%～29%为轻度，30%～49%为中度，50%以上为重度，其计算方法：

肥胖度=(现有体重－按身高计算的标准体重)÷按身高计算的标准体重×100%

有关肥胖的病因、危害、防治，在本章第一节已有介绍。请参看“学校常见病预防”。

二、高血压病

目前许多国家正在研究儿童、青少年的高血压病，因为很多高血压病人是从幼年开始，由于没有重视预防和治疗而发展起来的。成人后患高血压的比例约占10%～20%。

高血压的病因复杂，国外有人调查，15岁以下患高血压儿童，年龄最小的为3岁。据报道，原发性高血压儿童双亲中有高血压病史的占44%，可见儿童原发性高血压与遗传因素有关。此外，有些人从儿童时期就养成吃过多食盐的习惯，这也是使原发性高血压持续的因素。很多研究表明，个人的血压随体重减轻而下降，随体重增加而升高，体重增加20磅(1磅≈0.45 kg)，舒张压即改变4 mmHg。肥胖症者的高血压发病率是正常体重者的2～6倍。

高血压病的防治方法如下：

(1)应从幼儿园开始，小学、中学、大学每年至少检查一次血压，医院发现患者要登记，进行观察和系统检查。应根据病情需要选择药物治疗，以控制血压的发展，预防发生并发症，大多数可以治愈。

（2）对肥胖患者，可采取控制体重，减少食盐量的方法，饮食以清淡为宜。

（3）对持续性高血压患者和有高血压家族史以及青春期高血压者要进行系统检查，追踪观察。防止儿童青少年呼吸道感染，如猩红热、扁桃体炎及脓疱症、肾脏病、龋齿和内分泌病，对预防高血压有积极作用。

（4）注意劳逸结合，参加体育锻炼。

年龄小的高血压患者，要限制力量性练习，每次运动前后做好准备活动和整理活动。

青少年患者应不吸烟，不喝酒，少吃脂肪含量高的食品，多吃蔬菜水果，积极参加体育锻炼，保持乐观的情绪。

三、儿童高血脂症

一种或多种血脂增高称为高血脂症，按世界卫生组织标准，高血脂症亦称高脂蛋白血症。高血脂症是动脉粥样硬化性心血管疾病的主要诱因之一，并与缺血性心脏病的发病率有密切关系，因此防止儿童高血脂症与防止动脉粥样硬化和冠心病有同样重要的意义。

高血脂的病因与遗传、环境和生活方式有关，如膳食中热量过高、脂肪、糖过量都可导致血脂过高；遗传因素是引发高血脂的重要原因，亲属中有高血脂病史者的儿童亦多患高血脂症。

高血脂的防治：首先要对家族有高血脂的病儿和有缺血性心脏病家族史的病儿、肥胖儿童进行检查并应随访复查；其次是以膳食治疗，膳食宜低胆固醇和高多价不饱和脂肪。肥胖者先减轻体重，同时可用降血脂和降胆固醇的药物进行治疗，如维生素C、肌醇、丹参、胆酪胺等。

其他如动脉粥样硬化、冠心病等都要从小预防，进行综合治理。肥胖、高血压、高血脂等病与动脉粥样硬化、冠心病的发生、发展有密切关系。其病因及防治方法亦大同小异。大量研究证明，动脉粥样硬化和心脏病与过量食糖有关。如果每天吃糖超过110 g，发生心肌梗死的机会可比每天吃糖不足60 g的人多5倍以上。

四、儿童风湿病

风湿病是一种全身结缔组织化脓性炎症，常发生在A组乙类溶血性链球菌感染后2～3周。初发病时为急性风湿热，主要表现为风湿性关节炎，以后可以反复发作，逐渐转为慢性。多次发作后可对心脏造成器质性损害。据北京儿童医院统计，所有风湿病儿均有不同程度的心脏病变。它是危害儿童青少年生命和健康的重要疾病之一。

风湿病在寒冷和潮湿地区发病多，冬春两季发病率较高。此病与呼吸道感染有密切关系。

风湿病一般由A组乙类溶血性链球菌感染(咽喉炎、扁桃体炎、中耳炎、猩红热等)导致,从患儿咽部可以培养出该菌,呈阳性的概率可达70%～90%,链球菌感染时如不用抗生素治疗,以后发生风湿热者约占3%。风湿病发病的年龄多在5～10岁之间,8～9岁发病率达高峰。70%的病人在15岁以前得病,50%的风湿性心脏病发生在30岁以前。风湿性心脏病主要是儿童时期或成年早期的疾病,许多病人在40岁左右死亡,慢性风湿性心脏病在20～40岁的青壮年中多见。此病严重影响劳动生产,对家庭社会造成沉重负担,因此必须引起重视。

成年人慢性风湿性心脏病多数是儿童时期遗留的疾病。因此防治的重点应该在学龄时期。

风湿病的防治:

(1)预防初发。学校要及时发现链球菌感染患者,特别是咽喉炎和扁桃体炎的患者要及时送医院治疗。一般采用青霉素肌肉注射,可在8～24 h内消灭链球菌,并防止大多数人发生并发病症,但必须持续用药10～14 d才能消除A组乙类溶血性链球菌。一次肌肉注射120万单位长效青霉素或口服红霉素,每4 h一次,持续10～14 d(但要注意长期服用可中毒)。对青霉素过敏的可注射红霉素。

(2)预防复发。学校要与医疗卫生单位和家长协作,对风湿性患者进行系统追踪观察,做好预防复发工作,初次发生风湿热后,头5年内是复发率最高的时期,采用药物预防,最好去医院肌肉注射长效青霉素120万单位,每月一次,或口服磺胺(配苏打),体重30kg以下者每日0.5g,30kg以上者每日1g。据观察,青霉素效果优于磺胺,长效青霉素效果最好,用磺胺要定期查血和进行尿常规检查。

(3)改善居住条件。居室要干燥、向阳、空气流通。

(4)增强身体抵抗力,预防呼吸道感染。平时注意正常生活,加强体育锻炼,注意营养,以提高身体抵抗力。中草药如板蓝根、蒲公英也有杀灭链球菌的作用。

(5)加强宣传教育。学校要加强卫生宣传教育,使医生、教师、家长知道早期充分彻底治疗链球菌咽喉炎、扁桃体炎对预防风湿性病及风湿性心脏病的重要意义;知道风湿病和风湿性心脏病是儿童时期的疾病,严重危害生命和健康,要及早预防。

五、代谢综合征

代谢综合征(MS)是一组由多种代谢成分异常聚集,导致不同疾病危险同时存在的现象,包括胰岛素抵抗(高胰岛素血症)、糖耐量异常或2型糖尿病、高血压、高血脂(低HDL-C或(和)高TG)、肥胖、高尿酸血症、微量白蛋白尿等。

MS危险因素的临床表现:血脂异常、高血压、高胰岛素血症、2型糖尿病。

MS的病理基础是胰岛素抵抗,即组织对胰岛素的敏感性下降。1999年WHO(世界卫生组织)正式将其命名为MS,包括葡萄糖不耐受、糖耐量异常、糖尿病、胰岛素抵抗、动脉血压升高、血脂水平升高、微量白蛋白尿等多种表现。MS是遗传、环境因素共同作用的结果。MS的各种代谢成分异常是导致心血管疾病发生、发展的基础，肥胖(尤其是腹型肥胖)、高胰岛素血症和IR、血脂异常(TG升高、HDL-C下降)、高血糖、高血压等因素则分别从不同侧面发挥推波助澜的作用。

儿童MS的诊断标准：WHO对MS提出的诊断标准为，胰岛素抵抗是MS的必需成分，另加2个危险因子。IR定义为下列任何一项：

(1)2型糖尿病。

(2)空腹血糖受损(IFG)。

(3)糖耐量低减(IGT)。

(4)空腹血糖正常(<6.1 mmol/L)，但葡萄糖的摄取低于高胰岛素血症(在仍然维持正常血糖情况下)的基础值下限(25%)。

另外还有下列2个或以上危险因子：

(1)血压≥140/90 mmHg。

(2)血浆，TG≥1.7 mmol/L或(和)低HDL-C[男<0.9 mmol/L(35 mg/dL)，女<1.0 mmol/L(39 mg/dL)]

(3)腹型肥胖[腰臀比(WHR)男>0.9m，女>0.85m]，或(和)BMI(体重指数)≥30 kg/m^2。

(4)微量白蛋白尿≥20 μg/min，和(或)白蛋白≥30 mg/g肌酐。

第三节　常见意外伤害与急救

据统计，我国每年有16万14岁以下的儿童死于意外伤害，约有64万致残，意外伤害成为这些儿童死亡的主要原因。全国每年的交通事故伤亡人员中，小学生就占了30%。近一半的事故因学生的安全意识淡薄而发生。

学生最常见的意外伤害有：创伤、骨折、脱臼、烧伤、烫伤、溺水和车祸。几乎所有这些意外伤害都可以预防。产生外伤的原因，主要由于儿童的年龄特征和生活环境，如儿童喜欢活动，当学校设备不合理，锻炼缺乏安全保护，或不遵守交通规则时均易受外伤，据统计，儿童中发生外伤的男孩子比女孩子多3～4倍，受伤最多的年龄在9～13岁之间。由于外伤通常会影响儿童健康、发育或导致残废、死亡，因此，教师、校医和家长应注意保护儿童，使其免受意外伤害。

学校应该重视对学生进行预防外伤和安全教育，如教学生正确使用运动工具，遵守交通规则等。此外，还应与社会性的组织配合，对学生进行这方面的教育。新生入学必须考虑与家庭的距离，学校校址不应在繁华的街道上，对小学生应特别实行站路队的办法，即在放学、上学时，同一区域的儿童可以整队依一定路线行走，以防受伤。学校的一切设备均应考虑学生安全，如桌、椅、床及体育用具、高坡和楼梯处均应加设保护设备等。

常见的外伤和急救措施有下列几种。

一、擦伤

擦伤是由于身体某部分受到剧烈的摩擦而引起的组织表层的损伤，因为血管神经等受损伤，有出血、疼痛、上皮剥离、出现水疱等情况，但一般多为皮肤受伤，出血和疼痛较轻微。

擦伤处理主要应掌握杀菌消毒知识，先将外伤以生理盐水等清洗、消毒，如上皮有剥落，可喷破立妥或抹以硼酸软膏，以消毒纱布包扎。如水疱较大，可于消毒后以消毒针刺破，以消毒纱布包扎。

二、出血

（一）出血的性质

出血是运动外伤常见的一种现象。凡是血管受伤，即会出血。血液可由静脉、动脉、微血管或各种脏器流出（实质性出血）。

在静脉出血时，血液呈暗红色，有持续性，凡是大静脉出血往往随呼吸运动而略有断续。在吸气时流出较慢，呼气时流出较快。

动脉出血的特征是血色鲜红，呈喷射状，其间隔与心脏收缩一致。

微血管及脏器出血，其血色介于动静脉之间，由伤口涌出，但不像动脉出血喷得那么远。

（二）一般止血方法

出血不多时，把受伤的上肢举在头上伸直，停留 10 min 左右；如果下肢受伤，应使受伤者的下肢上举靠在柱子、栏杆或平衡木上，等流血停止后再进行包扎。伤口周围用消毒液、浓度为 75％的酒精、5％碘酊或碘伏等拭净后，以消毒纱布包扎。

如果流血过猛，可采用指压法（图 9-2）、止血带或三角巾包扎止血。如果没有现成的止血带，可用胶皮管、手巾、毛巾等代替。

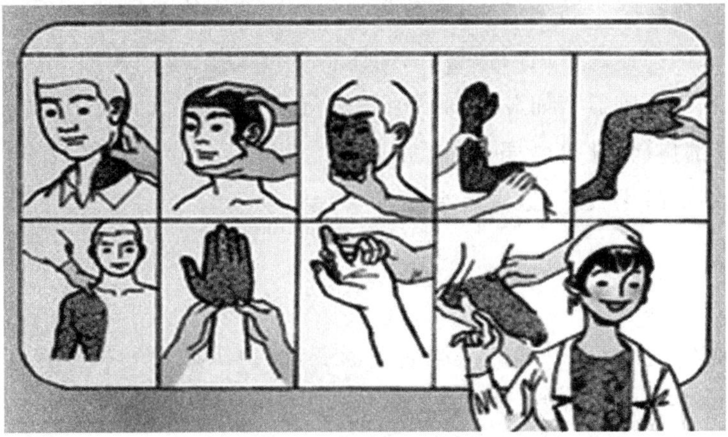

图 9-2　指压法止血示意图

止血带包扎的方法是在伤肢的上方先用纱布、棉花或布块包紧，然后在纱布上缚上胶皮止血带或细绳，到出血停止为止。如果用三角巾，可采用毛巾、厚的带子、宽绷带等，先在伤肢上方缠止血纱布，再于纱布上扎上三角巾，只需把毛巾或带子绕一下，然后打一个结(注意把结打在外面)，在这个结上放一根木棍，木棍上再打第二个结，绞紧木棍，直到血流停止。为了防止绷带松开，可用另外的小带子或毛巾将小棍一端缚在四肢上。

正确地缚上止血带或三角巾后，四肢表面部分呈白色，如果其表面部分呈紫蓝色，证明压力不足，出血停止与脉搏消失是正确缚扎止血带的标志，止血带包扎的时间最多不得超过 2 h。不然止血带下面的组织和器官就会坏死。因此受伤者缚上止血带后，必须立即送医疗机构治疗。

(三)各种出血的急救法

(1)头部出血。如为动脉出血，须于咽喉侧，用手指将颈动脉向脊椎方向按住，不可放松，注意不要压迫气管。

(2)面部出血。用拇指紧压下颌骨角，血可立止。如果伤在颊部、唇部，可将拇指伸入伤者口中，与其余诸指紧捏伤者面颊压迫伤口下方的动脉干则血可止。

(3)鼻出血又名衄血。可使患者取半坐位，头部微向后仰，以拇指、食指由左右两方压迫鼻部，冷敷额和鼻根部，或用过氧化氢浸过的纱布或棉卷塞住鼻孔，经数小时如仍流血不止，就必须请医生治疗，因恐有鼻骨骨折或其他原因。

(4)齿流血。可用消毒棉花塞于齿间，紧合上下颌，保持安静，切勿漱口，外部进行冷敷。

(5)腋窝出血。可用手指或钥匙柄(外包纱布)，按压锁骨上后方向第一肋骨。

(6)上臂出血。上臂受伤未全断者，可以手巾包木棍等硬而圆的物品插在腋下，或用手巾打一大结夹入腋下，另以绷带紧缚上臂于体侧，或手在上臂骨压迫，或以布巾绞紧也可以。

(7)掌与手出血。将手高举过头，令其紧握包纱布的石块或硬球，血可立止。

(8)大腿中央部出血。可用两拇指，或用压木与布，压迫股内面的浅沟部。

(9)内脏出血。内脏器官如肝脏、脾脏、肾脏等也会因受伤出血。受伤者面色急剧发白，腹壁紧张，腹部疼痛，脉搏微弱，可能失去知觉，此时，应让受伤者完全安静，冷敷伤者腹部痛处，并立即请医生救护，送医院治疗。

三、挫伤

挫伤是由钝体剧烈冲击引起的组织肌肉断裂，或组织血管和神经挫伤，有少量出血，疼痛初轻后强，伴有肿胀，伤部呈红色(皮肤一般是完整的)。

急救方法是冷敷后用绷带紧紧扎上，受伤部位举高，持续 2～3 h，每隔一段时间在伤处冷敷。然后垫一块厚棉花再以绷带紧扎好，经过一天后解开绷带热敷，每隔 1～2 d 把伤肢放在热水中 15～20 min，热敷到痊愈时为止。

腹部或生殖器受到挫伤后，能发生对生命有危险的虚脱情况，可能失去知觉，脉搏微弱，呼吸浅薄，脸色惨白，出冷汗，全身极度衰弱。此时必须使伤者安静，将其抬到床上静卧，并保持体温，给伤者饮热水或葡萄酒，并立即请医生治疗。

头部挫伤时，可能发生脑震荡，伤者呕吐、头晕、脉搏变慢或丧失知觉，此时必须将伤者安置于床上，轻轻将头部垫高，头上作冷敷，保持绝对安静，尽快送医院治疗。轻者要安静仰卧两三天。

四、扭伤

扭伤是由于过剧的牵引使肌肉、肌腱、韧带破裂，发生剧烈的疼痛、肿胀，使运动功能发生障碍。

急救方法是将伤者四肢抬高，疼痛处贴伤湿止痛膏，关节处轻轻压上 8 字形绷带，紧扎起来。绷带上部作冷敷，保持伤肢不动。在肌腱与韧带破裂，有脱臼现象时，必须用夹板将伤肢夹起来，送受伤者去医院。

五、脱臼

脱臼是关节间的韧带或关节囊受暴力断破、拉伤而使骨与骨臼完全或部分脱离的一种创伤。受伤者感到剧痛，关节外部变形，发生溢血，红肿发紫，并且机能出现障碍，不能动作。

救护时不要随意纠正已经脱臼的关节，可在伤部作冷敷，扎好固定绷带，保证骨节固定不动，并将伤者送医院。

一般脱臼应早期施行整复，因为最初脱臼的关节内溢血，时间稍久之后血块机化为肉芽，最后形成疤痕组织，使之不能恢复原有情况。普通脱臼两周后就不易整复，因此对脱臼的伤者要及时处理。

六、骨折

骨因直接或间接暴力作用而折断谓之骨折。骨折有闭合性的骨折，即不显露出来的骨折，皮肤表面无伤口，看不出受伤的状态；还有开放性的骨折，即显露出来的骨折，外部有伤口，柔软组织破裂，骨压碎或露出伤口。骨折时可能有种种症状。

(1)有疼痛，以手触疼痛剧烈。

(2)机能障碍：下肢骨折时不能步行运动，上肢骨折时不能举物，肋骨骨折时呼吸困难，头顶骨折时有脑症状昏迷等情况。

(3)移位及畸形,伤肢与健侧不同,如在手足部,患部可能突出。全肢缩短移位,或有异常的活动,原来不能活动的部分可以活动。

(4)溢血:骨折后骨髓腔和骨膜血管破裂、出血,局部肿胀,开放性骨折可能有出血现象。

(5)伤肢摆动时发出摩擦音。

急救时,绝对禁止粗暴处置,如施压力于损伤部或乱牵引等,因为这样会引起意外的并发症(血管破裂、碎骨移位),增加今后治疗的困难;其次是竭力保护伤者,采取一切必要的止痛措施,使伤者保持安静。特别是及时妥善地固定骨折部分,减少疼痛和柔软组织受伤,要求在伤肢骨折处和上方及下方两个关节处都安置夹板或副木,使骨折部固定。

①骨折在肘关节上部或下部时则于上臂或下臂贴以棉花或其他软物,其上置棍状副木绷扎好,并以三角巾或四角巾将上肢贴于胸前吊在肩上,或用健侧部支持,如无副木,使用厚木纸板、树枝竹竿等均可,扎在伤肢侧面。

②膝关节下部有骨折时,以软物从小腿内侧至大腿中央,置棍状竹木,外侧由足至腰部置副木后,再施绷带。

③大腿骨折时,在其外侧由小腿、大腿以至躯干贴以副木,与健侧小腿同施绷带。

骨折时皮肤有外伤的,应先处理伤口,止血后再处理骨折,上好夹板立即将伤者送医院治疗。

骨折治愈时间较长,并且与年龄、营养、伤者身体情况有关,一般闭合性骨折治愈时期由两星期至3～4个月不等,手指、肋骨等约2～3星期,大腿骨约3～4个月。

七、中暑

在炎热的天气,或在闷热的室内进行紧张活动,引起身体体温调节失灵,可导致中暑。发病前,头痛,胸中不舒服,作呕,昏倒,瞳孔缩小,背肌强直,牙关紧闭,体温可至40℃。

中暑也可由于日光长时间直射于头部及皮肤而引起,即在烈日下进行剧烈运动(如负重行军、劳动等),发汗过多,体内缺乏水分,血液浓度增加,体温不能适当调节,可升至40℃以上,出现昏厥,脸部发红(因脑可充血),呼吸急促,脉搏微弱,皮肤干燥,有时脸部、臂腿会发生痉挛现象。

急救方法是将中暑患者移至阴凉处,使之仰卧,双肩稍提起,头部垫高,使头部血液流回心脏,松解领扣衣带,在心口处冷敷,在呼吸恢复时给患者饮些浓茶、盐水或其他清凉兴奋剂。如有咖啡、葡萄酒、烧酒等,可让其饮少许,使之兴奋并静卧。室温保持在17℃左右,并给患者盖上薄被。如急救后仍不见苏醒,应施人工呼吸。

预防方法:避免过度疲劳、睡眠不足;暑天在烈日下活动必须保护头部,如戴草帽、白帽等,室内人多时一定要注意通风换气。

八、溺水

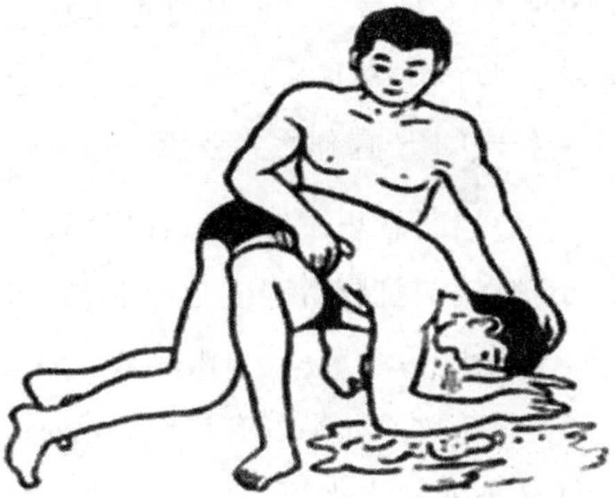

图 9-3　使溺水者吐水的姿势

发现溺水者要立即抢救。将溺水者救上来后，先撬开其嘴，清除其口、鼻内的泥沙等物，拉出舌头，解开衣服，迅速排水。排水时，急救者可一腿跪地，一腿向前屈膝，将溺水者腹部横放在大腿上，使其头部下垂，轻压其背部，使溺水者将水吐出(见图9-3)。

如溺水者已停止呼吸，心脏停止跳动，应立即对其进行人工呼吸和体外心脏按压。待其苏醒后，注意为其保温，给热饮料，全身用干毛巾做向心性按压，以促进血液循环，并注意防止并发症和肺部感染。

九、电击伤

对电击者应立即切断电源，如关闭电闸，用干木棍将电源拨开，切忌用手拉触电源。触电者离开电源后，首先检查全身情况。如呼吸停止，应立即进行口对口人工呼吸：心跳停止则同时进行体外心脏按压，可使其呼吸兴奋剂。心跳及呼吸恢复后，再处理局部灼伤，保护心脏。

学校要宣传安全用电知识，用电设备要随时检修，一切电器装置要注意安全，教育学生雷电雨天不在大树下和高处避雨，以免触电。

十、踩踏伤

校园踩踏伤事件，时见报道。踩踏伤易发生时间主要集中在下晚自习、下课、上操、就餐、集合时。易发地主要为教学层楼之间、楼梯转角处。易发生群体集中于小学生、初中生。易发设施设备因素，如通道狭窄，楼梯拐角处狭窄，建筑物不合卫生标准，照明不足，停电。易发生管理因素，如教师没有组织疏导学生，学生恶作剧，平时缺乏相关教育和应急措施。相关教育：尽量不去人流拥挤之地，若处在拥挤人流中，先稳住脚跟，即便鞋被挤掉也不要弯腰提鞋，挪到墙边，抓住栏杆等物体，和大多数人前进方向保持一致，千万不可逆行。两手互相握紧，形成小圆圈，保护胸部。若被推倒，身体蜷起，双手在颈后扣紧以保护身体最脆弱和重要的部位。紧急救治时先救重伤者，对呼吸心跳停止者立刻施以人工呼吸，辅之以胸外按压。对流血不止者立刻采取止血措施，常采用加压包扎、指压止血，对骨折者设法固定骨折部位，防止位移，且立即送医。在人多时不拥挤，不起哄，不打闹，在路窄处，留一步与人行。

十一、心肺复苏术

心肺复苏术 (CPR)是当呼吸终止及心跳骤停时，合并使用心外按压和人工呼吸来进行急救的一种技术。心肺复苏术在急救中实用意义很大，虽然做法简单，但要求有熟练的技术。每一个教育工作者都应该学会它。

(一)CPR 操作六大步骤

(1)判断意识。轻拍患者肩部、靠近双耳呼叫："喂！你怎么了？"（轻拍重喊）。如果是小孩，就拍打脚后跟或是捏上臂。不能摇晃，以防颈椎伤。

判断呼吸。5～10 s 内完成。一看胸部有无起伏，二听有无出气声音、喘息声。

(2)呼救。如果没有反应，立即高声呼救："快来人啊！有人昏倒了！请你帮忙打 120！请懂救护的同志来帮帮忙！"

判断循环。用右手的中指和食指从气管正中环状软骨滑向远侧颈动脉搏处（判断 5～10 s）。

(3) 体位。使患者平卧在硬（地）板床或加垫板上，松解患者领扣、领带、裤带。救护者跪在患者右侧。

(4)胸外心脏按压。右手中指沿左侧肋骨线上滑到交叉点，食指与中指并排，然后左手掌根从锁骨中间下滑，在双手掌根重叠，左手五指翘起，左手掌跟紧贴病人的胸部，按压后让病人胸廓充分回弹。再双臂伸直，与患者的胸部垂直，借自身上半身体重用力向下按压。或两乳头连线之间（儿童用单手掌根，婴儿用中指、无名指）按压 30 次。深度：成人至少 5cm；儿童和婴儿：胸部前后径 1/2～1/3 。

按压频率：至少 100 次/min。

按压呼吸次数比：30∶2。

(5)开放气道。清理口腔异物：查看有无分泌物、异物、假牙等，并予以清除。仰头抬颏法：用仰头举颏法让患者的下巴与耳垂连线与地面成 90°角，儿童成 60°角，婴儿成 30°角。

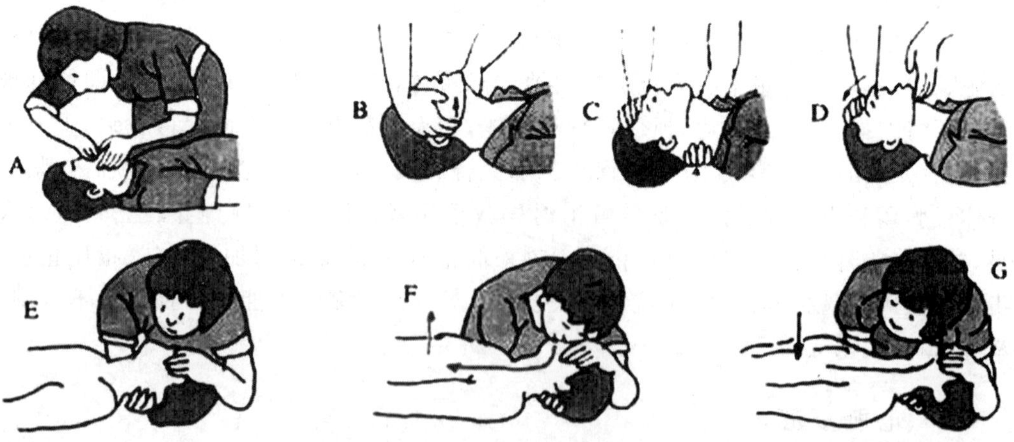

图 9-4　口对口人工呼吸

(6)口对口人工呼吸。掰开病人的口腔,盖上纱布,捏住病人的鼻子,急救者平静吸气后,对准患者的嘴吹气。吹气速度:每次通气大约 1 s。吹气量:400～600 mL。频率:10～12 次/min。胸部有起伏方为有效。按压呼吸次数比:30∶2。

持续两分钟(5 个周期 C—A—B) 高效率的 CPR 后判断复苏是否有效(自主呼吸、颈动脉搏动等)。如无呼吸,有心跳,则实施口对口人工呼吸,吹气 12 口/min;有呼吸,无心跳,实施胸外心脏按压,100 次/min。

终止 CPR 时间:

①有效 CPR30 min 以上,仍无自主循环;

②患者自主呼吸及脉搏恢复;

③有其他人或急救人员到场接替,救护人员筋疲力尽不能作 CPR;

④首席医生决定终止 CPR;

⑤溺入冰水的猝死可延长 CPR 时间。

□ 复习提纲

1. 掌握疾病发生的规律对预防疾病的发生有何意义?
2. 什么叫"免疫"? 人体为什么可以产生免疫力? 在哪些情况下身体有免疫力?
3. 学校如何防治沙眼、肠寄生虫病和结核病?
4. 学校如何防治近视眼、龋齿和脊柱弯曲异常?
5. 试述儿童青少年肥胖病、高血压、高血脂、风湿病等的病因、危害和防治措施。
6. 学校应该怎样防止意外伤害的发生?
7. 学习止血和心脏复苏的简易方法并演练。

□ 参考文献

1. 堵福棠. 实用儿科学[M]. 北京:人民卫生出版社,1985.
2.《学校卫生手册》编写组. 学校卫生手册[M]. 杭州:浙江科技出版社,1980.
3. 缪天荣. 对数视力表[M]. 北京:科学技术出版社 1987.
4. 卓大宏. 中国康复医学[M]. 北京:华夏出版社,1990.
5. 李无为. 小学卫生保健[M]. 北京:科学普及出版社,1992.
6. 吴坤. 营养与食品卫生学[M]. 北京:人民卫生出版社,1981.
7. 季成叶. 儿童青少年卫生学(第 7 版)[M]. 北京:人民卫生出版社,2012.
8. 季成叶. 现代儿童青少年卫生学[M]. 人民卫生出版社,2010.

第十章

环境和设备卫生

【学习提要】

1. 了解学校校址选择及布局的基本原则；
2. 了解小学、中学校舍合理设计的卫生原则；
3. 熟悉学校生活卫生设施的卫生要求，教学设施的卫生要求；
4. 掌握教室自然采光和人工照明的基本标准；
5. 了解教室通风和取暖的卫生要求；
6. 掌握教室课桌椅的卫生要求；
7. 了解学校环境卫生管理的要求。

学校的环境是指学生学习、生活所接触的自然和人为的环境。自然环境即人所接触的日光、空气、水、土壤、动植物和气候等。人为环境是指学习、工作和生活所接触的一切场所和设施，如校舍建筑及其内部设备，庭园，道路和交通，活动场地，生活制度，学校集体中的人际关系、风气等，都属于人为环境。

学校的环境和设备是学生学习和生活的必要条件。学校要使全校的师生员工在安全、方便、清洁卫生、和谐愉快、对身体无害的环境中学习、工作和生活，就必须以人体的生理和心理功能为依据，应用人体工程学的原理，创造良好的无障碍环境。

学校的环境卫生，对促进学生健康成长，培养学生的文明卫生习惯，对学校的建设，对社会的宣传教育等都起着重大的影响和作用。教育事业的发展，经济条件的改善，对学校的环境建设和保护提出了更高的要求，学校的环境卫生会不断地改进和提高。本章着重分析自然和物理环境的卫生，如大气污染、学校校地、学校建筑的卫生与设备、环境卫生管理等。而卫生常与安全连在一起，所以提及卫生时必有安全相伴，如楼道安全、不趴在窗口，不从高处抛物，游戏安全、体育课安全、宿舍安全、用电安全、课间安全、交通安全、食品安全，等等。近年来我国学校发生的意外事故有挤压事故、劳动事故、校园暴力事故、自然灾害事故、卫生事故等，因此，倡导学校开设安全课程，采取安全措施，对学生进行安全行为教育与训练，十分必要。

第一节　大气污染对儿童青少年健康的危害

人的生命活动与空气有密切的关系，人要不断地进行气体交换。成年人每天大约呼吸1万升空气(约13.6 kg)。在地球的表面约有1000km的空气层围绕，上层稀薄，下层浓厚，由于地球自转运动和气象条件，空气层发生横向和纵向运动，可以将人类和其他生物排出的污染物清除，这称为地球的净化能力。这种能力可以保持空气的比例正常。但是当空气中的污染物质过多，超过了地球净化能力的范围对人和周围的环境产生恶劣的影响时，就是大气被污染了。

所谓大气污染，是指人们在活动场所排出的污染物质扩散到室外空气中，污染物质的性质、浓度和持续时间等因素综合影响而引起大多数人的不适感，并使人们赖以生存的物质等受到影响，威胁人的健康和生命。现在大气污染问题已十分严重。近年来人们广为熟知的雾霾、沙尘暴、温室效应等，都与大气污染密切相关。除大气污染外还有土地污染、水污染等。下面以大气污染为例分析污染现象与危害。

一、常见的大气污染现象

(一)雾霾

雾霾，是雾和霾的统称。雾霾是特定气候条件与人类活动相互作用的结果。高密度人口的经济及社会活动所排放的大量细颗粒物(空气动力学当量直径小于等于2.5μm的颗粒物，简称为PM2.5)或气溶胶污染是雾霾的根本成因，一旦排放量超过大气循环能力和承载度，细颗粒物浓度将持续积聚，此时如果受静稳天气等影响，极易出现大范围的雾霾。我国不少地区将雾并入霾一起作为灾害性天气现象进行预警预报，统称为“雾霾天气”。

目前已有足够的科学研究结果证明大气细粒子能吸附大量致癌物质和基因毒性诱变物质，给人体健康带来不可忽视的负面影响，包括提高人群死亡率、使慢性病加剧、使呼吸系统及心脏系统疾病恶化、改变肺功能及结构、影响生殖能力、降低人体免疫力等。更为严重的是，空气污染还能影响到婴幼儿的健康。研究表明，在胚胎和婴幼儿时期暴露在高浓度空气污染物中的动物，相比较成年时期暴露在污染环境里的群体的生育力有显著下降。

(二)沙尘暴

强风将地面大量沙尘物质吹起并卷入空中，使空气混浊，造成沙尘天气，当水平能见度小于1km时，这种严重风沙天气现象就是沙尘暴。与一般风暴相比，沙尘暴除了伴有大风之外，还混有大量的尘埃颗粒、花粉、细菌和病毒以及其他一些对人体有害的物质。因此，沙尘暴被认为是传播、导致某些疾病的媒介，而且因为波及的范围较大，会引起严重的公共卫生问题。沙尘暴对人体的危害与颗粒物粒径和形态有关。在空气中暴露时间越长，小颗粒物越容易进入呼吸道深处，危害越大。小颗粒物中常常还吸附着有害气体、重金属元素、有机污染物等有害物质。沙尘暴会导致人体免疫功能下降，增加对疾病的易感性，还会导致一些皮肤科疾患、五官科疾患。此外，沙尘暴能影响到紫外线的辐射强度，使阳光中紫外线的消毒杀菌作用减弱，使致病菌随空气进行传播。经常发生沙尘暴的地区，还会导致儿童佝偻病的发病率上升。

(三)温室效应

温室效应，是大气保温效应的俗称。大气能使太阳短波辐射到达地面，但地表受热后向外放出的大量长波热辐射线却被大气吸收，这样就使地表与低层大气变得更暖，类似于栽培农作物的温室截留太阳辐射并加热温室内空气，故名温室效应。自工业革命以来，人类活动向大气中排入的大量二氧化碳等吸热性强的温室气体逐年增加，大气的温室效应也随之增强，已引起全球气候变暖等一系列严重问题，受到世界各国的关注。美国环境保护署认定，二氧化碳等温室气体是空气污染物，“危害公众健康与人类福祉”，人类大规模排放温室气体足以引发全球变暖等气候变化。

气候变化及其影响是多尺度、全方位、多层次的，正面和负面影响并存，但负面影响更受关注。全球变暖对许多地区的自然生态系统已经产生了影响，如气候异常、海平面升高、冰川融化、冻土融化、河(湖)冰迟冻与早融、中高纬生长季节延长、动植物分布范围向极区和高海拔区延伸、某些动植物数量减少、一些植物开花期提前等等。

温室效应还会对人类健康产生许多直接和间接的影响，比如高温引起中暑，湿度增加引起呼吸道疾患等。其次干旱、洪水、热带气旋等极端天气事件的频繁发生会直接导致死亡率、伤残率增加，并对公共卫生设施造成破坏，特别是近些年来，各国自然灾害频发。间接影响主要表现在疾病传播和紫外线对人类身体的危害上。气候变暖一方面为昆虫传播媒介提供了适宜的气候条件，另一方面还会引起昆虫传播媒介地理分布网的扩大，从而增加虫媒传染病的风险。从全球看，媒介生物性传染病的流行呈现出三大趋势：新的病种不断被发现、原有疾病的流行区域不断扩展、曾经静息多年的虫媒传染病重新暴发。

二、大气污染对儿童青少年健康的危害

大气污染对人体的健康带来危害，特别是对处于生长发育阶段的儿童青少年的身心健康危害更大。

(一)对呼吸系统的危害

在大气中的灰尘、煤烟、一氧化碳和二氧化碳等有害物质的影响下，儿童急、慢性呼吸道疾病，如上呼吸道感染、流行性感冒、咽喉炎、哮喘性支气管炎和肝炎等反复患病的次数明显增多。一些研究结果显示，呼吸系统的患病率，污染区儿童比对照区要高 1.6～5.3 倍。

同时发现大气污染对儿童各种肺功能有不同程度的损害。大气污染所造成的呼吸功能障碍，即使在迁离污染区若干年以后，其功能障碍仍可保持较长时间，消失相当缓慢。

（二）对心血管系统的危害

青少年受大气污染的影响，脉搏频率明显加快。大气污染对青少年的血压也有明显的影响，能使血压显著增高。大气污染可使血液和细胞发生化学改变。

调查发现：居住在被丙烯醛、酚、硫和氮的合成物污染区域的4～6岁儿童，其血象的变化以血红素最为明显，大气污染可使儿童发生贫血现象。大气污染引起白细胞的化学改变，污染区儿童机体有明显的炎症。

（三）对神经系统的危害

儿童青少年受大气污染，容易头晕、头痛，易疲劳，注意力涣散，神经过程的灵敏性降低，出现皮肤温度调节障碍，等等。尤其是铅尘的污染，影响神经功能，可引发智力和行为障碍。

研究发现：污染区学生运动反应的潜伏期较对照区延长，如对光反应延长30%，对声反应延长33%；污染区学生剂量作业的数量和质量均较对照区低，如在500个被检查的字母中，污染区学生的错误率为2.1%～6.1%，而对照区学生为1.6%～2.4%。

污染区学生的皮肤温度较对照区高，尤其是在学期末，课后和疲劳时，皮肤温度增高更明显。

以上情况说明：在同样学习条件和微小气候的情况下，污染区学生的神经功能较对照区有明显恶化的趋势。

（四）对骨骼肌肉系统的危害

大气污染对儿童青少年的骨骼的生长发育和肌肉力量的增长有明显的影响。

一般认为，大气污染严重地区，学龄儿童骨骼成熟的时间较相对清洁区滞后，这可能与城市烟幕、灰尘使太阳辐射减少有关，影响儿童的身高和体重。

有人观察，城市污染区学生在10～15年间，其肌肉力量增长速度大大下降，特别是年龄较大的学生，肌肉力量的增长几乎处于停滞状态。

大气污染对儿童青少年健康的危害是整体性的。学校要保护学生健康成长，必须防治污染，加强学校的环境卫生管理，采取防护措施，使学生在清新的空气中学习和生活。

第二节　学校的校地

学校的校舍和场地是学生学习和生活的外界环境，良好的环境是使儿童青少年德、智、体、美全面发展的重要条件之一。学校不仅受周围环境的影响，同时学校的环境也影响着它所在地区的环境。如噪声、大气、水和废物的污染等可以相互影响。

在新建和改建学校的校舍时，必须考虑各种环境因素对正在发育的儿童青少年的身体影响，要注意经济、适用，既满足教学、体育活动、劳动和生活需要，又要遵守国家有关部门关于卫生标准的规定。同时还要适合地区的特点，较热的地区如南京、武汉、重庆等地，学校建筑设计时要考虑夏季的通风和降温设施，较冷的地区如东北、新疆、青海、西藏等地要考虑冬季配备取暖和防寒的设施。

目前我国中小学校建筑是根据中华人民共和国国家标准《中小学校设计规范》(GB 50099—2011)进行规划的，此标准将农村学校与城市学校统一对待，有利于提升农村中小学校建筑建设的标准，构建城乡一元化的学校建设新格局。我们在新建或改建学校校舍及场地时，必须根据国家标准对学校的建设和设备进行卫生审查(预防性卫生监督)，即对建筑设备的设计蓝图和校地的布置等进行卫生审查，经过批准后方能施工，这点要由卫生部门和教育部门把关。这是为学校创造良好环境条件的关键，是学校建设的百年大计，各级领导务必高度重视。

学校教育工作者要为学校创造良好的环境条件，不仅要掌握建筑设备的卫生标准和要求，还应该知道管理的方法，并能不断地改进工作，这样才能合理地安排使用环境条件，使它有助于学校教育工作的顺利进行。

一、校址选择

在筹划建立学校时，校址和场地的选择十分重要。首先要根据该地区人口中各年龄儿童的比重和服务半径(学区)来定学校的规模、班数以及每班的人数。

根据城市建设部门和教育部门规定的指标，一般适龄学生占总人口的比率为：小学12%，中学8%。适龄学生的入学率与当地中小学教育的普及情况有关，一般小学教育已经普及按100%计算，中学一般为80%左右。据此可计算学校的规模。计算公式如下：

学校规模(总班级数)＝居民人口总数×适龄学生占总人数率×入学率/每班容纳学生人数

中小学的规模，通常以班级数表示。学校规模不宜过小或过大，因为规模过小，学校的用地、建筑和设备不够经济；规模过大，服务半径加大，不利于学生就地上学，同时管理不便，特别是卫生管理会出现一些困难。因此，普通学校小学以12～18个班为宜，初中以18～24个班为宜，完全中学以24～30个班为宜。人口密度大的城市，学校规模可适当扩大；人口多的城市，可从服务半径考虑分设若干学校以满足需要。

每个班级的人数也有限制，完全小学应为每班45人，非完全小学每班30人为宜，中学每班50人为宜。

关于学校的布局，要根据城镇和农村的不同条件、根据学校级别考虑服务半径：城镇完全小学500 m为宜，城镇初级中学1000 m为宜。在山区、地形复杂地带，服务半径不能单从直线距离、几何中心计算，应从学生安全和实际路程考虑设置学校。路程过远，应考虑建设寄宿制学校。

学校校址选择时应注意以下卫生要求：

(1)中小学校建筑应选择地势平坦，场地干燥，地下水位较低，地势较高易于排水的地段。学校严禁建设在地震、地质塌裂、暗河、洪涝等自然灾害及人为风险高的地段和污染超标的地段。

(2)学校应设在空气流通、阳光充足的地区，避免设在有较严重空气污染和强烈噪声的地区，要远离喧闹的街道、工厂、火车站、飞机场、轮船码头等处，最少应保持300 m以上的距离。离高速路、地上轨道交通线或城市主干道的距离不应小于80 m。如在工厂区建校，应位于该区的上风向地带，以避免粉尘和有害气体的影响。远离殡仪馆、医院太平间、传染病院等建筑。

(3)学校的位置要适中，布点均匀，交通方便。应使服务区的小学生上学时间控制在步行10 min左右，中学生15～20 min。学校的规划布局应与生源分布及周边交通相协调。与学校毗邻的城市主干道应设置适当的安全设施，以确保学生安全跨越。

(4)学校要有足够的面积，保证能合理布置建筑物、绿化带和活动场地，以满足学习和生活需要。要有清洁的、充足的水源供学校使用。

(5)高压电线、长输天然气管道、输油管道严禁穿越或跨越校园。

二、学校用地及布局

中小学校用地应包括建筑用地、体育用地、绿化用地、道路及广场、停车场用地等，规划设计应合理，应合理确定容积率，合理利用地下空间，节约用地。

(一)校园平面布局

校园的平面布局在建校时就应做出科学的布局规划，使校园总体布局合理。教学用房及教学辅助用房、行政管理用房、办公用房、服务用房、运动场地及生活区应分区明确、联系方便、互不干扰。风雨操场应离开教学用房，靠近室外运动场。各类小学的主要教学用房不应设在四层以上，各类中学的主要教学用房不应设在五层以上。普通教室冬至日满窗日照不应少于2 h。应根据学校所在地的冬夏主导风向合理布置建筑物及构筑物，有效组织校园气流，实现低能耗通风换气。

(二)体育用地

体育用地应包括体操项目及武术项目用地、田径项目用地、球类用地和场地间的专用甬路等。运动场地包括用于体育课、课外体育活动的整片运动场。小学的校地上，应分出供大小年龄儿童游戏的场地。一、二年级儿童活动内容是滑梯、秋千等，高年级多为球类、器械类等活动量较大的项目。小学要特别注意场地和设备的安全。中学运动场地的面积应能保证体育教学任务的完成和课外体育活动的进行，游戏和运动场应设在校园深处，尽可能远离教室。运动场长轴宜南北向布置，场地应为弹性地面，设 400 m 环形跑道时，宜设 8 条直跑道。有条件的学校宜设游泳馆或游泳池，其设施及水质等都应符合卫生学要求。

运动场地分小学场地标准和初中场地标准，且作 18 班、24 班、30 班以上场地规定，以小学为例，如表。

运动场地	小学		
	18 班	24 班	30 班以上
田径场(片)	200 m(环形)1 块	300 m(环形)1 块	300～400 m(环形)1 块
篮球场(片)	2	2	3
排球场(片)	1	2	2
器械体操＋游戏	200 m^2	300 m^2	400 m^2

直跑道：300 m 以上环形田径场应设 110 m 直跑道，200 m 环形田径场至少设 60 m 直跑道，条件允许应有 100m 直跑道。环形跑道设置，至少有 6 条分跑道，跑道内外沿必须是水泥道沿，严禁用砖代替。设 400m 环形跑道时宜设 8 条分跑道。

在校地面积较大的情况下，特别是在农村，应考虑留出相当面积建设校办工厂、农场、仓库、用水设施、垃圾和污水处理设施等。运动场地铺设塑胶地垫、人造草坪、运动木地板等均需合乎卫生标准。

(三)绿化用地

国家规定：学校绿地率不低于 35％，学校应设置集中绿地，宽度不应小于 8m。

第三节 学校的建筑物

一、小学、中学校舍合理设计的卫生原则

(一)以教室为主体

在校舍设计时，应以教室为主体，适当地配置其他必要的房间，达到能保证学生的学习和健康的卫生要求。

教室要有良好的位置和方向，应将主体建筑放在学校最好的位置，以深入校园，不受外界干扰为原则。其朝向最好是坐北朝南或东南向。房屋宜集中或建成楼房以进行教学活动，既方便，又节约用地面积。低年级班应设在楼下，高年级班可设在楼上。教室和经常使用的房间不能设在地下室或半地下室内。走廊应设计成外廊或单内廊式，尽量不采用中内廊式。在每层走廊的两端设置厕所和楼梯，必要时，楼内中部也要设楼梯。校舍的入口和楼梯设计应遵循保障安全、便于行走和疏散的原则。

(二)交通与疏散通道以安全、畅通为设计原则

国家规定教学楼须设置门厅，在寒冷大风地区，教学楼门厅入口应设挡风间或双道门，挡风间或双道门深度不宜小于 2100 mm。教学楼走道净宽应符合下列规定：教学用房，内廊不应小于 2100 mm，外廊不应小于 1800 mm，行政及教师办公室走道不应小于 1500 mm。走道高差变化大，必须设置台阶时，台阶应设于明显及有天然采光处，踏步不应小于 3 级，并不得采用扇形踏步。外廊栏杆(或栏板)的高度不应低于 1100 mm，栏杆不应采用易攀登的花格。教学楼楼梯间应有直接天然采光，楼梯不得采用螺旋形或扇形踏步。每段楼梯踏步不得多于 18 级，并不应少于 3 级，梯段与梯段间不应设置遮挡视线的隔墙。楼梯坡度不应大于 30°。梯段的净宽度大于 3000 mm 时宜设中间扶手。楼梯井的宽度不应大于 200 mm，当超过 200 mm 时必须采取安全防护措施。室内楼梯栏杆或栏板的高度不应低于 900 mm。室外楼梯及水平栏杆或栏板的高度不应低于 1100 mm，楼梯不应采用易于攀登的花格栏杆。教室安全出口的门洞宽度不应小于 1000 mm，合班教室门洞宽度不应小于 1500 mm。教学用房及其附属用房不宜设置门槛。目前学校的教学楼、宿舍楼等大多安装了电梯，学校应有电梯方面的相关安全卫生制度，按安全卫生标准置买、安装校园电梯，且有相关的管理制度，比如每天的清洁卫生、消毒规定、电梯定期安全检查和维护、紧急情况处理预案等。对学校师生进行相关教育，如只按要去的方向，电梯开启后确认安全后进出，勿将手放在门板上和用身体挡门，乘坐时与门保持一定距离，不超载，不在电梯内嬉闹蹦跳和吃东西，遇到紧急情况，按紧急停止键，靠电梯墙双膝弯曲，保护头颈，选择合理方式呼救，若无回应则应冷静、保持体力等。

(三)教辅、行政房间等以直接服务，有利教学为原则设计

其他教学和辅助的房间应设在最方便的地方。如医务室应设在首层，宜邻近体育场地，并方便急救车辆就近停靠。音乐教室要设在不干扰教学的房间，最好有隔音设备。体育用房应配置在楼下，并与运动场地相连。学校行政办公用房应设在底层或楼的一边，如果是平房可将行政办公用房设在靠近大门附近的地方。校办工厂，可以根据生产项目和规模在校地另地设置，以不干扰教学为原则。其他如党、团队办公室、贮藏室以及生活用房如厕所、食堂、厨房、寄宿生的宿舍等，设计时应考虑便于使用和管理、利于学生学习和健康。此外，应注意楼板和隔音措施，以及应用现代的通风、取暖和照明、电教等卫生技术设备。学校主要教学用房等建筑的使用面积和净高要求见表 10-1、10-2、10-3。

(四)创造无障碍校园环境

随着融合教育的开展、特殊需求学生进入普通学校就读，无障碍校园建设成为重要的教育理念和学校建设行为。学校要创建包括普通学生和特殊需求学生如聋生、盲生、肢体障碍学生、智力障碍学生等在内的通用设施、设备，如斜坡道的设置、无障碍厕所、扶手、低位设施装置、语音提示、盲用导引、视觉提示、字幕技术等。真正做到道路与交通工具无障碍、校内公共建筑无障碍、个人生活无障碍、信息交流无障碍。除无障碍物理环境建设外，还应建立尊重、接纳的无障碍校园人文环境。

表 10-1　主要教学用房的使用面积指标(m^2/每座)

房间名称	小学	中学	备注
普通教室	1.36	1.39	—
科学教室	1.78	—	—
实验室	—	1.92	—
综合实验室	—	2.88	—
演示实验室	—	1.44	若容纳 2 个班,则指标为 1.20
史地教室	—	1.92	—
计算机教室	2.00	1.92	—
语言教室	2.00	1.92	—
美术教室	2.00	1.92	—
书法教室	2.00	1.92	—
音乐教室	1.70	1.64	—
舞蹈教室	2.14	3.15	宜和体操教室共用
合班教室	0.89	0.90	—
学生阅览室	1.80	1.90	—
教师阅览室	2.30	2.30	—
视听阅览室	1.80	2.00	—
报刊阅览室	1.80	2.30	可不集中设置

注:1. 表中指标是按完全小学每班 45 人、各类中学每班 50 人排布测定的每个学生所需使用面积;如果班级人数定额不同时需进行调整,但学生的全部座位均必须在“黑板可视线”范围以内;

2. 体育建筑设施、劳动教室、技术教室、心理咨询室未列入此表,另行规定;

3. 任课教师办公室未列入此表,应按每位教师使用面积不小于 5.0m^2 计算。

表 10-2　主要教学用房的最小净高(m)

教室	小学	初中	高中
普通教室、史地、美术、音乐教室	3.00	3.05	3.10
舞蹈教室	4.5	4.5	4.5
科学教室、实验室、计算机教室、劳动教室、技术教室、合班教室	3.10	3.10	3.10
阶梯教室	最后一排(楼地面最高处)距顶棚或上方突出物最小距离为 2.20m		

表 10-3　各类体育场地的最小净高(m)

体育场地	田径	篮球	排球	羽毛球	乒乓球	体操
最小净高	9	7	7	9	4	6

二、教学设施的卫生要求

(一)教室

教室是学生学习和活动的重要场所，为了有利于学生的发育和健康，保护视力，提高他们的学习能力，教室的主要卫生要求是：足够的室内面积；良好采光照明和室内微小气候条件；保持安静防噪声；便于学生就座和通行，便于学生清扫和养成良好的卫生习惯。

教室有良好的采光和人工照明，窗玻璃应满足教学要求，不得采用彩色玻璃。除音乐教室外，各类教室的门均宜设置上亮窗；除心理咨询室外，教学用房的门扇均宜附设观察窗。安装视听教学设备的教室应设置转暗设施。电化教学的房间也应避免过大，否则影响视听效果；不宜过宽，以免影响观察角。采光和人工照明的光源要避免射到屏幕上，以免产生眩光。屏幕的高度应与大多数学生的眼高相平或稍低。为了保护学生的身心健康，有利于学生视听器官的发育和提高学习效果，应把普通教室的噪声控制到 45 dB 以下(见表 10-4)。

表 10-4　室内允许噪声级

房间名称	允许噪声级(A 声级，dB)
语言教室、阅览室	≤40
普通教室、实验室、计算机房	≤45
音乐教室、琴房	≤45
舞蹈教室	≤50

学校建筑中教学辅助房内的噪声级，应符合表 10-4 的规定。

表 10-5　室内允许噪声级

房间名称	允许噪声级(A 声级，dB)
教师办公室、休息室、会议室	≤45
健身房	≤50
教室楼中封闭的走廊、楼梯间	≤50

教室的布置应有利于教师讲课和巡回辅导，便于学生通行、就座和疏散。普通教室室内课桌椅的排距不宜小于 0.9m；最前排课桌的前沿与前方黑板的水平距离不宜小于 2.2m，最后排课桌的后沿与前方黑板的水平距离小学不宜大于 8m，中学不宜大于 9m；教室纵向走道宽度不应小于 0.6m，教室最后排座椅之后应设横向疏散走道，自最后排课桌后沿至后墙面或固定家具的净距不应小于 1.1m；课桌椅与侧墙面的净距离不应小于 0.15m；前排边座座椅与黑板远端的水平视角不应小于 30°。

教室黑板的宽度小学不宜小于 3.6m，中学不宜小于 4m；黑板高度不应小于 1m。黑板下边缘与讲台面的垂直距离小学宜为 0.8～0.9m，中学宜为 1～1.1m。讲台长度应大于黑板宽度，宽度不应小于 0.8m，高度宜为 0.2m。黑板表面应采用耐磨且光泽度低的材料，以保障书写流畅、充实，笔道均匀，线条明显，挂笔性能好，无眩光，易擦拭，书写时不发出大的声响。

除普通教室而外还有专用教室，此处仅以实验室、计算机室和科学教室规范为例，其他详情请参看国家相关标准。

(二)实验室

如果是楼房，可将实验室设在一、二、三层楼内。要注意室内的阳光和温度影响。根据需要，设防晒、防腐及给水排水等装置。

中学一般有物理、化学、生物三种实验室，规模小的学校(10 个班以下)由于使用的班级不多，可将生物实验室和化学实验室合并为生化实验室。

实验室设计除与普通教室设计某些要求相同外，还有一些特殊要求。实验室用房，除实验室外，还附有供教师做实验课准备用的准备室和实验仪器储藏室，通常把准备室和储藏室合并成一个房间，用仪器柜隔出一定面积来做准备室用，这样室内家具布置可较灵活，并且减少一道隔墙，可以增加使用面积。仪器储藏室和准备室要挨靠实验室并有门相通，一般都把它布置在实验室前端，并在靠外墙处开门与实验室相通。

在实验室内应设有洗涤池和交、直流电流，化学实验室应用瓷砖水盆，以防酸碱腐蚀。为了便于学生观摩教师做实验示范，有的在教师演示桌的周围设置活动盖板，形成临时看台，以便于观摩后即进行实验操作；也可以将实验室做成大阶梯形式，每一阶梯上布置实验桌，便于在观看教师示范的同时做实验。实验台 80cm 高，高中可设 90cm 高，长度每位学生 60～65cm，还应有低靠小型椅以便休息、听课。

(三)计算机室

计算机室应设一间辅助用房，应置书写白板，用专用标准化微机桌、椅，严格按国家规定的计算机房课桌椅净距安放，计算机系统供电与动力电路分开，加装配电箱，电压不强选配稳压电源，电源插座符合供电规范，加装电源防雷装置，机器设备要有良好的接地，要有防火、防水、防盗设施，配备网络机柜，使用标准超五类及以上双绞线，交换机端口不应晃动，强弱电分别布线，布线规范。有条件可建无线网络，使用防静电地板，地面、墙壁采用不易吸尘、不易产生静电的材料，有必要的防尘措施，如双层窗防尘，严格计算机房的管理和使用制度，计算机房的安全、卫生，如防辐射、防尘、防静电，用电安全等是管理和使用过程中需反复强调的问题。

(四)科学教室

科学教室与实验室均应设仪器室、实验员室、准备室。科学教室的桌椅类型、排列布置有规定标准，并宜在附近设植物培养室，在校园下风向设种植园、小动物饲养园，冬季获得直射阳光的科学室可摆放盆栽植物，可设置双人单侧实验桌，平行于黑板布置，或采用多人双侧实验桌成组布置，若有钳工等加工室则设72cm、75cm、78cm高度的木工工作台。97cm、101cm、105cm高度的钳工工作台，室内应设地漏。

现在一些小学附有科学教室区角设计，有资源材料区、科学工具角、材料收集角、图书角。探究区有生态观察角、植物栽培角、动物饲养角、岩石矿物角、星空观察模型陈列、趣味实验角。还有成果交流区、消防安全区等。

科技活动室，是培养学生课外进行科技活动的地方，一般设置无线电、小气象站、航空模型、航海模型等科技小组，面积与教室大小相同，必要时可与教室调剂使用。

为了保证学生参加生产劳动，在学校设计时应考虑在教学楼内或单独地段设车间，车间的大小取决于设备的数量和学生人数，应不小于教室面积，一般为50～70m^2。车间设工作台或车床，应注意室内采光、照明、通风和取暖。按国家规定，金工、木工车间面积为64m^2，准备室面积为18m^2。

(五)图书阅览室

阅览室一般要求室外环境安静，光线充足，照度分布均匀，避免眩光及通风良好等。阅览室的面积大小与学校规模的大小和阅览的方式有关。阅览室的桌椅尺寸，可按中小学高年级的课桌椅尺寸设计。阅览室与书库位置要靠近，并有门相通。在阅览室与书库之间需设出纳台，以便办理书刊借还手续和照管阅览室。

书库设计要有利于书籍的保护，室内温度不宜过高，温度过高纸张易老化、发脆，室内要干燥，所以，取水点不能靠近书库。书库设在底层时地面应进行防潮处理，空气要流通，避免阳光直射以减少紫外线对书籍的损伤。为防止日晒，可在窗上加百叶窗格片、窗帘等，亦可采用绿色、橙黄色玻璃等。

(六)体育活动室(健身房)

在多雨和寒冷地区，雨季和冬季不能在室外上体育课，需要设健身房或风雨操场，其规模大小可按学校大小和实际需要而定。

健身房一般要求能满足进行体操、武术、举重、网球、羽毛球、篮球、乒乓球、鞍马、单双杠、爬竿等运动项目的教学需要。

健身房一般以容纳1～2个班为宜，其面积中学约4m^2每生，小学约3m^2每生。一个班的健身房采用15m×24m平面，大型24m×42m(三个班以上用)。每六个班应有一个篮球场或排球场。各种运动场面积如下：

篮球场地	15m×28m	每边另加2m缓冲带
排球场地	9m×18m	每边另加2m缓冲带
羽毛球场	13.4m×6.1m	
乒乓球场	6m×12m	

体育活动室可兼作开会或文娱活动用，窗户要尽可能开大些，两面采光，窗面不低于2.1m，有三个以上出入口。如为一般风雨操场，则建筑结构简单，可采用木架、敞棚，以石

棉瓦为屋顶，体育器材室和体育教研室可设在内(见图 10-1)。

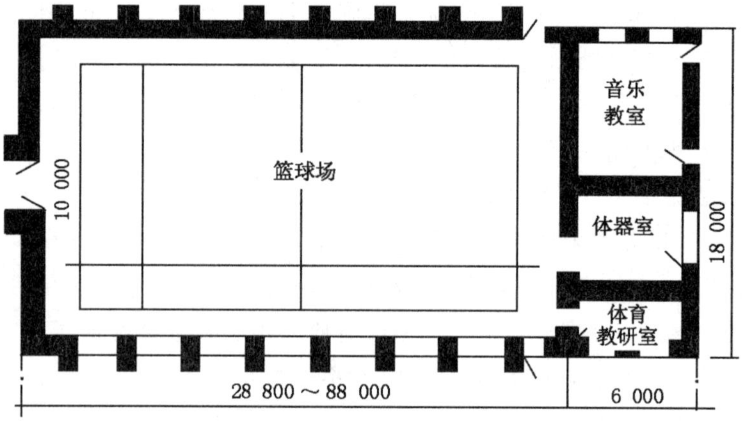

图 10-1　容两个班的健身房平面布置(单位:mm)

在健身房的一端，除布置体育教研室和体育器材室外还可以安排一间音乐教室。

健身房屋高为 5m。教研室部分屋高应小些，以 3.0～3.6m 为宜。

健身房的地面最好是木地板，不宜用混凝土或三合土地面。两侧墙宜做成半开敞式墙面，窗户不宜安玻璃，一般做成花格窗。当跨度在 18m 以上时，宜在屋盖上设天窗以利通风和采光，屋架设计应考虑安装吊环、爬竿等的要求。健身房内布置如图 10-2。

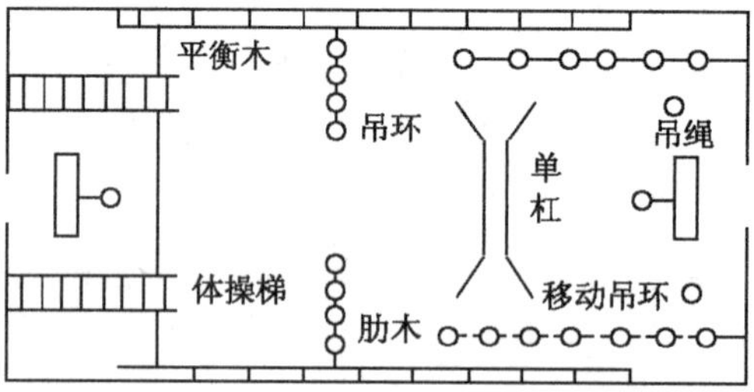

图 10-2　健身房室内布置示意图

体育场和体育室附近必须有饮水装置，最好采用喷泉式的饮水装置。即将自来水经过滤器消毒后，使水借压力喷出约 15cm 高供饮者张口接饮，不需杯子，十分卫生。学校的饮水，应提倡这种装置。

三、生活卫生设施的卫生要求

(一)厕所

厕所建设应布局合理、适用、卫生、安全，防止污染水源、校园及周围环境。独立式厕所的位置应选择在校园内地势较高、地基排水通畅、不易被雨水淹没、学生容易到达之处，尽可能在当地主导风向的下风向。应距离自备水源、食堂 25m 以上，贮粪池要远离供水系统，避开教室和活动场所。独立式厕所距离学生宿舍和教室的距离宜在 200m 以内，以保证学生如厕安全和方便。教师厕所和学生厕所应分开设置。学校厕所应采用水冲式卫生厕所，当设置旱厕时，应按学校专用无害化卫生厕所设计。

由于使用的时间比较集中，设计时首先要考虑有足够的数量。一般中小学厕所可按男女生人数各占一半计算。女生每 13 人设一个蹲位；男生每 30 人设一个蹲位，每 20 人设一个小便器或 0.6m 小便槽。

厕所结构应安全、完整，应有顶、墙、门、窗和人工照明。厕所内宜设置单排蹲位，蹲位不得建于蓄粪池之上，应与之有隔断；蓄粪池应加盖。小学厕所蹲位宽度(两脚踏位之间距离)不超过18cm。

厕所应设有前室，并在前室内设水龙头及洗污池，以便洗手、清洗拖把，同时，应有良好的通风防臭设施，以防臭气和疾病的感染。学校在新建、改建、扩建厕所时应考虑到残疾学生的如厕需要，提供无障碍设计。

(二)食堂

学校一般设有集体食堂，供给学生和教职工膳食和饮用水。食堂应远离各种污染源，食堂距牲畜圈、校园独立式厕所及贮粪池、垃圾存放站(池)及污水排放点等污染源间的最小允许距离为25m。食堂不应与教学用房合并设置，宜设在教学用房和宿舍区的下风向、校内独立厕所的上风向。厨房的噪声及排放的油烟、气味不得影响教学环境。

学校食堂一般应包括工作人员更衣间、原料存放间、食品加工操作间、备餐间、食品出售场所、就餐场所等。食品处理区的布局应按照原料进入、原料处理、半成品加工、成品供应的流程进行设置。食堂加工操作间、内部设施应符合食品安全的要求。

学校食堂应持有有效的餐饮服务许可证，食堂从业人员应具有有效的健康合格证明和有效的食品安全知识培训合格证明。食堂应当保持内外环境整洁，采取有效措施，消除老鼠、蟑螂、苍蝇和其他有害昆虫及其滋生条件。食堂内应有洗手和放餐具的设备。餐具使用前必须洗净、消毒，未经消毒的餐具不得使用。禁止重复使用一次性餐具。消毒后的餐具必须贮存在餐具专用保洁柜内。

(三)浴室

学校的公共浴室应有专人管理，浴室内及其厕所应及时清扫、消毒，做到无积水、无异味。浴室的热水应达到人体感觉适宜的温度。淋浴间的热水量应满足学生洗浴的需要，以每人次40L为宜。定时开放的淋浴间应保证住宿学生每周至少一次淋浴。浴室内不设公用洗浴毛巾。浴室在开放后的当晚要彻底清洗。舞蹈教室、风雨操场、游泳池(馆)宜附设淋浴室。教师浴室与学生浴室应分开设置。

(四)宿舍

学生宿舍宜选择有日照条件，且采光、通风良好，便于排水的地段。宿舍不应与教学用房合建，不得设在地下室或半地下室。男、女生宿舍应分区或分单元布置。一层出入口及门窗，应设置安全防护设施。

学生宿舍的消防、电气、楼梯、台阶等不能存在安全隐患，应符合国家相应的安全要求。学生宿舍的建筑装修应使用安全无毒无害的材料，室内装修应符合国家现行标准，防止由建筑装修材料造成的生物性、化学性、放射性等室内环境污染。

为保证充足的空气量，宿舍居室净高不宜过低，原则上在采用单层床时，不应低于3m；在采用双层床时，不应低于3.1m。人均居室使用面积不宜小于3m^2。宿舍居室窗地面积比不应低于1∶7。学生宿舍应具有一定的储藏空间，每人储藏空间宜为0.3～0.45 m^3，储藏空间的宽度和深度不宜小于 0.6 m。

学生宿舍应保证一人一床，床铺应牢固结实，床铺面积应适合学生的身材，原则上小学生和中学生使用的床面长度分别不小于 1.8 m 和 2 m，宽度不小于 0.9 m。为防止学生从床上跌落，上下铺中的上铺应设置防跌落板（或杆）。床铺上方应有一定的活动空间。学生床上用品如床垫、被盖、床单、枕头等，以及学生校服、宿舍窗帘等均应合乎国家纺织品安全卫生标准。

学生宿舍应设有厕所、盥洗设施。宿舍设室外厕所的，厕所距离宿舍不超过 30 m，并应设有路灯。学生宿舍的盥洗室应配有洗手盆或盥洗槽，数量宜按每 10 人至少一个配置。学生宿舍应设有附建式厕所。宿舍厕所应采用蹲式大便器，大便器和小便器数量的设置应满足学生早晚如厕高峰期的需要。原则上女生厕所应按每 10～12 人设一个大便器，男生厕所应按每 15 人设一个大便器和两个小便器（或 1.2 m 长小便槽）。

（五）卫生室（保健室）

寄宿制学校必须设立卫生室，非寄宿制学校可视学校规模设立卫生室或保健室。卫生室是指取得《医疗机构执业许可证》的学校卫生机构，承担学校预防保健、健康教育、常见病和传染病预防与控制、学校卫生日常检查并为师生提供必要的医疗服务。保健室是指未取得《医疗机构执业许可证》的学校卫生机构，在卫生专业人员指导下开展学校预防保健、健康教育、常见病和传染病预防与控制、学校卫生日常检查。卫生室建筑面积应大于 40 m^2，保健室建筑面积应大于 15 m^2，并有适应学校卫生工作需要的功能分区。卫生室宜附设候诊空间，候诊空间的面积不宜小于 20 m^2。卫生室（保健室）宜朝南，位置以能与运动场、教室、宿舍等处联系方便为宜，室内应设洗手盆、洗涤池和电源插座。

寄宿制学校或 600 名学生以上的非寄宿制学校应配备卫生专业技术人员。卫生专业技术人员应持有卫生专业执业资格证书。600 名学生以下的非寄宿制学校，应配备保健教师或卫生专业技术人员。保健教师由现任具有教师资格的教师担任。卫生专业技术人员和保健教师应接受学校卫生专业知识和急救技能培训，并取得相应的合格证书。

（六）供水设施

学校必须为学生提供充足、安全卫生的饮（用）水以及相关供水设施。当地有城镇集中式供水设施的学校，应使用城镇管网集中供水；城镇没有集中式供水设施的可使用自备水源供水。二次供水设施和自备水源供水的用水点的水质应符合相关卫生标准，并取得当地卫生部门水质检验合格报告。桶装饮用水或其他类型的直接供饮用的饮水应符合国家相关标准和卫生要求，并取得检验合格报告。

四、校舍的合理功能分区

学校的建筑物和各室在设计时应符合卫生要求。学校在布置和使用校舍时，对以学生使用为主的教学部分，如教室、实验室、阅览室以及操场等，和辅助部分如教师办公室、宿舍、食堂、医务室等生活活动用房，按照适用、方便、利于学生学习，提高工作效率，保证健康的原则，将校舍的各组成部分根据功能的需要有机地组合起来，使之发挥最大的作用，为学生创造良好的环境条件。

在新建和改建学校时，校舍的合理设计及布置，关系到教育任务的顺利完成和教学质量的提高，直接影响学生的健康成长。教育工作者应该具备这方面的知识和管理能力。

当前，学校校舍的布置，可根据其规模、基地面积集中在一幢建筑中（集中式），或按其功能特点布置在几幢建筑物中（分散式）。分散式的优点是功能分区明确，相互干扰少；缺点是联系不如集中式方便，占地多。目前一般学校多采用集中式，在设计上尽可能组织功能分区，同样可以获得分散式的优点（见图 10-3、10-4、10-5）。

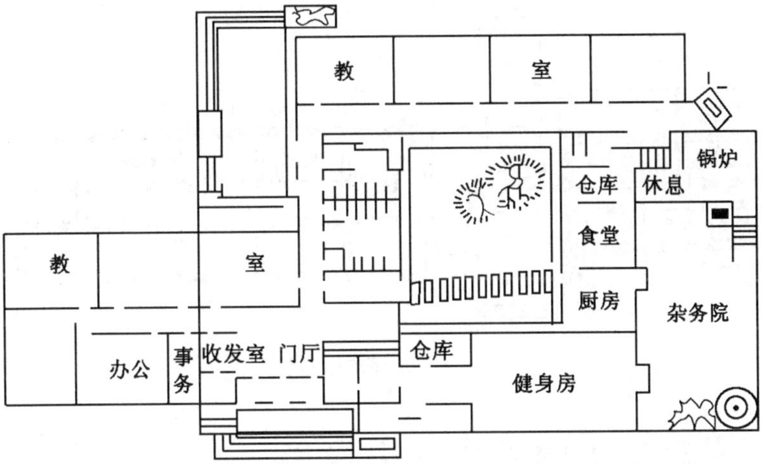

图 10-3　天井式平面　哈尔滨方案

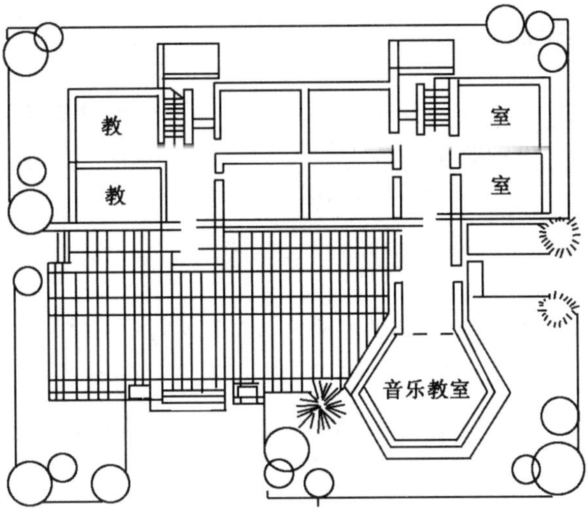

图 10-4　单元式　乌鲁木齐军区小学

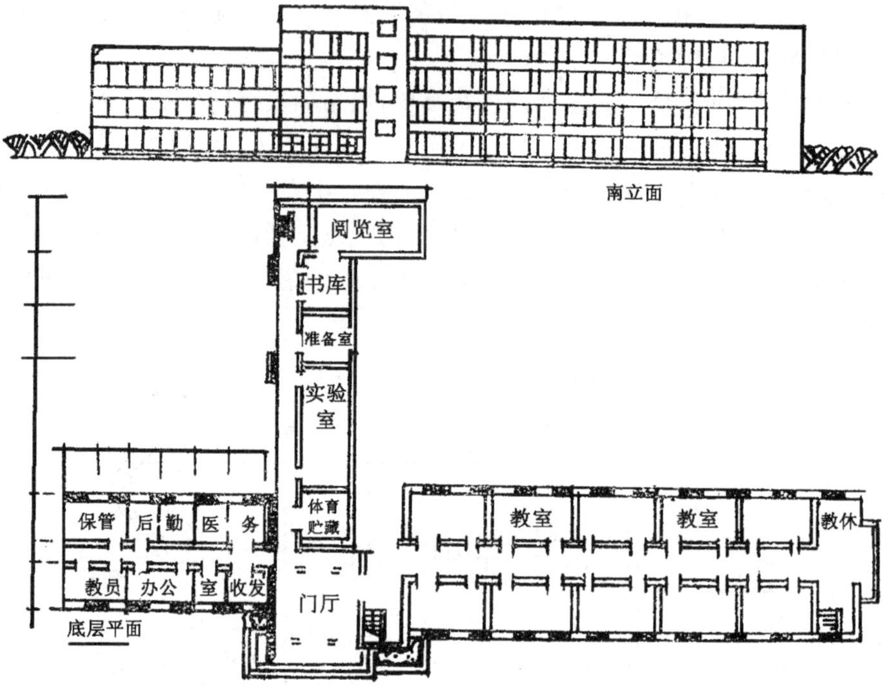

图 10-5　成都市圣灯中学

第四节　学校建筑的卫生技术设备

一、教室的采光和照明

中小学的学生，正处于生长发育期，如果长期在采光、照明不足的环境中学习，很容易引起视觉疲劳，久而久之将影响视力健康和学习效果。因此在设计中小学的建筑时，必须重视采光和照明。

(一)自然采光

学生学习时，对教室自然采光的卫生要求是：能使课桌面和黑板上有足够的照度，光线要分布均匀，避免直射光和强烈的眩光照射，单侧采光的光线应自学生座位左侧射入，双侧采光应尽量将主要采光窗设在左侧。因此，教室的采光窗应够大，窗的上缘尽可能高些。

1. 采光的标准

《中小学校教室采光和照明卫生标准》(GB 7793—2010)要求，教室的采光系数不低于2%，窗地面积比(窗的透光面积和地面积的比)不低于 1∶5(阅览室、实验室等相同)。

要达到以上标准，室深系数(窗上缘距地面高与室深的比)不小于 1∶2；投射角(即室内工作面一点到窗侧所引的水平线到窗上缘之间的夹角）不小于27°。双侧开窗时，室深系数不应小于1∶4。单侧开窗时，光线应从左侧采光，以免书写时产生手部阴影。窗的下缘高度（窗台）不超过0.8～0.9 m，窗间墙不超过窗宽的1/2。经常保持窗玻璃的清洁状态，以保持其良好透光性。

为提高教室采光效果，室内各表面应采用高亮度低彩度装饰，如天棚和墙壁宜刷成白色，定期清洁和粉刷，使反射系数保持较高值；前墙颜色可暗些，以避免与黑板颜色形成强烈的亮度对比；课桌椅颜色同样不宜过深，以减少与白色书本纸张的对比度。《中小学校教室采光和照明卫生标准》对教室各表面的反射系数的规定见表10-5。各类教学用房的采光系数最低值和窗地面积比见表10-6。

表10-5　室内各表面的反射比

表面名称	反射比	表面名称	反射比
顶棚	0.70～0.80	侧墙、后墙	0.70～0.80
前墙	0.50～0.60	课桌面	0.25～0.45
地面	0.20～0.40	黑板	0.15～0.20

表10-6　教学用房工作面或地面上的采光系数标准和窗地面积比

房间名称	规定采光系数的平面	采光系数最低值(%)	窗地面积比
普通教室、史地教室、美术教室、书法教室、语言教室、音乐教室、合班教室、阅览室	课桌面	2.0	1∶5.0
科学教室、实验室	实验桌面	2.0	1∶5.0
计算机教室	机台面	2.0	1∶5.0
舞蹈教室、风雨操场	地面	2.0	1∶5.0
办公室、保健室	地面	2.0	1∶5.0
饮水处、厕所、淋浴	地面	0.5	1∶10.0
走道、楼梯间	地面	1.0	—

注：表中所列采光系数值适用于我国Ⅲ类气候区，其他光气候区应将表中的采光系数值乘以相应的光气候系数。光气候系数应符合现行国家标准《建筑采光设计标准》GB/T50033的有关规定。

2. 采光的均匀性

要使室内各部照度不致过度不均匀，教室各桌面上的最小照度和最大照度的比最好不超过1∶10，这样可以造成较好的亮度对比环境。

采光的均匀性与窗口形状和窗间墙有关，如果采光口面积相等，窗台高度一般时，正方形的窗口采光最好，竖长方形次之，横长方形最差。从采光均匀性而论，竖长方形窗在墙间的进深方向采光均匀性好，横长方形窗口在房间的宽度方向上采光较均匀，而正方形窗则居中等。

室内的窗间墙过宽，产生暗区宽，影响靠墙部分座位的光线，特别是单侧开窗的教室内墙侧更甚，因此，窗间墙的宽度应尽可能小些。同时室内课桌椅的布置最好集中在窗户范围内，使各桌面能均匀采光。较宽大的教室，最好采取双侧采光，以南向窗为主。东西向教室要有遮阳设备，最好不要西向。

如果靠内墙侧桌面上与近窗侧桌面上的照度相差过大，可在靠内墙侧装置一组人工照明器，以补救其采光的不足。一般称这种照明形式为常设补助照明。

3. 采光方向

教室的朝向宜视各地地理、气候条件而定。我国大部分地区以南向为宜。南向教室一天内接受太阳光线时间较多，而东西向接受的光时间过短。南外廊北教室应以北向窗为主要采光面。为使大部分课桌面能形成左侧采光，黑板应设在东墙面上。

4. 避免眩光和直射光线

为了改善室内采光条件，要注意避免眩光和直射光。一般窗口射入室内反射的光线会出现眩光。如表面光滑的黑板反射的眩光可使靠内壁前几排座位的学生看不清黑板字迹。要避免这种眩光，只有加大靠近黑板外壁的宽度，或设置挡光措施并改善黑板材质。

直射阳光照在桌面上，其照度可达 20000 lx，而人眼的适宜照度为 200～500 lx，这种强烈照度对视力有害。因此采光口的朝向对直射光有直接影响。夏季宜有遮阳设备，或建筑物用外廊、遮阳板防直射光，室外绿化亦可防直射光线。

5. 影响采光的条件

室内采光受多方面条件的影响，除以上建筑物的窗口面积、高低影响以外，还与建筑物间的距离有关，如各建筑物相距太近，相互遮挡，会直接影响采光，且不利通风，一般建筑物的间距最好不小于 25m。占地面积较小的学校，建筑物间距应大于建筑物高度的 1.3 倍。

室内采光状况与墙壁、天棚、室内设备的色调和玻璃的清洁度有关。如普通玻璃的遮光率为 10%左右，而被尘埃污染的玻璃的遮光率可达 20%～30%。墙壁和家具设备颜色的反射率分别是：白色为 0.8～0.9，淡米黄色为 0.6～0.95，天然木色（黄色）为 0.4，浅蓝色为 0.3，浅褐色为 0.15，黑色为 0.01～0.02。为改善室内采光条件，天棚、墙壁应刷白，课桌椅、家具也应是淡色，以免对比强烈，刺激眼睛。并应经常保持门窗玻璃和环境清洁。做到定期粉刷墙壁。采光窗外如有建筑物遮挡，该建筑物也应刷白。

（二）人工照明

教室除了自然采光外，由于各地区气候条件不同，如有的地区冬季多雾或多雨，早晨和上午上课时照度不足，必须设置人工照明。上晚自习时，更应有足够的人工照明。

1. 照明的卫生要求

实验证明，工作面的照度越大，眼辨认细小对象物的能力越强。为了保护学生视力，提高学习、工作效率，保证最低的照度以满足学习的需要，《中小学校教室采光和照明卫生标准》要求，教室课桌面上的平均照度值不应低于 300 lx，教室黑板应设局部（独立）照明灯，其平均照度不应低于 500 lx；各工作面的照度差不应太大，教室课桌面上的照度均匀度不应低于 0.7，教室黑板照度均匀度不应低于 0.8。避免产生阴影，减少眩光，保证安全并保持良好的空气条件。教学用房的照明标准见表 10-7。

表 10-7　教学用房的照明标准

房间名称	规定照度的平面	维持平均照度(lx)	统一眩光值 UCR	显色指数 Ra
普通教室、史地教室、美术教室、书法教室、语言教室、音乐教室、合班教室、阅览室	课桌面	300	19	80
科学教室、实验室	实验桌面	300	19	80
计算机教室	机台面	300	19	80
舞蹈教室	地面	300	19	80
美术教室	课桌面	500	19	90
风雨操场	地面	300	—	65
办公室、保健室	桌面	300	19	80
走道、楼梯间	地面	100	—	—

2. 教室灯具的布置

教室照度的大小、均匀性与灯的种类、功率、数量，悬挂的高度、角度，是否有灯罩以及教室墙面、天棚、地面的颜色等有关。合理选择和布置教室的灯具对提高教室照明质量有重要作用。

在灯数相同的情况下，教室照明的均匀系数是随着灯具悬挂高度的升高而加大的；桌面的照度却因高度的升高而降低（见表 10-8）。

表 10-8　课桌面照度与灯具悬挂高度的关系（普通白炽灯 6×100W）

灯与桌面的距离(m)	课桌面照度(lx)			匀系数
	最高	最低	平均	
0.5	280	19	67.4	0.07
1.0	140	27	58.7	0.19
1.5	90	24	52.4	0.26
2.0	65	36	50.8	0.55

注：教室面积为 53.4 m^2(8.7×6.14)

为避免或减少炫目，应使学生视野内看不到强烈的发光体（如透光窗、裸露的灯管或有强烈反光的物体）。但在教室内不易达到这个要求。当学生注视黑板时，视线与发光体间形成的夹角越大越好。眩光效应一般在30°角的视线范围内最为显著（强烈眩光区），因此，该角不宜小于30°。如图10-6坐在最后几排的儿童看黑板时，由于前排桌上有悬挂着的裸灯泡，势必造成强烈的眩光现象（该角小于30°），为减少眩光，白炽灯泡可改为磨砂灯泡或装上形成漫散光的灯罩，或者装上有一定大小保护角的灯罩（图10-7为保护角示意图）。为提高黑板面的照度，可在黑板的上方设置2个或2个以上的局部照明灯。为防眩光，黑板灯上应安装具有特定方向上不透明的灯罩。

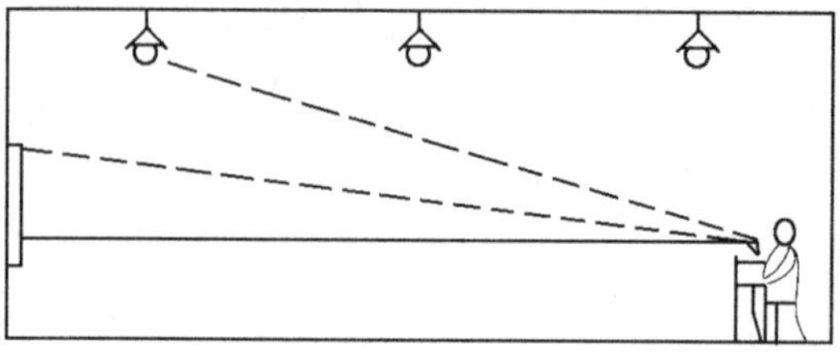

图 10-6 教室灯的布置与眩光

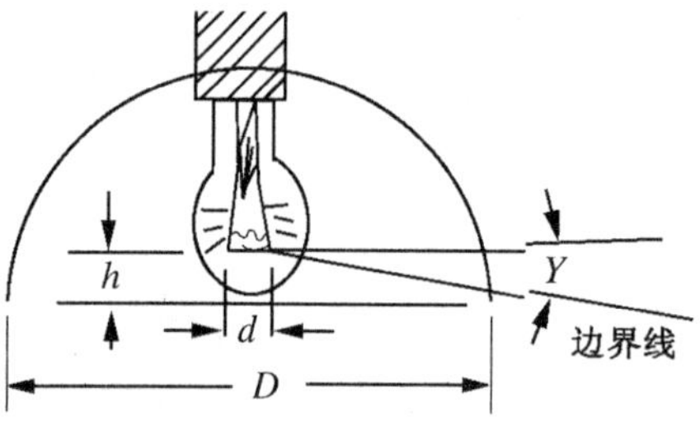

图 10-7 灯具与保护角(r)

保护角的大小可以由下式求得：

$$\tan r = \frac{2h}{D+d}$$

式中 h——发光体中心至灯罩下缘距离

D——灯罩开口直径

d——光源（灯丝直径）长度

目前一般城市中小学，教室多安置荧光灯。荧光灯的优点是光亮度高（约为白炽灯的4倍），发光面积大，亮度小（不超过0.9sb），白炽灯的亮度在200sb以上），光谱接近日光，使用寿命较长（白炽灯一般使用1000 h，荧光灯可达2000～3000 h）。但荧光灯安装费用较高，有时有蝉鸣闪跃，起动慢，使用时间太久，降低发光效率。随着照明技术的改进，这些缺点可以得到解决，各种新的灯具也逐步得到应用。《中小学校教室采光和照明卫生标准》要求教室宜采用3300～5500K色温的光源，光源的显色指数不宜小于80，采用小于26 mm细管径直管形稀土三基色荧光灯，荧光灯宜采用节能电感镇流器或电子镇流器。

目前荧光灯多为裸灯管，为了消除眩光，使桌面达到300 lx以上的照度，每间一般教室装置荧光灯9支，每支40 W，最好装置灯罩，灯的排列采用长轴垂直于黑板方向布置。灯具悬挂高度距桌面不应低于1.7 m。

学生在家自习时的照明应该重视，要求光线来自左上方。为了使桌面获得必要的照度，可降低照明灯具的高度。为了避免眩光，灯泡上应加适当的灯罩，形成一定的保护角。

人工照明与采光同样要求室内色调和清洁卫生，以利于提高照明质量。

二、通风和取暖

为了保证学生的学习和健康，要求教室、活动室和宿舍等必须有流动的新鲜空气和适宜的微小气候。在教室内，经常有几十名学生在学习，每名中年级学生呼出的气体中含有0.4%的CO_2，每小时从皮肤和肺散出约40 g水蒸气及60～100 cal热量，如果没有新鲜空气流入，很快会使室内空气污浊。室内闷热的空气使学生注意力不集中，精神不振。空气过热过冷或骤然变化时，由于学生身体调节机能不够完善，容易引起上呼吸道疾病和感染。潮湿和寒冷的空气除易使学生患上呼吸道疾病外，还容易诱发关节炎。适宜的微小气候和新鲜的空气是学生生长发育必需的条件。因此，在建筑设计时，必须考虑和设置合理的通风和取暖设备。

（一）通风的形式和设置

通风的目的是通过空气的流动，排出室内的污浊空气，送进室外的新鲜空气，同时要保证有适合学生身体健康的微小气候（气温、湿度和气流）。例如：在炎热的天气，室内需要有流速较大的、温度较低的空气；在寒冷的天气则需要流速较小的、温度较高的空气。室内微小气候的调节与通风的形式和设备有密切关系。

通风的形式，可以分自然通风和人工通风两种。一般学校多采用自然通风，即依靠风力和室内外温差而引起空气的流动。风力和室外的温差愈大，则通风的速度也愈快，所需的时间愈少。自然通风是通过建筑物外壁的气孔、地板、天花板的空隙，通过墙壁窗、不闭的门窗或特设的通风管道进行的。在关闭的房屋内，仅靠建筑物的孔隙所流入的空气是不能满足学生需要的，所以必须规定供气量和每名学生在室内应占的空气容积。因此，需要一定的换气次数方能保证室内有良好的空气条件。如果不借助人工通风送入新鲜温暖空气，在冬季是无法达到这一要求的。为此，除在建筑物设计时考虑自然通风窗等装置以外，在使用时还要根据需要订出通风制度，以弥补冬季室内的通风不足。

《中小学校教室换气卫生标准》（GB/T 17226－1998）规定了中小学生的必要换气量、中小学教室的换气次数、室内空气二氧化碳（CO_2）容许浓度、换气方式及换气制度。该标准规定：教室内空气中二氧化碳最高容许浓度为0.15%；每名学生每小时必要换气量：小学生不宜低于11m^3，初中生不宜低于14m^3，高中生不宜低于17m^3；小学教室每小时换气次数不宜低于3次，中学不宜低于4次。

为了加强自然通风，必须有足够的通风口面积，并应对侧设窗（如外墙窗、门上窗、走廊窗及内墙高窗等），以便空气对流，加速室内换气。此外，还可在建筑物外墙中设自然抽出式通风管道，或天花板、地板下设通气孔，使每小时换气次数较无通气孔的教室多一些。

寒冷地区的建筑物可以安装风斗式小窗，装在大窗顶部，小窗底部为轴，可向室内开启，回转角度为30°左右，室外气流经风斗小窗流向天棚呈弧形下降，冷气不致直接吹向学生头部。一般通风用小窗口的面积应为地面积的1/60～1/50。小窗有开关，可根据需要开闭。

人工通风的形式是利用电动机将室外空气吸入建筑物内，将室内空气排出。局部的可在礼堂的墙角或地下将清凉空气收入，用过后由窗户、屋顶自然排出室外。一般可装置电扇、电动机吹入室内。另一种是由电动装置将空气吸入后，(经过除尘、加温、加湿、冷却或去湿后)，经通风管道送入各室。这种空调装置的设备和管理比较复杂，暂时尚不能普遍采用。

(二)合理的通风制度

为了让学生在室内有新鲜的空气和微小气候，学校应该按季节和天气规定开窗制度。特别是在冬季，为了教室充分换气，又能使上课时保持一定的室温，要求教师做到：下课铃响后马上下课，课间休息时，开窗进行通风换气。在温暖的季节无大风的情况下，则应在上课时尽量打开所有的窗户。

在冬季、秋末和初春时，应充分利用通风小窗进行通风换气。例如每天第一节课前应将室内小窗打开 10～15min，每次课间休息时打开 5～10min；学生离开教室时，可以利用穿堂风进行换气。如果室内有合理的供暖设备，虽在冬季，也可整日打开小窗通风换气。

在夏季，尤其是南方地区，建筑物除应设防晒设备外，还应加强室内对侧的通风，使空气流通速度加大，起到散热作用。

在室内外温差较大时，可以关上教室门窗，利用走廊窗和教室的门上小窗换气。

(三)取暖设备的卫生要求

在冬季，尤其是北方地区，若要维持室内一定气温，又要保持空气新鲜，必须在加强通风的同时，设法保证有合理的取暖方式，学校的取暖设备有集中式和分散式两种。

集中式取暖有蒸汽式和热水式两种。其方法是用燃料通过锅炉产生蒸气或热水，经过管道和散热片将热能分散到各室。蒸汽式取暖设备，使室温增加快，温度高，空气干燥，但容易引起烫伤以及使有机尘埃燃烧而产生臭味。在停止供气时，散热片很快冷却，使室温波动较大。热水式取暖，经锅炉加热后水温不高于 95℃，散热片表面不高于 70℃，当停止供水时，散热片中热水逐渐冷却，室内温度波动不大故教室适于采用这种方式取暖。

近年来逐渐推广平铺式取暖设备，即是将散热片改为迂回管道，平铺在室内地板下、内墙中或天花板上，这种方式容易调节室温，室内各处温差不大，又节省室内使用面积，并可防止烫伤。近年采暖方式有空气调节设备，但造价较高，管理也复杂，目前不易推广。

在旧式建筑及规模较小的学校，较多地采用局部取暖法，即将火炉或炭盆直接放入室内。这种取暖方法的缺点是室内各处温差较大，空气干燥，空气中烟尘、有害气体增加，容易引起煤气中毒和烫伤。我国北方或山区农村采用火墙、地炕、火炕等形式取暖，其中地炕及火墙较好，室内温度均匀，烧炕在室外，避免室内烟尘。用火炉取暖时要安装烟筒，以便排烟，为使室温均匀，应在教室前后各放一炉，炉周围安放隔热板或栏杆，要注意防止一氧化碳中毒，防烟尘、烫伤和火灾等。有条件的地方，可用太阳能取暖。

学校取暖的卫生要求是：

(1)室内的温度适宜:教室、寝室应保持16℃～18℃,相对湿度应为30%～80%,最好为50%,风速不超过0.3m/s,生产劳动及健身房为15℃,盥洗室和厕所为16℃,医务室为20℃～21℃,淋浴室应为25℃左右。

(2)室内温度要均匀:室内水平和垂直各点温度不应相差2℃。儿童本身额部、胸部、足部的皮肤温度差在4℃～6℃之间。

(3)集中取暖的散热片应平滑,便于清扫,散热片的温度不应超过70℃。散热片设在外墙下墙壁凹陷处,外加铁丝网或木栏,以防烫伤,并造成好的对流条件。火炉上宜放水壶,增加空气湿度。

三、给水排水

国家规定,在寒冷及严寒地区教学用房的给水引入管上应设泄水装置,有可能产生冰冻部位的给水管道应有防冻措施。当化学实验给水嘴的工作压力大于0.02MPa、急救冲洗水嘴的工作压力大于0.01MPa时,应采取减压措施。化验盆排水口应设耐腐蚀挡污篦,排水道应采用耐腐蚀管材,厕所大便器槽采用坚固耐用便于管理维修的冲洗设备,保证冲洗时水压的强度。饮用水应设消毒处理设施。自然科学园地如运动场地应设洒水栓。

四、电气、广播

国家规定教学和教辅用房应根据需要,分别设置广播支路如扬声器。广播线路敷设宜暗装且预留与广播扩音设备控制盘连接的暗线暗管,广播扩音设备的电源侧应设电源切断装置。同时学校还应有校园网,校园安全监控系统以及空调、电扇、电视、冰箱、打印复印设备等设备。

五、消防安全设施设备

学校要加强消防安全工作,制定消防安全制度,落实消防安全责任人。全校师生均需学习《消防法》,熟知报警电话119,掌握自防、自救常识和安全逃生技能。保证校内各种灭火设施良好,定期检查、维修,设备完好率应保持100%,并做好记录。保证教学楼、办公楼、宿舍楼安全出口及疏散通道畅通安全,疏散指示标志明显,应急照明完好,学生聚集场所不得采用耐火等级低的材料装修。易燃易爆实验用品专门存放,实验员负责管理,室内配灭火器。实验时教师必须讲清注意事项,指导学生正确使用。图书馆、实验室、电教室、机房等严禁吸烟、使用明火,下班及时关门窗,消防栓防火器材等应人人爱护。电工要经常检查校内线路、器材,及时整改维修。做好学生宿舍用电安全的宣传,学生宿舍严禁违规用电行为,要经常进行消防检查督导工作。发现火情,及时拨119报警,现场工作人员立即组织引导在场人员疏散,单位必须立即组织力量扑救火灾(不组织学生扑救),对因无视防火安全规定造成不良后果者从重处罚，直至追究法律责任。

第五节 学校设备卫生

学校教室内课桌椅和各种教学用具的基本卫生要求是，适合儿童青少年正在生长发育的形态和生理特点，有利于提高作业能力，并对健康无害。

一、课桌椅

儿童青少年在学校学习生活中，大部分时间是坐在课桌椅上度过的。课桌椅是培养学生良好姿势的外部条件，它与脊柱弯曲异常及近视的发生发展有一定的关系，也是影响学习作业能力及身体机能状况的一个因素。

对课桌椅的基本要求是：

1. 课桌椅要满足教育上的需要，如写字、看书和听课等等。因此，课桌椅应有足够的面积，邻座同学不致互相妨碍，学生回答教师提出的问题时，可即席站立起来。

2. 在满足教育需要的基础上，要求课桌椅要适合就座儿童的身材，提供维持良好姿势的客观条件，少产生疲劳，不妨碍儿童的正常生长发育，保护视力。

3. 要求安全、坚固、美观、造价低廉，不妨碍教室的彻底清扫。

(一)就座姿势

上课时，应使学生维持良好的就座姿势，这是课桌椅卫生要求的最基本的出发点。

良好的就座姿势是：脊柱正直，写字时头不过分前倾，不耸肩，不歪头，两肩之间的连线与桌缘平行，前胸不受压迫，大腿水平，两足着地（或踏板），保持一个均衡稳定而又不易产生疲劳的体位；看书写字时，眼与桌面的距离应为 30～35 cm；内脏器官不受挤压，血液循环通畅，呼吸自如，四肢的神经干不受压迫。

有人将就座姿势分为前位坐姿和后位坐姿两种：上体重心落在两坐骨结节之上或其前方的姿势为前位坐姿，此时，由背部肌肉的紧张及大腿来支持；而后位坐姿时，上体的重心落在坐骨结节之后，背部必须有依靠。

就座时，脊柱、骨盆、腹部、胸廓及膈肌等的神经肌肉，以及下肢的神经肌肉，形成一个统一和谐的系统，其中，维持躯干平衡的各肌肉群的协同工作起主要作用。前位坐姿时，骶棘肌、背阔肌、背长肌以及斜方肌等持续紧张，很快出现疲劳；而有倚靠的后位坐姿，则少有这种情况。教育上要求后位坐姿适用于听讲和看书，而写字时必须采取稍前倾的体位，但不要求过度前倾。

(二)课桌椅的距离与高差

研究课桌椅的着眼点之一是课桌与课椅之间的配合关系。这里有两个概念：桌椅距离和桌椅高差。

桌椅距离系指桌与椅之间的水平距离。桌椅距离共有两处：

(1)椅座距离。即椅座前缘与桌近缘向下所引垂线之间的水平距离。当椅深够宽的情况下，正距离和零距离都不能使人保持良好的书写姿势。特别在正距离时，看书写字的儿童，其躯干必须向前向下弯曲，而完全不能利用椅靠，形成明显的不良姿势。因此书写时，桌椅之间要有 2～4 cm 的负距离(见图 10-8)。

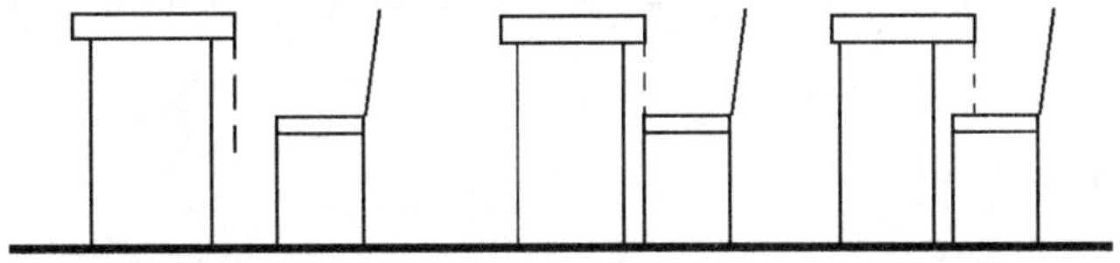

图 10-8　桌椅距离

(2)椅靠距离。系指椅子靠背与桌近缘之间的水平距离。要求就座儿童的胸前(穿衣情况下)应有 3～5 cm 的自由距离，避免挤压胸部，而又能利用靠背。

桌椅高差系桌近缘高与椅高的差。当椅高确定之后，再加桌椅高差则为桌高。桌椅高差在课桌椅中是最重要的因素，它对就座姿势的影响最大。

假如桌椅高差太大，写字时上体必须前倾，或以单侧臂支持上体的重量于桌面，而使脊柱呈侧弯状态，或者弯腰低头，使脊柱后凸。倘若桌椅高差太小，眼与书面的距离就必然很近，两肩上提，或以单侧臂横架在桌上，脊柱也呈侧弯状态。

(三)椅高及其他

(1)椅高。即椅面(指椅前缘的最高点)离地面(或踏板)的高度。假如椅面太低，则大腿的前部便会抬起，减少支撑身体的面积。若椅面过高，则足跖离地或两腿悬吊，不但失去了足部的支持，同时下肢的血管和神经干也受到压迫；或者为了获得足部的支持点，而把臀部向前移动，这样不稳定的就座姿势更易疲劳。

合适的椅高应与小腿高相适应，或略低于小腿高约 1 cm(在穿鞋的情况下)。

(2)椅深。即椅面的前后宽度。大腿的后 3/4 应置于椅面，小腿的后方留有空隙。椅面上有吻合臀部形态的凹槽时更好。椅面向后倾斜 0°～2°角为宜。

(3)椅靠背。使就座的学生感到舒适，腰背肌肉得到休息，因此，最好具有与腰背部分相吻合的形式。课椅的靠背以向后倾斜，从水平面算起呈 95°～100°角为宜，不宜过大。

(4)桌面。有平面和斜面两种。平面桌有利于珠算、手工、绘画、毛笔书法，并有其他许多用途。斜面桌有利于阅读和书写两项主要学习活动。斜面的目的是避免头部过度前倾。但斜面太大又可使书本滑落，因而采用 10°～12°斜坡，并在桌面远侧有一约 9 cm 宽的水平部分。

桌面的前后宽度不得小于前臂加手长或不小于书本长度的1.5倍。左右长度不得小于两拳相对时之两肘间的距离，即二人桌长为120 cm，以免邻座儿童相互干扰。单人桌长为60 cm。

桌面下的屉箱不应太厚，箱底要高过膝盖，要求桌下为空区，即屉箱底面至地面的高度能保证使用者下肢舒适摆放。

桌下的踏板的位置也很重要，当两脚踏上时，应使大腿能保持水平状态。

课桌椅应为浅色（如天然木色），这样，在一定程度上可增加教室的照明，但应注意避免炫目。

（四）课桌椅的形式

课桌椅按桌椅是否相连，分成连式和分离式两类。此外，还有固定式及升降式等。

连式桌椅有固定的高差和距离，实际使用时只要按学生身高分配就可以了，不同大小的课桌不会相混，便于管理。此种桌椅为了儿童可即席立起和出入方便，斜坡桌面的下1/3可向上翻转，但比较笨重，儿童清扫教室时颇为不便。如采用连式的话，以单人连式为好。

单独的课桌（双人或单人）和单独的椅子（最好为单人）。在实际使用中，不同大小的课桌椅之间，容易相混，较难管理得当。但这样的桌椅，学生在上课过程中，可以自由变换体位，少受拘束，预防疲劳；特别是单独的平面桌除上课外，还有多种用途，所以易为广大的教育工作者所接受。但是，这样的课桌在出厂时一定要标明大小型号及适合身高，当看书和写字时，一定要教育学生将椅子前移，保持合适的桌椅距离。

固定于教室地板或地面上的固定式课桌椅，具有连式的优点，并且整齐美观。但要做到：教室的学生年级固定不变，预置课桌椅高低合理，有负距离，并尽量减少桌腿和椅腿的数目，以便于教室的清扫。

目前，按个体身材调节高低的课桌椅已经大量生产使用，这是一种很好的形式，值得大力推广。

（五）课桌椅的卫生管理

学校在购置和分配使用课桌椅时，要遵照我国国家标准《学校课桌椅功能尺寸及技术要求》（GB/T 3976—2014）的要求，并加强卫生管理。该标准对中小学校、托幼机构和高等院校课桌椅的大小型号、功能尺寸、分配使用等提出了具体要求。中小学生课桌椅各型号的标准身高、身高范围及颜色标志见表10-9。

校医或保健教师在每年开学之初，要指导各年级教师给学生排好座次。身低者在前，身高者在后。但要注意定期左右轮换，以免经常向一侧扭身。视力不良的学生尽量安排在前排窗侧，听力不良的学生排在前方，有风湿病或易患感冒的学生不要排在靠墙较冷的地方。教师要经常进行姿势教育，在课堂上纠正学生出现的不良姿势。

学校预置课桌椅时，要根据当地学生学期中乃至期末的身高组成比例状况参照型号，确定各种大小型号的数量。标准中引用的身高资料，实际上是学期之末的身高水平，是课桌椅分配"从高原则"的体现。身材普遍较高地区的大型号课桌椅比例可高些，身材普遍较低地区注意增加小型号的比例。中小学生"桌椅高差"在 2 个型号范围（即身高相差 15 cm）内波动时，良好的读写姿势没有变化。

表 10-9　中小学生课桌椅各型号的标准身高、身高范围及颜色标志

课桌椅型号	桌面高 mm	座面高 mm	标准身高 cm	学生身高范围 cm	颜色标志
0 号	790	460	187.5	≥180	浅蓝
1 号	760	440	180.0	173～187	蓝
2 号	730	420	172.5	165～179	浅绿
3 号	700	400	165.0	158～172	绿
4 号	670	380	157.5	150～164	浅红
5 号	640	360	150.0	143～157	红
6 号	610	340	142.5	135～149	浅黄
7 号	580	320	135.0	128～142	黄
8 号	550	300	127.5	120～134	浅紫
9 号	520	290	120.0	113～127	紫
10 号	490	270	112.5	≤119	浅橙

注 1：标准身高系指各型号课桌椅最具代表性的身高。对正在生长发育的儿童青少年而言，常取各身高段的组中值。注 2：学生身高范围厘米以下四舍五入。注 3：颜色标志即标牌的颜色。

当一个学校高低年级数已经定型，就应彻底按学生的身高调整桌椅。无法调整的桌椅可就大不就小，迁就使用（如大 1 号），课桌椅过高时可用褥垫或踏板弥补。桌椅高差可有±1 cm 的容许限度，椅高可有±1.5 cm 的范围。实际观察说明，桌椅高差的改变不超过 2 cm 时，姿势无显著变化。这些经验数值，在调整课桌椅时都可作重要参考。

二、书籍

看书是与视觉活动有密切联系的脑力活动。书籍上的文字、插图、符号等都是视觉的刺激物。在阅读过程中，视网膜不断接受大量文字形象的刺激，而对每个文字的感觉时间又是非常短暂的。所以，书籍质量优良对保护视力有重要意义。对书籍质量的要求是：

(1)书籍上的文字及插图、符号等要清晰够大,文字的排版要考虑便于阅读;(2)文字与纸之间要有明显的对比。此外,对儿童书籍还要考虑便于携带及卫生方面的要求。国家标准《中小学生教科书卫生要求》(GB/T 17227—2014)对中小学生教科书的纸张、幅面尺寸、文字排版、印刷质量、单本重量和可迁移元素限量提出了具体要求,其他汉字读物亦可参照执行。

(一)文字及排版

实验证明:如果在白纸上有两个黑色的小圆点,直径都是 0.25～0.3 mm,同时两点间的距离也是 0.25～0.3 mm 的话,那么视力正常的眼睛距纸 1 m 远,就能够明确区别开来;此时,眼对两点空隙的视角大约为 1 分。如将距离缩短为 30～35 cm,即视角增大 3 倍,则清晰可见。另外,在白纸上的一条细长的黑线,其粗细只相当于 1/20 分视角时,就能确认它的存在;如要明视,则需 1/2 分视角。

鉴于在阅读时,文字的横比竖容易区别,又因为文字的横比竖多,故规定铅字的横笔画的宽度可以为竖笔画的 1/2。为了获得文字与纸之间的清晰对比感,笔画间距应为笔画宽度 2 倍。

印刷成人读物时,我国汉字铅字的大小采用 3.68 mm 见方(即五号字),拼音字母的高度采用 1.5 mm(上伸、下延不计在内),西方国家成人读物拼音文字的高度也为 1.5 mm。汉字简化以后,常用汉字很少超过 7 横,拼音字母最多 3 横。就 1.5 mm 高的拼音字而言,其横笔画的宽度约为 0.2 mm,横间距约为 0.4 mm。

3 mm 高的汉字和 1.5 mm 高的拼音字,对熟悉文字的成人来说,是合适的。但是儿童对文字的熟悉程度不如成人,阅读习惯尚未形成,阅读时要仔细分辨文字的每一个笔画。更由于儿童视觉器官正在发育,视觉过于紧张有可能形成近视,因此,年龄越小,所用书籍的文字就应当越大。

在排版上,字行的长短对视觉卫生也很重要。字行太长时,为了注视每个文字,眼睛就要随着较长的字行逐渐转动,这种转动很易引起眼睛疲劳。相反,字行越短就越容易阅读。如果整个行或行的大部分都在视野范围以内的话,就更容易阅读,加快对读物文字形象的感觉,并加快理解其内容。不需要头部运动的行长约为 66 mm,即接近一般报纸的行长。小学课本的行长约 90 mm。本型以 32 开本为好,不宜太大。一般行距和字高相等,对阅读有利。从文化教育和卫生观点来看,横排比竖排有利,因为视野横径较大。

国标 GB/T 17227—2014 规定:文字、符号应横排。小学一、二年级应使用 2～3 号字,以正楷体为主,行空不宜低于 5 mm;小学三、四年级应使用 3～4 号字,以正楷体和书宋体为主,由正楷体逐渐过渡到书宋体,行空不宜低于 4 mm;其他各年级应使用小 4 号字,以书宋体为主,行空不宜低于 3 mm;高中理科教科书也可使用 5 号字(各字号尺寸见表 10-10)。对拼音、阿拉伯数字和字母的高度,小学一年级不宜低于 3.5 mm;二年级不宜低于 3 mm;三、四年级不宜低于 2 mm;其他各年级不宜低于 1.5 mm。

表 10-10　各字号尺寸

字号	高(mm)	宽(mm)
2 号	7.37	7.37
3 号	5.62	5.62
4 号	4.91	4.91
小 4 号	4.20	4.20
5 号	3.68	3.68

(二)书籍的纸张

书籍的下角,由于经常翻阅,很易污染,并可因此传播疾病。这一点公用的儿童读物更应注意。在书籍消毒问题还没有合理的解决方法之前,儿童机构公用的太脏太破的书籍最好焚烧或废掉不用。但也可以采取以下措施:1. 太阳暴晒 3 h;2. 紫外线照射 3 h;3. 远红外线维持温度 60℃,密闭 1 h 消毒。

文字和纸张之间,在色调上应呈显著的对比,用黑色油墨印刷,纸就应当是白色。纸面要平坦、光滑,而又不反光耀眼。粗糙的纸面,油墨着色不均匀,笔画边缘不齐,更常有笔画断开的空白,对视觉很不利。

印刷的字体不应透过纸的背面,因此要求书面的厚度不能薄于 0.075 mm(5 页一起,用 1/1000 mm 的螺旋测微尺测量多处,然后算平均值)。一般课本要使用半年到 1 年,因此要求纸张耐用,不易破损。木纤维虽可增加纸张的厚度,但纸张中未经化学处理的木纤维,不应超过 10%。

书籍的封面更要经久耐用、合理装订,翻阅时,书页不至于自动卷回。一本教科书的重量小学不宜超过 300 g,中学不宜超过 400 g,以便儿童携带和阅读。

二、文具

学生的文具用品种类繁多,包括笔记本或作业本、铅笔、钢笔、墨水、蜡笔、绘画颜料、尺、文具盒、液体胶水、固体胶、美工刀、剪刀、修正液等。它们是完成学业的基本用品,应予以重视。从卫生学角度,对它们有如下要求:规格、造型最大限度地适合儿童的年龄特点,使用方便、保证质量,不至于增加视力负担或手腕部疲劳;使用安全,不因文具导致外伤;制作文具使用的材质、颜料、涂料(如铅笔涂层)应无毒性,在各种气候条件下不易变质。

(一)笔记本或作业本

所用纸张应白而结实、平滑而不反光,质地细密,墨水在上面不会渗散,从纸的背面不应看到正面所写的字。薄而疏松的纸不但书写时易被划破,而且往往渗透墨水,因此不要用这类纸张制作笔记本或作业本。如果纸涂过足够的胶质时,1.25 mm 宽的线条不会渗到背面而且不渗散,这样的纸可用来制作笔记本。带有横格的笔记本要留出 2 cm 左右的页边，以便书写或阅读笔记时眼睛得到间歇性休息以及教师批改时签字意见和订正词句。作业本的页数不宜太多，以免使用日久破旧污染。

一般说来，作业本上所写字体的高度约为课本文字高度的 3 倍，即 9 mm 时，距 1m 远清晰可见。黑板上所写字体的大小应为作业本字体高度的 9 倍，即拼音字母及阿拉伯数字的高度约为 4 cm，汉字则应为 8 cm。提出 9 倍是因教室最后一排坐席距黑板为 9 m 远。

(二)签字笔

学生做作业时签字笔使用较多，使用时注意笔帽不要塞入口中、鼻中以免发生意外。

(三)钢笔

学生用的钢笔重量、长度、直径都应适合学生骨骼肌肉系统的年龄特征。钢笔的直径 8 mm 左右为宜，吸水钢笔长以 10～12 cm 为宜，蘸水钢笔杆长 15～17 cm 为宜。经验表明，较短的钢笔容易引起手指的疲劳，过粗的笔又难握在手中。

(四)铅笔

铅笔是学生的主要文具。中等硬度的铅笔芯对学生最合适，硬铅笔芯写字费力且笔迹很淡，软铅笔芯写字笔道很粗，容易弄脏作业本。铅笔长应 18 cm 左右，粗 7～7.5 mm，低年级适合圆形铅笔，高年级则六角形和八角形更为方便。铅笔杆上所涂颜料的表面应有不脱落、不溶于唾液的透明漆膜。国家标准《铅笔涂层中可溶性元素最大限量》(GB 8771—2007)规定了铅笔涂漆层中八种可溶性元素的最大限量(见表 10-11)。

表 10-11　铅笔涂层中可溶性元素的最大限量

(单位为毫克每千克)

元　素	限　量
锑(Sb)	≤60
砷(As)	≤25
钡(Be)	≤1000
镉(Cd)	≤75
铬(Cr)	≤60
铅(Pb)	≤90
汞(Hg)	≤60
硒(Se)	≤500

(五)墨水

学生应用浓黑色或蓝黑色的墨水，它可保证学生写字的笔道清晰。不宜用其他颜色的墨水(特别是红色的)。墨水中不应含有有毒色素或其他有毒物质。不要把几种墨水混合起来，以免变质失去正常颜色。此外，毛笔书法课墨汁使用也应注意其中的有毒物质。

(六)书包

书包是学生的必备用品。理想的书包,应该适合儿童青少年的生理特点,对学生的体态和健康无不利影响。

人体脊柱是垂直承受重力的,只有在脊椎发育正常,有关肌肉紧张力均衡的情况下,才能使脊柱达到力学平衡。而脊柱本身是依靠脊椎骨、肌肉、韧带、小关节和椎间盘等维持其形态的。在生长发育过程中,如果受到不良外界因素的作用,力学平衡失调,脊柱可能发生变形。学生在用单肩式书包时,书包的全部重量压向一侧,使脊柱一侧受压,另一侧被牵拉,造成两侧肌肉紧张力不等,平衡失调,使受压侧肩部的血液循环受到影响。这样人体会产生不适感和不良体态。如果长期一侧重压,可以导致斜肩和脊柱弯曲。据调查:用单肩式书包的小学生占72.96%,中学生占97.87%。小学2～5年级用单肩式书包一年以上者和用双肩式书包的学生体态和姿势上有显著的不同(见表10-12)。

表10-12　携带不同形式书包对体态的影响

书包形式	斜　肩　%	体态不良(耸肩、驼背、弯腰、头前倾)%
单肩背书包	25.83	25.61
双肩背书包	8.38	12.43

(摘自辽宁省卫生防疫站)

综上所述,可见学生选择合适的书包是非常重要的。对书包的卫生要求是:(1)双肩式书包优于单肩式和手提式书包。小学生和初中学生宜用双肩式书包。根据小学生和中学生的特点,书包的样式可以不同,高中生可用单肩式或手提式,但要注意两肩轮换负重。(2)书包的形状:应该长大于宽,以适合肩背的比例;宜薄不宜厚,这样可以减少书包的重心偏离,书包的背带应稍宽,并配有肩部软垫,以减少对肩部的压力;书包不可过大,以能装下每天必用的书籍和文具为准,最好两年更换一次。(3)重量不宜太大,有些国家规定学生的书包不得超过体重的十分之一,我国建议书包的重量最好为学生体重的十二分之一到十分之一。(4)书包的材料:以棉布为宜,因为棉布轻软、透气,便于清洗。(5)背书包的姿势:为了使脊柱均衡地承受重量,书包必须背正,要紧贴后背,使两肩后拉,胸廓前挺,两上肢能自由活动。这种背法利于呼吸系统发育和重心的调整。书包下缘顶在腰部,避免书包上缘离开后背,以防形成脊柱前突(见图10-9)。(6)教师和家长配合,讲清使用书包的卫生要求;督促学生正确使用书包,养成每晚装好书包的习惯;要求只装第二天使用的书籍和文具,减轻重量。

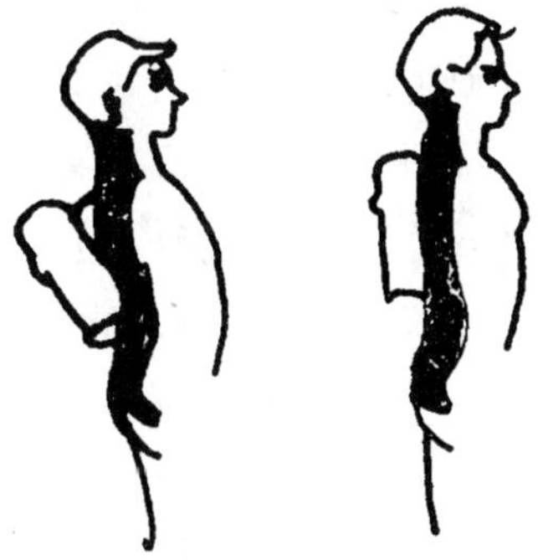

图10-9　背书包的姿势

第六节 学校环境卫生管理

学校要为全校师生员工创造良好的学习、工作和生活环境条件，这对学校的物质文明和精神文明建设，对培养学生的文明卫生习惯，促使学生德、智、体、美全面发展都具有重要意义。学校的党和行政领导，特别是后勤人员要精于学校的环境卫生管理业务。我们衡量学校的管理水平，往往以学校的环境卫生管理为主要标志。

学校的精神面貌如何，首先要看其环境卫生情况，自从开展爱国卫生运动以来，学校的领导明确了教育和卫生工作的统一性和学校环境卫生管理的重要性，组织动员群众积极参加爱国卫生运动，保证学校环境清洁卫生，培养学生的卫生习惯，树立了“以卫生为光荣，不卫生为耻辱”的风气，以文明规范培养学生良好的行为，管理和保护校园环境。

一、学校建筑物、场地的清洁方法和管理

（一）学校建筑设备的清洁

学习、工作和生活的房间，由于活动频繁，衣物、鞋底易携带灰尘，以及生活产生的垃圾，可使室内及设备积尘，破坏整洁，故应经常清除，使之整齐清洁。室内和设备主要的清洁方法是除尘、保洁。

除尘方法：除了绿化以外，室内地面及地段道路应铺砖或用三合土、水泥铺就，门前放擦脚垫，以减少带入灰尘泥土，擦黑板、桌椅时用湿布或无尘刷。扫地先洒水，以防尘土飞扬，传播疾病。门窗玻璃灯罩要经常擦洗，以增加光度，特别是对门上手柄和便桶座位、自来水龙头等要常用消毒水擦洗。

（二）学校场地的清洁

学校除建筑物以外，在场地上如道路、庭园、运动场、农业劳动场所、家禽家畜饲养场、杂物存放处、垃圾箱、自来水龙头或水井等，除了合理布置外，应经常清扫泥土、积水与落叶。天晴要洒水，以防尘土飞扬，从而保持清洁整齐。

进行农业劳动时，要注意肥料、粪便的妥善存放。饲养家禽家畜的棚圈要经常打扫，保持干燥清洁，以防蚊蝇滋生，而且要远离水井和食堂。

（三）卫生管理制度

学校应在领导负责和依靠群众的基础上建立卫生管理制度，制定卫生公约，采取定期清扫和突击扫除相结合的原则，分片包干、专人负责，开展评比、竞赛。

卫生管理的方法：每天学生入学前和离校前进行清扫，清扫时要避免尘土飞扬，采用湿性打扫，地面洒水或用湿扫帚扫地。为了不使灰尘停留室内和避免吸入呼吸道，在清扫时要开窗，清扫时戴口罩。这本是清扫的常规，但被很多学校忽视，缺少清扫工具，尤其洒水不善，致使尘土弥漫，学生不戴口罩，对健康有害，应该纠正。

每周要将室内桌椅、家具、玻璃窗、灯罩进行擦洗，每月进行室内外大扫除一次。这应

成为一项经常、永久性的卫生工作。

每学期或学年应进行房屋的修缮、粉刷，并随时进行安全检查，防电、防火、防漏、防倒塌。

室外每日要清扫道路、场地，按季节清除积水，清理沟渠淤泥和修理道路。

学校要消灭蚊蝇、臭虫、老鼠、蟑螂等害虫；应定期用药物喷洒墙壁、天花板、床铺、柜橱等；寄宿学校要注意防潮，经常开窗，禁止在室内盥洗，经常洗晒被褥；晾衣场所应设在室外。

对学校建筑设备的合理使用及安全教育是学校环境卫生管理的一项重要工作，所以在新生入学时，要进行这方面的教育，如抽水马桶的正确使用方法、垃圾桶的使用方法、电气设备和实验设备的使用方法等。

此外学校要规定作息制度，规定不同的开关灯时间，通风、取暖时间，等等，严格督促执行。

环境的卫生管理要让学生能积极参加，共同负责维护环境清洁整齐，以利学习和健康。

二、学校饮用水的供应

学校应有充足的水供学生饮用、教学用、个人卫生和环境清洁用、厨房用、厕所冲洗用、灌溉园地用和防火用等。

目前城市用的自来水，虽经过处理、消毒，但经过管道输入学校，难免污染，因此，必须煮沸后才能饮用。学校要防止自来水管道漏水污染，经常检修，以保证水的清洁。农村、城镇多用井水、河水、池水等，更应注意水源的卫生和饮用水的清洁及消毒处理，避免经水传播疾病。水井的位置应远离厕所、堆肥场、畜棚、污水坑等处 25 m 以上，最好打深水井，井口下 1～2 m 的井壁应用砖砌好、涂上黏土或水泥，严防渗水。要设井台、加盖，最好使用压水机打水。打水桶要注意卫生，最好专置取水桶。河水、池水等的清洁处理过程，要经沉淀、过滤和消毒。消毒后的水仍应煮沸方能饮用。

学校必须供给学生充足的饮用水，夏季准备冷开水，冬季准备热开水。饮用开水烧至沸腾，原则上每人每天饮水供应量不少于 2 L。学校要设锅炉，开水锅炉每学期使用前应由专业人员进行有效的清洗，排污、消毒，贮水器的数量和容量应能满足学生需要。为了不使水受污染和确保安全，贮水器应加盖、加锁，在贮水器（保温桶）下设龙头，以便使用。每天要洗刷干净后再贮新鲜开水备用。动员学生用自己的水杯饮水；如为公用水杯，必须每天消毒，以防疾病传播。最好安装喷泉式过滤水装置，水质符合卫生条件，按之即喷，去压即关，比较方便卫生，应该推广。至于一般洗涤用水，也以脚踏开关和感应开关为宜，避免手指接触公用水龙头，引起污染。

为了保证学生养成饭前便后洗手和手脏即洗的卫生习惯，学校要在食堂、厕所、教室外及活动场地附近设置洗手的水龙头。但要教育学生节约用水，合理用水。

为了防止意外停水，学校要有贮水设备，以保证满足日常用水的需要。

学校饮用水的供给是每日生活中的一件大事。要千方百计满足学生用水的需要。饮水处应按每 40～45 人设置一个饮水水嘴。饮水点应设在教室内或教学楼公共区，还应有方便学生洗手的水龙头，原则上每个水龙头服务学生人数不超过 50 人。学校要建立饮用水设施管理制度及维护档案和使用记录。

三、学校污物垃圾处理

学校师生员工每日学习、生活产生的污物、垃圾（废纸屑、果皮、泥土、灰尘、厨房食物残渣、燃料灰渣等）、污水和粪便等要及时清除，以防蚊蝇滋生，传染疾病，保证环境清洁卫生，整齐美观。

垃圾的清除：垃圾分类是将垃圾按可回收和不可回收进行分类回收，这是对垃圾传统处理方式的改革。垃圾分类能最大限度地实现垃圾资源利用，减少垃圾处置量，提高生存环境质量，是当今世界共同关注的迫切问题之一。我国生活垃圾分为可回收物、易腐垃圾、有害垃圾和其他垃圾。学校要设置分类垃圾箱，要有垃圾分类知识传授、演练和每天的实作，以建立垃圾分类的学校和净化班级环境。垃圾投放的正确方式为投放后盖上桶盖，使垃圾收集做到密闭收集。除一般垃圾外，学校对于有严重污染的垃圾，如电池、电视、计算机等要专门处理，并要有专门的垃圾分类指南。同时，提倡资源的循环利用、再生。

污水的处理：个人卫生、洗衣服和厨房的用水，工厂或实验室的废水，应处理达标后排放。没经处理达标的污水不能直接流入河道，以免污染河水。规模较大的学校可设净化池，将污水净化处理后再利用。学校的下水管道要注意经常检修，以防淤塞、漏水、污染。

厕所的清洁和粪便处理：集中冲水式厕所用后要及时冲洗干净，严防漏水，管道淤塞。厕所的粪便要经常淘净，粪坑应用砖砌，外面涂水泥，加坑盖，以便冲洗并防臭气。学校的厕所要每天冲洗干净，地面、门窗保持清洁，厕坑内应经常消毒，并防蚊蝇滋生。学校的环境卫生管理，厕所的清洁卫生、粪便处理是一个重要环节，学校厕所宜采用无害化卫生厕所。

四、学校防止噪声措施

学校需要有一个安静的环境进行学习、工作和生活。噪声能引起人体生理的变化，损害健康，并给人的心理、生活以及工作等方面带来不良影响。学校应将防止噪声列为环境保护的重要项目。学校要采取一系列措施，要订出制度，严格执行。

首先要教育学生和全校职工，在教学区禁止喧哗，做到说话轻、走路轻、放东西轻，减少噪声。

保持环境安静，除校舍各区合理布置以外，要禁止闲杂人等进校干扰，特别是小贩入校贩卖物品。

学校严禁车辆（汽车、摩托车、拖拉机等）随便通行，应设专门道路以便车辆通行，以免干扰教学和工作。

学校工厂、打字间等应有隔音墙或隔音设备，厂房外可置隔音墙或植防声林，以减少噪声。学生参加工厂劳动(噪声大的如机床厂、纺织厂、印刷厂等)，要规定劳动时间，不能太长，间休时，可到安静的休息室或户外休息。

一般噪声的卫生标准，教室为40～50 dB，工厂为85 dB，居住环境为45 dB，户外白天在55 dB以下，卧室睡眠时为35 dB。

五、学校的绿化管理

为了净化空气，美化学校环境，学校绿化管理工作需要常年进行，维护工作、各季节的劳动需有安排与落实。

绿色植物对人类生存环境有重大影响。绿色植物能改善环境、净化环境。

对一个国家或地区环境质量评定，往往以其绿地面积为主要评定指标之一。1990年我国人均绿地面积为3.1 m^2，国外为18.5 m^2。为改善环境，我国提倡在农村，工厂，城区的机关单位、学校、街道、居民住宅区等地普遍植树、种草。为加强生态化建设，诸多中小学积极开展了创建绿色校园活动。

(一)绿色植物对改善环境的作用

1. 绿色植物有净化空气、制造氧气的作用

人吸入氧气，呼出二氧化碳，而绿色植物进行光合作用时正好与人相反，吸收二氧化碳，排出氧气。据报道，每公顷森林一天可吸收1 t二氧化碳，产生0.73 t氧气。一个成人每天消耗0.75 kg氧气，排出1 kg二氧化碳。如果每人有10 m^2的树木或50 m^2的草地，就可以满足一个人一天呼吸的需要。绿色植物有净化空气的作用。地球上的植物每年可以为人类处理上千亿吨二氧化碳。一些植物对某些有毒有害气体反应敏感，可以为人类提供报警信息。有的植物能吸收某些对人类有害的气体。例如氟化氢对人体危害很大，而李树、茶树、柑橘树、夹竹桃、栎树、梧桐、泡桐、桑树、女贞、槐树、罗汉松、侧柏、白蜡树等对氟化氢有很强的吸收力。

2. 绿色植物有很强的吸尘作用

绿色植物尤其是树林对粉尘有很强的阻挡、过滤、吸附作用，减尘率一般在21%～39%。

3. 绿色植物有杀灭细菌的作用

许多植物能分泌杀菌素，可以杀灭细菌。1 hm^2松树一昼夜能分泌30 kg杀菌素，能杀死白喉、肺结核和痢疾等疾病的致病菌。研究表明：百货商店、超市空气中细菌每立方米可达400万个，林荫道为58万个，公园中为1000个，而林区只有55个。可见，学校绿化对预防疾病有积极作用。

4. 植物有降低噪声的作用

树叶对声波有散射的作用和吸音的作用。有报道称，用3 kg炸药进行爆炸实验，声波在空气中可以传播4 km，在森林中只能传播400 m。通过40 m宽的林带可将70 dB的噪声降低10～15 dB。所以城市中林带以6～15 m，郊区林带以15～30 m隔音效果较佳，另外高树冠乔木降低噪声的作用较大，为防噪声最好用常绿树。

5. 植物有调节气候的作用

树木的蒸腾作用须吸收热量，据测验盛夏绿化地面气温比水泥、沥青道路低10℃左右。除森林外，草地也可调节气候。

6. 植物有防风、保持水土的作用

森林、草地能阻挡风沙袭击，树根、草根能与地面结成牢固的结合层并有效防止尘土飞扬和水土流失。我国一些原始森林被破坏后，气候明显变化，全国沙漠面积明显增加。

7. 植被监测环境污染

某些植物对环境污染很敏感，超过某限度就能显示受害症状，人类可以通过观察这些植物，有效监测大气污染。比如空气中臭氧使植物产生黄褐色细密斑，对臭氧敏感的植物有烟草、丁香、葡萄等；对氯气敏感的植物有萝卜、白菜、桃、韭菜、葱、百日草、波斯菊、油松等。植物的敏感度较人更高，人可以通过植物而感知相关的污染。学校可栽种一些敏感度不同的植物比较其受害情况，监测学校环境污染。

（二）绿色行动

（1）学校管理工作中，绿化是一件大事，是学校环保的重要工作。不能因建高楼或其他原因轻易毁掉校园绿地。

（2）要尽一切可能使学校所有空地绿化，校地较小的学校可以采用垂直绿化，以增加绿化面积。

（3）学校清除校园杂草时应保留坡地杂草。只要规划修建，杂草对绿化、美化环境同样起着良好作用。

（4）学校开展创建绿色校园活动。学校根据实际情况并依季节时令全面规划校园，开展绿色活动。全校师生员工参加绿化工作，从小环境建设做起，盆栽花草，结合清扫校园，参加劳动。如利用生物课清除落叶枯枝，修剪树枝草坪，整理花台，灌溉，施肥，收摘种子、果实。教育学生要爱护花草树木，不折花，不损坏树木。学校要组织师生参加每年的植树造林活动，并多开展绿色环保宣传和教育活动，如参观动植物园、办墙报小报、组织绿色环保小分队、建网站、开展征文活动、讲演活动等，让学校处处有景有意。

（5）形成学校的绿化线、环卫线。学校还要在节约型、环保型、生态型的绿色校园建设中促进学校的现代化特色，最终让学校的师生员工们获得绿色观念和环境素养，能崇尚自然和环境，与环境、自然和谐相处，让师生拥有属于文明人类的幸福美好生活。

（三）政府倡导绿色校园建设

国家对绿色校园建设定出了相关标准。各地方政府纷纷响应。比如重庆市人民政府办公厅发布渝委办2009年50号文件《中共重庆市委办公厅　重庆市人民政府办公厅关于建设"五个"校园的意见》指出：校园生均绿地面积，小学大于5 m^2，中学（中职）大于6 m^2，大学、高职大于7 m^2。2015年，全重庆市各级各类学校全面达到绿色校园标准。建设"绿色、环保、生态和谐学校校园"并由教育、园林、林业、绿化等行政部门、专家组成绿色校园建设考评组。

□ 复习提纲

1. 如何选择学校的校地？
2. 如何合理布置学校的校舍和绿地？
3. 中小学校舍的设计有哪些卫生要求？
4. 学校的采光和照明有什么卫生要求？
5. 学校的课桌椅有什么卫生要求？
6. 学校环境卫生管理的重要意义、内容和管理方法是什么？
7. 设计一份满足基本卫生标准的教室人工照明、课桌椅配置的方案。

□ 参考文献

1. 中华人民共和国住房和城乡建设部. 中小学校设计规范：GB 50099-2011[S]. 北京：光明日报出版社，2011.

2. 中华人民共和国卫生部. 中小学校教室采光和照明卫生标准：GB 7793-2010[S]. 北京：中国标准出版社，2011.

3. 中华人民共和国卫生部. 中小学校教室换气卫生标准：GB/T 17226-1998[S]. 北京：中国标准出版社，2004.

4. 中华人民共和国卫生部. 中小学校教室采暖温度标准：GB/T 17225-1998[S]. 北京：中国标准出版社，2004.

5. 中华人民共和国国家卫生和计划生育委员会. 学生宿舍卫生要求及管理规范：GB 31177-2014[S]. 北京：中国标准出版社，2015.

6. 中华人民共和国国家卫生和计划生育委员会. 学校课桌椅功能尺寸及技术要求：GB/T 3976-2014[S]. 北京：中国标准出版社，2015.

7. 中华人民共和国国家卫生和计划生育委员会. 中小学生教科书卫生要求：GB/T 17227-2014[S]. 北京：中国标准出版社，2015.

8. 中华人民共和国国家卫生和计划生育委员会. 铅笔涂层中可溶性素最大限量：GB 8771-2007[S]. 北京：中国标准出版社，2008.

9. 陈仁杰，阚海东. 雾霾污染与人体健康[J]. 自然杂志，2013(5).

10. 赵金琦，金银龙. 气候变化对人类环境与健康影响[J]. 环境与健康杂志，2010(5).

11. 季成叶. 儿童青少年卫生学(第 7 版)[M]. 北京：人民卫生出版社，2012.

12. 陈寿瑜，李无为，饶世立，等. 中国学校卫生保健[M]. 北京：科学普及出版社，1997.

13. 教育部体育卫生与艺术教育司，学校卫生人员培训教材[M]. 北京：中国方正出版社，2003.

14. 李林静. 学校卫生学(第 5 版)[M]. 重庆：西南师范大学出版社，2012.

第十一章

健康教育与健康促进

【学习提要】

1. 认识我国学校健康教育的重要性，熟悉学校健康教育的基本原则及目标、内容。
2. 掌握学校健康教育的方法及教育效果的评价。
3. 掌握生活技能教育的内容、方法和原则。
4. 掌握青春期性健康教育的教育原则及内容，学会处理常见的性卫生问题，掌握预防性侵犯的知识。
5. 了解艾滋病流行情况以及临床表现，掌握预防艾滋病教育的基本知识、传播途径、预防措施，学会关爱艾滋病病毒感染者和病人。
6. 了解健康促进的概念、内容，掌握健康促进学校的主要内容以及创建措施。

健康应包括生理、心理和社会适应能力等几方面。健康教育是通过有计划、有组织、有系统的社会教育活动，使人们自觉地采纳有益于健康的行为和生活方式，消除或减少影响健康的危险因素，预防疾病，促进健康，提高生活质量，并对教育效果作出评价。

健康促进是运用行政或组织的手段，广泛协调社会各相关部门以及社区、家庭和个人，使其履行各自对健康的责任，共同维护和促进健康的一种社会行为和社会战略。

健康教育和健康促进能提高人们的自我保健意识和能力，增强其自觉性和主动性，增强人们实行躯体上的自我保护、心理上的自我调节、行为生活方式上的自我控制、人际关系上的自我调整。

第一节　学校的健康教育

学校健康教育是大众健康教育的一个重要组成部分，也是学校素质教育的重要内容，以保护和促进学生的全面健康为终极目的，有效地帮助青少年发展各种认知能力和行为技能，理智地选择健康的生活方式，更好地应对未来的健康挑战，为成年期乃至终身的健康奠定基础。因此，学校健康教育早已经被认定是促进青少年形成健康观念，促进青少年健康，进而促进全民健康的一项有效的公共卫生预防策略。

一、学校健康教育的重要性

健康教育是全面发展教育的有机组成部分，是学校素质教育的重要内容，使受教育者终身受益。学校健康教育是通过课堂教学和健康教育活动，增强学生自我保健意识，指导学生了解自己身心发展的变化过程，学习调控自己身心健康的必要方法，提高学生自我保护和救助他人以及与自然社会环境相适应的能力，帮助学生养成科学、文明、健康的生活方式和行为习惯，从而达到预防疾病、增进健康、提高学生个体和群体的健康水平的目的。学校健康教育的目标人群是在校学习的儿童青少年，这一阶段的人群正值行为和价值观念形成的时期，可塑性大，模仿力强，有利于健康教育产生最佳的效应和影响。对于正处在生命准备期的儿童青少年来说，在身体健康与心理健康方面给孩子正面的引导和积极的教育，帮助孩子形成良好的卫生习惯和生活方式，对孩子们的一生都会产生深远的影响。

健康教育适宜在儿童青少年集体中开展。儿童的可塑性大，兴趣广泛，有竞争意识，在教育过程中配合爱国主义教育、自觉纪律教育、劳动教育、集体主义教育，将健康教育寓于各种活动之中，对于培养学生的文明卫生习惯可以收到良好的效果。

健康教育是学校卫生工作的根本性措施。健康教育已被纳入各级学校的教学计划，是全面加强开展学校卫生工作和优化学校育人环境的根本性措施。

健康教育有利于带动家庭和社会。学校健康教育效果向社会辐射，对全社会建立良好的健康风尚发挥积极作用。开展健康教育，不仅能使孩子们掌握更多的健康知识，促使他们改变日常的不良行为，而且学生通过学校健康教育获得健康知识和技能，可以将其带回家庭，向父母及家人传递，促进家庭成员健康知识水平的提高和行为的转变，进而影响社区、社会，更大范围地促进人们形成良好健康的行为方式，提高生命质量，对全社会建立良好的健康风尚发挥积极作用。

二、学校健康教育的基本原则

(一)健康教育内容应与社会发展、学校整体要求相适应

以 1992 年国家教委等部委印发的《中小学生健康教育基本要求(试行)》为例，作为我国第一部学校健康指南，其内容的设置是在结合当时我国的社会要求和社会条件的基础上而提出的。随着社会的发展，人们对健康的需求及认识在不断发展，因此，为学生提供的健康教育内容也应与社会发展、学校整体要求相适应。2008 年教育部重新修订颁布的《中小学健康教育指导纲要》，2017 年教育部印发的《普通高等学校健康教育指导纲要》，正是体现了时代发展的要求。

(二)健康教育要从实际出发，要有针对性

向儿童青少年传授健康教育知识，要从实际出发，对不同的年龄、季节、地区、生活条件，健康教育内容的侧重点也应有所不同。

小学健康教育的重点是生长发育知识、良好行为和生活习惯的养成、常见传染病的预防知识、意外伤害预防知识、膳食与营养知识等。初、高中青少年大多已进入青春期，健康教育的重点是青春期生长发育知识、性知识、人际沟通和交往的知识和技能、心理健康知识、环境保护知识、意外伤害预防及急救知识、预防艾滋病知识与技能等。

夏季可以宣传午睡的好处，游泳的安全卫生及预防痢疾的知识等；冬天则宣传预防呼吸道传染病、防冻、防煤气中毒等方面的知识。

在我国南方血吸虫病高发的省份，学校健康教育中应有预防血吸虫病的教育内容；而在碘缺乏地区，如何食用碘盐以预防碘缺乏症就应成为学校健康教育的一个内容。

城市学校要加强预防近视和脊柱弯曲异常的卫生教育。农村学校应多进行饮食卫生、预防蛔虫病等卫生教育。

同时，现代社会的发展带来了许多新的问题，如艾滋病、吸毒、交通伤害、环境污染、突发性灾难等，我们的教育也应相应增加这些方面的内容，让学生清醒地看到问题，从而解决问题。这些都可以成为学校发展自身健康教育内容的依据。

另外，还可以通过调查，了解学生最迫切的健康需求，制订某时期学校健康教育的重点内容。如某一时期有某种传染病暴发流行；通过学生体检，发现存在某种潜在的健康隐患；等等。

（三）健康教育的内容要有科学性和实践性

对儿童青少年的健康教育，其内容应当建立在科学的基础上，做到符合客观规律，准确无误。如学习“预防食物性中毒”一课，老师课前要查找大量资料，弄清常见的食物中毒的种类及原因，特别是平日食物中四季豆中毒、生豆浆中毒、发芽马铃薯中毒的原因。在讲防治蛔虫病时，必须讲清楚蛔虫病传播的规律，以及它对人体的危害和影响，知道应该如何防治，并用科学的道理破除错误的思想和习惯，做到准确、科学，不能含糊其词、似是而非。

健康教育的内容有实践性，需要学生在课堂上动手动脑，实践操作。如预防溺水的教育，要让学生在课堂上进行人工呼吸和胸外心脏按压的练习等。进行营养教育时，不能仅介绍各种营养素的作用，还应引导他们学会科学安排膳食，做到平衡膳食。

（四）健康教育的形式要注意趣味性和多样化

对儿童青少年进行健康教育的方法要灵活多样，要充分运用图画、模型、多媒体、故事、游戏等他们喜闻乐见的形式，创设一定的情境，把理论性、知识性、趣味性融为一体，这样才能收到好的教学效果。

通过丰富多彩的学生活动进行健康教育，是提高学生掌握健康保健知识，养成健康行为的有力措施。通过不定期对学生开展健康保健宣传活动，举行卫生救护演习，举办健康保健知识图片展、健康保健知识竞赛、环境污染实地考察和环保知识征文比赛，溺水、地震、火灾自救模拟演习等活动，让学生在生动有趣的活动中受到深刻的健康保健与安全自救教育。同时，还需要校外、社区、家庭的支持，利用家长学校、社区课堂等培训阵地，有计划地开设“青少年健康教育”课程。还要与文化、体育、教育、卫生、科技、新闻等部门联动，通过邀请校外医疗机构开展知识讲座，召开家长会等，形成一个良好的健康教育氛围，最终达到“教育一个孩子，转变一个家庭，影响一个社会”的目的，形成全社会都关心青少年身心健康成长的“大健康教育”环境。

三、中小学健康教育的目标及内容

中小学校健康教育的目标及内容在《中小学健康教育指导纲要》中有详细的指引与要求(此处不赘述)。

四、健康教育核心:培养健康习惯

良好健康习惯的形成是健康教育的目的。健康成为人的生活与行为方式是健康教育的追求。健康习惯的养成可从以下几方面入手。

(1)检查督促。儿童青少年的卫生行为，往往是从不自觉到自觉，从被动到主动。在教师和家长的经常督促和检查下，卫生行为经过多次重复，逐渐形成卫生习惯。小学的晨间检查和学校的一般清洁检查都是很好的措施。教师每天上午在学生入校时对学生做晨间检查，这是预防急性传染病，培养学生良好卫生习惯的有效制度，由班主任或卫生员检查或组织学生互相检查，要有统一的记录，定期公布结果。

晨间检查时，教师可以采用望、闻、问、扪四种方法，仔细观察学生是否精神萎靡或不宁，是否有发烧、流泪、滴鼻涕、喉疼、声音嘶哑、咽干红肿、咳嗽、喷嚏、呼吸急促、呕吐、腹泻或食欲不振、耳下肿胀、耳痛、耳内流脓、眼结膜发红、巩膜发黄、皮肤发黄等症状。如晨检时发现以上情况应及早采取措施，避免疾病传播。

关于清洁卫生的检查，每天可以有不同的要求，但长期检查可以使学生形成较全面的卫生习惯。

(2)与家庭密切配合。家校教育态度及要求须一致，要使儿童养成稳固的卫生习惯，除了在学校加强卫生教育以外，还应该与家庭密切配合，因为各级学校的学生(尤其是小学生)有很长时间是在家中，受到家庭的影响较大。我们要求儿童做到饭前便后洗手，按时起床睡眠、洗换衣服和洗澡等都要靠家长监督执行，如果家长与学校教育不一致，那么将对儿童卫生习惯的培养有消极影响。因此，学校应对家长进行宣传教育，取得家长的支持和协助，在双方密切配合下才能使儿童养成稳固的卫生习惯。

(3)创造有助于培养卫生习惯的条件。不论学校或家庭都应该考虑给学生准备适当的设备，创造一些有助于培养学生卫生习惯的条件，如洗手和饮水设备，卫生的杯筷、手巾，充足的照明，合适的桌椅，为吃饭和睡眠安排足够的时间，锻炼的场地和设备，等等。

(4)教育者必须首先受教育。培养学生的卫生习惯，首先教师自己要以实际行动给学生示范，因为教师是学生的榜样，是儿童头脑里的模范人物，儿童的一举一动都向教师学习。教师要随时注意自己仪表的整洁，如衣服的整洁、头手脸鞋脚的清洁。教师不能随地吐痰，乱丢垃圾。教师如果言行不一，健康教育将会成为空谈，不能达到培养学生卫生习惯，保证学生身体健康的目的。

(5)学校的健康教育要与社会联系。学生不仅在学校中接受课内外的健康教育，而且经常受到校外、社会和家庭的健康教育，这些教育密切联系，互相影响。因此学校要与有关部门和家长密切配合，争取各方面的支持，使全社会都关心儿童青少年的健康成长，关心儿童青少年的健康教育。

(6)学校要创造各种环境条件，采取多种形式，以表扬为主。对学生进行健康教育，要晓之以理，动之以情，导之以行，持之以恒，才能使学生养成良好的卫生习惯；要有健康知识的学习，健康技能的掌握，健康生活态度的形成。

(7)健康教育持之以恒。健康教育须持之以恒，延续终身。除不同年龄段的教育形成相应行为习惯外，人们更要在生活、工作、学习中坚持不懈、不放松、不破例、多重复。如写字保持正确姿势，做到“一尺、一寸、一拳头”，在家里，在学校，在工作岗位均保持此种做法，从小练习，每次写字按此要求去做。又如坚持跑步锻炼，不论春、夏、秋、冬，长期坚持，最终成为习惯融入日常生活当中。

五、学校健康教育的方法

(一)健康教育课程的设置

我国中小学均开设了健康教育课程，有健康教育教材，按计划开课，每学期安排 7～8 课时。大学开有专题讲座或选修课。各中小学校还把 2008 年 12 月教育部下发的《中小学健康教育指导纲要》作为课程的重要内容，另外学生在家庭、学校、社会生活中的健康实际，也是课程的重要内容。健康教育主要是以学生身心健康教育为突破口，全方位地从健康行为与生活方法、疾病预防、心理健康、生长发育与青春期保健、安全应急与避险等方面进行教育。学校健康教育体现在教育过程的各个环节，除了利用健康教育课程对学生进行健康教育以外，其他如语文、数学、英语、历史、地理、生物、化学、物理、音乐、美术、体育等课程都可以对学生进行健康教育，还可以通过班会、团会、校会、升旗仪式、专题讲座、墙报、板报等多种宣传教育形式开展健康教育。

(二)健康教育教案的基本框架

健康教育课程是学校健康教育的一种主要方式。能否上好健康教育课，在很大程度上取决于健康教育教师是否备有良好的教案。教案准备时，应充分考虑以下一些基本内容。

(1)课题名称。

(2)教学目标。

教学目标既是教学的出发点，也是教学的落脚点；既是教学的指导思想，也是教学活动的灵魂；既是教学预期实现的结果，也是教学必须达到的目标。从教学目的确定的内容来说，它应包括知识与能力，过程与方法，情感、态度与价值观三方面的目标，所以教学要求应恰当、具体、明确。

（3）教学重点与教学难点。

教学重点是依据教学目标，在对教材进行科学分析的基础上而确定的最基本、最核心的教学内容，是一节课必须要达到的目标，也是教学设计的重要内容。教学难点指学生不易理解的知识，或不易掌握的技能技巧。难点不一定是重点。也有些内容既是难点又是重点。难点有时又要根据学生的实际水平来定，同样一个问题在不同班级里不同学生中，就不一定都是难点。

（4）教学准备。

教学准备包括资料的收集，课件的制作，教具、学具的准备，等等。

（5）教学过程。

教学过程是课堂教学设计的核心。在教学过程中，教师要能应用新的教学理念，体现学生主体性，突出自主性、合作性和探究性学习，教学方式要灵活多样。一般分为复习旧知或导入新课、教学新课、课堂实践练习、总结、拓展延伸、布置作业等几个基本环节。

（6）板书设计。

（三）课堂教学中的健康教育方法

健康教育课是以卫生和保健知识为主，是学生健康成长的一门重要课程，但它又具有深奥、枯燥的特点，因此学生不太感兴趣。在课堂教学中，只有通过多样化的教学方法，才能把教材内容由难变易，让学生轻松地进行学习，才能既吸引学生的注意力，又能使学生掌握必要的健康知识，体现其科学性。

1. 导入激趣

兴趣是激发人们创造性的直接动力。在导入中，可以尝试用谈话引入法、讲故事引入法、音乐引入法、游戏引入法等方法来引入课题，

2. 自主探究学习、小组合作学习

在健康教育的课堂上，自主探究学习、小组合作学习的方式越来越多地被采用被采用，如小组探讨防暑的小妙招，小组讨论防虫措施等。小组合作学习可调动学生积极参与教学，发展学生的个性，开发学生的潜能，培养学生的创造思维，使学生从被动学习变为主动学习。在小组合作参与探究学习的环节中，实施步骤包括：①确定讨论主题，进行分组；②确定小组讨论的主持人、记录员；③规定讨论时间，鼓励充分参与；④以小组为单位进行集体汇报，最后由教师总结。实施时应注意：①讨论的主题和目标应明确；②积极引导，保持良好的讨论气氛；③在总结过程中，澄清各种模糊认识。

3. 利用模型或图片，运用多媒体，直观形象

在教学中，教师可利用模型、图片、多媒体电教设备的优势，将其作为辅助教学手段，整合健康教育资源，以达到既能优化课堂教学，又能活跃教学形式，既能保证学生视、听结合，又能调动学生多种感官并用，既能提高课堂教学的效率，又能达到学生牢固掌握健康知识的目的，使学生能更好地理解教材内容。

4. 案例分析

采用真实的事件或假设的案例，鼓励学生根据自己具有的知识、技能及经验，参与思考，充分发表意见，并展开讨论，使学生通过对案例的学习以及对某些解决问题的方法的了解，巩固已学到的健康知识，促进自我决策技能和解决问题能力的提高。实施步骤包括：①选择或编写适宜的案例，既要包括背景材料，也要准备讨论的问题；②以小组为单位发言，进行案例分析，鼓励个人发表意见；③结束前，先以小组为单位作汇报，最后教师进行总结。实施时应注意：①选择的案例要真实、有代表性，能激发学生兴趣；②实现的目标是提高学生的决策和解决问题能力；③力争为每个人提供参与机会；④通过总结，发现存在的问题，并对各种积极建议表示充分肯定。

5. 角色扮演

邀请 2～3 名学生分别扮演某个角色，通过扮演角色，再现生活情境，使扮演者及观众从中得到感悟、启发和教育。该方法重视参与者的即兴发挥和表达真实感受，以利于调动学生兴趣，从而促进其态度、信念及价值观正向转变，同时培养学生间的交流及合作精神。实施步骤包括：①选定脚本（包括角色、内容、场景、道具等），角色以 2～3 人为宜；②邀请部分学生，在自愿基础上扮演其中的某个角色；③最后由老师组织大家讨论各自的感受，并进行总结。实施时应注意：①角色表演的内容要与教育目标相符；②注意课堂气氛，既要生动活泼，又要严肃认真；③表演结束后，要对表演者表示感谢，评述以正面表扬、鼓励为主，同时多了解观众的感受。

6. 课堂操作，联系实际

“百学不如一练，百闻不如一见。”实际操作在健康教育课中也很重要，学生只有通过自己的操作，才能更牢固地掌握所学的知识。如在学习“食品卫生与安全”一课时，课前教师可以先让每位学生都准备几包小包装食品，在讲完了怎样选购小包装食品后，让每个学生都来鉴别自己和同学的小食品，并当场推选售货员和顾客，模拟交易，学生都积极参与，达到了教学的目的。又如在学习“中暑的预防与急救”一课时，教师在讲解急救的穴位时，同时让同学们按“人中、合谷、涌泉”等穴位，更实际地让学生体会到急救的具体做法。

7. 头脑风暴

头脑风暴又称快速反应，是教师让全班学生就某个问题快速做出相关的回答，然后教师把答案记录在黑板、纸张或投影胶片上。这种活动适合青少年活泼、好胜、思维敏捷的特点，有利于创造参与气氛，激发兴趣，集思广益，提高学习效率。另外，开展知识竞赛，让同学客串主持人，并准备奖品奖励优胜选手，也是头脑风暴的方式之一。

8. 辩论

辩论就是对某个问题持不同观点的学生通过旁征博引，以证明自己的观点并试图说服对方。通过辩论，学生既可以锻炼自己的表达能力，又能复习和运用所学习的知识，并能发挥自己的创造力，从多个角度去阐明问题。辩论前，教师请全班学生就某个问题进行表决，然后双方各自选派几名代表参加辩论，其他学生可以负责收集材料或出谋划策。

9. 游戏和活动

进行健康教育时可采用一些游戏和活动形式，提高学生对健康知识和技能的学习兴趣。游戏和活动常在课堂教学中穿插进行，以激发学生兴趣，促进思考，调节气氛，寓教于乐。游戏和活动应与教育主题直接有关。实施步骤包括：①明确开展游戏和活动的目的；②选择适宜的游戏和活动方式；③游戏和活动结束后，教师应针对这些活动对健康知识和健康行为培养所起到的作用进行小结或提示。实施时应注意：①能明确游戏和活动在健康教育过程中的作用；②不要让游戏和活动本身取代或弱化健康教育的主题。

（四）课外健康教育方法

在课外，学校应充分利用广播、班会、宣传栏、校报、征文、知识竞赛等多种形式向学生宣传不同内容的健康保健知识，通过各种生动活泼的形式吸引学生参加健康教育活动，如可开展以下活动：

(1)全校性健康知识竞赛；

(2)健康知识图片展；

(3)健康实际操作能力竞赛；

(4)自编手抄报竞赛；

(5)专题演讲比赛和征文活动。

同时，还可引导学校健康教育活动深入社区，走进社会，利用家长学校、社区课堂等培训阵地，有计划地开设“青少年健康教育”课程；邀请校外医疗机构到校开展知识专题讲座、咨询活动等，形成一个全社会都关心青少年身心健康成长的“大健康教育”环境。

六、学校健康教育效果的评价

学校健康教育效果的评价，专指在学校开展健康教育活动期间或活动后，对有关的活动计划、活动产生的效果进行评价。开展学校健康教育评价，有助于全面认识中小学健康教育的开展以及实施情况，为教育行政部门发展和完善我国学校健康教育政策提供科学依据，以便切实落实学校健康教育，发挥学校在促进学生健康素质和体质健康水平的作用。

（一）评价类型

对学校健康教育效果的评价，通常分为三种类型：过程评价、效应评价和结局评价。三类评价各有其独特目的，每类评价都对健康教育的项目活动提出不同问题，涉及项目过程、计划和效果的不同方面及不同指标。

1. 过程评价

过程评价是指不断地对项目的进展情况开展检查、监测，以保证该项目能按计划顺利进行，并尽可能达到预期效果。如：学校清洁卫生面貌如何，班级卫生员能否发挥作用。

2. 效应评价

效应评价主要围绕学校健康教育项目或课程使学生的知识、态度、行为的变化情况进行。它着重于项目开展的近期、中期影响和效果的评价，故可分别称为近期效果评价和中期效果评价。近期效果评价的主要内容涉及受教育者的学校卫生知识是否增加，态度信念向积极主动转变的程度，发生转变者的比例。拥有卫生习惯的人数是否增加等中期效果评价的内容主要涉及行为。譬如，经过预防艾滋病健康教育，需要了解学生对艾滋病的预防知识和态度有无转变，行为上是否采取了一些预防性保护行为等。

3. 结局评价

结局评价又称远期效果评价，主要评价教育项目给人群健康及社会带来的最终益处。譬如，在持续开展学校营养教育一两年后，可结合学生健康体检，统计一下营养不良患病率、贫血患病率、学生因病缺课率等。换言之，通过研究学生营养状况的改善趋势，对营养健康教育项目给学生带来的远期效果作出评估。

健康教育的最终目标是促进人群健康，提高生活质量，所以，从理论上说，结局评价能起到的作用最大。但是，结局评价针对大样本人群时往往要经过多年的长期观察，在此过程中，还需要排除各种干扰因素，所以实施起来相当困难。因此，大多数的学校健康教育项目，把评价重点放在过程评价和效应评价上。制订出可观察、可操作的评价项目与标准以利学校健康教育的过程与结果把握。

(二)评价方法

1. 问卷调查

问卷调查，是一种最为常用的学校健康教育效果评价方法。实施前，先由评价者设计出一套问卷，内容包括一系列与本健康教育项目相关的问题。被试按问卷提出的问题，根据实际情况逐一回答。问卷调查的对象可以是学生，也可以是教师或家长。根据被试对问题的回答，可从多个角度判断他所掌握的正确知识、态度和行为准则情况。如果在健康教育项目开展前后，采用内容、难度设计一致的问卷让被试分别填写，就可根据对前后得分的比较，通过学生知识、态度和行为准则的改变，判断本项教育活动是否取得实际效果，取得此效果的难度有多大。

2. 直接观察

健康教育注重态度和行为的改变，所以这种观察又可以称作行为观察法。通过现场的直接观察，记录学生在某一场合下的态度反应和行为表现，就能评价出本健康教育项目在促进学生对健康的态度和行为改变方面产生了哪些效应。譬如，观察学生午餐时的行为，观察他们怎么选择食品，有助于了解开展学生营养教育的作用。可以说，直接观察是一种较客观的评价方法，但是，直接观察时尽可能不使被观察者有所察觉，仍然保持自然、真实的活动，才能保证观察结果的可信度。

3. 个别访谈

由健康教育项目的评估者对健康教育的组织者(或具体实施者)或目标人群的代表(如校长、校医、健康教育教师、学生等),进行一对一的询问、谈话,据此,可以从不同角度,深入了解本教育项目的实施状况。访谈前,应事先根据评价目标将所提问题拟成提纲,以保证评价的有效性。

4. 专题小组讨论

先确定一名主持人,再选择一组 6～8 人的调查对象,在主持人带领下,围绕一个对监控功能教育项目评价有意义的主题,进行自由讨论。参加该专题小组的成员在讨论中反映的观点和看法,可帮助健康教育评价者了解项目开展的过程、效果等。

对学校健康教育效果的评价,可以依上述类型和方法综合或选择运用,并且可以选择对照班(校),或将过去和现在情况相互比较、综合分析,才能客观地做出实事求是的评价。

第二节　学校生活技能教育

生活技能是指一个人的心理社会能力。世界卫生组织专家认为所谓心理社会能力,是指一个人能有效地处理日常生活中的各种需要的挑战的能力,是个体保持良好的心理状态,并且在与他人、社会和环境的相互关系中表现出积极的适应性行为的能力。

一、生活技能教育的内容

根据该定义,学校生活技能教育的内容包括以下十种能力的培养。

1. 自我认识能力

自我认识能力是指对自己的感知力。人们在成长中,通过他人评价和实践,形成自我认识,自我评价。如自己的特点、优点和缺点是什么,感受是什么等。正确地认识自我,客观、合理地认识环境和他人,才能正确地处理多种问题。

2. 同理能力

同理能力是正确地了解他人的感受和情绪,进而理解,关怀,达到感情上融洽的能力。从别人的角度出发,主动反省自己的过失,勇于承担责任。它能避免工作和生活中的许多抱怨、责难和讥讽,能建立充满鼓励、谅解、支持和尊重的环境。

3. 有效的交流能力

交流是与其他人在合适的时间和地点分享想法、看法和信息,包括文字交流、语言和非语言交流、图像交流、电信交流。

4. 人际关系能力

人际关系是两个以上人员间的联系、作用或相互影响,包括友谊、和睦、反感、排斥,甚至敌对。良好的人际关系有助于生活和工作的和谐。能建立、维持良好的人际关系，改善或放弃恶劣的人际关系成了在现代社会生存、发展的必要条件。

5. 调节情绪能力

情绪是人对事物的态度、体验及行为，伴有外在表现及内在基础。任何活动都伴随着情绪。改善情绪有助于身心健康，提高活动效率。提高情绪调节能力应正确认识现实，培养乐观向上的态度，合理表达，克制情绪冲动。

6. 缓解压力能力

适当的压力能推动发展，改善健康。较大的压力会导致生理和情绪异常，出现失眠、头痛、烦躁等症状。正确认识紧张的原因，有利于自我控制。合理宣泄或运动，也利于缓解压力。

7. 决策能力

决策是根据既定目标认识现状，预测未来，决定最优行动方案，是个人的素质、知识结构、承受力、思维方式、判断能力和创新精神等在决策方面的综合表现。培养优秀的决策能力能减少浪费，避免错误。

8. 解决问题能力

在生活和工作中，人们经常会遇到问题。解决问题涉及认识问题、分析问题、查询信息、寻找方法、分析评估不同方法的利弊、制订计划，然后实施等一系列活动。人们应从相关方面入手，不断改善，才能提高解决问题的能力。

9. 创造性思维能力

抽象思维和形象思维是创造性思维的基本形式。创造性思维能力是指思维主体进行有创见的思维活动的能力。创造性思维能力是在抽象思维和形象思维相互作用的基础上发展起来的。抛开经验的束缚，多考虑几种可能，或另想办法等都利于提高创造性思维能力。

10. 批判性思维能力

批判性思维是指抓住要领、严格推断、质疑辨析、清晰敏捷的思维。核心问题是逻辑知识与逻辑思维能力之间的关系，或者是通常知识和能力之间的关系。

二、生活技能教育的方法和原则

1. 生活技能教育的方法

生活技能教育若采用传统的以教师为中心的教学方式，很难达到理想的效果。技能的学习应建立在实践的基础上，采取以学生为主体的参与式教学方式。参与式教学是指为学生提供各种机会，发动学生以积极方式与教师、同学相互学习、相互交流，强调学生积极参与课堂活动，教师起协调与组织作用，以“老师”为中心转向以“参与者”为中心。老师要有系统授课能力，还要善于组织学生活动，不时轮换；善于引导启发学生思维和判断，学生出现错误，不要一味责备，学生只要有点滴进步和创造，应表扬以调动其积极性。教学活动多种多样，形式活泼，有益于激发学生的学习兴趣。通过课堂活动和课后在学习、生活中的运用，从而提高学生的心理社会能力。具体方法包括大组讨论、分组辩论、成对讨论，快速反应（头脑风暴），角色扮演，媒介信息分析、书写对话，娱乐和运动性活动，等等。

2. 生活技能教育的应用原则

(1)面向全体学生，而且越早开始进行，教育效果越好。

学生较早地接受系统的生活技能教育，有助于在不良行为习惯形成之前，在生活中练习和强化正向的技能，预防发生危害健康的问题行为。

(2)坚持以学生为主体的原则，使学生积极参与到教学活动中。

儿童青少年的发展，从根本上来说是一个自觉的、主动的过程。只有以主体的身份参加到教育过程中，才能达到掌握和应用的目的。因此，教师要调动学生的学习兴趣和积极性，鼓励学生参与教学，以达到良好的效果。

(3)学校和教师应理解和尊重学生，承认并接纳学生的个体差异。

学校生活技能教育应充分体现以人为本的原则，尊重学生的人格和权利，重视个体差异，同时创造条件，使他们的个性特点得到充分发挥。学生只有得到尊重和理解，才能学会自尊、自重和自信。这是心理健康的重要特征，也是学校生活技能教育的精髓所在。

(4)应注重对生活技能教育教师的培训工作。

作为生活技能教育的教师，他们不仅要有良好的教学能力，还要有良好的组织、协调能力；既要能调动学生的积极性，又要能控制局面，使课堂秩序不至于混乱。组织能力、应变能力和自我调整能力强的教师授课，往往会取得较好效果。因此，学校必须注重对从事生活技能教育的教师的培训工作，使他们有机会提高自己的教学水平。

(5)学校生活技能教育，应重视学校、家庭和社会相结合的原则。

任何成功的学校教育，都需要有良好的社会环境以及家庭教育的支持。同样，学生们在课堂上学习的技能，需要课后在家长的帮助下，或者在社区活动中不断实践、强化，才能很好掌握。学校、家庭和社区的密切配合，是学校生活技能教育成功的保证。生活技能教育最重要的资源在生活本身，在自然发生的，自然联系的人、事、物当中。

第三节　青春期性健康教育

性是人类生命的源泉，是整个人生不可或缺的一部分。青春期人口占世界总人口的1/5，10～24岁青少年超过世界人口的1/4。生殖系统在青春期迅速发育成熟，与性健康有关的价值观、态度及行为也在青春期形成，因而在青春期开展性健康教育极其重要。

一、国内外性健康教育现状

(一)国外性健康教育现状

随着社会对人的素质要求的提高，许多国家和地区纷纷开展了性健康教育的实践和研究，其中一些国家还将性教育的内容列入了必修课程。

美国提倡以品德为基础的禁欲方式的性教育，即性教育课程应主要进行人格教育，促进学生保持童贞。一般在中学七八年级的健康课程中涉及，到了中学高年级，还会有专门的性健康课程，内容不仅限于生理卫生知识，还包括防止性途径传染病、性安全等。

在性教育方面，美国没有统一要求。通常7～12年级(美国的初等教育和中等教育共分12个年级)的学生都会接受至少一门性教育课程。近六成美国学校的性教育秉承的是“节制性行为”的原则，即鼓励青少年杜绝婚前性行为。

英国法律规定，必须对5岁的儿童开始进行强制性性教育。英国所有公立中小学都将学生按不同年龄层次划分为4个阶段来进行不同内容的性教育。英国用于幼儿和小学生的性教育教材是学校自行选择的。这些大胆的教材也有自己的长处，就是善于用调皮的说法来讲解性知识。

瑞典是世界上第一个推行青春期性教育的国家，早在1942年就在义务制学校中开展性教育。1975年之前，他们偏重于生理教育，此后逐步增加了性道德、性评价等内容。他们的教育有三个突出的特点：非常实用；从幼儿就开始；性科学教育一步到位，不兜圈子。

法国的性教育，小学主要集中在生物课上。一部分知识在小学二年级开始涉及，然后在四年级会学到与人类生殖相关的基础知识。其教学大纲的主要内容包括关于生命延续的知识、性周期、受精、避孕、节育、性传播疾病等。

日本教育机构是从青少年最喜欢的艺术形式——动漫入手，以动漫为载体，用生动活泼的形式向孩子传授性知识。从1982年起，日本中小学全面开设性教育课，强调性约束、性道德教育，认为性教育首先是性的文明教育、伦理教育和道德教育，贯彻尊重人的精神，讲究男女平等，其次是性的卫生教育。

在韩国的小学里，有特聘的性教育专家给学生进行性教育，市政府和私人机构也会不定期举办针对儿童的性教育展览会，给孩子提供了解性知识的场所。

尽管各国和地区存在着文化背景、历史传统、观念习俗等方面的明显差异，但在确定学校青春期性教育目标、任务和功能上，却具有以人为本、面向全体学生、以德为核心、全程教育和阶段教育相结合的共同特征。

(二)国内性健康教育现状

1975年，教育部和卫生部联合印发了《中小学卫生工作的暂行规定》，第一次以政府形式提出，“要加强青春期卫生教育”。1978 年颁布的《全日制十年制学校中学生生理卫生教学大纲（试行草案）》中指出：“必须重视青春期卫生、晚婚、计划生育的教育。”1996 年，国家教委发出《关于在普通中学进一步开展人口与青春期教育的通知》，通知要求“在普通初中开设 18～24 学时青春期教育课”，这标志着我国的中学性教育工作正开始向积极方面转变。同时，国内专家教授也关注性健康教育。1982 年，中国医学科学院院长吴阶平教授主持编译的《性医学》一书的出版，标志着性学禁区的打破和性教育的开展。近十多年来，我国性教育有了初步的发展，但是由于受传统观念的束缚，目前我国青春期性健康教育与发达国家相比，还比较滞后，性教育仍然处于羞于启齿的尴尬地步，还未真正得到应有的重视，真正把学生性教育纳入教学计划的学校甚少。

二、青春期性健康教育存在的问题

1. 性教育不能满足青少年成长之需

2017 年，重庆市中小学卫生保健所对部分小学及初中女生进行抽样调查，发现月经初潮的平均年龄为 11.7 岁，比 10 年前提高了近 1 岁，第二性征的发育也比以前提前。南京市妇幼保健所对 13494 例女中学生月经初潮情况的调查及广州市女中学生的调查资料亦证实女生月经初潮有提前趋势。女生月经初潮年龄呈现提前趋势已是普遍现象。

2. 性教育对象存在局限

世界卫生组织（WHO）将青春期的年龄界定为 10～20 岁。我国规定的课程安排中，性教育从初中二年级开始，主要对象是青春期的中学生和大学生。随着生活水平的提高，我国青少年的性成熟时间比 10 年前提早了近一岁，不少学生小学未毕业就出现了遗精和月经，小学高年级学生和初一学生成了被性教育“遗忘的角落”。校外青年和未婚青年的性健康教育处于关怀少、宣传教育滞后的状态。流动人口中的青年更是成为被忽视的群体。

3. 性教育教材贫乏

专家们认为，完整的性教育应该包括性生理、性心理和性道德教育，尤其有必要在各地开设“少男少女门诊”，用专业的人才和技术手段解决年轻人“成长的烦恼”。

4. 获取性知识的渠道不规范

目前，国内在校学生总体缺乏制度化的青春期性教育。据对 960 名中学生进行的关于性知识、性健康现状的问卷调查中显示：学生“从书本和网络”两个途径获得性知识占 76.7%，居首位；“来自同伴”为 19.6%，居第二位；“来自老师”为 9.1%，居第三位：“来自父母”，为 5.9%，居第四位。不良传媒在某些情况下是导致青年犯罪的直接诱因，而更为普遍的是成为青少年犯罪潜在的影响因素。

三、青春期性健康教育的内容

由于性教育目的内在的丰富性，人的性健康发展是多种教育综合作用的结果，因此性教育的内容也是非常丰富的。

1. 性生理知识

性生理知识是性教育的基础，其中包括男女性器官的构造与功能，第一性征、第二性征、女孩子的月经、男孩子的遗精、性反应的特点及性医学保健等。

2. 性心理知识

性心理学是研究人在性行为中的心理活动及其规律的科学。其中应包括性生理发育心理、性别角色心理、性爱发展心理、择偶心理、恋爱心理、性变态心理、性犯罪心理等。

3. 性伦理知识

伦理是人们在社会生活中的行为准则与规范的总和，其中应包括性道德的原则——科学、进化、公平，具体包含恋爱道德、婚姻道德及家庭道德等。

4. 性法律知识

要做到学法、知法、懂法、守法，运用法律武器来正确处理多种问题。性法律知识包括：婚姻法、宪法中男女平等，婚姻、家庭、母亲和儿童应受到国家的保护等；刑法中的妨害婚姻、家庭罪等问题。

5. 性病防治知识

性病与艾滋病是威胁人们身心健康的严重疾病，性病防治知识应包括性病与艾滋病的发病率、临床症状及处理，如何预防性病的相关知识。

6. 人格教育

世界各国的性教育表明，单有性知识教育是不够的。性教育要贯穿在整个的人格教育之中。正如国内外学者呼吁的那样，性教育应该是性生理、性心理、性道德、性美学等全面系统的教育，是素质教育和人格培养的重要内容，以帮助青年树立正确的人生观、价值观、恋爱观、爱情观，形成高尚的思想修养。

四 、青春期性健康教育的原则

1. 适时、适度、适当的可行性原则

根据青年的生理心理特点和变化规律，适时地开展青春期性健康教育活动。同时，在讲解一般的生理知识的过程中充分考虑到学生个体的身体发育程度和接受能力。要科学正确地传授基本的性生理、性心理、性道德知识，准确地把握度，而且方法要适当。

2. 正面启发教育为主的原则

对于学生在青春期由于性的萌动所表现出的种种偏离行为规范的现象，教师既不能视而不见、放任自流，也不要大肆宣扬、严厉批评，而要从关心学生、爱护学生的角度出发，及时地做好深入细致的思想教育工作，采取正面教育和个别疏导相结合的方法，帮助他们解决困难，摆脱困境。

3．性生理、性心理、性伦理结合的教育原则

以性生理为基础，性道德为核心，性心理调适为手段的同步化与综合化教育，是性教育应坚持的最基本的原则，以达到较高的审美境界以及体验性带给人类美感的目的。学校青春期教育应将性生理、性心理、伦理道德、法制教育融为一体，开展形式多样的教育活动，让学生树立正确的道德观念，防止出现性越轨行为及性犯罪。

4．学校、家庭、社会教育的三位一体原则

一个人走向成年的心理发展的过程和轨迹是由家庭到学校，再由学校到社会。所以性教育首先应从家庭开始，尤其是婴幼儿，父母是他们的第一任性教育老师。学校是性教育的又一个重要阵地。学校有计划地实施性教育要注意和家庭性教育的衔接，在青春期性教育中学校教育应起主导作用。社会的性教育作用巨大无比，会产生广泛而深刻的社会效果。社会性教育的任务，一是通过多种渠道和手段正面宣传性教育，二是注意抵制消除淫秽黄色文化的污染。由于学校、家庭又是社会的一部分，三方面的教育是很难截然分开的。因此，成功的性教育应是三位一体的一致性的教育，任何不协调或任一方面与教育脱节都会对性教育带来严重的后果。

五、青春期常见的性卫生问题

1．性冲动

人类的性欲具有双重性，既是自然现象又是社会现象，与动物的性欲有着本质的区别，必须受社会道德规范和法律规范的制约。对于青少年，既要有性科学知识教育，又要加强道德、法治观念的学习和修养，学会克制性冲动，并提高自我控制、自我约束的能力。如何克制性冲动？

(1)严格遵守生活作息制度。每天按时起床，按时睡觉。不睡懒觉，不赖床。睡前避免过度的兴奋，如不看惊险小说、影视，对色情书画更应杜绝，这对减少性刺激与控制性欲有积极作用。

(2)注意生殖器的清洁卫生。每天睡前应用温水清洗，避免不洁之物刺激生殖器，引起瘙痒或发炎等。男性清洗时，除擦洗阴茎和阴囊表面外，更应把包皮翻转，让阴茎头完全暴露，用温水轻轻清洗干净。

(3)睡觉的姿势要合适。最好是侧睡，尽量避免仰睡或俯卧睡，以减少对外生殖器的压迫和摩擦，对控制性欲有好处。

(4)内衣裤要宽松，不要过于紧小，以避免对生殖器的摩擦刺激。

(5)被褥不要过暖、过重;晚饭不宜过饱。

(6)上床时不胡思乱想,尽快入睡。

(7)积极参加文体活动,使充沛精力得到有益的释放。

2. 性焦虑

性焦虑主要是指对自己形体的焦虑,对自己性角色的焦虑以及对自己性功能的焦虑。

一个人随着生理发育成熟,到青春期往往会出现对自己形体的不安。男孩子都希望自己长得魁梧高大,女孩子都希望自己长得苗条漂亮。如有的男青年觉得自己矮小瘦弱,就感到自卑;而有的女孩子觉得自己过胖,长相平平,也会感到苦恼;有的男孩子对生殖器的发育状况,女孩子对乳房的大小都十分敏感,并为此心事重重;还有的男女青少年甚至对自己皮肤的黑白、脸上的"青春痘"等烦恼不安。

此外,也有的青少年为自己的行为是否与性角色相吻合而忧虑。如有的男孩子感到自己缺乏男子汉的气质,一些女青年觉得自己不够温柔、不够细心,等等。以上几种性焦虑对青春期男女青少年的性发展影响很大,而且常常影响到他们日常生活以及整个精神状态。一般通过性教育和性咨询可以起到改善的作用。最重要的是要使他们建立起正确的审美观,接受自己的现实,不要怨天尤人,要扬长避短;对自身的性生理、性心理方面的疑惑,应及时寻求医生帮助,不可独自敏感多疑,自寻烦恼。

3. 遗精

遗精是男性青春期发育后的正常现象,通常在晚上睡眠时发生。发生的间隔时间个体差异很大,一般为每月 1～2 次,偶尔每周 1～2 次,遗精属生理现象。精液由精子和各种黏液组成,水分占 90%以上,其余为蛋白类物质,因此排出几毫升的精液对身体并没有什么危害,一般每月遗精两三次均属正常。青少年频繁遗精的主要原因一般与学习生活过度紧张、手淫和容易对与性有关的语言、文字和声像等刺激敏感有关。

防止频繁遗精的主要措施是合理安排学习生活,劳逸适度。临睡前不要大量喝水,不要过度兴奋,也不要看有言情刺激的小说。可做些轻松的体操和散步,争取很快入睡。内裤要宽松些,床铺不要过暖过软,被子不要盖得太厚太重。睡觉姿势最好是侧卧,因为仰卧、俯卧睡觉容易刺激外生殖器。在医师指导下使用冷水浴锻炼,可逐步增强体质,对治疗频繁遗精有一定作用。

4. 手淫

手淫指用手或其他器具摩擦自己的性器官,以获取性快感的性行为。手淫的主要原因是受影视、书刊等性内容刺激而导致性紧张,出现一时性冲动而又不能自我控制,等等。

手淫是一种自慰行为,是青少年最初的性体验。男女青少年均可发生,以男性更为多见。应正确引导和教育,一般可采取以下措施纠正手淫习惯:

(1)针对青少年精力旺盛、充满活力的特点,组织丰富多彩的课余活动,如读书会、音乐会、球类活动、体育竞赛、郊游和做一些公益活动等，以充实他们的精神生活。

(2)避免阅读黄色书刊和影视。

(3)注意睡眠卫生。

(4)适时进行青春期卫生和性知识的宣传教育，使青少年了解手淫的发生原因及其对策。

5. 外阴部的清洁卫生

(1)男性外阴的清洁卫生：阴茎包皮与阴茎头皮肤间形成包皮腔，其间的小腺体有分泌物产生，与尿液等形成包皮垢。包皮垢若长期未予清洗而附着于包皮腔，则极易引起感染。因此，青春期男孩应注意外阴部卫生，每晚睡前应用流动水或个人单独使用的盆盛清洁水，将包皮翻转后清洗包皮垢。穿着的内裤和外裤宜宽松，不宜穿紧身裤。紧身裤会束缚阴囊活动，并使局部温度增高，影响睾丸发育和精子形成。由于紧身裤散热不良，还易引起股癣和湿疹。

(2)女性外阴部的清洁卫生：女性外阴应每日以流动水或清洁盆水清洗，清洗时应由前往后，由内向外，最后清洗肛门。要使用个人专用的盆和毛巾。内裤要宽松，不穿紧身裤，质地以纯棉为佳，内裤要勤换、勤洗，在日光下晒干。在月经期间应注意保持外阴部卫生，使用质量合格的卫生巾，并做到勤换卫生巾。少吃生冷、刺激性食物，多吃蔬菜和水果，同时要注意有规律的生活和充足的睡眠。

6. 预防性侵犯

性侵犯是指非意愿性的和带有威胁性的各种性攻击行为，比如强奸、猥亵等。性侵犯的对象不仅仅是女生，也包括男生。怎样保护自己避免成为性侵犯的受害者呢？

要时刻具有防范和自我保护的意识。要珍惜自己的身体，尽可能避免黑夜单独外出和待在僻静的地方，不要随便出入电子游戏机房、台球厅、歌舞厅、酒吧等活动场所。不要吃陌生人递过来的食物，不要接受陌生人送的钱财、礼物、玩具，不要搭乘陌生人的便车。当发现被坏人盯上时，要设法迅速摆脱坏人。除非迫不得已，要尽量避免与坏人正面对抗。

7. 少女意外怀孕

少女意外怀孕的原因，有的是由于过早地发生了性交行为，有的是受到性伤害所致。在性行为后 72 h 内服用紧急避孕药可以避免怀孕，但避孕药同样会给身体带来一定伤害。有些少女怕被别人发现自己怀孕，不去正规医院，而去条件较差的诊所，进行不安全的人工流产。不安全人工流产的不良后果主要有死亡和并发症。短期并发症主要有宫颈或阴道撕裂、败血症、出血、子宫穿孔、破伤风、盆腔感染等；长期并发症主要是再次怀孕后容易产生自发流产和异位妊娠，以及继发性不孕。另外，还会对心理产生不良影响。所以，一定要选择正规的医院和专业的医生。因为每个人身体的具体状况并不相同，采取什么样的流产方式要咨询医生，只要做好后期的保养，很快就可以恢复健康。

第四节 预防艾滋病教育

艾滋病的传播与个人的观念及行为密切相关，在学校开展艾滋病健康教育是预防和控制艾滋病在我国传播与流行的重要措施。教育部于2003年3月下发了《中小学生预防艾滋病专题教育大纲》，决定从2003年春季开学起，在中小学开设艾滋病的专题教育课。预防艾滋病教育主要在初一到高中二年级期间进行，按平均每学年2课时，累计初中6课时，高中4课时。开展预防艾滋病教育能够培养青少年健康的生活方式，增强他们对不良生活行为和高危行为的抵御能力，因此，教育是预防艾滋病最好的“疫苗”。

一、艾滋病的基本知识及危害

(一)什么是艾滋病

艾滋病是英语“AIDS”中文名称，AIDS是获得性免疫缺陷综合征的英文缩写。它是由于感染了人类免疫缺陷病毒(简称HIV)后引起的一种致死性传染病。HIV主要破坏人体的免疫系统，使机体逐渐丧失防卫能力而不能抵抗外界的各种病原体，因此极易感染一般健康人所不易患的感染性疾病，最终导致死亡。一个感染上HIV的人，也许会在很长的一段时间内看上去自我感觉很好，但是他们却可以把病毒传染给别人。艾滋病从发现至今已有30多年，已使全球3000多万人受到感染，1000多万人失去了生命。艾滋病危害大、病亡率高，目前尚无有效疫苗和治愈药物，但已有较好的治疗方法，可以延长患者生命，改善生活质量。

(二)艾滋病病毒感染者和艾滋病人有哪些不同之处

艾滋病病毒进入人体后，一般经过2～12周才能从血液中检测出艾滋病病毒抗体，这段时间叫作“窗口期”。窗口期虽然检测不出抗体，但感染者体内已有病毒存在，具有传染性。艾滋病病毒感染者在潜伏期期间外表上看不出来，可以没有任何症状，但能通过易感染艾滋病的危险行为将病毒传染给他人。艾滋病病毒对人体免疫系统的破坏是一个渐进的过程，艾滋病病毒感染者平均经过7～10年的时间，发展成为艾滋病病人，这段时间叫作“潜伏期”。当艾滋病病毒感染者免疫系统受到严重破坏、不能维持最低抗病能力时，就进入了“发病期”，成为艾滋病病人，可出现长期低热、体重下降、盗汗、慢性腹泻、咳嗽、皮疹等症状。目前还没有可治愈艾滋病的药物，但规范化抗病毒治疗可有效抑制病毒复制，延缓发病，延长生命，提高生活质量，降低传播危险。

(三)艾滋病的危害

1. 艾滋病对个人的危害

从生理上讲,艾滋病病毒感染者一旦发展成艾滋病人,健康状况就会迅速恶化,患者身体上要承受巨大的痛苦,最后被夺去生命。

从心理、社会上讲,艾滋病病毒感染者一旦知道自己感染了艾滋病病毒,心理上会产生巨大的压力。另外,艾滋病病毒感染者容易受到社会的歧视,很难得到亲友的关心和照顾。

2. 艾滋病对家庭的危害

社会上对艾滋病人及感染者的种种歧视态度会殃及其家庭,他们的家庭成员和他们一样,也要背负沉重的心理负担。由此容易产生家庭不和,甚至导致家庭破裂。因为多数艾滋病病人及感染者处于养家糊口的年龄,往往是家庭经济的主要来源。当他们本身不能再工作,又需要支付高额的医药费时,其家庭经济状况就会很快恶化。有艾滋病病人的家庭,其结局一般都是留下孤儿无人抚养,或留下父母无人养老。

3. 艾滋病对社会的危害

艾滋病主要侵害那些年富力强的 20～45 岁的成年人,而这些成年人是社会的生产者、家庭的抚养者、国家的保卫者。艾滋病削弱了社会生产力,减缓了经济增长。人均出生期望寿命降低,民族素质下降,国力减弱。社会的歧视和不公正待遇将许多艾滋病人及感染者推向社会,造成社会的不安定因素,使犯罪率升高,社会秩序和社会稳定遭到破坏。

4. 艾滋病对儿童的影响

艾滋病使千千万万的儿童沦为孤儿,使千万无辜儿童被迫承受失去亲人的痛苦,还要经常忍受人们的歧视、失学、营养不良以及过重的劳动负担。

二、艾滋病流行特点

(一)艾滋病在世界的流行特点

世界卫生组织最新数据显示,艾滋病仍是全球重大公共卫生问题。截至 2017 年,艾滋病已经夺去全球超过 3500 万人的生命。2016 年,全球大约 100 万人死于艾滋病毒相关疾病。截至 2017 年底,全球艾滋病毒感染者大约为 3670 万。2000 年至 2016 年期间,全球新增艾滋病毒感染人数下降了 39%,艾滋病毒相关死亡率下降了 1/3。目前,世界上还没有任何一个地区解决了艾滋病的流行传染问题。每天有超过 7000 人新发感染,全世界各地区均有流行,但 97%以上在中、低收入国家,尤以非洲为重。据调查,亚洲是艾滋病发展最快的地区之一,以南亚和东南亚国家感染最高。联合国一份最新报告显示,在亚太地区,重点人群中的青少年艾滋病感染者数量有所上升,特别是年轻的男同性恋者。2014 年,亚太地区超过 5 万名 15～19 岁的青少年新感染了艾滋病病毒,占全部新增感染的

15%。目前整个亚太地区共有约22万青少年携带艾滋病病毒。

(二)艾滋病在中国的流行特点

近年来,国家艾滋病防治工作取得成效,基本阻断艾滋病经血液传播,有效控制经毒品注射及母婴传播,感染者发现率提高、艾滋病病亡率降低,现处于世界低流行水平。截至2017年3月,全国报告现存活艾滋病病毒感染者及艾滋病感染者共计691 098例,死亡214 849例。根据WHO及国家卫计委联合估算:2015年底,我国存活的HIV/AIDS总患者数约为85万人,实现了《中国遏制与防治艾滋病"十二五"行动计划》所确定的控制在120万内的目标。

(1)全国艾滋病疫情依然呈低流行态势,部分地区疫情严重。

中国2016年前9个月新报告感染者9.6万例,疫情总体上继续控制在低流行水平。累计报告HIV感染者和艾滋病人数排在前面的省区依次为云南、广西、河南、四川、新疆和广东等。

(2)经静脉吸毒和母婴传播降低至较低水平,经性传播成为主要传播途径。

静脉吸毒人群感染率从2004年12.6%的峰值下降到2014年的6.0%;母婴传播的比例从采取干预措施前的34.8%下降到2014年的6.1%;新发现病例中经性传播比例逐年增高,2014年已经上升到92.2%。2015年新报告的HIV/AIDS中,经性渠道传播的达到94.5%,其中男性同性性传播(以下简称MSM)达到28.2%。

(3)各地流行模式存在差异,感染人群多样化,中老年人、青年学生等重点人群疫情上升明显。

青年学生艾滋病疫情呈现快速上升的趋势引起了社会的广泛关注。学生艾滋病每年新发现病例数快速上升,从2010年的794例上升到2015年的3236例。青年HIV/AIDS男女性别比例为46∶1。2015年新发现病例中,高中学生占12.3%,大中专学生占77.5%,研究生等占10.2%。

(4)HIV感染者和艾滋病人数量继续增加,但新发感染人数保持在较低水平。

存活艾滋病人数明显增加的主要原因有两个方面,一是多年积累的HIV感染者陆续进入临床发病期;二是近年来中国政府不断加大艾滋病防治工作力度,全面落实"四免一关怀"政策,减少了艾滋病人死亡数量,延长了艾滋病人的生存时间。而新发HIV感染数保持在较低水平,其主要原因是近些年中国政府贯彻"四免一关怀"防治策略和"中国遏制与防治艾滋病行动计划",强化对高危人群采取的一系列干预措施,加强了对新发HIV感染的控制,有效控制了二代传播。

三、艾滋病临床表现

我国将HIV感染分为急性期、无症状期和艾滋病期。

（一）急性期

通常发生在初次感染 HIV 后 2～4 周。临床主要表现为发热、咽痛、盗汗、恶心、呕吐、腹泻、皮疹、关节痛、淋巴结肿大及神经系统症状。多数患者临床症状轻微，持续 1～3 周后得到缓解。

（二）无症状期

可从急性期进入此期，或无明显的急性期症状而直接进入此期。

此期持续时间一般为 6～8 年，但也有快速进展和长期不进展者。此期的长短与感染病毒的数量、型别，感染途径，机体免疫状况等多种因素有关。

（三）艾滋病期

艾滋病期为感染 HIV 后的最终阶段。病人主要表现为持续一个月以上的发热、盗汗、腹泻，体重减轻 10％以上。部分病人表现为神经精神症状，如记忆力减退、精神淡漠、性格改变、头痛、癫痫及痴呆等。另外还可出现持续性全身性淋巴结肿大、咳嗽咳痰咯血、呼吸困难、头痛、呕吐、腹痛腹泻、消化道出血、吞咽困难、食欲下降、口腔白斑及溃疡、各种皮疹、视力下降、失明、痴呆、癫痫、肢体瘫痪、消瘦、贫血、二便失禁、尿潴留、肠梗阻等。

四、艾滋病传播途径

HIV 主要存在于感染者和病人的血液、精液、阴道分泌物、乳汁中。通过带病毒的这些体液交换传播。

（1）性传播：与已感染的伴侣发生无保护的性行为，包括同性、异性性接触。艾滋病可以通过性接触传播。性伴侣越多，感染的概率越高。患有性病的人与艾滋病病毒感染者发生性关系，比未患性病的人更容易感染艾滋病。

（2）母婴传播：在怀孕、生产和母乳喂养过程中，感染 HIV 的母亲可能会传播给胎儿及婴儿。母婴传播的概率约为 30％。

（3）血液传播：包括共用注射器静脉吸毒、输入含艾滋病病毒的血液及制品等。与他人共用被感染者使用过的、未经消毒的注射工具，是一种非常常见的 HIV 传播途径。共用注射器吸毒的人很容易感染艾滋病病毒。输入被艾滋病病毒污染的血液或血液制品，使用被艾滋病病毒污染，且未经严格消毒的、可刺入人体的针具和医疗器械等都可能感染艾滋病病毒。

艾滋病病毒不会经以下途径传播：共同工作、劳动（共用办公用品、学习用具、农具等），一般生活接触（共同进餐、拥抱、握手、礼节性接吻、游泳，共用马桶、浴盆、衣服、被褥、钞票等），蚊虫叮咬、咳嗽、打喷嚏等。

五、艾滋病的预防措施

易感染艾滋病的危险行为包括：发生过未使用安全套的高危险性行为，如与感染者的性行为、多性伴、男男性行为、遭强暴等；与他人共用注射器静脉吸毒；到非法采血点卖过血；就医时接受过不安全注射或输血；性伴侣中有感染艾滋病病毒或性病的人。主要有以下预防措施：

(1)保持单一性伴侣，采取安全性行为。避免经性途径感染艾滋病的最好方法是遵守性道德，固定性伴侣，不做卖淫、嫖娼等高危活动。发生性行为的双方彼此忠诚，保持单一性伴侣，可避免和降低感染艾滋病的危险性。采取安全性行为，正确使用质量合格的安全套，不但可以避孕，还可以明显降低感染艾滋病、性病的风险。

(2)拒绝毒品，预防经注射吸毒传播艾滋病。毒品使人丧失理智、成瘾，从而极易发生感染艾滋病的高危行为。共用注射器吸毒的人很容易感染艾滋病病毒。与注射毒品的人发生无保护性行为，可面临感染艾滋病的风险。

(3)避免不安全注射或输血，预防艾滋病经血传播。要到正规医院就医，不去无行医执照的个体诊所打针、输液、补牙等。就医时，应当使用一次性针具以及严格消毒的医疗器械。不要到非正规的美容、整形机构去做文眉、文身、穿耳眼、矫正畸形等刺破皮肤的手术。必要时使用检测合格的血液和血液制品，以及血浆代用品或自身血液。要到国家指定的正规血站献血。得了性病或怀疑有性病应尽早到指定医疗机构或正规医院检查、治疗。

(4)预防母婴传播。感染艾滋病病毒的妇女要考虑是否避免怀孕；怀孕妇女要在医生的指导下考虑是否终止妊娠；选择继续妊娠者应采取抗病毒药物干预阻断传播，产后要避免对新生儿进行母乳喂养。

六、关爱艾滋病病毒感染者和病人

艾滋病威胁着每一个家庭、每一个人，影响社会发展和稳定，关爱艾滋病病毒感染者和病人是大家共同的责任。

(一)国家出台了“四免一关怀”政策

2004年国家出台了“四免一关怀”政策，“四免”指的是：

①对农村居民和城镇未参加基本医疗保险等保障制度的经济困难人员中的艾滋病病人免费提供抗病毒药物；

②在全国范围内为自愿接受艾滋病咨询检测的人员免费提供咨询和初筛检测；

③为感染艾滋病病毒的孕妇提供免费母婴阻断药物及婴儿检测试剂；

④对艾滋病病人的孤儿免收上学费用。

“一关怀”指的是：将生活困难的艾滋病病人纳入政府救助范围，按照国家有关规定给予必要的生活救济。积极扶持有生产能力的艾滋病病人。避免对艾滋病感染者和病人的歧视。

(二)青少年要关爱艾滋病病毒感染者和病人

青少年要主动学习预防艾滋病的知识,全面了解相关信息,掌握自我保护的技能。将掌握的知识与家人和朋友分享,做艾滋病防治知识的传播者,为预防控制艾滋病做出自己的贡献。

艾滋病不会通过日常生活和一般接触传播。艾滋病病毒是一种非常脆弱的病毒,离开人体后会很快死亡。唾液、泪液、汗液、尿液中病毒含量极低,不足以引起传播。目前还没有发现通过这些体液感染艾滋病的病例。与艾滋病病毒感染者和病人进行一般性接触不会感染艾滋病。如:握手、拥抱、礼节性接吻等。艾滋病病毒不会通过飞沫传播,咳嗽或打喷嚏都不会传播艾滋病。蚊虫叮咬不会传播艾滋病。艾滋病病毒在蚊子体内既不会发育也不会复制;蚊子嘴上残留的血液量微乎其微,远不足以引起传染。目前还没有有关蚊子或昆虫叮咬而感染艾滋病的报道。

艾滋病病毒感染者和病人是疾病的受害者,应该得到理解和关心。青少年应当关心关爱艾滋病病毒感染者、病人及受艾滋病影响的人们,关心和尊重他们,就是关心我们自己。感染艾滋病病毒的人拥有上学、工作、就医的权利,他们的合法权益受法律保护。歧视或冷漠感染艾滋病病毒的人,不但不能减少艾滋病的传播,反而会引起社会的恐慌和不安定。未经本人同意,公开艾滋病病毒感染者和病人的身份,采取漠视甚至侮辱的态度和行为,都是歧视艾滋病病毒感染者和病人的表现。

第五节 健康促进与健康促进学校

一、健康促进

(一)健康促进的概念

健康促进是 1986 年 11 月 21 日世界卫生组织在第一届国际健康促进大会上首先提出的概念,是指运用行政的或组织的手段,广泛协调社会各相关部门以及社区、家庭和个人,使其履行各自对健康的责任,共同维护和促进健康的一种社会行为和社会战略。

世界卫生组织指出:健康促进是指个人与其家庭、社会和国家一起采取措施,鼓励健康的行为,增强人们改进和处理自身健康问题的能力。健康促进的基本内涵包含了个人和群体行为改变,以及政府行为(社会环境)改变两个方面,并重视发挥个人、家庭、社会的健康潜能。

由此可见,健康促进是一个综合的概念,是调动社会、经济和政治的广泛力量,改善人群健康活动的过程,它不仅包括一些旨在直接增强个体和群体知识技能的健康教育活动,更包括那些直接改变社会、经济和环境条件的活动,以减少它们对个体和大众健康的不利影响。

(二)健康促进的活动领域

1986年在首届国际健康促进大会上通过的《渥太华宣言》中明确指出，健康促进涉及5个主要活动领域：

(1)制定促进健康的公共政策。健康促进的含义已超出卫生保健的范畴，各级政府、各个部门和组织的决策者都要把健康问题提到议事日程上。明确要求非卫生部门建立和实行健康促进政策，其目的就是要使人们更容易做出有利健康的抉择。

(2)创造支持性环境。健康促进必须为人们创造安全的、满意的和愉快的生活、工作环境。应系统地评估快速变化的环境对健康的影响，以保证社会和自然环境有利于健康的发展。

(3)加强社区的行动。充分发动社区力量，积极有效地参与卫生保健计划的制订和执行，挖掘社区资源，帮助人们认识自己的健康问题，并提出解决问题的办法。

(4)发展个人技能。通过提供健康信息，教育并帮助人们增强做出健康选择的技能，来支持个人和社会的发展。

(5)调整卫生服务方向。调整卫生服务类型与方向，将健康促进和预防作为提供卫生服务模式的组成部分，让最广大的人群受益。

(三)健康促进的内容

(1)以疾病或问题为中心的健康教育。如针对慢性非传染性疾病、传染病、精神问题等开展的社区健康教育。

(2)以人为中心的健康教育。如针对儿童青少年、妇女、老年人、患病者、残疾人等人群开展的社区健康教育。

(3)以社区卫生问题为中心的健康教育。如针对环境卫生、食品卫生、饮用水安全、职业卫生、家庭健康等社区卫生问题开展的社区健康教育。

(4)以健康促进为目的的健康教育和行为干预。如针对合理营养、控制体重、加强锻炼、改善睡眠、戒烟、限盐、限酒等开展的社区健康教育。

二、健康促进学校

(一)健康促进学校的概念

健康促进学校是健康促进理念在学校卫生领域的重要体现，是全球兴起的健康促进活动的重要组成部分。它的完整定义是：在学校社区内，所有成员为保护和促进学生健康而共同努力，为学生提供完整的、有益的经验和知识体系，包括设置正式的和非正式的健康教育课，创造安全、健康的学校环境，提供适当的卫生服务，动员家庭和更广泛的社区参与，以促进学生健康。

健康促进学校的目标是改善学生的学习和生活环境，提高学生的身体健康水平，并通过学校向家庭、社区传播健康信息，促进全社区成员的健康。

健康促进学校有明确的目标人群，第一目标人群是学生群体，包括所有的小学、中学和大学学生。第二目标人群指所有那些与学生生活、学习和周围环境密切相关的人们，包括学校领导、教职员工、学生家长、社区领导等。鉴于大众传播媒介对儿童青少年的行为具有不可忽视的影响力，通常也把这些部门的从业人员视为目标人群之一。

(二) 健康促进学校环境

(1)学校健康政策：环境明确规定并广泛公布的一些指令，可以影响并促进健康行动和资源的调配。如：确定健康体检制度、制定传染病防治制度。

(2)学校的物质环境：指建筑、场地，进行室内外活动所需要的设备以及学校周围的场地等。如：学校的建筑和设施应符合国家学校卫生标准及学校建筑规范。

(3)学校的人际环境：学校员工之间、学生之间、学校员工与学生之间关系的组合。如：树立良好的校风、对有特殊困难的学生提供支持和帮助。

(4)社区关系：指学校与学生家长之间的关系，还包括学校与地方团体之间的关系。社区参与学校健康促进活动，帮助学校创造良好的周边环境，并参加学校健康促进工作。

(5)培养个人健康技能：通过正式的或非正式的健康课程，帮助学生和其他人获得与其年龄相称的卫生知识、态度、理解力以及技能，使他们在卫生事件中更加独立和有责任感。

(6)健康服务：和当地卫生服务机构合作，向学生提供直接的服务，建立合作关系。如：定期对学生进行预防性体检，建立健康档案等。

(三)创建健康促进学校的措施

1. 选择适宜的突破口

每个学校都有自己的特点和优势，都有急需解决的问题。学校可根据自己的特点制定有特色的学校卫生项目或规划，挖掘和发展自己的潜力和优势，带动全面的学校卫生工作。1999 年世界卫生组织在中国湖南、四川等地完成了以驱蛔为切入口的健康促进学校项目。通过社区参与，挖掘了资源潜力，使学校的物质环境，特别是厕所卫生得到很大改善，通过改厕，带动了学校及社区卫生工作的开展。

2. 与学校日常工作相结合

学校健康促进活动的内容，本身就属于学校日常工作。但是目前学校的卫生工作常常受到其他因素的冲击。学校领导要改变观念，积极支持参与健康促进学校的工作，将活动根植于学校日常工作的运作中，使健康促进活动具有持久的生命力。

3. 充分利用公共或者私人资源

健康促进学校的特点之一，是充分利用社区的人力、物力资源来促进健康，使有限的资源得到充分利用。应通过积极宣传教育，让所有的社区成员，包括教师、学生、家长、非政府机构人员及企业人员等，都认识到健康促进学校是社区工作的一部分，发动他们积极参与健康促进活动的全过程，包括计划实施及效果评价。

4. 制定国家发展规划，统一评估标准

目前，我国健康促进学校的评价工作还不够规范，评价标准也不统一，影响到健康促进学校的公平性和竞争性。因此，有必要尽快制定国家级的健康促进学校发展规划，统一标准和奖励制度，使健康促进学校更加全面、系统、深入地发展。

5. 加强部门协调和国际合作

在制定国家发展健康促进学校政策规划时，应该特别将着眼点放在提高行政部门的管理水平和健康意识上，强调加强部门间，尤其是卫生部门与教育部门的合作，避免单一项目的重复投入，合理利用资源，并对有限资源进行重新分配。健康促进学校活动还具有全球性的特点，应该开展国际合作，使我们的工作与国际接轨，最大限度地争取和利用国际资源。

6. 突出健康促进学校活动中的政府行为

政府行为在健康促进中起着支持和宏观管理作用，在全国范围内开展健康促进学校活动，必须有卫生部门和教育部门的领导和参与，这样既能协调各地区行政主管部门的工作，也能进行整体规划，保证工作质量，还可增强工作的持久性和稳定性。国家间，国家与国际组织间在健康促进活动方面的合作与协调，也都离不开国家领导部门的指导。同时，动员各级政府参与支持，是开展健康促进学校工作的重要措施。

知识拓展

2008 年 12 月教育部下发了《中小学健康教育指导纲要》。中小学健康教育内容包括五个领域：健康行为与生活方式、疾病预防、心理健康、生长发育与青春期保健、安全应急与避险。依照小学低年级、小学中年级、小学高年级、初中年级、高中年级五级水平，把五个领域的内容合理分配到五级水平中，分别为水平一（小学 1～2 年级）、水平二（小学 3～4 年级）、水平三（小学 5～6 年级）、水平四（初中 7～9 年级）、水平五（高中 10～12 年级）。五个不同水平互相衔接，完成中小学校健康教育的总体目标。《中小学健康教育指导纲要》指出：学校要通过学科教学和班会、团会、校会、升旗仪式、专题讲座、墙报、板报等多种宣传教育形式开展健康教育。学科教学每学期应安排 6～7 课时，另外，小学阶段还应与《品德与社会》等课程的教学内容结合，中学阶段应与《生物》等教学内容有机结合。采用多种形式，向学生传授健康知识和技能。

（一）水平一（小学 1～2 年级）

1. 目标

知道个人卫生习惯对健康的影响，初步掌握正确的个人卫生知识；了解保护眼睛和牙齿的知识；知道偏食、挑食对健康的影响，养成良好的饮水、饮食习惯；了解自己的身体，学会自我保护；学会加入同伴群体的技能，能够与人友好相处；了解道路交通和玩耍中的安全常识，掌握一些简单的紧急求助方法；了解环境卫生对个人健康的影响，初步建立维护环境卫生意识。

2. 基本内容

(1)健康行为与生活方式：不随地吐痰，不乱丢果皮纸屑等垃圾；咳嗽、打喷嚏时遮掩口鼻；勤洗澡、勤换衣、勤洗头、勤剪指甲(包含头虱的预防)；不共用毛巾和牙刷等洗漱用品(包含沙眼的预防)；不随地大小便，饭前便后要洗手；养成正确的洗手习惯；采用正确的身体坐、立、行姿势，预防脊柱弯曲异常；采用正确的读写姿势；正确做眼保健操；每天早晚刷牙，饭后漱口；养成正确的刷牙习惯以及选择适宜的牙刷和牙膏；预防龋齿(认识龋齿的成因、注意口腔卫生、定期检查)；适量饮水有益健康，每日饮水量适宜，提倡喝白开水；吃好早餐，一日三餐有规律；了解偏食、挑食对健康的不利影响；经常喝牛奶、食用豆类及豆制品，有益生长发育和健康；经常开窗通气有利健康；文明如厕，自觉维护厕所卫生；知道蚊子、苍蝇、老鼠、蟑螂等会传播疾病。

(2)疾病预防：接种疫苗，可以预防一些传染病。

(3)心理健康：掌握日常生活中的礼貌用语和与同学友好相处的技能。

(4)生长发育与青春期保健：掌握生命孕育、成长基本知识，知道“我从哪里来”。

(5)安全应急与避险：熟悉常见的交通安全标志、行人应遵守的基本交通规则、乘车安全知识；不玩危险游戏，注意游戏安全；燃放鞭炮要注意安全；不玩火，使用电源要注意安全；使用文具、玩具要注意卫生安全；远离野生动物，不与宠物打闹；家养犬猫要注射疫苗；发生紧急情况，会拨打求助电话(医疗求助电话：120，火警电话：119，匪警电话：110)。

(二)水平二(小学 3～4 年级)

1. 目标

进一步了解保护眼睛、预防近视眼相关知识，学会合理用眼；了解食品卫生基本知识，初步树立食品卫生意识；了解体育锻炼对健康的作用，初步学会合理安排课外作息时间；初步了解烟草对健康的危害；了解肠道寄生虫病、常见呼吸道传染病和营养不良等疾病的基本知识及预防方法；了解容易导致意外伤害的危险因素，熟悉常见的意外伤害的预防与简单处理方法；了解日常生活中的安全常识，掌握简单的避险与逃生技能；初步了解生命的意义和价值，树立保护生命的意识。

2. 基本内容

(1)健康行为与生活方式：掌握读书写字、看电视、用电脑的卫生要求；预防近视(认识近视的成因、学会合理用眼、注意用眼卫生、定期检查)；预防眼外伤；不吃不洁、腐败变质、超过保质期的食品；生吃的蔬菜水果要洗净；补充人体所需的主要营养素；加强体育锻炼，有利于促进生长发育和预防疾病；注重睡眠卫生要求；生活垃圾应该分类放置；烟草中含有多种有害于健康的物质，避免被动吸烟。

(2)疾病预防：了解蛔虫、蛲虫等肠道寄生虫病对健康的危害与预防；了解营养不良、肥胖对健康的危害与预防；认识传染病(重点为传播链)；了解常见呼吸道传染病(流感、水痘、腮腺炎、麻疹、流脑等)的预防；了解冻疮的预防(可根据地方实际选择)；了解学生应接种的疫苗。

(3)生长发育与青春期保健:人的生命周期包括诞生、发育、成熟、衰老、死亡;初步了解儿童青少年身体主要器官的功能,学会保护自己。

(4)安全应急与避险:了解游泳和滑冰的安全知识;不乱服药物,不乱用化妆品;知道火灾发生时的逃生与求助方式、地震发生时的逃生与求助方式;动物咬伤或抓伤后应立即冲洗伤口,及时就医,及时注射狂犬疫苗;掌握鼻出血的简单处理、简便止血方法(指压法、加压包扎法)。

(三)水平三(小学 5～6 年级)

1. 目标

了解健康的含义与健康的生活方式,初步形成健康意识;了解营养对促进儿童青少年生长发育的意义,树立正确的营养观;了解食品卫生知识,养成良好的饮食卫生习惯;了解烟草对健康的危害,树立吸烟有害健康的意识;了解毒品危害的简单知识,远离毒品危害;掌握常见肠道传染病、虫媒传染病基本知识和预防方法,树立卫生防病意识;了解常见地方病如碘缺乏病、血吸虫病对健康的危害,掌握预防方法;了解青春期生理发育基本知识,初步掌握相关的卫生保健知识;了解日常生活中的安全常识,学会体育锻炼中的自我监护,提高自我保护的能力。

2. 基本内容

(1)健康行为与生活方式:健康不仅仅是没有疾病或不虚弱,而是身体、心理、社会适应的完好状态;健康的生活方式(主要包括合理膳食、适量运动、戒烟限酒、心理平衡)有利于健康;膳食应以谷类为主,多吃蔬菜水果和薯类,注意荤素搭配;日常生活饮食应适度,不暴饮暴食,不盲目节食,适当食用零食;购买包装食品应注意查看生产日期、保质期、包装有无胀包或破损,不购买无证摊贩食品;认识容易引起食物中毒的常见食品(发芽土豆、不熟扁豆和豆浆、毒蘑菇、新鲜黄花菜、河豚等);不采摘、不食用野果、野菜;了解体育锻炼时自我监护的主要内容(主观感觉和客观检查的指标);发现视力异常,应到正规医院眼科进行视力检查、验光,注意佩戴眼镜的卫生要求;知道吸烟和被动吸烟会导致癌症、心血管疾病、呼吸系统疾病等多种疾病;不吸烟、不饮酒;了解常见毒品的名称,毒品对个人和家庭的危害,自我保护的常识和简单方法,能够远离毒品。

(2)疾病预防:贫血对健康的危害与预防;常见肠道传染病(细菌性痢疾、伤寒与副伤寒、甲型肝炎等)的预防;疟疾的预防;流行性出血性结膜炎(红眼病)的预防;碘缺乏病对人体健康的危害;食用碘盐可以预防碘缺乏病;血吸虫病的预防(可根据地方实际选择)。

(3)心理健康:保持自信,自己的事情自己做。

(4)生长发育与青春期保健:青春期的生长发育特点;男女少年在青春发育期的差异(男性、女性第二性征的具体表现);女生月经初潮及意义(月经形成以及周期计算);男生首次遗精及意义;变声期的保健知识;青春期的个人卫生知识;体温、脉搏测量方法及其测量的意义。

(5)安全应急与避险:骑自行车安全常识;常见的危险标识(如高压、易燃、易爆、剧毒、放射性)，远离危险物；煤气中毒的发生原因和预防；触电、雷击的预防；中暑的预防和处理；轻微烫烧伤和割、刺、擦、挫伤等的自我处理；提高网络安全防范意识。

（四）水平四（初中阶段）

1. 目标

了解生活方式与健康的关系，建立文明、健康的生活方式；进一步了解平衡膳食、合理营养的意义，养成科学、营养的饮食习惯；了解充足睡眠对儿童青少年生长发育的重要意义；了解预防食物中毒的基本知识；进一步了解常见传染病预防知识，增强卫生防病能力；了解艾滋病基本知识和预防方法，熟悉毒品预防基本知识，增强抵御毒品和艾滋病的能力；了解青春期心理变化特点，学会保持愉快情绪和增进心理健康；进一步了解青春期发育的基本知识，掌握青春期卫生保健知识和青春期常见生理问题的预防和处理方法；了解什么是性侵害，掌握预防方法和技能；掌握简单的用药安全常识；学会自救互救的基本技能，提高应对突发事件的能力；了解网络使用的利弊，合理利用网络。

2. 基本内容

(1)健康行为与生活方式：不良生活方式有害健康，慢性非传染性疾病(如恶性肿瘤、冠心病、糖尿病、脑卒中)的发生与不健康的生活方式有关；膳食平衡有利于促进健康；青春期充足的营养素，保证生长发育的需要；保证充足的睡眠有利于生长发育和健康(小学生每天睡眠时间 10 个小时，初中生每天睡眠时间 9 个小时，高中生每天睡眠时间 8 个小时)；食物中毒的常见原因(细菌性、化学性、有毒动植物等)；发现病死禽畜要报告，不吃病死禽畜肉；适宜保存食品，腐败变质食品会引起食物中毒；拒绝吸烟、饮酒的方法；毒品对个人、家庭和社会的危害；拒绝毒品的方法；吸毒违法，拒绝毒品。

(2)疾病预防：乙型脑炎的预防；疥疮的预防；肺结核病的预防；肝炎的预防[包括甲型肝炎、乙(丙)型肝炎等的预防]；不歧视乙肝病人及感染者；艾滋病的基本知识；艾滋病的危害；艾滋病的预防方法；判断安全行为与不安全行为，拒绝不安全行为的技巧；学会如何寻求帮助的途径和方法；与预防艾滋病相关的青春期生理和心理知识；吸毒与艾滋病；不歧视艾滋病病毒感染者与患者。

(3)心理健康：不良情绪对健康的影响；调控情绪的基本方法；建立自我认同，客观认识和对待自己；根据自己的学习能力和状况确定合理的学习目标；异性交往的原则。

(4)生长发育与青春期保健：热爱生活，珍爱生命；青春期心理发育的特点和变化规律，正确对待青春期心理变化；痤疮发生的原因、预防方法；月经期间的卫生保健常识，痛经的症状及处理；选择和佩戴适宜的胸罩等。

(5)安全应急与避险：有病应及时就医；服药要遵从医嘱，不乱服药物；不擅自服用、不滥用镇静催眠等成瘾性药物；不擅自服用止痛药物；保健品不能代替药品；毒物中毒的应急处理；溺水的应急处理；骨折简易应急处理知识(固定、搬运)；识别容易发生性侵害的危险因素，保护自己不受性侵害；预防网络成瘾。

(五)水平五(高中阶段)

1. 目标

了解中国居民膳食指南，了解常见食物的选购知识；进一步了解预防艾滋病基本知识，正确对待艾滋病病毒感染者和患者；学会正确处理人际关系，培养有效的交流能力，掌握缓解压力等基本的心理调适技能；进一步了解青春期保健知识，认识婚前性行为对身心健康的危害，树立健康文明的性观念和性道德。

2. 基本内容

(1)健康行为与生活方式：食品选购基本知识；中国居民膳食指南的内容。

(2)疾病预防：艾滋病的预防知识和方法；艾滋病的流行趋势及对社会带来的危害；HIV 感染者与艾滋病病人的区别；艾滋病的窗口期和潜伏期；无偿献血知识；不歧视艾滋病病毒感染者与患者。

(3)心理健康：合理宣泄与倾诉的适宜途径，客观看待事物；人际交往中的原则和方法，做到主动、诚恳、公平、谦虚、宽厚地与人交往；缓解压力的基本方法；认识竞争的积极意义；正确应对失败和挫折；考试等特殊时期常见的心理问题与应对方法。

(4)生长发育与青春期保健：热爱生活，珍爱生命；青春期常见的发育异常，发现不正常要及时就医；婚前性行为严重影响青少年身心健康；避免婚前性行为。

(5)安全应急与避险：网络交友的危险性。

□ 复习与提纲

1. 学校开展健康教育的重要性和基本原则是什么？
2. 请根据学校健康教育的具体目标和基本内容，自选内容，设计一份健康教育教案。
3. 学校生活技能教育的内容、方法和应用原则是什么？
4. 青春期性健康教育的内容和教育原则是什么？
5. 请举例简要说说青春期常见的一些性卫生问题。
6. 艾滋病传播途径和预防措施是什么？集体讨论哪些途径不会传播艾滋病病毒。
7. 收集有关艾滋病的相关资料，开展一次预防艾滋病的主题班会。
8. 请简述健康促进学校的主要内容及创建措施。

□ 参考文献

1. 教育部体育卫生与艺术教育司. 学校卫生人员培训教材[M]. 北京：中国方正出版社，2002.

2. 李纪梅. 健康教育教师指导手册[M]. 北京：北京燕山出版社，2010.

3. 张芯，余小鸣. 学校健康教育实践与理论[M]. 北京：北京大学医学出版社，2010.

4. 李林静. 学校卫生学[M]. 重庆：西南师范大学出版社，2012.

第十二章

学校卫生调查与评价

【学习提要】

1. 掌握学生生长发育各指标的测量方法。
2. 了解学生生长发育统计方法。
3. 掌握学校体育卫生调查内容及方法。
4. 掌握学校膳食卫生调查内容及方法。
5. 掌握学校环境卫生调查内容及方法。
6. 熟悉评价指标,进行学校卫生综合评价。

第一节 学校卫生调查

研究学生的生长发育和健康情况,为他们创造良好的教育和生活环境,需要深入实际,开展调查研究工作。本节介绍调查研究的内容和方法。

一、生长发育测量

学校要掌握学生身体发育的规律和特点,必须定期由校医、保健老师及教师开展对学生生长发育和健康的检查,或协助当地医务人员对学生进行检查。

(一)身高

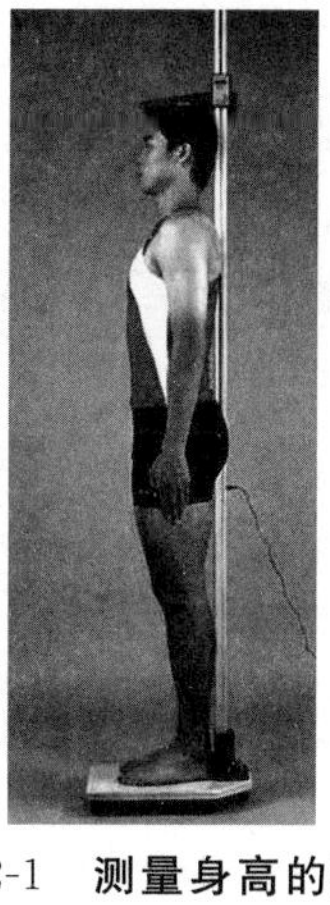
图 12-1 测量身高的姿势

身高指立位时颅顶点到地面的垂直高度。测量时通常使用金属制或木制身高计或身高坐高计。测量方法:受检者赤足,背向立柱站立在身高计的底板上,躯干自然挺直,头部正直,两眼平视前方(耳屏上缘与眼眶下缘最低点呈水平位);上肢自然下垂,两腿伸直;两足跟并拢,足尖分开约60°;足跟、骶骨部及两肩胛间与立柱相接触,成“三点一线”站立姿势(图12-1)。记录以厘米为单位,精确到小数点后1位。测试误差不得超过 0.5 cm。

(二)坐高

坐高是坐位时颅顶点到坐位平面的垂直高度，反映躯干生长，并可与身高比较反映下肢/躯干比例。测量方法：受检者坐于身高坐高计的座板上，使骶骨部、两肩胛间靠立柱，躯干自然挺直，头部正直，两眼平视前方，以保持耳屏的上缘与眼眶下缘呈水平位；上肢自然下垂，双手不得撑压座板；两腿并拢，双足平踏在地面上，大腿与地面平行并与小腿呈直角(根据受检者小腿长度，适当调节踏板高度以保持正确测试姿势)(图 12-2)。记录以厘米为单位，精确到小数点后 1 位。测试误差不超过 0.5 cm。

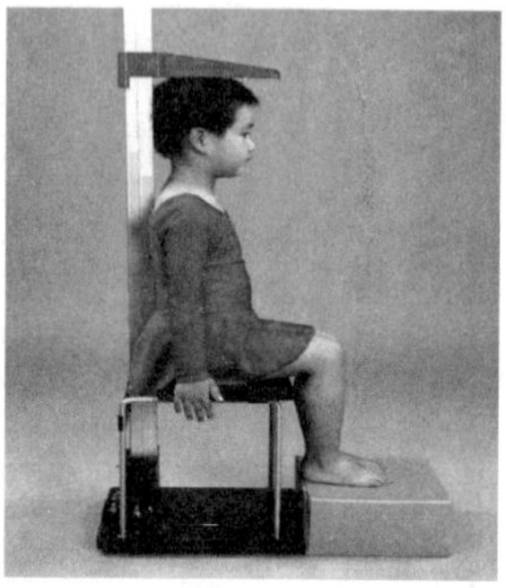

图 12-2　测量坐高的姿势

(三) 体重

体重是人体总的质量，反映儿童营养状况和骨骼、肌肉、皮下脂肪、内脏的总重量。测量采用电子体重计或杠杆秤(不允许使用弹簧式体重计)。测试方法：受检者穿短衣裤、赤足，自然站立在体重计量盘中央，保持身体平稳(图 12-3)。记录显示的数值，以千克为单位，精确到小数点后 1 位。测试误差不得超过 0.1 kg。

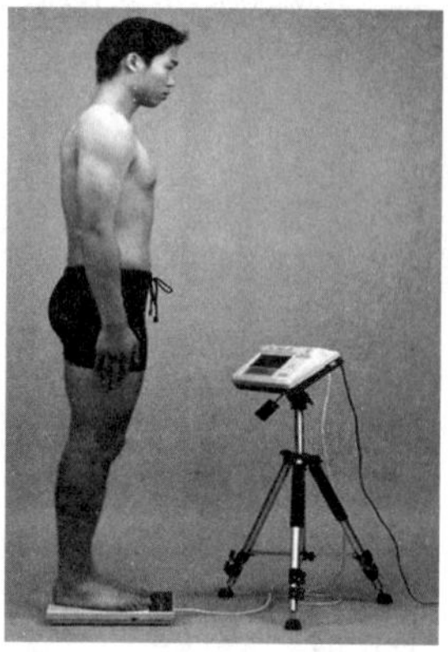

图 12-3　体重的测量姿势

(四)胸围

胸围是综合反映胸腔容积，胸肌、背肌发育，躯干皮脂蓄积状况的重要指标，同时借以了解呼吸器官发育状况。采用带尺测量。使用前必须经钢卷尺校对，每米误差不得超过 0.2 cm。测试方法：受检者自然站立，双肩放松，两臂自然下垂，两足分开与肩同宽，保持平静呼吸，测试人员面对受检者，将带尺上缘经背部肩胛下角下缘至胸前围绕一周。男性和未发育的女性，带尺下缘在胸前沿乳头上缘(图 12-4)；已发育的女性，带尺应在乳头上方与第四肋骨平齐。带尺围绕胸部的松紧度应适宜(使皮肤不产生明显凹陷)。带尺上与“0”点相交的数值即为测试值。

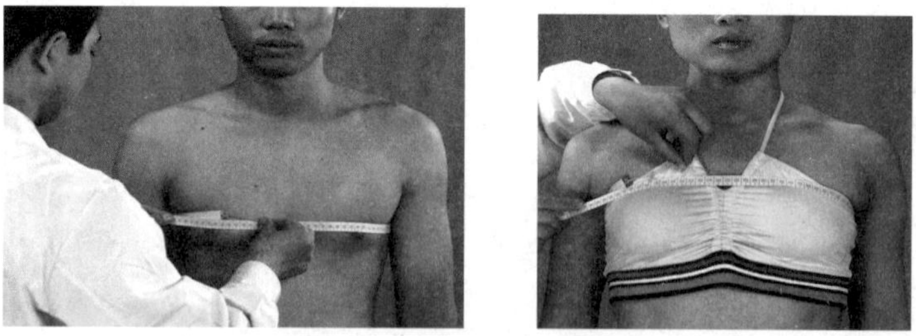

图 12-4　胸围的测量

(五)肺活量

肺活量指一次尽力吸气后呼出的最大气量，反映肺容量和呼吸肌力量，是最具代表性、测试渐变的呼吸功能的指标，可敏感反映呼吸锻炼效果和环境污染对呼吸功能的损伤程度。可采用回转式或电子肺活量计(图 12-5)。回转式肺活量计读数精确到十位数(20 mL),电子肺活量计以毫升为单位,不计小数。

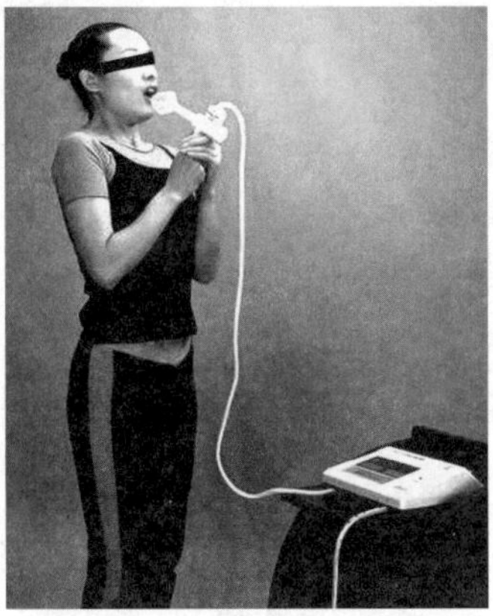
图 12-5　肺活量的测量

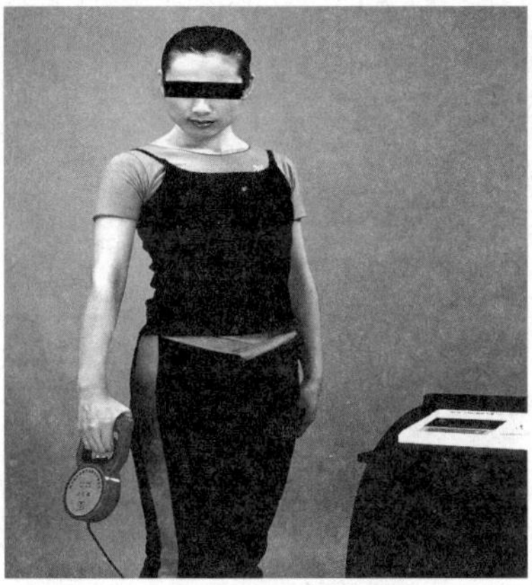
图 12-6　握力的测量

(六)握力

握力反映手臂、手腕肌肉力量,可使用指针式蹬形(或椭圆形)握力计。测试时,受试者身体直立,两脚自然分开,与肩同宽,两臂斜下垂,掌心向内,用最大力紧握内外握柄(图 12-6)。测试 2 次,记录最大值,以千克为单位,精确到小数点后 1 位。

(七)耐力跑

耐力跑是反映耐力水平的重要指标。"全国学生体质与健康调研"规定小学男女生(6～12 岁)选择 50m×8 往返跑;大中学女生(≥13 岁)为 800m 跑;大中学男生(≥13 岁)为 1000m 跑。不过,这些人为规定可根据需要调整,如男、女大中学生都可选择 1500m 跑为耐力跑指标。测试时,受检者应穿运动鞋和胶鞋,不得穿钉鞋。应选用场地地面平坦的田径跑道。耐力跑器材:发令旗一面,发令哨一个,秒表若干块(图 12-7)。

图 12-7　耐力跑器材

二、生长发育情况的统计

将测量或收集的资料进行整理、统计和分析,是教育工作者常用的科学研究方法。

生长发育情况的统计方法:先将资料卡片按年龄、性别分组整理,去掉有明显错误的卡片(每组剩余资料卡片最好在 100 个以上),分别计算各测定指标的最大值、最小值、均值、标准差等;如果是计数资料,应计算其比例或比率。然后绘成身体发育资料图表。可用发育等级评定法或体型图等方法进行评价。

(一)算术平均数

算术平均数是样本中各个标志值之和除以标志值之个数所得之商，它可以作为一个样本的代表值，反映某种现象的一般水平。

算术平均数的计算方法如下：

(1)简单算术平均数。

$$\bar{x}=\frac{\sum x}{n}$$

式中：$\bar{x}$ 为平均数；$\sum$ 为连加求和的符号；x 为各个体标志值；n 是标志值的个数。

例：18 个初产男婴的体重数值如表 12-1。

表 12-1 18 **个初产男婴的体重**(g)

2670	2815	2295	3095	2960	3070	2330	3187	2200
1993	3130	2245	3290	3220	3325	4854	2270	2680

$$\bar{x}=\frac{2.670+2.815+\cdots+2.680}{18}\approx 2.868$$

答：18 个初产男婴的平均体重约为 2.868kg。

(2)加权算术平均数。

如样本中有一些标志值数值相同，则可用加权算术平均数的方法计算。公式如下：

$$\bar{x}=\frac{\sum fx}{\sum f}$$

$$\bar{x}=\frac{\sum fx}{\sum f}$$

式中符号同前，f 是每种标志值的个数。

表 12-2 10 **个初生男婴的体重**

x(体重：kg)	f(人数)
2.670	3
2.815	1
2.245	3
3.270	1
2.220	2

例：有初生男婴 10 人，其体重(kg)如表 12-2，求平均体重。

$$\bar{x}=\frac{3\times 2.670+1\times 2.815+\cdots+2\times 2.220}{3+1+3+1+2}\approx 2.527$$

答：10 个初生男婴平均体重约为 2.527kg。

(3)分组资料求平均数。

如果样本较大，标志值个数很多，按上述两种方法计算平均数，工作量都太大。所以，应先把资料分组，列出次数分布表，以各组组中值代表该组各标志值，用组中值减假定平均数，除以组距，把数值化小，再用加权法求平均数。公式如下：

$$\bar{x}=A+\frac{\sum fd}{n}i$$

式中：A 为假定平均数，i 为组距，d =(组中值－假定平均值)/ 组距，组中值(m)＝下限＋组距/2。

例：抽样调查我国 160 名 20 岁男子身高(cm)的资料已列出次数分布表如表 12-3，求平均身高。

表 12-3　我国 160 名 20 岁男子身高(cm)的资料

组限	频数 f	组中值 m	$d=\frac{m-A}{i}$	fd
154～156	3	155	−6	−18
156～158	7	157	−5	−35
158～160	7	159	−4	−28
160～162	19	161	−3	−57
162～164	18	163	−2	−36
164～166	24	165	−1	−24
166～168	23	167	0	0
168～170	23	169	1	23
170～172	20	171	2	40
172～174	9	173	3	27
174～176	4	175	4	16
176～178	2	177	5	10
178～180	0	179	6	0
180～182	1	181	7	7
合计	160	—	—	−75

本例以 167 为假定平均数，组距为 2，把表列数值代入公式：

$$\bar{x}=167+\frac{-75}{160}\times 2\approx 166.06$$

答：160 名 20 岁男子平均身高约为 166.06cm。

(4)求 n 个样本平均数的总平均数。

在用几个样本(或在几个地方)调查某种现象，可获得几个平均数，若要计算这几个平均数的总平均数，要用加权法计算。公式如下：

$$\bar{x}_T=\frac{n_1\bar{x}_1+n_2\bar{x}_2+\cdots+n_k\bar{x}_k}{n_1+n_2+\cdots+n_k}$$

式中：$\bar{x}_T$ 为总平均数，$\bar{x}_1,\bar{x}_2,\cdots,\bar{x}_k$ 为各个样本平均数，$n_1,n_2,\cdots,n_k$ 为各个样本的容量。

例：经调查，我国城乡 7 岁男女儿童的身高如表 12-4，求城乡男女 7 岁儿童的平均身高。

把表列数字代入公式：

$$\bar{x}=\frac{3301\times 121.2+3308\times 120.4+\cdots 3304\times 116.3}{3301+3308+3293+3304}\approx 118.80$$

答：我国城乡 7 岁儿童平均身高约为 118.80cm。

表 12-4　我国城乡 7 岁男女儿童身高

城乡	性别	身高平均数(cm)	调查人数(人)
城市	男	121.2	3 301
	女	120.4	3 308
乡村	男	117.3	3 293
	女	116.3	3 304

(二)标准差

标准差是各标志值的离均差(标志值与平均数相减而得的差数)的平方和之算术平均数的平方根。标准差表示各标志值之间的差异大小或整齐程度,它与平均数一起,反映所测量或调查的资料的数字特征。计算标准差的公式如下:

$$s=\sqrt{\frac{\sum(x-\overline{x})^2}{n}}$$

式中:s 为标准差,其他符号与前相同。

(1)未分组资料求标准差。

例:18 个男婴体重如前例,求其标准差。

已知 18 个男婴的平均体重($\overline{x}=2.868$kg),则代入公式计算如下

$$s=\sqrt{\frac{(2.670-2.868)^2+(2.815-2.868)^2+\cdots+(2.68-2.868)^2}{18}}\approx 0.658\text{kg}$$

(2)已分组资料求标准差。

资料分组后,原始数据不见了,用上述公式无法计算,现仍以组中值代表该组标志值,按下式计算其标准差。

$$s=\sqrt{\frac{\sum fd^2}{n}-(\frac{\sum fd}{n})^2}\cdot i$$

式中符号同前。

例:已把我国 160 个男性成人的身高列成次数分布表(表 12-5),求其标准差。

把表列有关数字代入公式:

$$s=\sqrt{\frac{1009}{160}-(\frac{-75}{160})^2}\times 2=4.39$$

答:160 名成年男子身高的标准差为 4.93cm。

分组资料求标准差的关键是求 d,即把组中值减去一数再除以一数,使之化小,以便计算。所减之数称为假定平均数,从理论上说,该次数分布表中任一组的组中值都可以作为假定平均数,但为简便计,以居中一组的组中值为假定平均数为宜。所除以的那个数,则一定为组距。在次数分布表中,上一组的下限减下一组的下限所得之差,即为组距。

表 12-5　160 名 20 岁男性成人身高的次数分布表

	f	m	$d=\frac{m-A}{i}$	fd	fd^2
154～156	3	155	−6	−18	108
156～158	7	157	−5	−35	175
158～160	7	159	−4	−28	112
160～162	19	161	−3	−57	171
162～164	18	163	−2	−36	72
164～166	24	165	−1	−24	24
166～168	23	167	0	0	0
168～170	23	169	1	23	23
170～172	20	171	2	40	80
172～174	9	173	3	27	81
174～176	4	175	4	16	64
176～178	2	177	5	10	50
178～180	0	179	6	0	0
180～182	1	181	7	7	49
合计	160	—	—	−75	1009

(3)计算几个样本标准差的总标准差。

若需把几个样本标准差合并为一个总标准差，可按下列公式计算。

$$s_T=\sqrt{\frac{n_1(s_1^2+d_1^2)+n_2(s_2^2+d_2^2)+\cdots+n_k(s_k^2+d_k^2)}{n_1+n_2+\cdots+n_k}}$$

式中：s_T 为总标准差，$n_1,n_2,\cdots,n_k$ 为各个样本的容量，$s_1^2,s_2^2,\cdots,s_k^2$ 为各样本的方差（标准差的平方），$d_1^2,d_2^2,\cdots,d_k^2$ 为各样平均数减总平均数所得之差的平方，即 $(\overline{x}-\overline{x}_T)^2$。

表 12-6　我国 7 岁城乡男、女儿童身高资料

城乡	性别	身高平均数(cm)	身高标准差	调查人数(人)
城市	男	121.2	4.97	3301
	女	120.4	5.03	3308
乡村	男	117.3	4.92	3293
	女	116.3	4.81	3304

例：我国 7 岁城乡男、女儿童身高的平均数和标准差已分别求出（表 12-6）。试计算总标准差。

解：(1)先计算总平均数（前面已计算，$x_T\approx 118.80$）。

(2)计算 d^2。

$d_1=121.2-118.80=2.4$　　　$d_1^2=5.76$

$d_2=120.4-118.80=1.6$　　　$d_2^2=2.56$

$d_3=117.3-118.80=-1.5$　　$d_3^2=2.25$

$d_4=116.3-118.80=-2.5$　　$d_4^2=6.25$

(3)代入公式计算 s_T。

$$s_T=\sqrt{\frac{3301\times(4.97^2+5.76)+3308\times(5.03^2+2.56)+\cdots+3304\times(4.81^2+6.25)}{3301+3308+3293+3304}}\approx5.34$$

答:我国 7 岁城乡男女儿童身高的标准差为 5.34cm。

为了表示一种现象的数字特征,常用平均数或单位标准差是不够的,需要把二者联合应用,即以 $\bar{x}\pm s$ 的形式表示。如本例 $x_T=118.8$, $s_T=5.34$,则表示为 118.80±5.34。这样,既反映了一般水平,又反映了整齐程度。

(三)比率和比例

若所获资料为计数数据,则常需计算某种事物的比率(两个数之比)或比例(部分与总数之比)。

例如:已知甲校某年患传染病者共 10 例,乙校 8 例。求两校传染病例数的比率。

甲校例数 / 乙校例数=10/8=1.25(倍)。

这是以乙校例数为基础,并把它抽象为 1 时,甲是乙的 1.25 倍。二者的比率为 1.25∶1。

又如要知道不同年龄儿童青少年的肌肉增长情况,先要计算各年龄儿童青少年肌肉占体重的百分之几。这时,就要求比例,即把肌肉质量除以体重再乘以 100%。

三、教育过程的卫生调查研究

学校合理安排学生的学习、休息、锻炼、饮食、文娱、睡眠、课外活动和社会活动,是促进学生德、智、体、美全面发展的有力保证,教育工作者要对学校的作息情况进行调查研究,提出改进建议,并培养学生遵守作息制度的习惯。

调查某学校学生一日作息情况,可以深入一个班进行全天调查,给予卫生评价和分析。

调查内容和方法:

(1)请班主任介绍情况,如各科教师的教学和学生的学习情况,课外作业和课业负担情况,学生的课外活动和体育锻炼,社会活动和健康情况等。

(2)对学生一日学习和生活进行观察了解,将一个班的课表及全天活动记录下并进行对照分析。

(3)由学生填写“学生一日作息制度调查表”(见表 12-7)。

(4)测定学生一日工作能力的变化。

(5)测量学生教室的光照度、微小气候、噪声等环境条件,以供评价时参考。

表 12-7　学生一日作息制度调查表

学校:________　班级:________　编号:________

姓名:______　性别:______　民族:______　年龄:______

作息制度执行情况

一、课业学习(按一周内各天填写)

上课时间:＿＿＿＿＿＿

自习时间:＿＿＿＿＿＿

课外自习及作业时间:＿＿＿＿＿＿

二、每周社团活动和社会工作时间:＿＿＿＿＿＿

三、每天户外活动时间(包括上学、放学路上时间及其他在户外活动时间,据多数情况填写):＿＿＿＿＿＿

四、每天体育活动时间(按多数填写)

一周各天活动:＿＿＿＿＿＿

体育课几节:＿＿＿＿＿＿

有无课间、课前操和眼保健操:＿＿＿＿＿＿

课外体育活动:＿＿＿＿＿＿

五、休息时间的利用(按多数情况填写)

课间休息:室内外活动＿＿＿＿　读写＿＿＿＿

午间休息:室内外活动＿＿＿＿　读写＿＿＿＿　午睡＿＿＿＿　家务劳动＿＿＿＿

晚自习前休息:室内外活动＿＿＿＿　读写＿＿＿＿　家务劳动＿＿＿＿

六、睡眠(按一周内各天填写)

晚间睡眠时间:＿＿＿＿＿＿

午睡时间:＿＿＿＿＿＿

七、进餐时间

早餐:＿＿＿＿＿＿　午餐:＿＿＿＿＿＿　晚餐:＿＿＿＿＿＿

有无间食:

八、工作能力测定记录(由调查者填)

测定项目	测定时间				
	早读前	第二节课后	第四节课后	下午第一节课前	下午末节课后

九、健康状况

是否常患病:＿＿＿＿＿＿

患何种病:＿＿＿＿＿＿

分析评价:＿＿＿＿＿＿

根据一天的调查和填表材料,完成以下工作。

1. 对作息制度的执行情况进行评价。

2. 对测定的学生疲劳情况进行分析，看全班疲劳发生率是否在50%。

3. 评定疲劳情况是否严重，看作息制度的安排和执行存在哪些问题，分析原因，并提出改进意见。

4. 对学校作息制度的建议。

四、体育卫生调查

学校在组织学生体育课和体育运动时必须要进行卫生监督。为此，需进行调查研究，根据实际情况采取有效措施，以促进学生身心健康，不断增强学生体质。所以教育工作者要掌握一些体育锻炼的调查知识和方法。

(一)心血管机能的试验与评价

学校在开展体育锻炼时，首先应对学生进行心血管机能试验，了解其心血管的机能和其他器官系统的机能状况，以供锻炼参考。

试验方法：

1. 30 秒 30 次蹲起机能测试与评定

(1)测试使用器材：秒表。

(2)测试步骤：

①静坐 5 min 后，测出 15 s 的心率，并将所得乘以 4，得到 1 min 的心率，标记为 P_1。

②受测者从立正姿势开始，在 30 s 内完成 30 次蹲起动作，最后一次站起来时，测即刻 15 s 心率，将所得乘以 4，标记为 P_2。

③受测者休息 1 min 后，再测 15 s 心率，将所得乘以 4，即恢复期第一分钟的心率，标记为 P_3。

(3)测试评价：

指数$= P_1+P_2+P_3-200/10$

根据指数公式评价学生的心脏功能，指数小于或等于 0 的为最好，0～5 为很好，6～10 为一般，11～15 为不好，大于 16 为很差。

2. 布兰奇心功指数(BI)

(1)测试使用器材：秒表、血压计、听诊器。

(2)测试步骤：受测者采取坐姿，待完全安静下来后，测 1 min 的心率，然后测血压。

(3)测试评价：

布兰奇心功指数＝心率×(收缩压＋舒张压)/100，其中血压以 mmHg 为单位。

布兰奇心功指数这一方法的特点是在测量心率的同时，考虑了血压的因素，能较全面地反映心血管机能。布兰奇心功指数在 110～160 范围内为心血管机能正常(平均值为 140)；如果超出了 200，则应进行心血管机能检查。

3. 联合机能试验

(1)测试使用器材：秒表、血压计。

(2)测试步骤：

试验开始时，首先测量安静时脉搏和血压，然后不解开血压计袖带和气囊，按顺序做3个机能试验，各部分之间密切衔接，动作要符合要求：

①30秒20次蹲起：受测者两足开立与肩同宽，两臂自然下垂，在30 s内做20次蹲起，结束后立即测量。每分钟测量脉搏和血压各1次，共连续测量3 min。

②15 s原地快跑：跑的速度和强度如同百米跑，跑完后测量恢复期的脉搏和血压，共测4 min。

③3 min(女生一般做2 min)原地高抬腿，要求每分钟步频为180次，做完后测量恢复期的脉搏和血压，共测5 min。

(3)测试评价：

根据负荷后脉搏和血压升降的幅度，以及恢复时间来评价，一般有5种反应类型。

①正常反应型：负荷后收缩压和脉搏适度平行上升，舒张压适度下降或保持不变，脉搏和血压在负荷后3～5 min恢复至负荷前水平。

②紧张性提高反应型：负荷后收缩压明显升高，可达180～200mmHg，舒张压也升高10～20mmHg，脉搏明显增加。

③无力反应型：负荷后收缩压上升不多甚至下降，脉搏急剧增高，血压和脉搏恢复时间长，这种现象表示心肌收缩力减弱或不良。

④紧张不全反应型：负荷后舒张压极度下降至零时仍能听到音响，即所谓“无休止音”现象。

⑤梯形反应型：负荷后恢复期内第一分钟的收缩压上升不多，比恢复期内第2或者第3 min的收缩压低，以后逐渐下降，脉搏明显加快，舒张压上升或不变。

(二)体育课密度的测定

体育课密度是指学生实际锻炼的时间占整节课时间的百分比，包括教师讲解、示范、指示、改正、练习、学生相互帮助进行练习等的全部时间。学生进行各项练习的时间，按照从队伍中出列做练习到入列为止进行计算。事先选择好对象，从上课开始至下课，观察并记录其每项活动时间，最后计算一节课的密度。

体育课的密度(%)=[学生实际锻炼时间(分)÷一节课总时间(分)]×100%

体育课的密度应在50%～70%。由于教学组织不当，或场地器械不足等，体育课的密度差异很大，密度太小达不到锻炼的目的，密度过大又是造成运动量过高的原因。评价时可以结合生理负担来考虑。

(三)体育课运动量的生理负担测定

1. 指数法

记录受测者安静时(课前)、准备活动结束时、基本部分结束时、整理活动结束时和课后10 min的脉率，算出体育课的平均生理负担量，代入生理负担量指数公式，算出生理负担量指数，利用运动负荷指数评定表(表12-8)，分析体育课的生理负担量是否合理。

生理负担量指数=体育课平均脉率/课前安静时脉率

表 12-8　运动负荷指数评定表

运动负荷指数	运动负荷等级
2.0～1.8	最大
1.8～1.6	大
1.6～1.4	中等
1.4～1.2	小
1.2～1.0	最小

2. 百分法

据库伯报道，对心肺功能锻炼的最佳运动强度是在心脏每博输出量最大时的心率范围内，这个范围的心率与体位有关。实验证明：脉率超过 180 次每分钟的运动，不利于增进健康。因此，运动生理学家把脉率 180 次每分钟的运动强度定为健康价值阈的上限。所以，对中学生体育课生理负担量的确定，可用百分法（$K\%$）来计算，并参照体育课生理负担量等级表（表 12-9）来评价其生理负担量等级。

$$K\%=\frac{\text{体育课平均心率}-\text{课前安静时心率}}{180-\text{课前安静时心率}}\times 100\%$$

表 12-9　体育课生理负担量等级

运动负荷指数	运动负荷等级
1%～20%	最小
20%～40%	小
40%～60%	中等
60%～70%	大
70%～80%	最大

（四）体育卫生调查和体育课的评价

学校体育卫生调查参考提纲

（1）过去体育工作的成绩。

学生身体发育健康的变化；达到国家体育锻炼标准的人数、百分比；运动外伤预防的效果；其他。

（2）目前体育工作情况。

体育课和课外体育活动的安排；体育分组情况；体育课出席率；女生月经期如何安排；早操、课间操、课外活动的组织和参加情况；教师是否执行体育课教学大纲，有无教学计划和教案。

(3)场地、器械及设备。

运动场的面积,地面布置是否考虑安全;场地和设备及器械的安全卫生情况。

(4)体育卫生监督工作。

对学生的健康检查(入学参加运动竞赛前及病愈复学检查以及定期体检);体育健康分组;课内外体育活动量的调查;场地、环境设备和器械的安全检查;外伤预防及卫生教育工作;学生自我观察的指导;营养和生活制度的督导工作等。

(5)体育教师、校医、保健教师及班主任在体育卫生工作中的职责,相互协助情况等。

(6)听取学校体育卫生工作情况,询问、观察后作好记录,收集资料,经过分析,提出该校体育卫生工作的优缺点,提出改进建议。

五、学校膳食卫生调查

(一)膳食卫生管理的调查

对某学校的膳食管理作初步调查,做出评价和提出建议。

调查提纲如下。

(1)是否编制食谱,每日所供给的食物量能否满足学生所需要的热量和营养素。

(2)每天的食物内容,怎样调配。

(3)饮食制度和厨房的卫生制度。

(4)厨房的环境卫生情况。

(5)观察炊事员在准备及烹调食物时的方法。

①肉和菜是否新鲜,是否先洗后切,是否泡在水中;

②淘米的方法和次数是否适宜;

③菜、肉的摘切方法,如大小厚薄,切后放多长时间下锅;

④生熟菜是否分用菜板;

⑤烹调时是否放碱,用什么调味品;

⑥烹调的方法:炸、炒、蒸、煮;

⑦煮的菜是否放在小火上再烧,或一再煮烧后供给学生食用;

⑧煮饭是否去米汤,面汤是否被利用;

⑨各种饭菜的软硬,是否利于消化吸收;

⑩炊事人员个人的清洁卫生情况如何。

(6)观察食物制成后的感官性状。

①饭菜样式及颜色的调配是否美观;

②饭菜是否有自然香味,能否引起食欲;

③饭菜的温度是否合适;

④餐具大小是否合适,是否清洁。

(7)观察学生的进餐情况。

①食堂有无餐桌,学生怎样进餐;

②学生进餐量和进餐时间；

③学生有无偏食情况；

④学生进餐的清洁卫生情况；

⑤学生是否爱惜和节约粮食。

(8)膳食是否符合经济原则。

①采用的蔬菜是否新鲜，是否为该季节供应较多的种类；

②是否采用杂粮和豆类及豆制品；

③食堂是否养猪，自制豆浆、点心等以减少伙食费用；

④是否利用学生吃的蔬菜代替水果；

⑤是否采用计划膳食。

(9)学校有无专人管理膳食，如何领导膳食工作，有何经验。

(二)学校膳食调查和营养分析

调查学校学生的营养情况，可以不分年龄作全校性的调查，也可抽样检查同年龄组少数学生，同时与学生身高、体重和健康疾病对照分析。

一般有三种调查方法：

(1)询问法：连续详细询问 3～5 d，每日每餐所吃的食物种类和数量，并了解过去饮食情况。先预制询问表格，以便登记统计。这种方法不够准确，只能作为初步摸底用。

(2)查账法：主要是通过查账查出学校每日消耗的食物种类和数量、每日用膳人数，用以计算每人的营养情况，这种方法可以调查较长时间的用膳情况，但欠精确。

(3)称量法：是比较精确的膳食调查法。称量的步骤是将被调查的学校每餐的各种食物所消耗的数量(可食部分)在烹调前的生重、烹调后的熟重、吃剩的重量都称量记录。调查时间一般 3～5 d。将这几天消耗的各项食物加以分类综合起来，求得每人每日食物的消耗量，然后按食物成分表中 100 g 食品的可食部分计算，求得的数字，就是这几天平均每人每日所摄取的各种营养和热量。

称量时所用的秤应是当时统一的新秤，先经校准，以求正确。这种调查，最好每一季度一次，以便了解学生在不同季节的生长发育情况。在调查同时，要测学生的身高、体重。几年以后，能找出一些规律性的资料，方便总结经验。

(1)计算步骤：

计算前，先核对食物登记表上食物名称、数量及每餐用餐人数是否正确，核对后供用。随后再拟出一些整理表格(见表 12-10 至表 12-12)，以便将资料作有系统的分组与分析。通过资料的统计分析可得出一些统计数字，再从统计资料中找出问题，应用到实际工作中去，从而改进工作，这是调查的目的。

(2)计算方法：

①首先根据食物登记表求出实际食用量。

实际食用量＝食用量(净食量)×可食量熟后量

例如:某学校早餐112人,早饭用米9 kg,煮成稀饭后为49.5 kg,食剩7.5 kg,净食量=49.5−7.5=42 kg。

实际食用量=84×1899=7.5 kg

②求得每人每日各种食物消耗量。

每人每日消耗量=(总消耗量/人数)÷总天数

将调查期间所用各种食物全部质量分别相加即为总消耗量,除以人数,再除以天数,就是平均每人每日的消耗量。

③求得每人每日从膳食中所得的营养素和热量。

④从总热量中求得蛋白、糖、脂肪所占的百分比。

(3)最后与标准营养和热量的供给量比较分析,提出改进意见。

表12-10　学生年龄及人数表

班级	年龄	人数

表12-11　食物登记表

日期	餐别	食物名称	总质量(kg)	可食量(kg)	熟后量(kg)	剩余量(kg)	净食量(kg)	实际食品量(kg)	价格

表12-12　食物供应量表

班级	豆类及其制品	鲜果	动物性食品	菜类	调料	粮	油	糖

其他如一周食谱表及每人每日热量与营养素供给表见第六章。

学校膳食调查时几种常用的换算公式如下。

①1 mg=1000 μg。

②1 t=1000 kg。

1汤匙=15 mL,1 mL(cc)水约重1 g。

1茶匙=4 mL,1 L=1000 mL。

③酱油一汤匙=15 g,面粉一汤匙=5 g。

菜油一汤匙=10 g,白米一汤匙=15 g。

白糖一汤匙=9 g。

汤匙和茶匙均采用标准制品。

六、学生常见病检查

学校保健教师、班主任、科任教师或领导，可以协助校医及校外医务人员对学生几种常见疾病和身体缺陷进行检查，以便及时矫治。

(一)沙眼

沙眼是学生常见的疾病之一，其病症和病程并非千篇一律。因为影响它的因素是多方面的。沙眼临床分期分级标准见表12-13。

1. 诊断的依据

(1)上穹隆部和上睑板结膜血管模糊充血；乳头增生，滤泡形成或两者兼有。

(2)用放大镜或裂隙灯显微镜可见角膜血管翳。

(3)上穹隆部、上睑板结膜出现瘢痕。

(4)结膜刮片检查发现包涵体。

在第(1)项的基础上，兼有其他三项中之一者，可诊为沙眼。

表12-13 沙眼临床分期分级标准

分期	依 据	分 级	活动性病变占上睑板结膜面积
Ⅰ	上穹隆部和上睑板结膜有活动性病变（血管模糊充血和滤泡形成）	轻(+)	<1/3
		中(++)	1/3～2/3
		重(+++)	>2/3
Ⅱ	上穹隆部和上睑板结膜有活动性病变，同时出现瘢痕	轻(+)	<1/3
		中(++)	1/3～2/3
		重(+++)	>2/3
Ⅲ	仅有瘢痕而无活动性病变	—	不作统计
疑沙	上穹隆、眦部仅有轻度充血和少量乳头增生及滤泡形成，并已排除其他结膜炎	—	不作统计

2. 检查方法

主要用肉眼观察。由于沙眼早期多出现在上睑结膜的睑板上缘和上穹隆部，所以检查时一定要翻开上眼睑。一般用单手翻睑法，先嘱受检者向下看，以食指和拇指夹住上睑中央部的皮肤，食指向下压，拇指把皮肤向上卷，便可将上睑翻转；检查上穹隆时，可请受检者尽量向下看，用左手拇指将已翻转之眼睑向上提起，并将其稳定于眶缘上，再以右手拇指置于眶缘处，轻轻向上后方推动眼球，即能暴露上穹隆部。

先看被检查者睑缘和眼睫毛是否正常，有无倒睫或睑内翻，同时用手指挤压内眦角部观察有无分泌物流出。然后翻上眼睑，观察眼睫毛有无病变，血管是否清楚，有无充血、滤泡、乳头或疤痕等。

3. 记录

如睑结膜表面光滑，结膜下血管轮廓清楚，表示无沙眼，可用“(—)”符号记录。

如有病变，可按表 12-13 记录。

(二)龋齿

儿童青少年正值乳齿和恒齿更换时期，应重视防治龋齿，因为龋齿影响儿童的发育和健康，学校要定期为学生进行检查，以便及时矫治。

1. 龋齿的诊断标准

(1)无龋：无充填体，也不需充填者。

(2)龋齿：牙的点隙、裂、沟或光滑面有色、形、质的改变，以形、质改变为诊断的主要依据。

如果发生牙釉质脱矿、崩解以至成为洞“形”的改变或当探针插入，感到洞壁或洞底有软化为“质”的改变时，可诊断为龋齿。如釉质上有白垩色斑点或有着色、粗糙的斑点，点隙和窝沟能卡住探针但无软化，此时不诊断为龋齿。

(3)龋失：未到替换年龄因龋失掉乳牙、恒牙，诊断时应注意排除非龋丢失，如生理性替换。

(4)龋补：因龋而进行充填的乳牙、恒牙，已充填牙合并原发龋(龋坏与充填体不连结者)或继发龋，均按龋齿计。

2. 记录方法

(1)无龋：以“(—)”符号记录。

(2)龋患：乳牙龋用“$d_{1,2,3\cdots}$”在相应的象限内标注；恒牙龋用“$D_{1,2,3\cdots}$”在相应的象限内标注。

(3)龋失：因龋失掉的乳牙，记录为“$m_{1,2,3\cdots}$”；因龋失掉的恒牙，记录为“$M_{1,2,3\cdots}$”。

(4)龋补：因龋而进行充填的乳牙，记录为“$f_{1,2,3\cdots}$”；因龋而进行充填的恒牙，记录为“$F_{1,2,3\cdots}$”。

D、M、F 或 d、m、f 分别表示恒龋或乳龋的患、失、补。其中 D 表示恒龋患，d 表示乳龋患；M 表示恒龋失，m 表示乳龋失；F 表示恒龋补，f 表示乳龋补。D、M、F 或 d、m、f 后的阿拉伯数字表示具体的某颗牙。

3. 乳齿和恒齿的鉴别

(1)颜色：乳齿的牙冠比恒齿白，恒齿略带黄色，且比乳齿更有光泽。

(2)体积：乳齿比同名恒齿小，但齿磨牙比日后替换它们的恒双尖牙略大些。

(3)牙冠形态：乳具牙冠的钝圆，牙颈部及牙合面均明显窄缩，牙冠近颈部 1/3 特别突出。

(4)乳磨牙萌出早，且钙化度低，磨耗较恒齿重。

(5)参考年龄及本人主诉换牙否。

(三)视力不良和近视检查

1. 远视力检查

采用标准对数视力表进行远视力检查。悬挂高度应使视力表 5.0 行视标与多数受检对象的双眼呈水平位置。视力表的照度约 300～500 lx。在室内检查,要求光线最好由南面射入,挂视力表的墙上无窗,墙壁为白色。如在室外检查,应没有阳光反射,避免光炫目或不均匀的阴影。

(1)检查方法:

① 受检者距视力表 5 m 处站立,用遮眼板将左眼轻轻遮上,先查右眼视力,后查左眼视力。测试者应将指点棒点在每个视标的正下方 0.5cm 处,力争检查中将各视标缺口的 4 个方位都检查到。

② 可先从 5.0 一行视标认起。如果看不清再逐行上查,如辨认无误则逐行下查。要求对每个视标辨别时间不超过 5 s。规定 4.0～4.5 各行视标中每行不能认错 1 个,4.6～5.0 各行视标中每行不能认错 2 个,5.1～5.3 各行视标中每行不能认错 3 个。超过这一规定就不再往下检查,而以本行的上一行记为该受检者的视力。

③ 如 5 m 处不能辨认视力表最上一行视标时,则令受检者站立于距视力表 2.5 m 处或 1 m 处进行检查。应将所得视力值分别减去校正数值 0.3 或 0.7 后记为该受检者的视力。如 1 m 处仍不能辨认视力表最上一行视标时,视力值记为"0"。

(2)诊断标准:凡视力小于 5.0 者即为视力低下,小于 5.0 大于 4.8 者为轻度视力低下,4.8～4.6 者为中度视力低下,4.5 及 4.5 以下为重度视力低下。以视力最低的一只眼为准。

2. 近视力检查

(1)检查时,眼距 30cm,先测左眼,后测右眼,将被检眼所能正确辨认的最后一行视标的视力记下,最好直接以 5 分记录。

(2)变距测法:如被检眼在 30cm 处看不清视标,可按照变距校正表中所列的距离由被检者自己选择,使能测出最高视力,然后按距离校正实际视力。例如:一近视眼在 15cm 处可认出 5.1 视标,查变距校正表第 3 列得－0.3,则实际视力为 5.1－0.3＝4.8;又如一老花眼于 40cm 处可认出 5.0 视标,查变距校正表第 6 列得＋0.1,则实际视力应为 5.0＋0.1＝5.1。

(3)视角(分):5 分记录下附有视角(分)数值,除表示该视标在 30cm 每一画的视角处,还有另一用处,而倒过来便是小数记录的准确数值。

3. 远、近视力表配合应用时进行视力分析

如远视力不正常而近视力正常,可以初步认为是近视屈光,也可能为远视。

如远视力和近视力均不正常,可能为远视、散光或其他眼病。

如远视力正常,近视力不正常,可能是远视、远视散光、老视。

4. 近视的诊断

①插片和串镜检查：

为了进一步确定近视，可使用插片或串镜检查。可用屈光度为＋0.5度以上的凸透镜和屈光度为－0.5度以上的凹透镜片，镶嵌在板上进行检查。

检查办法：令受检查者坐或站立在距视力表5 m处，以遮眼器轻遮住一眼，先用凸镜后用凹镜试验。从最小屈光度(±0.25)开始，逐渐加大。如用凹镜视力增强，可初步认为是近视，可进一步用雾视法诊断。

记录方法：如用凹镜2.0D看到5.1，则记录为－2.0D＝5.1；如用凸镜1.5D看到5.0者，则以＋1.5D＝5.0表示。如用凸凹镜后，视力无改善，则记为"矫正无效，可能患其他眼病。"

②云雾法：

用＋2.0～＋3.0屈光度的凸透片或同样度数的眼镜。

令受检查者戴上眼镜看远方0.5～1 h后，除去眼镜，立即检查视力。如视力较原来有所提高，确定为假性近视。

5. 视力不良和近视的原因检查

视力不良和近视发生的原因受多种因素的影响。有先天遗传和体质的因素，同时又与环境条件和生活习惯等有关。因此，学校在开展保护学生视力，预防近视的工作时，必须从实际情况进行多方面检查，找出原因，才能有效地开展工作(见表12-14)。

表12-14　学生近视原因调查

学校名称＿＿＿＿＿＿＿＿　年级＿＿＿＿＿＿

姓名＿＿＿＿＿＿　性别＿＿＿＿＿＿　年龄＿＿＿＿＿＿　(年月日生)

家长职业＿＿＿＿＿＿＿＿＿＿＿＿

家中谁是近视眼：父母、兄弟、姐妹、祖父母、外祖父母

一、健康情况

身高＿＿＿＿＿＿　体重＿＿＿＿＿＿

是否常患疾病＿＿＿＿＿＿＿＿＿＿＿＿

患过何种眼病＿＿＿＿＿＿　何时发现视力下降＿＿＿＿＿＿

患过何种急性病＿＿＿＿＿＿＿＿＿＿

患何种慢性病＿＿＿＿＿＿　其他＿＿＿＿＿＿

二、阅读的习惯

在过强或过弱暗光线下看书　经常　偶尔　无

躺着看书　经常　偶尔　无

走路乘车看书　经常　偶尔　无

远眺　经常　偶尔　无

眼与书距离＿＿＿＿＿厘米

阅读姿势____________________

课间活动性休息____________________

三、一日生活

课间操及体育锻炼　　　　经常　　偶尔　　无

眼保健操　　　　经常　　偶尔　　无

每天睡眠时间__________小时

四、视力工作负担

每周课堂学习__________小时

每天平均课外学习(作业、自习)__________小时

隔____________小时休息一次

每周看电视__________次

每周看电影__________次

每周看小说、报刊__________小时

五、学习环境(询问老师或父母)

教室采光照明:最小照度________平均照度__________

最小自然照度系数________________

家庭照明情况:日光灯(功率)________白炽灯(功率)__________

灯距桌面高度________________

六、营养

热量和蛋白质、维生素供给情况____________________

饮食习惯__________是否偏食__________

七、视力检查

裸眼视力　　左________右________　　近视力　　左________右________

矫正视力　　左________右________

雾视后视力　左________右________

初步诊断________________

八、处理

将调查结果进行整理、统计。

视力不良新发病率(%)=(视力不良新发现人数/学期初视力正常人数)×100%

视力不良新发生率(%)=某期间内视力不良新发现眼数/(同期内群体平均人数×2−原有视力不良眼数)×100%

平均视力=调查眼的视力之和/调查眼数

用+2.0~+3.0屈光度的凸透片或同样度数的眼镜。

以人数和眼数为单位进行整理统计,可计算出各年级学生的视力不良率为:

$$\frac{\text{视力不良人(眼)数}}{\text{该年级受检人(眼)数}}\times 100\%$$

视力不良程度:分别计算视力不良人(眼)数的百分比(见表12-15),性别视力不良率见表(12-16)。

表 12-15　视力不良情况统计

年级	受检人数	视力低于 5.0（5 分）		受检眼数	视力低于 5.0 的眼数（5 分）				
		人数	%		4.0～4.3	4.4～4.7	4.8～4.9	合计	%

表 12-16　性别视力不良率统计

年级	检查人数			视力不良					
	男	女	合计	男		女		合计	
				人数	%	人数	%	人数	%

七、学校环境卫生的调查和评价

(一)学校环境卫生调查总纲

对中小学的环境卫生进行实地调查。一般事先与调查的学校联系，提出要求，调查前，先由该校负责人介绍一般情况：

(1)学校的性质，学生、教职员工人数，班级和年龄等；

(2)学校校地的位置、周围环境情况、服务半径和配置情况；

(3)学校房舍的建筑经过及现在使用情况；

(4)学校的水源和供水情况；

(5)学校污物(垃圾、粪便、污水)的处理情况；

(6)学校环境卫生的管理方法和制度。

调查者详细参观校舍，对学校环境进行概括了解，按调查提纲进行分析，做出评价和提出建议。

调查提纲

(一)基本情况

学校地址、历史沿革、全校总学生数、男女学生数、全校人数、教职员工数。

(二)校址

(1)服务半径、地势、土质、周围的卫生条件(噪声、空气污染等)。

(2)校地的组成及相互配置。

(3)总面积、每人所占面积。

(4)防护地带：绿化情况、绿化占地百分比。

(三)校舍

(1)校舍正面的朝向，多数校舍的朝向。

(2)校舍的建筑形式、层数。

(四)教室

(1)容纳人数、位置、朝向、型式及配置。

(2)长、宽、总面积、每人占面积、室高。

(3)采光。

采光方位与对面建筑物之距离、窗户设置情况、窗户数、采光系数、自然照明系数、玻璃的清洁程度,墙、天花板及桌椅的颜色。

(4)通风与微小气候。

每人占气积(容积)、小窗面积、通风制度,微小气候测定。

(5)清扫制度:清洁状况。

(五)运动场

总面积、每人占面积、与校舍的距离、地势及面积。

(六)其他房舍

(七)饭厅、厨房

(八)厕所配置:数量、蹲位数(男、女)

(九)供水(一般了解)

(十)污水及垃圾处理(一般了解)

(十一)管理制度、检查制度及有关卫生管理的组织等

(二)教室的自然采光和人工照明情况测定

测定教室的采光和照明,先要将年级班别、学生人数,教室的长、宽、高、面积、容积,平均每名学生占地面积、气积,教室的位置、朝向、门窗数、型式及配置等测定清楚。

1. 教室的自然采光、采光方向

要测窗台高度、窗高,窗上缘与天花板的距离,窗间距,窗与前后壁的距离,室深系数、窗玻璃面积,窗的遮挡和清洁情况,采光系数,自然照度系数,墙壁和天花板颜色,墙壁反射系数等。

(1)采光系数的测定。

测量并计算出教室中直接透光的窗和门的面积(即直接透光的门、窗的玻璃面积)与该教室地面面积的比,以 1 比多少表示。

如果某教室窗玻璃总面积为 8.5m^2,教室地面积为 54.0m^2,计算采光系数时

$$采光系数=\frac{8.5}{54.0}\approx\frac{1}{6.4}$$

该教室的采光系数约为 1∶6.4。

采光面积:指平房建筑或楼房建筑的门窗直接通建筑物外的透光面积,其门上的玻璃也算采光面积。设外走廊的教室、对面外走廊的玻璃面积亦属此列。

(2)自然照度系数。

$$自然照度系数=\frac{室内照度}{室外照度}\times100\%$$

在实际工作中，通常以最小自然照度系数作为评价教室采光的客观指标。

测定的方法：在单侧采光的教室，室内照度选离窗最远、光线最差的一个桌面上测定。双侧采光者，则选教室中间一排的桌面测定。室外照度最好与室内照度同时测量，倘仅有一台照度计，则可在测定室内照度前后各测一次室外照度，取两次测得数的平均值作为室外照度值。这样可减少因室外照度迅速变化所造成的误差。

测定室外照度时，必须选择空旷的地点，注意避免阳光直射，为此，可在照度计的光电池上 0.5～1.0 m 处挡一硬纸板，纸板以暗色为宜。

2. 教室人工照明的测定

教室照明器的种类、数量、配置情况（灯间距、灯墙距、角度、悬挂高度），每个灯管（泡）的功率，灯的使用情况，桌面照度，均匀系数。

教室的通风、换气和采暖等设备情况。

教室内课桌椅情况、类型、排列。

教室黑板的材料、大小、高度、颜色、反光情况等。

评价教室的人工照明，除作一般调查了解外，尚需测定在开灯情况下桌面的实际照度。

选点：可测量教室内每个桌面的照度，或隔一个桌子测一点。也可在教室灯下、灯间及室内四个角各选 9～16 个桌面进行测量。测量黑板的照度可选黑板面中部左、中、右三个点，左、右两点一般选离黑板边缘约 30 cm 处。

可按下述项目进行汇总（见表 12-17）。

表 12-17　________学校____年____班级教室照度测定结果

工作面	测量总点数	照度(Lux)			均匀系数
		最大	最小	平均	
桌面					
黑板面					

测定时学生是否在教室：学生数_____、测量时间_____年_____月_____日_____时。

平均照度指桌面（或黑板面）所测量点的照度值的平均数。

$$均匀系数=\frac{最小照度}{最大照度}$$

3. 墙壁反射系数

$$墙壁反射系数=\frac{照度计光电池感光背光面所测照度}{照度计光电池感光面向光时所测照度}\times 100\%$$

测量时，先将照度计光电池贴在墙壁上，使感光面朝外，测得该墙壁的照度，再于距该墙 20～30 cm 处，在上述测量的同高度，将照度计光电池的感光面对向该墙壁，即可测得墙壁反射光线的照度。

测定方法不当时，会影响测量结果。因此，测量墙壁照度位置最好高一些，测定者持照度计光电池部分时，可将手伸直，高举过头，以免身体将光线遮挡。

(三)教学用具的卫生检查

对学生使用的教科书、读物、笔记本、铅笔、钢笔、书包等进行检查。

1. 课本及读物的卫生要求及检查方法

学生的课本和读物的纸张应为白色(淡黄、淡灰蓝亦可)，表面光滑，不反光，铅字不能印露过背面，纸厚应在 0.1～0.75 mm，排版上要求书页四周围有空白：内方为 15～20 mm，上方为 20～25 mm，外方为 25～30 mm，下方为 30～35 mm。

印刷要求清晰，字漆黑，色彩鲜明，着色坚固而均匀。

各年级课本和读物字迹大小适当。

检查方法：课本的行间距离在普通放大镜下用普通尺即可测量。还可用玻璃薄板，大小与书页大小相同，在板上刻有成对的平行线条，其间距离等于正常的行间距离，当把薄板放在书页上时，马上就可以看到行间距离与正常的比较的结果(或大或小或相等)。测行间距离或字间距离时要选择容易看的地方，即字边是直线的地方。在评价方块汉字的大小时应选取笔画数中等及笔画数多的有代表性的几个字，测量各横竖笔画的粗细及其间的距离。

2. 笔记本、铅笔、钢笔、钢笔尖及书包的卫生检查提纲

(1)笔记本的卫生要求及检查提纲：儿童用的笔记本页数不应太多，推荐 12 页及 24 页的笔记本，用良质的纸，够结实，装订良好，写字不晕不透，表面平滑(写字流畅)，但不反光。

纸的流畅性、坚固性及透露性：在不能利用实验室的方法进行检查时，可以用直接在纸上书写的方法进行检查。具体表现为在质量好的纸上写字，钢笔尖易于划动、划不破、墨水不晕(纸的致密性)，字露不过背面。

有一种很简单的用“笔画”检查纸的方法，就是在一张纸上，用中度压力、用笔尖画几条粗细不同的逐渐粗起来的笔画，然后再确定那一条没有使墨水透过纸面的笔画有多么粗。胶料含量较大的纸上，宽 1.25 mm 以内的笔画不会透过纸的背面去，也不会晕开。这种适于制造笔记本或供儿童书写。

笔记本的纸应是白色的(白稍呈淡青灰色也是允许的)，线条是明显的淡青色或淡紫色，清楚、均匀、没有模糊的地方，也不能把颜色擦掉，边上留有空白可用红线隔开。

笔记本的卫生检查提纲(填写检查表格的举例)

出品企业的名称：中百审批文具纸张批发部监制(78/8 造币厂印)笔记本 30 页，大小为 160 mm×205 mm，纸较厚、坚固，在表面上印有淡褐色图案花纹。

纸：(色、纸面、坚固性、透露性)纸白色稍显淡灰。粗糙，另面比较光滑，但写字都不阻挡笔尖，墨水附着均匀，不晕散，细笔画不透露，1.0 mm 的笔画是透露的。

线条：线条为淡蓝色的横线，着色不均匀，有的线条色深也粗，有的线条色浅也细，在

粗糙的一面着色更不良，呈断续状。两根线条之间的距离为 6.5 mm。在上方有并行的两道线与 20 mm 的空色边分开。

结论：纸较薄、页数较多、线条的印刷也不够令人满意。但纸面坚固，不晕散，可流利书写，对于中学生来说，基本可以使用，不适于儿童使用。

(2)铅笔：学校里使用的铅笔应当是，六棱的或八棱的，直径 7～8 mm，长度为 170～180 mm。铅笔的轴心(石墨部分)应当是同一质量的，中等硬度，写字时笔道均匀而清晰。使用过于软的铅笔，在继续写字的过程中石墨条的消耗太快，字迹经抚摸容易擦落并易将纸弄脏，用力削时或书写时易断。如使用过于硬的铅笔书写时，需要手肌肉相当大的力量，并且笔道是灰色的。这都是不良铅笔的特征。

铅笔的木杆应当软易于刀削，削面平滑。

铅笔外壳上的颜色应使之悦目、固着、没有剥离的漆膜，更不应当溶于水。

铅笔的卫生检查提纲。(填写调查表格举例)

出品厂名称：中国铅笔公司。

商标及符号：8301，天坛。

型式、大小：六角柱形，直径 7 mm，长 180 mm，后端有一个橡皮头。

石墨的性质、笔迹的色度：石墨能够很好地削尖，书写时柔软而均匀，笔道是清晰的中等色度。

木材的质量及颜色(色可溶性及其他)：木材易于刀削，削面平滑，铅笔的形式很好、棱上为粉色，面是紫色，颜料附着坚固，用 1% $NaHCO_3$ 及 1% HCl 不能洗去(代替唾液和胃液)。

结论：此铅笔检样适于儿童使用。

(3)钢笔：学生使用的钢笔，蘸水钢笔的直径 8～9 mm，杆长 150～170 mm。吸水钢笔杆长约 120～130 mm。

蘸水笔的笔尖以嵌入杆内为佳，镶在杆外的环形金属笔尖易使墨水逆流而污染手和笔记本，不宜选用。

钢笔尖应具有中等硬度，有弹性，笔尖光滑，不把纸划破，墨水均匀流出。

(4)对中小学生书包的卫生检查。

调查提纲

学校名称：　班级　　调查人数

书包的形式：　单背式______　双背式______　手提式　其他

书包的大小：　长______宽______

学生所背书包的重量：　最重______最轻______一般重______

使用的时间：　年______月______

学生的体态姿势：　斜肩 左/右　驼背______　脊柱弯曲______　头前倾______

评价和建议：

八、学校健康教育和组织工作调查

(一)学校卫生组织的调查

调查某所学校的卫生组织及其工作的开展,给予卫生评价(见表 12-18)。

调查的方法:听取学校负责人介绍该学校的卫生组织情况。深入各部门和班级,调查了解学校基层卫生组织的工作。学校卫生调查多由当地卫生保健所、疾控中心组成的联合调查组进行,也可作为学校自查项目。

表 12-18 学校卫生组织工作调查表

学校名称

学校基层有无卫生组织,组织的形式和领导,领导对学校卫生工作的态度

各部门的工作内容和职责,有无制度和计划

学校卫生室的工作情况

学校保健教师的工作

学校各班主任的卫生工作

学校任课教师的卫生工作

班级卫生员的工作

总务部门的卫生工作

学校卫生组织和校外有关部门的联系

学校卫生管理的经验和成绩

存在的问题和建议

(二)学校健康教育的调查

调查某校的健康教育

调查方法的内容:

1. 由学校负责人介绍该校健康教育进行的情况是否结合环境教育;
2. 调查学生个人清洁卫生习惯、公共卫生和用眼卫生等情况;
3. 调查健康教育的形式和方法;
4. 追踪调查评价健康教育的效果;
5. 分析研究当前中小学有关健康教育的教材。

表 12-19 学生卫生习惯调查表

学校名称　　年级　　学生姓名　　性别　　年龄

(一)个人清洁习惯

1. 洗手剪指甲

多长时间剪一次指甲______;洗手习惯______

2. 理发洗头

多长时间洗一次头

3. 早晚刷牙

早______，晚______

4. 饭后漱口，是否漱

5. 是否用自己的手巾______

6. 睡前是否洗脚______

7. 睡前是否吃零食______

8. 游戏在饭后______时间

(二)饮食卫生习惯

1. 饭前是否洗手______

2. 是否定时定量进食______

3. 吃饭是否细嚼慢咽______

4. 是否挑食、偏食______

5. 吃生瓜是否清洗______

6. 食具、水杯是否清洁______

(三)生活习惯

1. 是否按时休息______

2. 每天参加体育锻炼和户外活动时间______

3. 睡眠时间______，是否午睡______

(四)公共卫生习惯

1. 是否参加爱国卫生运动委员会活动

2. 随地吐痰　是______否______

3. 随地大小便　是______否______

4. 随地乱丢纸屑瓜壳　是______否______

5. 扫地做清洁　湿扫______，干扫______

6. 对学校的环境保护

(五)用眼卫生习惯：

1. 看书写字姿势是否正确______

2. 连续看书时间______

3. 看书习惯　坐______，走路______，

躺着看______，强光下______，弱光下______

4. 是否看电视______，每周次数______，

每次看电视时间______

5. 有无用手揉眼习惯，有______，无______

根据调查情况，按《学校健康教育评价方案》进行评价。

第二节　学校健康教育评价及学校卫生综合评价

一、学校卫生评价

评价指对学校卫生工作依一定的目的，目标达到的成效过程，用一定标准所做的评价，含学校健康教育评价和学校卫生综合评价。

学校健康教育评价能看到健康教育的成效，看到存在的问题，评价的目的在于寻求下一步工作、学习的动力，发扬已有成果，解决存在问题，改变当前的不足。评价又是前进一步的起点，每次评价都会给出现有水平标志，从而建立下一步的目标和计划。多次评价结果在比较中看到步步前进的轨迹。学校卫生评价有自评与他评的结合，量化评价与性质评价的结合，过程评价与结果评价的结合。是综合性的与分项评价的结合。

具体而言，学校卫生教育开展得如何，主要是看学生的卫生知识水平是否提高，学生养成卫生习惯的人数是否增加，学生各种常见疾病的患病率是否下降，学校的清洁卫生面貌是否改善，“四害”是否消灭或减少，班级卫生员和卫生监督岗是否发挥作用等。这是学校自己评价健康教育的主要依据，也是考核学校卫生教育效果的主要指标。关键是看健康教育的知、行、意是否统一。

对学生健康教育效果的评价，可以依上述指标综合或选择运用。并且可以选择对照班（校），或将过去和现在情况相互比较、综合分析，才能客观地做出实事求是的评价。

对学校卫生综合评价含评价范围、评价项目、评价方法综合评价判定，本节介绍国家学校卫生综合评价标准，意在让学校卫生从管理、监测和综合判定有角度有标准化依据。

二、学校健康教育评价方案（试行）

为促进学校健康教育工作的开展，掌握学校健康教育活动的进程，调整和确定学校健康教育的目标，不断改进和完善学校健康教育，逐步使学校健康教育工作纳入科学化和规范化的轨道，本着科学、全面、可比、可行性原则，制定评价方案。

（一）评价对象

学校健康教育评价对象分为学校和教育行政两个层次。

1. 学校

指九年义务教育阶段普通中小学校。其中农村中心小学以下的学校及其他各类学校可根据本地实际情况参照执行。

2. 教育行政

指县级以上（含县级）各级教育行政部门。

（二）评价方法

以学校及各级教育行政部门自评为主，学校、各地教育行政部门之间互评及上级部门抽评为辅。

各地间互评或上级部门抽评时，采用推荐和随机抽样各半的方法。被评学校分值指数≥0.5为通过，否则以互、抽评的得分和等级评定代替自评结果存档（分值指数＝互、抽评分值提高数/自评分值提高数）。所评地区有一半以上的学校未获通过，则该地教育行政部门自评结果按减10分处理。

（三）评价时间

各地中小学校和各级教育行政部门根据各地实际确定评价时间。每学年至少自评一次。原则上每学年由上级主管部门组织一次互评或抽评。

各省、自治区、直辖市教育行政部门每年十月底以前将上一学年度的自评结果报教育部体育卫生与艺术教育司。每年年底前教育部通报各地健康教育评价结果。

（四）奖励

各级教育行政部门可根据本地实际情况，制定奖励办法，对学校健康教育开展好的单位和个人进行必要的奖励。

教育部将在适当时候对学校健康教育工作开展好的单位和个人进行表彰。

知识拓展 12—1

附：学校健康教育评价方案的实施细则

一、指标体系

学校健康教育评价分学校和教育行政部门两个层次。指标体系的建立则以学校为主，对教育行政部门的评价不设具体评价指标。学校的健康教育评价指标体系分为三级。（见表12-20）

二、Ⅲ级指标评价标准的说明

1. 课时

根据教基〔1994〕14号文件要求，各中小学校（九年义务教育阶段各年级）每周要在活动类课程“科技文体活动”中安排0.5课时开健康教育课（以列入正式课表为准）。未列入课表的其他时间和其他形式的健康教育不作为此项指标的评价内容。

2. 教材与教具

教材必须做到：①体现“中小学生健康教育基本要求”的八项内容；②教育内容（文字、插图）无概念错误；③课文深度和文字量符合教学规律（3项）；教具包括挂图、模型、幻灯片及其他类型的健康教育用具；内容相同类型不同的教具只按一种计算；允许自制教具，但自制的教具必须科学、准确；本指标对教具的评价只要求内容，不要求类型，以“必备教具配备率”为评价指标。必备教具目录见附录1。

表 12-20　学校健康教育评价方案的实施细则

Ⅰ级指标	Ⅱ级指标	Ⅲ级指标
①教学基础(0.30)	教学条件(0.10)	1. 课时
		2. 教材与教具
	教学卫生(0.20)	3. 采光照明与黑板
		4. 课桌椅
		5. 饮水与洗漱设施
		6. 厕所设施
②教育过程(0.30)	教学管理(0.15)	7. 教学计划
		8. 教案
		9. 师资培训
	教学活动(0.10)	10. 授课质量
		11. 传播活动
	开课情况(0.05)	12. 开课率
③教育效果(0.40)	知识掌握(0.10)	13. 书面考核
		14. 实际操作
	习惯培养(0.15)	15. 头发与指甲
		16. 面部与衣着
		17. 体育锻炼
	公共卫生(0.10)	18. 教学用房与宿舍
		19. 校园与厕所
	缺课情况(0.05)	20. 缺课率

$$\text{必备教具配备率}=\frac{\text{已配备的教具内容数}}{\text{必备教具内容总数}}\times 100\%$$

3. 采光照明与黑板

采用照明的测量方法见中华人民共和国国家标准《室内照明测量方法》(GB 5700-85)。所查各教室平均照度的总平均值为本指标的评价值，总平均照度应不低于150Lux；黑板应无裂缝、无反光、无眩光(3项完全达到为合格)，以受检“黑板合格率”为指标。

4. 课桌椅

评价标准见中华人民共和国国家标准《学校课桌椅卫生标准》(GB 7792-87)，课桌、椅号(或高度)均与就座学生身高相符合时才计入符合人数。以受检“课桌椅符合率”为指标。

5. 饮水与洗漱设施

①学校应为学生提供符合卫生标准的饮用水;②应提供相同于教学班数的完好的水龙头,对无自来水的农村学校酌情评价。

6. 厕所设施

学校修建的厕所,其学生数与蹲位比应达到:男生40∶1,女生20～25∶1,男厕所小便池要相应配套。

7. 教学计划

应有完整的健康教育教学计划,做到教学进度、教学内容与计划一致(确定执行情况时可参考教案)。

8. 教案

教案应包括课时、课题、教学目的、教学重点、教学难点、教具、教学内容及过程、教学小结等8项主要内容;教案书写应做到无概念错误、整洁、简练等3项主要内容。共11项内容。

9. 师资培训

授课教师平均每人每学年应接受120 h以上的培训。培训形式为:培训班、集体备课、教研活动、教学交流、观摩课等。

10. 授课质量

教师授课应做到概念清楚、启发式教学、语言生动、理论联系实际、板书工整等5项主要内容。

11. 传播活动

学校每学年应利用宣传栏、家长会、班队会、广播、卫生小报等多种形式向学生或家长宣传不同内容的卫生保健知识达20次。

12. 开课率

开设健康教育课的教学班数占应开设健康教育课的教学班总数的百分比。

13. 书面考核

核实个人成绩和总平均成绩。以全部学生总平均成绩为指标。

14. 实际操作

从附录2中按各年级教学要求随机抽3项,受检学生采用逐项淘汰的办法(每查完1项,将不符合标准的学生淘汰)。以受检学生“合格率”为指标。

15. 头发与指甲

学生应做到头发整洁(勤洗头、无异味、无头虱),指甲整洁(勤剪指甲、保持干净),2项均做到为合格。以受检学生“合格率”为指标。

16. 面部与衣着

学生应做到面、耳、颈干净，衣服、鞋帽整洁、无异味，2 项均做到为合格。以受检学生“合格率”为指标。

17. 体育锻炼

学生应做到坚持做好课间操(态度认真、动作准确为合格)；积极参加课外体育锻炼。以做操合格“百分率”或参加课外体育锻炼的“百分率”为指标。

18. 教学用房与宿舍(寄宿制学校的学生宿舍)

应做到地面和墙壁无烟头、无污迹、无纸屑、窗明、桌椅净、物品摆放整齐。6 条均做到为合格。有学生宿舍的学校，受检宿舍数不应少于受检教学用房与宿舍总数的三分之一。以受检教学用房与宿舍“合格率”为指标。

19. 校园与厕所

校园应做到无杂草、无乱丢废弃物、无痰迹、无污水洼(池)、无乱写乱画(5 条)。厕所应做到无臭、无蚊蝇蛆滋生、无乱拉乱尿、无乱写乱画、粪池加盖(5 条)。共 10 条。

20. 缺课率

指除事假以外的各种原因造成的缺课。

$$缺课率(‰)=\frac{\sum 本学年全校学生缺课时数}{学年课时总数\times 全校学生数}\times 1000‰$$

学年课时总数＝每周平均课时数×全学年教学周数

全校学生数＝(学年初学生数＋学年末学生数)÷2

注：对有关指标进行评价时，可检查全部对象，或随机抽取部分有代表性的对象进行评价。

三、评价表

表 12-22　学校健康教育评价选项表

表 12-23　学校健康教育评价记录表

表 12-24　学校健康教育评价表

表 12-25　教育行政部门健康教育评价表

四、统计与等级评定

1. 统计

学校：总得分＝∑各Ⅲ级指标得分

行政：总得分＝(得优学校数×1.0＋得良学校数×0.8＋得中学校数×0.6＋得差学校数×0.4)÷学校总数×100

2. 等级评定

表 12-21　学校健康教育评价等级评定表

等级 / 本次评价提高 / 前次评价分值	优	良	中	差
20～32	≥20	19～15	14～10	<10
33～43	≥18	17～14	13～9	<9
44～54	≥16	15～12	11～8	<8
55～64	≥14	13～11	10～7	<7
65～72	≥12	11～9	8～6	<6
73～79	≥10	9～8	7～5	<5
80～85	≥8	7～6	5～4	<4
86～90	≥6	5～4	3～2	<2
91～94	≥4	3～2	1	<1
95～97	≥2	1	0	<0
98～99	≥1	0	−1	<−1
100	≥0	−1	−2～−3	<−3

注：对教育行政部门不设等级评定

附录 1　健康教育必备教具目录

为使健康教育教学正常进行，根据中小学生健康教育基本要求，各地中小学校应配备包括以下内容的健康教育教具。

小学：(42 项内容)

人体外部形态；人体内部主要器官；眼、耳、口、鼻的结构；皮肤结构；消化系统；呼吸系统；身高、体重、体温的测量器具；眼保健操和用眼卫生；对数视力表；正确的读、写姿势；正确的坐、立、行、睡姿势；牙刷和牙齿(模型)；七大营养素及其来源；玩耍和体育锻炼安全；健康三要素和环境污染；美化环境；蚊、蝇、蟑螂、臭虫、老鼠形态；蛔虫、蛲虫、钩虫、鞭虫的形态；碘缺乏病；交通标志；计划免疫；女性内生殖系统；儿童期、青春期女学生形态的变化；男性内生殖系统；儿童期、青春期男学生形态的变化；伤口擦洗、包扎方法及用具等。

中学：(19 项内容)

运动系统；循环系统；呼吸系统；消化系统；神经系统；泌尿系统；内分泌系统；免疫系统；生殖系统；眼、耳、口、鼻的结构；对数视力表；七大营养素及其来源；青春期男、女学生形态的变化；性病(淋病、梅毒、尖锐湿疣、艾滋病)；血压计；肺活量计等。

附录2 健康行为实际操作项目

小学：

1. 身高的测量
2. 体重的测量
3. 脉搏的测量
4. 体温的测量
5. 刷牙的正确方法
6. 做眼保健操的正确姿势
7. 正确的读、写、坐姿
8. 剪指甲
9. 止血、包扎的正确方法
10. 计算月经周期
11. 拒绝吸烟的方法
12. 设计食谱

中学：

1. 脉搏的测量
2. 血压的测量
3. 肺活量的测量
4. 运动外伤或小外伤的处理
5. 计算月经周期
6. 拒绝吸烟、饮酒的方法
7. 设计食谱
8. 检查视力的方法
9. 与异性同学交谈

注：以当地使用教材为判断正误的标准。

表12-22 学校健康教育评价选项表

指标	评价选项
1. 课时	A. 0.5 课时/周　D. 0.2 课时/周 B. 0.3 课时/周　E. 少于 0.2 课时/周 C. 0.25 课时/周
2. 教材教具	教材与教具配备率分别满足： A. 3 项，100%　D. 2 项，≥70% B. 3 项，≥90%　E. 1 项，<70% C. 2 项，≥80%
3. 采光照明与黑板	总平均照度与黑板合格率分别满足： A. ≥150 lx，100%　D. ≥80 lx，≥70% B. ≥140 lx，≥90%　E. <80 lx，<70% C. ≥120 lx，≥80%
4. 课桌椅	课桌椅符合率： A. 100%　D. ≥70% B. ≥90%　E. <70% C. ≥80%

续表

指标	评价选项
5. 饮水与洗漱设施	①饮水,②教学班数:水龙头数 A. ①达标②1∶1　D. ①要求自来水②3∶1 B. ①达标②2∶1　E. 低于以上标准 C. ①要求自来水②2∶1
6. 厕所设施	男女学生蹲位比: A. 40∶1,20～25∶1　D. 51～55∶1,31～33∶1 B. 41～45∶1,26～28∶1　E. <55∶1,<33∶1 C. 46～50∶1,29～31∶1
7. 教学计划	A. 有计划,进度、内容与之一致 B. 有计划,进度、内容有调整 C. 有计划,1/3 内容未完成　D. 有计划,1/2 内容未完成
8. 教案	做到细则要求 A. 11 项内容　D. 7 项内容 B. 10 项内容　E. 少于 7 项内容 C. 8 项内容
9. 师资培训	平均每人每学年受训 A. ≥120 h　D. ≥48 h B. ≥96 h　E. <48 h C. ≥72 h
10. 授课质量	做到细则要求 A. 5 项内容　D. 2 项内容 B. 4 项内容　E. 1 项内容 C. 3 项内容
11 传播活动	做到细则要求 A. ≥20 次　D. ≥8 次 B. ≥16 次　E. <8 次 C. ≥12 次
12. 开课率	A. 100%　D. ≥30% B. ≥80%　E. <30% C. ≥60%
13. 书面考核	总平均分 A. ≥90　D. ≥60 B. ≥80　E. <60 C. ≥70
14. 实际操作	合格率 A. ≥90%　D. ≥60% B. ≥80%　E. <60% C. ≥70%

续表

指标	评价选项
15. 头发与指甲	合格率 A. ≥90%　　D. ≥60% B. ≥80%　　E. <60% C. ≥70%
16. 面部与衣着	合格率 A. ≥90%　　D. ≥60% B. ≥80%　　E. <60% C. ≥70%
17. 体育锻炼	百分率 A. ≥95%　　D. ≥65% B. ≥85%　　E. <65% C. ≥75%
18. 教学用房与宿舍	合格率 A. 100%　　D. ≥70% B. ≥90%　　E. <70% C. ≥80%
19. 校园与厕所	做到细则要求 A. 10 条　　D. 4 条 B. 8 条　　E. 2 条 C. 6 条
20. 缺课率	A. ≤5‰　　D. ≤15‰ B. ≤7‰　　E. >15‰ C. ≤10‰

注：对介于评价选项之间的情况，采取就低不就高的原则；对多因素的评价选项，以最差因素为准确定选项。

表 2-23　学校健康教育评价记录表

1. 课时：　课时/周

2. 教材与教具：教材符合　　项要求；教具配备率为　%

3. 照明与黑板

教室	1	2	3	4	5	6	7	8	9	10	11	12	总计
平均照度(Lux)													
黑板合格率													

4. 课桌椅

教学班	1	2	3	4	5	6	7	8	9	10	11	12	合计
受检人数													
符合人数													

5. 饮水与洗漱设施：饮水　　；水龙头　　个
6. 厕所设施：蹲位　男　　个；女　　个
7. 教学计划：有　无；执行情况如何
8. 教案：内容做到　　项；书写质量做到　　项
9. 师资培训：授课教师　　人；本学年授课教师累计共接受培训　　小时
10. 授课质量：做到　　项
11. 传播活动：本学年达　　次
12. 开课率：实开课教学班数　　个；应开课教学班数　　个
13. 书面考核：平均成绩约为　　分
14. 实际操作　　15. 头发与指甲　　16. 面部与衣着

项目＼教学班														合计
受检人数														
14	合格人数													
15	合格人数													
16	合格人数													

17. 体育锻炼：做操合格百分率约为　　%，或参加课外体育锻炼百分率约为　　%
18. 教学用房与宿舍：（只填“合格”或“否”）

															合格率 %

19. 校园与厕所：校园做到　　条；厕所做到　　条
20. 缺课率：本学年全校学生累计共缺课　　课时

表 12-24　学校健康教育评价表

<table>
<tr><td colspan="11">校名：</td><td>邮政编码：</td></tr>
<tr><td colspan="3">教学班数：</td><td colspan="3">学生人数：</td><td colspan="2">男生：　　人</td><td colspan="3">女生：　　人</td><td>前次评价得分</td></tr>
<tr><td rowspan="4">评价结果</td><td>指标</td><td>1</td><td>2</td><td>3</td><td>4</td><td>5</td><td>6</td><td>7</td><td>8</td><td>9</td><td>10</td><td>本次评价得分：</td></tr>
<tr><td>选项</td><td></td><td></td><td></td><td></td><td></td><td></td><td></td><td></td><td></td><td></td><td>评价等级：优良中差</td></tr>
<tr><td>指标</td><td>11</td><td>12</td><td>13</td><td>14</td><td>15</td><td>16</td><td>17</td><td>18</td><td>19</td><td>20</td><td>签字：</td></tr>
<tr><td>选项</td><td></td><td></td><td></td><td></td><td></td><td></td><td></td><td></td><td></td><td></td><td>盖章：　年　月　日</td></tr>
</table>

注：选项 ABCDE 的分值分别为 5、4、3、2、1 分。

表 12-25　教育行政部门健康教育评价表

单位名称：　　　　　　　　　　　　　　　　**邮政编码：**

评价统计

指标	各选项学校数					指标	各选项学校数					指标	各选项学校数				
	A	B	C	D	E		A	B	C	D	E		A	B	C	D	E
1						8						15					
2						9						16					
3						10						17					
4						11						18					
5						12						19					
6						13						20					
7						14											

	优	良	中	差	合计
小学(所)					
中学(所)					
合计					
评价结果：分	负责人签字：		公章 年 月 日		

知识拓展 12—2

学校卫生综合评价

中华人民共和国国家标准 GB/T18205—2012 发布了学校卫生综合评价。

1. 范围

本标准规定了学校卫生综合评价项目、评价方法以及综合评价判定。

本标准适用于全日制小学(含民办小学)、初级中学、高级中学(含中等职业学校、民办中学)和普通高等学校(含民办高等学校、独立院校)各项卫生状况的综合评价。

2. 规范性引用文件

下列文件对于本文件的应用是必不可少的。凡是注日期的引用文件，仅注日期的版本适用于本文件。凡是不注日期的引用文件，其最新版本(包括所有的修改单)适用于本文件。

GB/T 3976　学校课桌椅功能尺寸

GB/T 4789(所有部分)　食品微生物学检验

GB/T 5699　采光测量方法

GB/T 5700　照明测量方法

GB 5749　生活饮用水卫生标准

GB/T 5750　生活饮用水标准检验方法

GB 7793　中小学校教室采光和照明卫生标准

GB 9665　公共浴室卫生标准

GB 9667　游泳场所卫生标准

GB 9668　体育馆卫生标准

GB 9669　图书馆、博物馆、美术馆、展览馆卫生标准

GB 14934　食(饮)具消毒卫生标准

GB/T 17225　中小学校教室采暖温度标准

GB/T 17226　中小学校教室换气卫生标准

GB/T 18204(所有部分)　公共场所卫生标准检验方法

GB 28231　书写板安全卫生要求

GB 50034　建筑照明设计标准

GB 50099　中小学校设计规范

3. 综合评价项目

3.1　管理

突发公共卫生事件、传染病预防控制、常见病与多发病、学校食品安全、生活饮用水卫生、教室环境卫生、生活环境卫生和公共场所卫生。

3.2　监测

学校食品安全(食饮具消毒)、生活饮用水卫生、教室环境卫生、生活环境卫生和公共场所卫生。

4　评价方法

4.1　管理

突发公共卫生事件、传染病预防控制、常见病与多发病、学校食品安全、生活饮用水卫生、环境卫生、生活环境卫生、公共场所卫生。

4.2　监测

学校食品安全[食(饮)具消毒监测]、生活饮用水卫生、教室环境卫生、生活环境卫生、公共场所卫生各监测项目均含:评价指标(依据)、评价方法、使用器材三个维度。

5. 综合评价判定

5.1　管理

见资料 12-3 表 12-26。

5.2　监测

见资料 12-3 表 12-27。

5.3　综合评价得分及判定

学校卫生管理评价得分与监测评价得分的总和综合评价实际得分。

凡综合评价实际得分达到管理与监测标准总分的 85%及以上者为学校卫生优秀学校,定为 A 级;60%～85%为学校卫生合格学校(不含 85%),定为 B 级;60%以下者(不含 60%),为学校卫生不合格学校,定为 C 级。

见资料 12-3 表 12-28 给出了学校卫生综合评价判定结果和等级。

知识拓展 12—3

附录 A
（规范性附录）
管理、监测评价及综合判定

表 12-26 给出了学校卫生管理评价项目、评价指标、各项分值和实际得分。

表 12-27 给出了学校卫生监测评价项目、评价指标、评分标准、各项分值和实际得分。

表 12-28 给出了学校卫生综合评价判定结果和等级。

表12-26　学校卫生管理评价记分表

学校名称：		负责人：		
地址：　　　　联系电话：		评价日期：年　月　日		
项目(100)	评价指标	分值	实际得分	
			单项	合计
突发公共卫生事件管理(10)分	建立校长为第一责任人制度	2		
	建立突发公共卫生事件应急处理领导小组	2		
	制定学校突发公共卫生事件应急处理预案	2		
	建立突发公共卫生事件报告制度	1		
	学校有专职或兼职报告人	1		
	定期（每学期1次）开展防控突发公共卫生事件宣传教育活动	1		
	每学年开展一次突发公共事件应对演练	1		
	因校方责任发生的其他突发公共卫生事件	**		
传染病预防控制管理(15分)	有校长为第一责任人的预防传染病预防控制工作小组	2		
	有传染病疫情报告制度	2		
	有专人负责疫情报告	2		
	有晨检制度	1		
	有学生因病缺勤登记、追踪制度和复课证明查验制度	1		
	有新生入学接种卡、证查验制度	1		
	定期(每学年1次)开展预防传染病知识的宣传活动	2		
	寄宿制或600名学生以上非寄宿学校配备卫生专业技术人员；600名以下非寄宿学校配备保健教师或卫生技术专业人员	2		
	寄宿学校应设立卫生室，非寄宿学校视规模设卫生室或保健室	2		
	因校方责任发生传染病暴发流行	**		

续表

<table>
<tr><th rowspan="2" colspan="2">项目（100分）</th><th rowspan="2">评价指标</th><th rowspan="2">分值</th><th colspan="2">实际得分</th></tr>
<tr><th>单项</th><th>合计</th></tr>
<tr><td rowspan="8" colspan="2">常见病与多发病管理（10分）</td><td>建立学生健康体检档案</td><td>2</td><td></td><td rowspan="8"></td></tr>
<tr><td>建立体检异常学生登记记录</td><td>1</td><td></td></tr>
<tr><td>建立体检结果向家长反馈制度</td><td>1</td><td></td></tr>
<tr><td>制订学生常见病与多发病防治计划、措施</td><td>2</td><td></td></tr>
<tr><td>开展预防近视专题宣传活动</td><td>1</td><td></td></tr>
<tr><td>每年实施1次学生健康体检</td><td>2</td><td></td></tr>
<tr><td>定期（每年1次）开展健康生活方式、营养和慢性病知识教育和宣传活动</td><td>1</td><td></td></tr>
<tr><td>校医院、卫生所、卫生室、医务室有《医疗机构执业许可证》</td><td>*</td><td></td></tr>
<tr><td rowspan="21">学校食品安全管理（20分）</td><td rowspan="11">学生食堂（13分）</td><td>餐饮服务许可证有效</td><td>*</td><td></td><td rowspan="11"></td></tr>
<tr><td>从业人员持健康证明</td><td>1</td><td></td></tr>
<tr><td>从业人员有食品安全知识培训证明</td><td>1</td><td></td></tr>
<tr><td>有各项食品安全管理制度</td><td>2</td><td></td></tr>
<tr><td>食品生产加工条件符合要求</td><td>2</td><td></td></tr>
<tr><td>食(饮)具实施消毒</td><td>2</td><td></td></tr>
<tr><td>食(饮)具消毒情况监测频率符合规定要求(至少1次/月)</td><td>1</td><td></td></tr>
<tr><td>从业人员个人卫生符合要求</td><td>1</td><td></td></tr>
<tr><td>烹饪加工要烧熟煮透(中心温度在70℃以上)</td><td>1</td><td></td></tr>
<tr><td>原料采购、运输和储藏条件符合要求</td><td>1</td><td></td></tr>
<tr><td>有索证索票制度,建立台账</td><td>1</td><td></td></tr>
<tr><td rowspan="3">外供快餐（2分）</td><td>供餐单位食品生产或餐饮服务许可证有效</td><td>*</td><td></td><td rowspan="3"></td></tr>
<tr><td>包装、运输和分发条件应符合要求</td><td>1</td><td></td></tr>
<tr><td>一次性餐盒符合要求</td><td>1</td><td></td></tr>
<tr><td rowspan="6">超市(食杂店)（5分）</td><td>食品流通许可证有效</td><td>*</td><td></td><td rowspan="6"></td></tr>
<tr><td>从业人员持健康证明</td><td>1</td><td></td></tr>
<tr><td>从业人员有食品安全知识培训证明</td><td>1</td><td></td></tr>
<tr><td>有食品进货查验记录制度</td><td>1</td><td></td></tr>
<tr><td>按照保证食品安全的要求储存食品</td><td>1</td><td></td></tr>
<tr><td>不得有变质或超过保质期的食品</td><td>1</td><td></td></tr>
<tr><td colspan="2">因校方责任发生集体性食品安全事故</td><td>**</td><td></td><td></td></tr>
</table>

续表

项目（100分）		评价指标	分值	实际得分	
				单项	合计
生活饮用水卫生管理（10分）		集中式供水依法取得卫生许可证	*		
		二次供水蓄水设施定期(每年1次)清洗、消毒	1		
		分散式供水有卫生安全设施并对水质进行消毒	1		
		建立供水卫生管理制度	2		
		涉水产品符合相关卫生要求	2		
		配备专(兼)职供水人员	2		
		水质监测频率符合当地规定要求	1		
		供水人员持健康证明上岗	1		
		供应饮用水水质符合卫生要求	*		
		因校方责任发生校内生活饮用水污染事故	**		
教室环境管理(15分)	课桌椅（3分）	每间教室内最少设2种不同型号的课桌椅	2		
		每人1席	1		
	黑板(2分)	无破损	1		
		无眩光	1		
	教室采光(2分)	教室墙壁和顶棚为白色或浅色，窗户为无色透明玻璃	1		
		单侧采光应从座位左侧入，双侧采光时主采光窗应设在左侧	1		
	教室照明(4分)	灯管垂直黑板	2		
		控照式灯具，不宜用裸灯	2		
	微小气候(2分)	教室应设通气窗，寒冷地区教室有采暖设备	2		
	噪声(1分)	教室不受音乐室等外界环境干扰	1		
	监测报告有效		*		
	监测频率符合规定(1次以上/2年)(1分)		1		
生活环境卫生管理(9分)	厕所（3分）	教学楼每层设厕所，室内厕所有洗手设备	2		
		独立设置的厕所与生活饮用水水源和食堂相距30米以上	**		
		无蝇、蛆	1		
	学生宿舍（6分）	男、女生宿舍应分区或分单元布置	1		
		不设在地下室或半地下室	1		
		保证学生一人一床	1		
		保证通风良好(寒冷地区宿舍应设有换气窗)	1		
		宿舍内设有厕所、盥洗设施	1		
		有卫生管理制度	1		

续表

<table>
<tr><th colspan="2" rowspan="2">项目(100分)</th><th rowspan="2">评价指标</th><th rowspan="2">分值</th><th colspan="2">实际得分</th></tr>
<tr><th>单项</th><th>合计</th></tr>
<tr><td rowspan="13">公共场所卫生管理(11分)</td><td rowspan="5">公共浴池(4分)</td><td>依法取得卫生许可证</td><td>*</td><td></td><td rowspan="5"></td></tr>
<tr><td>从业人员有健康证明</td><td>1</td><td></td></tr>
<tr><td>有浴室卫生消毒制度</td><td>1</td><td></td></tr>
<tr><td>监测报告有效</td><td>1</td><td></td></tr>
<tr><td>监测频率(1次以上/年)</td><td>1</td><td></td></tr>
<tr><td rowspan="4">游泳馆(3分)</td><td>依法取得卫生许可证</td><td>*</td><td></td><td rowspan="4"></td></tr>
<tr><td>建立健全卫生管理制度</td><td>1</td><td></td></tr>
<tr><td>游泳场所的通道及卫生设施应定期消毒,保持清洁、无异味</td><td>1</td><td></td></tr>
<tr><td>监测频率符合规定(1次以上/年)</td><td>1</td><td></td></tr>
<tr><td rowspan="2">体育馆(2分)</td><td>馆内环境清洁卫生、禁止吸烟</td><td>1</td><td></td><td rowspan="2"></td></tr>
<tr><td>监测频率符合规定(1次以上/年)</td><td>1</td><td></td></tr>
<tr><td rowspan="2">图书馆(2分)</td><td>馆内采用湿式清扫,保持馆内整洁,禁止吸烟</td><td>1</td><td></td><td rowspan="2"></td></tr>
<tr><td>监测频率符合规定(1次以上/年)</td><td>1</td><td></td></tr>
<tr><td colspan="6">合理缺项项目总分______分　管理应得分______分　管理实得分______分　标化后得分______分</td></tr>
<tr><td colspan="6">注1: *为重要指标,若该指标不合格,本项目不得分。
注2: **为关键指标,若该指标不合格,直接评价该校为学校卫生不合格。
注3: 教室环境卫生管理项目中各指标得分应为抽样检查教室数的平均分,普通高等院校不参加此项评价。
注4: 有合理缺项时,总分值中减掉学生宿舍的单项分值,标化后得分=(各项实际得分的总和/应得分) ×100。</td></tr>
</table>

表12-27 学校卫生监测评价记分表

学校名称：	负责人：
地址：	联系电话：
抽样监测教室数：	评价日期：　　　年　　月　　日

项目(100分)		评价指标	评分标准	分值	实际得分 单项	实际得分 合计
学校食品安全监测（食饮具消毒）（10分）		感官指标、理化指标、细菌指标	其中一项指标不合格整项不得分	8		
		监测频率达到至少1次/月		2		
生活饮用水监测（10分）		细菌总数、总大肠菌群、消毒剂余氯、色度、浑浊度、臭和味、肉眼可见物、pH及当地根据水源水质实际情况增加的其他项目。	其中一项指标不合格整项不得分	8		
		监测频率符合当地规定要求		2		
教室环境卫生监测（60分）	人均面积（10分）	小学≥1.36 m²、1.15~1.36 m²、<1.15 m²	≥1.36m² 得满分 1.15~1.36m² 得5分 < 1.15m² 不得分	10		
		中学≥1.39 m²、1.22~1.39 m²、<1.22 m²	≥1.39m² 得满分 1.22~1.39m² 得5分 < 1.22m² 不得分			
	课桌椅分配符合率（10分）	≥80 %、79%~40 %、< 40 %	≥80 % 得满分 79%~40 % 得5分 < 40% 不得分	10		
	黑板（10分）	尺寸≥1 m×3.6 m（小学） ≥1 m×4.0 m（中学）	弧形黑板的长度按照玄长测量	5		
		下沿与讲台地面的垂直距离 0.8~0.9 m（小学） 1.0~1.1 m（中学）	不在此范围不得分	3		
		反射系数0.15 ~ 0.2	≥0.2 不得分	2		
	教室采光（10分）	采光系数≥2.0%	< 2.0% 不得分	4		
		窗地面积比 ≥1∶5	< 1∶5 不得分	4		
		后（侧）墙壁反射系数0.7~0.8	< 0.7 不得分	2		
	教室照明（10分）	课桌面照度≥300 lx 、课桌面照度200–300 lx、课桌面照度 < 200 lx	≥300 lx 得满分 200–300 lx 得3分 < 200 lx 不得分	5		
		灯桌间距≥1.7m	< 1.7 m 不得分	2		
		黑板面照度≥500 lx	< 500 lx 不得分	3		
	微小气候（4分）	二氧化碳≤0.15%	> 0.15% 不得分	2		
		室温≥16℃ (冬季采暖地区)	< 16℃ 不得分	2		
	噪声（4分）	外环境对普通教室产生噪声≤50dB	> 50dB 不得分	2		
		两排教室相对 长边距≥25m	< 25m 不得分	2		
		监测频率为每2年1次(2)	一项未测 不得分	2		

续表

项目(100分)		评价指标	评分标准	分值	实际得分	
					单项	合计
生活环境卫生监测(8)	厕所(4分)	每蹲位≤40人　(男生)	>30人　不得分	1		
		每蹲位≤13人　(女生)	>15人　不得分	1		
		0.6 m长小便槽≤20人(或20人设1个小便斗)	>20人　不得分	1		
		小学厕所蹲位宽度≤18cm	>18cm　不得分	1		
	学生宿舍(4分)	人均使用面积≥$3m^2$	<$3m^2$　不得分	2		
		盥洗室门与居室门间距离≤20m	>20m　不得分	2		
公共场所卫生监测(12)	公共浴池(4分)	池水浊度≤30度、室温25℃、照度≥50 lx、二氧化碳≤0.15%	其中一项指标不合格整项不得分	3		
		监测频率1次以上/年		1		
	游泳馆(4分)	池水细菌总数≤1000个/mL、大肠菌群≤18个/L、浑浊度≤5度、余氯0.3-0.5 mg/L、空气细菌数(撞击法)≤4 000 cfu/m^3、二氧化碳≤0.15%	其中一项指标不合格整项不得分	3		
		监测频率1次以上/年		1		
	体育馆(2分)	可吸入颗粒物≤0.25 mg/m^3、室内温度≥16℃、空气细菌数(撞击法)≤4000 cfu/m^3、二氧化碳≤0.15%	其中一项指标不合格整项不得分	1		
		监测频率1次以上/年		1		
	图书馆(2分)	室内温度≥20℃、照度≥300 lx、噪声≤50dB、空气细菌数(撞击法)≤2500cfu/m^3、二氧化碳≤0.10%	其中一项指标不合格整项不得分	1		
		监测频率1次以上/年		1		
合理缺项项目总分______分　监测应得分______分　监测实得分______分　标化后得分______分						
注1:普通高等院校不参加教室环境卫生监测评价。 注2:有合理缺项时,从总分中减掉该项目分值后,为应得分。即:监测应得分=100-合理缺项项目总分。如缺少学生宿舍,总分值中减掉学生宿舍的单项分值。标化后得分=(各项实际得分的总和/应得分)×100。						

表12-28　学校卫生综合评价判定

学校名称		日期	年　月　日
综合评价判定		等级	
注:综合评价判定:100×(管理实得分+监测实得分)/(管理应得分+监测应得分)=等级			

□ 复习提纲

1. 请对某班级学生依本章介绍做生长发育测量并绘制测量结果总表。
2. 依本章介绍的学校卫生调查项目任选一项进行调查并写出调查报告。
3. 以学校卫生学习小组为单位,进入一所学校(小学、中学、职业学校均可)参加并协助该校的学校卫生综合评价工作。做好该工作的过程、内容、结果,写出自己的感受及建议。

附录

一、学校卫生工作条例(节选)

第二章　学校卫生工作要求

第五条　学校应当合理安排学生的学习时间。学生每日学习时间(包括自习),小学不超过 6 h,中学不超过 8 h,大学不超过 10 h。

学校或者教师不得以任何理由和方式,增加授课时间和作业量,加重学生学习负担。

第六条　学校教学建筑、环境噪声、室内微小气候、采光、照明等环境质量以及黑板、课桌椅的设置应当符合国家有关标准。

新建、改建、扩建校舍,其选址、设计应当符合国家的卫生标准,并取得当地卫生行政部门的许可。竣工验收应当有当地卫生行政部门参加。

第七条　学校应当按照有关规定为学生设置厕所和洗手设施。寄宿制学校应当为学生提供相应的洗漱、洗澡等卫生设施。

学校应当为学生提供充足的符合卫生标准的饮用水。

第八条　学校应当建立卫生制度,加强对学生个人卫生、环境卫生以及教室、宿舍卫生的管理。

第九条　学校应当认真贯彻执行食品卫生法律、法规,加强饮食卫生管理,办好学生膳食,加强营养指导。

第十条　学校体育场地和器材应当符合卫生和安全要求。运动项目和运动强度应当适合学生的生理承受能力和体质健康状况,防止发生伤害事故。

第十一条　学校应当根据学生的年龄,组织学生参加适当的劳动,并对参加劳动的学生,进行安全教育,提供必要的安全和卫生防护措施。

普通中小学校组织学生参加劳动,不得让学生接触有毒有害物质或者从事不安全工种的作业,不得让学生参加夜班劳动。

普通高等学校、中等专业学校、技工学校、农业中学、职业中学组织学生参加生产劳动,接触有毒有害物质的,按照国家有关规定,提供保健待遇。学校应当定期对他们进行体格检查,加强卫生防护。

第十二条　学校在安排体育课以及劳动等体力活动时,应当注意女学生的生理特点,给予必要的照顾。

第十三条　学校应当把健康教育纳入教学计划。普通中小学必须开设健康教育课，普通高等学校、中等专业学校、技工学校、农业中学、职业中学应当开设健康教育选修课或者讲座。

学校应当开展学生健康咨询活动。

第十四条　学校应当建立学生健康管理制度。根据条件定期对学生进行体格检查，建立学生体质健康卡片，纳入学生档案。

学校对体格检查中发现学生有器质性疾病的，应当配合学生家长做好转诊治疗。

学校对残疾、体弱学生，应当加强医学照顾和心理卫生工作。

第十五条　学校应当配备可以处理一般伤病事故的医疗用品。

第十六条　学校应当积极做好近视眼、弱视、沙眼、龋齿、寄生虫、营养不良、贫血、脊柱弯曲、神经衰弱等学生常见疾病的群体预防和矫治工作。

第十七条　学校应当认真贯彻执行传染病防治法律、法规，做好急、慢性传染病的预防和控制管理工作，同时做好地方病的预防和控制管理工作。

第三章　学校卫生工作管理

第十八条　各级教育行政部门应当把学校卫生工作纳入学校工作计划，作为考评学校工作的一项内容。

第十九条　普通高等学校、中等专业学校、技工学校和规模较大的农业中学、职业中学、普通中小学，可以设立卫生管理机构，管理学校的卫生工作。

第二十条　普通高等学校设校医院或者卫生科。校医院应当设保健科（室），负责师生的卫生保健工作。

城市普通中小学、农村中心小学和普通中学设卫生室，按学生人数六百比一的比例配备专职卫生技术人员。

中等专业学校、技工学校、农业中学、职业中学，可以根据需要，配备专职卫生技术人员。

学生人数不足六百人的学校，可以配备专职或者兼职保健教师，开展学校卫生工作。

第二十一条　经本地区卫生行政部门批准，可以成立区域性的中小学生卫生保健机构。

区域性的中小学生卫生保健机构的主要任务是：

（一）调查研究本地区中小学生体质健康状况；

（二）开展中小学生常见疾病的预防与矫治；

（三）开展中小学生卫生技术人员的技术培训和业务指导。

第二十二条　学校卫生技术人员的专业技术职称考核、评定，按照卫生、教育行政部门制定的考核标准和办法，由教育行政部门组织实施。

学校卫生技术人员按照国家有关规定，享受卫生保健津贴。

第二十三条　教育行政部门应当将培养学校卫生技术人员的工作列入招生计划，并通过各种教育形式为学校卫生技术人员和保健教师提供进修机会。

第二十四条　各级教育行政部门和学校应当将学校卫生经费纳入核定的年度教育经费预算。

第二十五条　各级卫生行政部门应当组织医疗单位和专业防治机构对学生进行健康检查、传染病防治和常见病矫治，接受转诊治疗。

第二十六条　各级卫生防疫站，对学校卫生工作承担下列任务：

（一）实施学校卫生监测，掌握本地区学生生长发育和健康状况，掌握学生常见病、传染病、地方病动态；

（二）制定学生常见病、传染病、地方病的防治计划；

（三）对本地区学校卫生工作进行技术指导；

（四）开展学校卫生服务。

第二十七条　供学生使用的文具、娱乐器具、保健用品，必须符合国家有关卫生标准。

第四章　学校卫生工作监督

第二十八条　县以上卫生行政部门对学校卫生工作行使监督职权。其职责是：

（一）对新建、改建、扩建校舍的选址、设计实行卫生监督；

（二）对学校内影响学生健康的学习、生活、劳动、环境、食品等方面的卫生和传染病防治工作实行卫生监督；

（三）对学生使用的文具、娱乐器具、保健用品实行卫生监督。

国务院卫生行政部门可以委托国务院其他有关部门的卫生主管机构，在本系统内对前款所列第（一）、（二）项职责行使学校卫生监督职权。

第二十九条　行使学校卫生监督职权的机构设立学校卫生监督员，由省级以上卫生行政部门聘任并发给学校卫生监督员证书。

学校卫生监督员执行卫生行政部门或者其他有关部门卫生主管机构交付的学校卫生监督任务。

第三十条　学校卫生监督员在执行任务时应出示证件。

学校卫生监督员在进行卫生监督时，有权查阅与卫生监督有关的资料，搜集与卫生监督有关的情况，被监督的单位或者个人应当给予配合。学校卫生监督员对所掌握的资料、情况负有保密责任。

第五章　奖励与处罚

第三十一条　对在学校卫生工作中成绩显著的单位或者个人，各级教育、卫生行政部门和学校应当给予表彰、奖励。

第三十二条　违反本条例第六条第二款规定，未经卫生行政部门许可新建、改建、扩建校舍的，由卫生行政部门对直接责任单位或者个人给予警告、责令停止施工或者限期改建。

第三十三条　违反本条例第六条第一款、第七条和第十条规定的，由卫生行政部门对直接责任单位或者个人给予警告并责令限期改进。情节严重的，可以同时建议教育行政部门给予行政处分。

第三十四条　违反本条例第十一条规定，致使学生健康受到损害的，由卫生行政部门对直接责任单位或者个人给予警告，责令限期改进。

第三十五条　违反本条例第二十七条规定的，由卫生行政部门对直接责任单位或者个人给予警告。情节严重的，可以会同工商行政部门没收其不符合国家有关卫生标准的物品，并处以非法所得两倍以下的罚款。

第三十六条　拒绝或者妨碍学校卫生监督员依照本条例实施卫生监督的，由卫生行政部门对直接责任单位或者个人给予警告。情节严重的，可以建议教育行政部门给予行政处分或者处以200元以下的罚款。

第三十七条　当事人对没收、罚款的行政处罚不服的，可以在接到处罚决定书之日起15日内，向作出处罚决定机关的上一级机关申请复议，也可以直接向人民法院起诉。对复议决定不服的，可以在接到复议决定之日起15日内，向人民法院起诉。对罚款决定不履行又逾期不起诉的，由作出处罚决定的机关申请人民法院强制执行。

二、简易食物营养成分表

1. 简易食物营养成分表(2007年版)
2. 推荐的每日膳食中营养素供给量(中国营养学会)

附表《中国居民膳食能量推荐摄入量表》。

后　记

学校卫生学是研究学生生长、发育、健康与教育、环境之间关系的一门育人科学，是高等院校教育系的一门专业课程。国家教育委员会把《学校卫生学》教材编写计划列入了1985—1990年高等学校文科教材编选计划，并由本人负责编写。

写出初稿后，受国家教委文科教材办公室委托，由西南师范大学（现西南大学）召开了全国性的讨论会，对初稿进行了逐章逐节的讨论。作者根据讨论会上提出的意见进行了修改，所以，本书也凝结着与会的学校卫生学工作者的心血。

本书自1986年出版以来，承蒙各有关学校和各部门选用，随着形势的发展和学校教育的需要，于1988年、1991年、1994年进行多次修订，已印出五版。

本书此次修订是根据我国"九五"至2010年对教育、卫生工作的要求，从有关方针政策、我国城乡学生身心发展的规律和特点、影响学生发展和健康的环境条件，如心理卫生、体育锻炼、全民健身活动、教育教学卫生、提高学生生活质量、学生膳食营养的科学调配及管理、学校疾病的防治、外伤急救安全教育和管理、城乡各类型学校优化校园环境（物质、精神文明建设）的措施、学校的健康教育、学校卫生组织与家庭社区的联系、国内外学校卫生研究动态等方面作了较大的修改，印出第6版以应需要。

本书此次修订得到西南师范大学出版社的支持和李静同志的协助，特向他（她）们致谢！

本书鉴于含大量学校卫生学、管理学、教育学以及生理学等方面的内容，文理交杂，故数据的单位未做规范统一。同时，因书稿中涉及的部分数据国家标准暂未公布更新，所以暂保留旧版数据。不妥和错误之处，请读者不吝指正，以便修正、补充。

李林静　于西南大学

2018 **年** 1 **月**